中国国土资源统计年鉴

CHINA LAND AND RESOURCES STATISTICAL YEARBOOK

2013

中华人民共和国国土资源部　编

Compiled by the Ministry of Land and Resources P. R. C.

地质出版社

Geological Publishing House

· 北　京 ·

Beijing

图书在版编目（CIP）数据

中国国土资源统计年鉴. 2013 / 中华人民共和国国土资源部编. —北京：地质出版社，2013. 12
ISBN 978-7-116-08624-1

Ⅰ. ①中… Ⅱ. ①中… Ⅲ. ①国土资源 - 统计资料 - 中国 - 2013 - 年鉴 Ⅳ. ①F129. 9 - 54

中国版本图书馆 CIP 数据核字（2013）第 268020 号

责任编辑：蔡 莹
责任校对：王素荣
出版发行：地质出版社
社址邮编：北京海淀区学院路 31 号，100083
电　　话：（010）82324508（邮购部）；（010）82329007（编辑室）
网　　址：http：//www. gph. com. cn
传　　真：（010）82310759
印　　刷：北京奇良海德印刷有限公司
开　　本：890mm × 1240mm 1/16
印　　张：22. 75
字　　数：700 千字
版　　次：2013 年 12 月北京第 1 版
印　　次：2013 年 12 月北京第 1 次印刷
定　　价：198. 00 元
书　　号：ISBN 978-7-116-08624-1

《中国国土资源统计年鉴2013》编委会

《中国国土资源统计年鉴2013》编辑部

编者说明

一、《中国国土资源统计年鉴2013》是一部全面反映中华人民共和国国土资源状况和国土资源行政管理情况的资料性年鉴。本书收录了全国和各省（自治区、直辖市）2012年国土资源及行政管理各方面大量的统计数据，以及2006年以来7年的国土资源主要统计数据。

二、本年鉴的统计范围是全国土地资源、矿产资源、海洋资源，国土资源调查、勘查，国家、省（自治区、直辖市）、市（地）、县四级国土资源行政主管部门对土地资源、矿产资源的行政管理和国家对海洋资源的行政管理，国土资源科学技术研究和国土测绘。

三、本年鉴资料内容包括概况，国土资源调查、勘查，国土资源开发利用，国土资源行政管理，国土资源科学技术研究，测绘和其他资料。各章节后附有主要统计指标解释，对主要国土资源综合统计指标的含义、统计范围、统计口径、计算方法等作了简要说明。

四、本年鉴资料主要来源于国土资源部、全国各省（自治区、直辖市）国土资源主管部门、国家海洋局、国家测绘地理信息局、中国地质调查局和部其他直属单位，以及各地勘主管单位上报的国土资源综合统计年报。部分资料摘自《中国统计年鉴》。

五、本年鉴的全国性统计数据均未包括香港特别行政区、澳门特别行政区和台湾省。

六、一些数据的合计数或相对数，因受进位的影响，不一定等于分项的累加。

七、本年鉴各表中，对全表的有关注解均在该表上方，对表中部分指标的注解则在该表下方。凡带续表的资料，对部分指标的注解一律在最后一张续表的下方。

八、本年鉴表中的符号使用说明：空格表示该项统计指标数据不详或无该项数据；“①”表示本表下有注解。

PREFACE

Ⅰ. The *China Land and Resources Statistical Yearbook 2013* is an informative yearbook reflecting comprehensively the status of land and resources of the People's Republic of China and their administration. The *China Land and Resources Statistical Yearbook 2013* collects a wealth of statistical data of land and resources and their administration of the whole country and all the provinces (autonomous regions, and municipalities directly under the central government) in 2012, as well as the main statistical data of land and resources over seven years since 2006.

Ⅱ. Statistics in the yearbook cover the national land, mineral, and marine resources, land and resources survey and exploration, administration of land and mineral resources by competent administrative departments of land and resources at the state, provincial (autonomous region, and municipality directly under the central government), municipal (prefectural), and county levels, and administration of marine resources by the state, scientific and technological research on land and resources, and land surveying and mapping.

Ⅲ. The yearbook contains seven chapters: general status of land and resources, land resources survey and mineral resources exploration, land and resources development and utilization, land and resources administration, scientific and technological research on land and resources, surveying and mapping, and other data. In addition, explanatory notes on main statistical indicators follow each chapter, which give brief descriptions of the connotations, statistical scope, statistical approaches, and calculation methods of the main land and resources statistical indicators.

Ⅳ. The principal sources of the yearbook are annual comprehensive statistical reports on land and resources submitted by the competent land and resources administrative departments of the Ministry of Land and Resources and various provinces (autonomous regions and municipalities directly under the central government) throughout China, State Oceanic Administration, National Administration of Surveying, Mapping and Geoinformation, China Geological Survey, other institutions affiliated to MLR and various departments in charge of geological exploration. Individual data are extracted from *China Statistical Yearbook*.

Ⅴ. The national statistical data involved in the yearbook do not include those of the Hong Kong Special Administrative Region, Macau Special Administrative Region, and Taiwan Province.

Ⅵ. Some aggregations or rates/ratios may not add up to the sum of the series because of rounding.

Ⅶ. The notes concerning the whole table are placed at the upper part of the table, while the notes concerning individual indicators are placed at the lower part. If the table is a continued one, the footnotes are placed in the last page.

Ⅷ. Notations used in the yearbook: blank indicates that the data of the statistical indicator of the item are either non-applicable or unavailable; "①" means see footnotes below.

土地资源状况 Land Resources

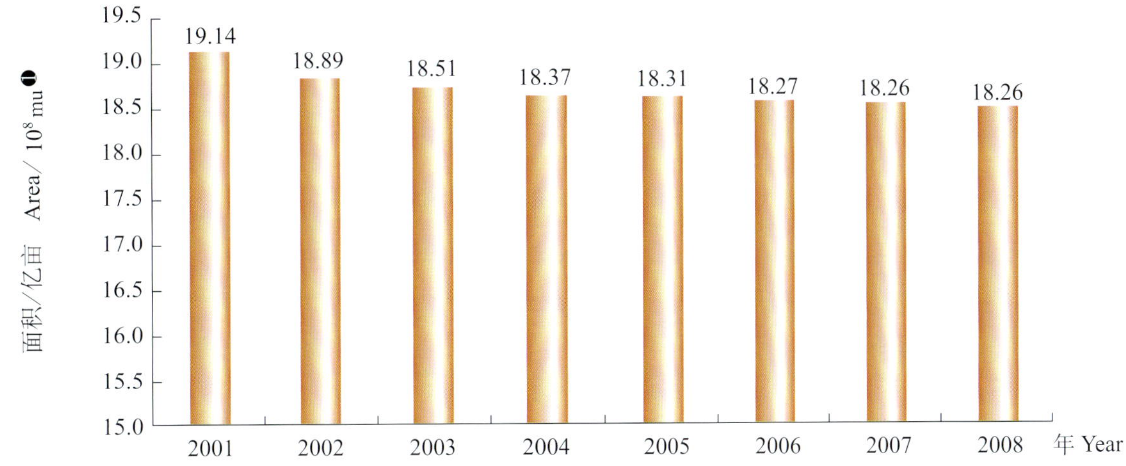

图 1 2001—2008 年全国耕地面积变化情况

Fig.1 Cultivated land area in 2001—2008

矿产资源勘查 Mineral Resources Exploration

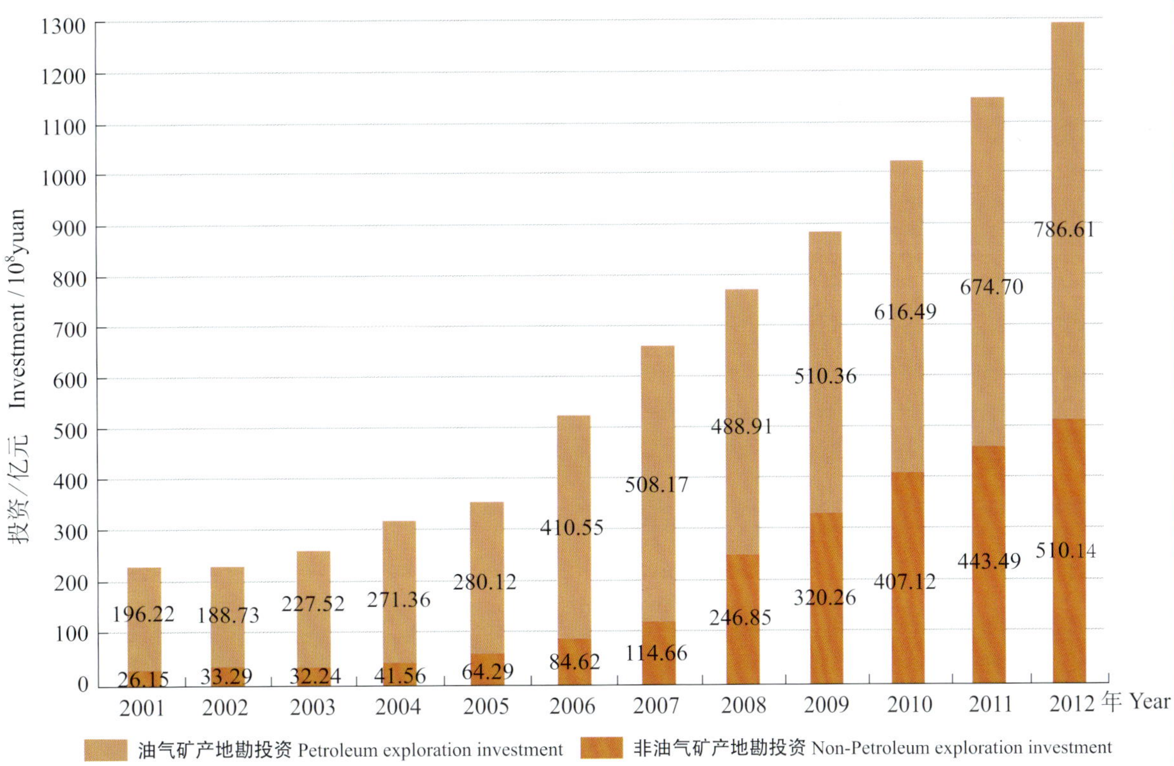

图 2 2001—2012 年全国地质勘查投资情况

Fig.2 Investment in China' s geological exploration in 2001—2012

❶ 1 亩 =0.067 公顷。

❶ 1mu=0.067 hectare.

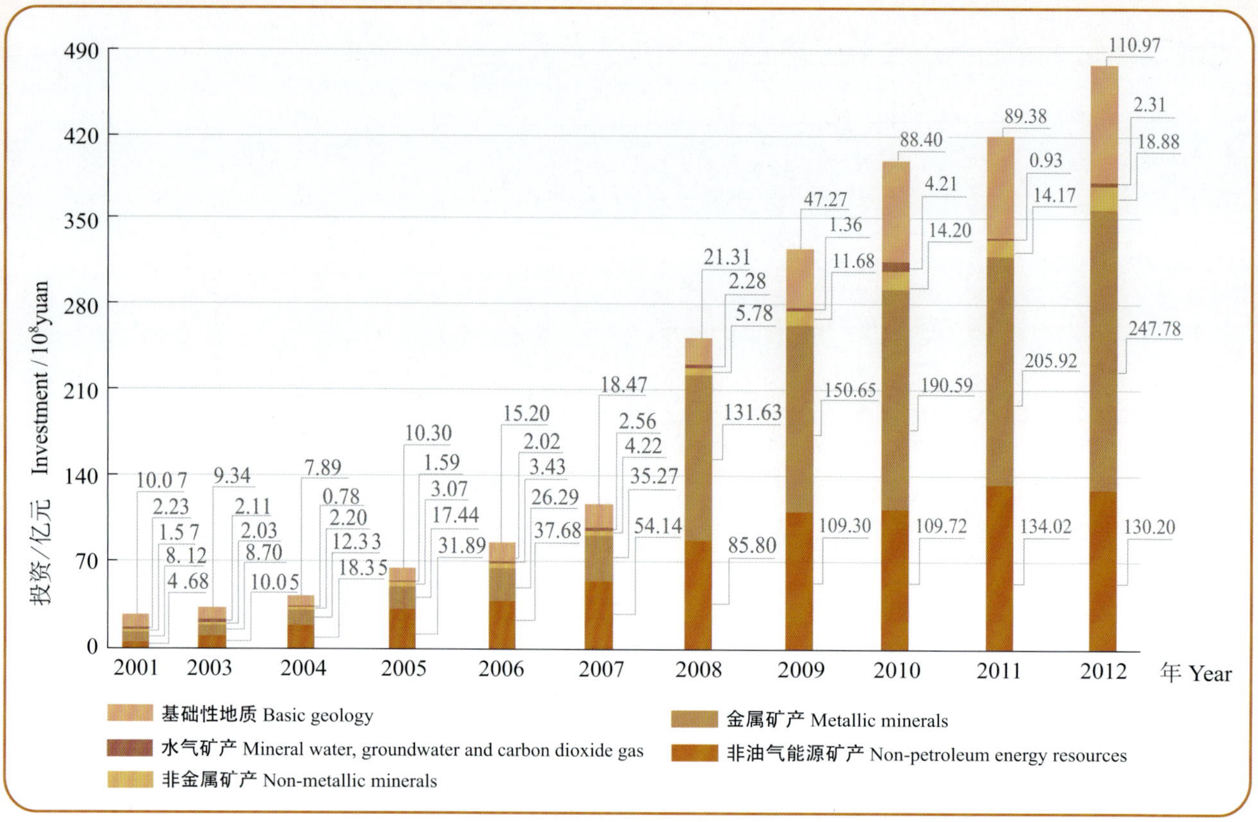

图 3　2001—2012 年全国非油气矿产地质勘查投资情况

Fig.3　Investment in China's non-petroleum minerals exploration in 2001—2012

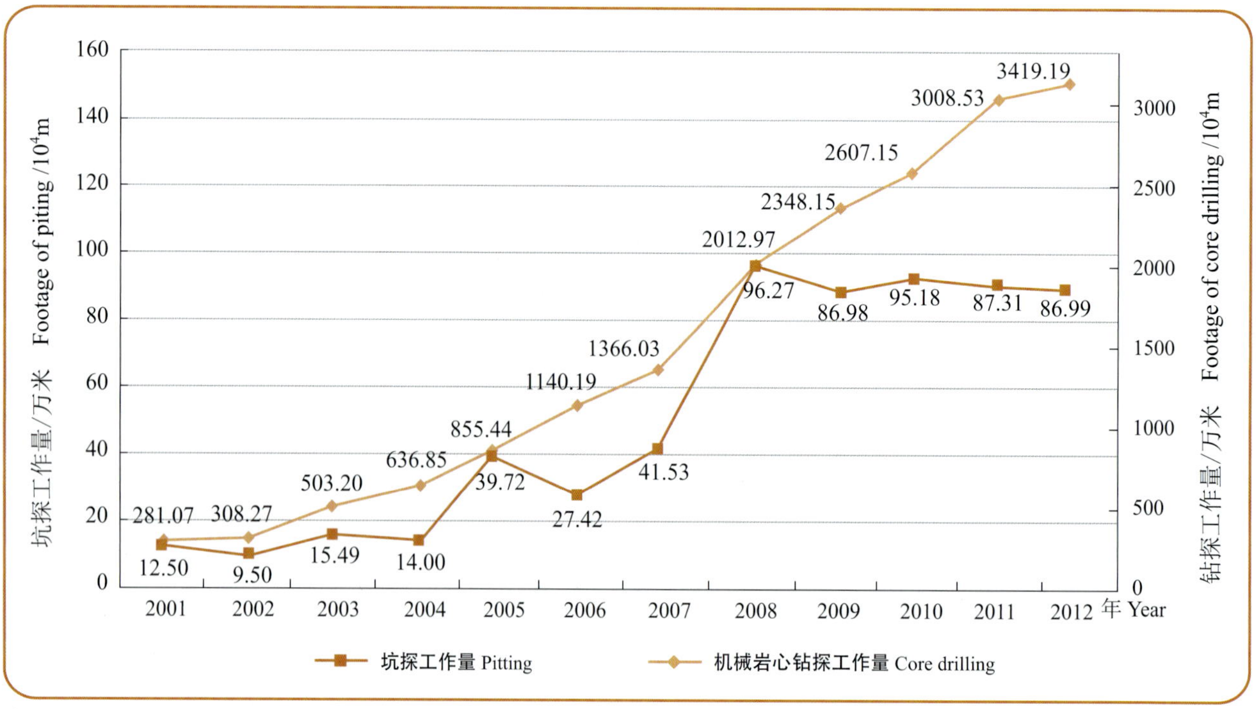

图 4　2001—2012 年我国地质勘查坑探和机械岩心钻探工作量的变化情况

Fig.4　Footage of pitting and core drilling for China's geological exploration in 2001—2012

土地资源开发利用 Land Resources Development and Utilization

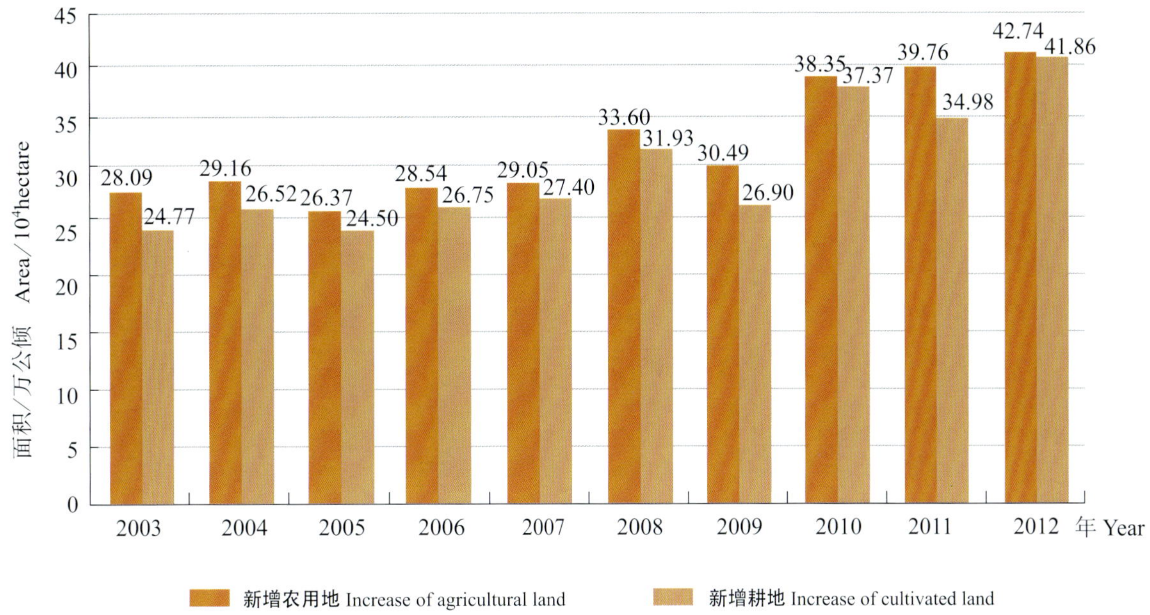

图 5 2003—2012 年土地整治增加农用地和耕地面积情况

Fig.5 Area of agricultural land and cultivated land increased by land consolidation and improvement in 2003—2012

国土资源管理机构 Land and Resources Administrative Agencies

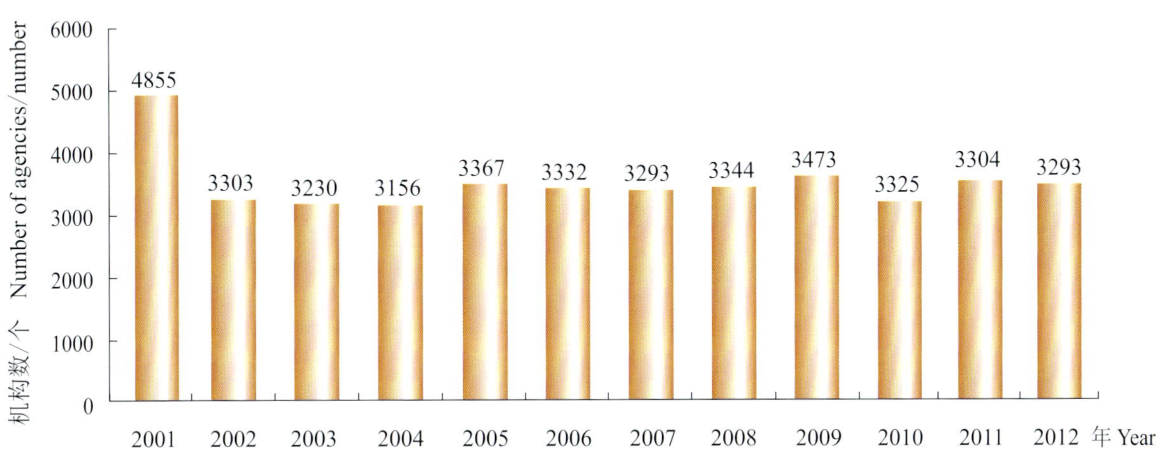

图 6 2001—2012 年全国省、市、县国土资源管理机构数

Fig.6 Number of land and resources administrative agencies of provincial, municipal and county levels of China in 2001—2012

土地资源管理 Land Resources Administration

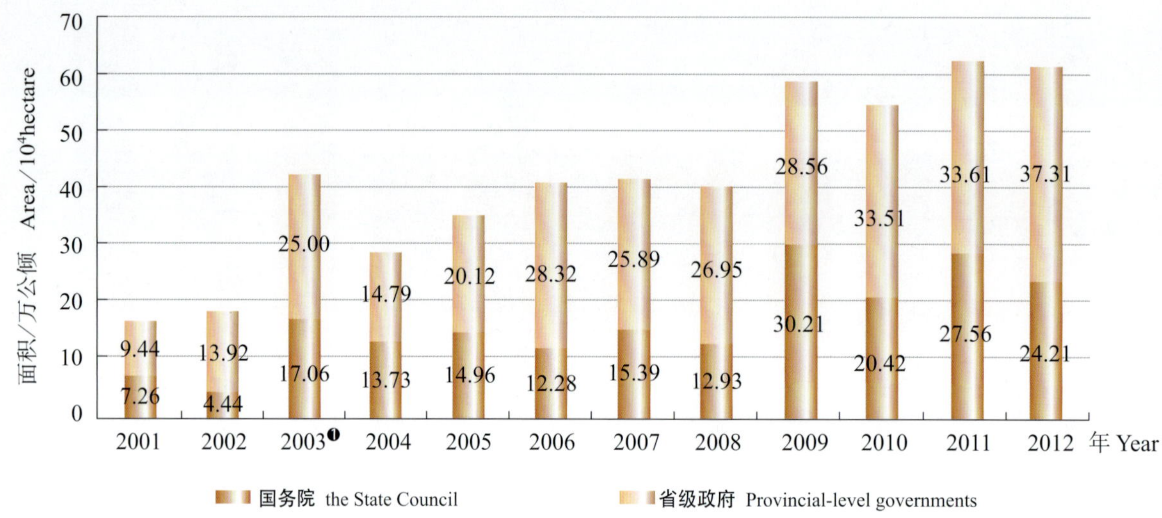

图 7 2001—2012 年审批建设用地情况❶

Fig.7 Examination and approval of land for construction in 2001—2012

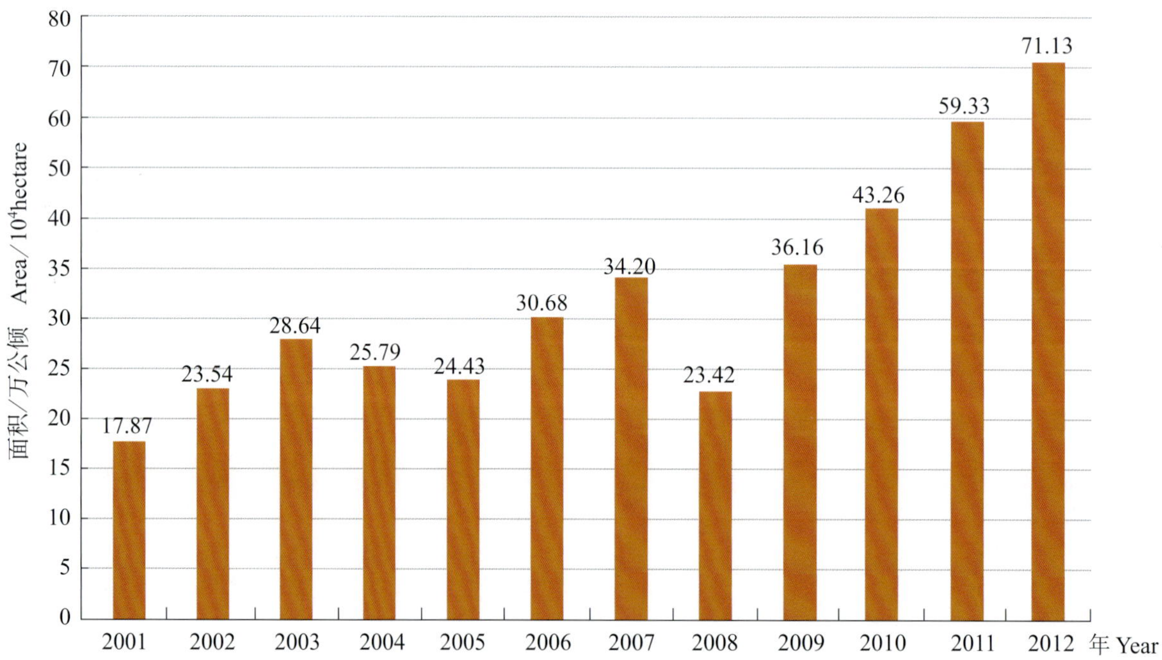

图 8 2001—2012 年国有建设用地供应情况

Fig.8 State-owned land of construction use supplied in 2001—2012

❶ 2003 年批准用地面积中含三峡库区淹没用地面积 10.13 万公顷。

❶ The land area approved in 2003 included 101300 hectares of inundated land in the Three Gorges Reservoir.

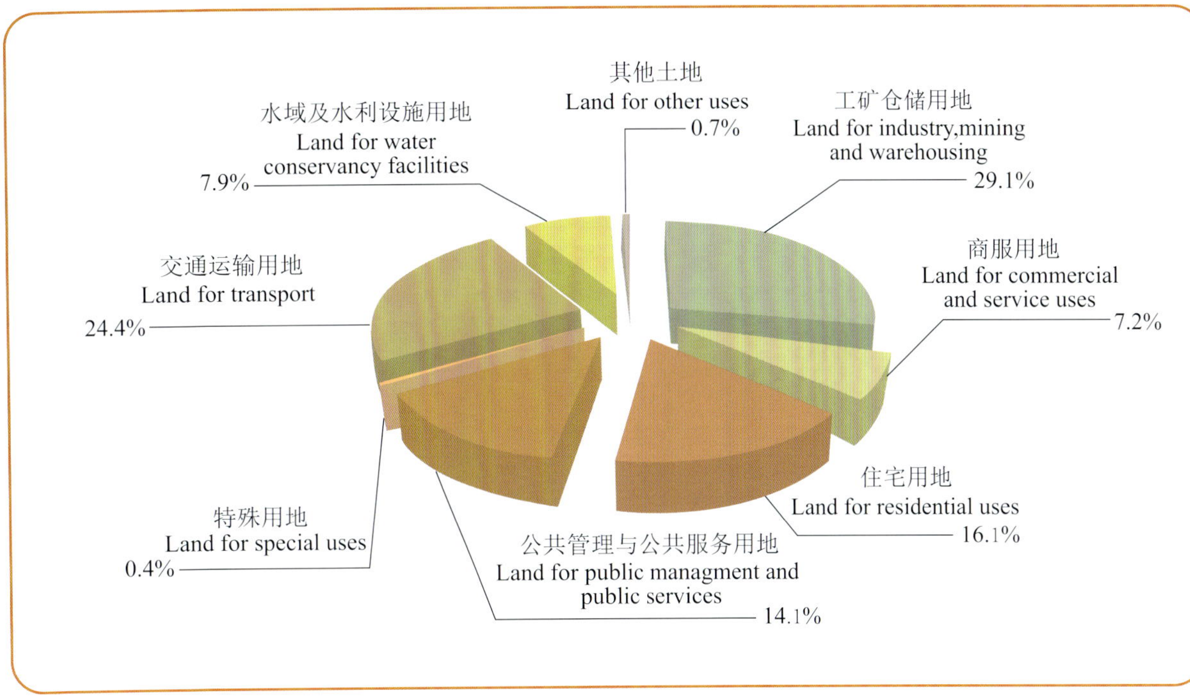

图 9　2012 年国有建设用地供应结构情况
Fig. 9 The structure of state-owned land of construction use supplied in 2012

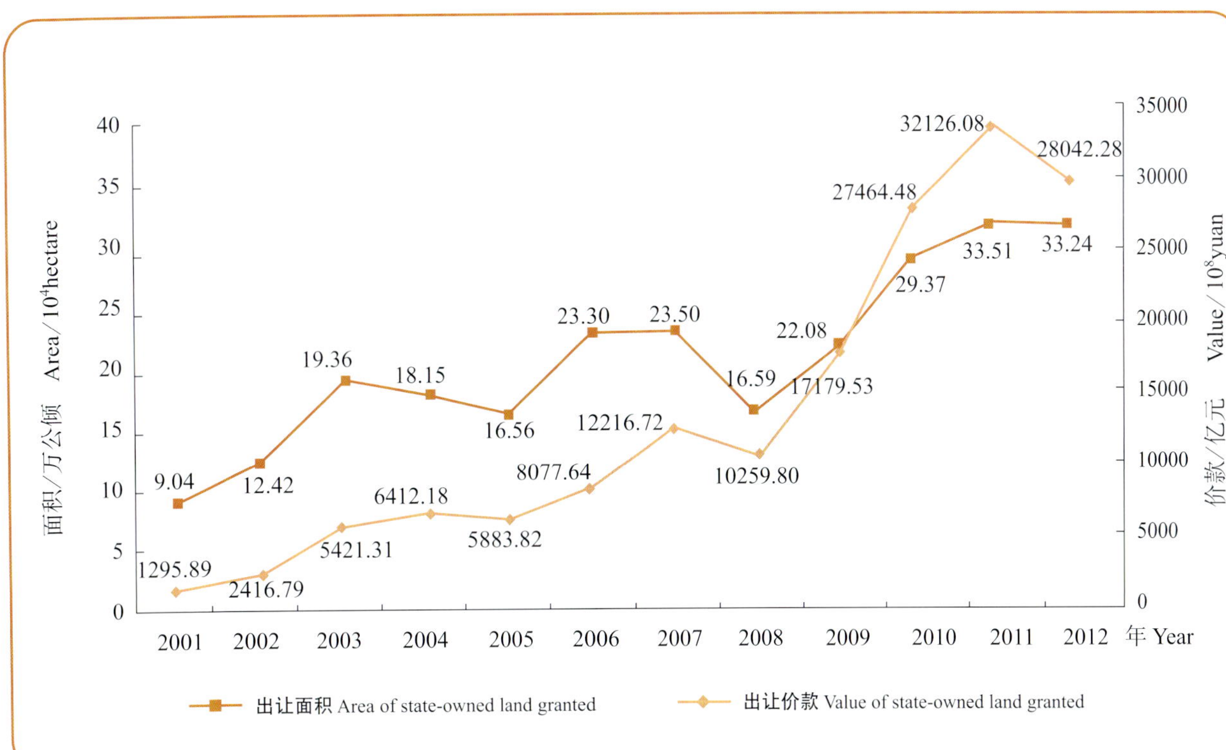

图 10　2001—2012 年国有建设用地出让情况
Fig.10　State-owned land of construction use granted in 2001—2012

目　录

CONTENTS

一、概况
Chapter 1　General

二、国土资源调查、勘查
Chapter 2　Land and Resources Survey and Mineral Resources Exploration

三、国土资源开发利用
Chapter 3 Land and Resources Development and Utilization

四、国土资源行政管理
Chapter 4 Land and Resources Administration

五、国土资源科学技术研究
Chapter 5　Scientific and Technological Research on Land and Resources

六、测绘
Chapter 6　Surveying and Mapping

附：其他资料
Appendix: Other Data

一、概　况

Chapter 1　General

土地资源状况
Land Resources Conditions

项　目	Item	2008 年面积（万公顷）Area in 2008 (10^4 hectare)	占总面积（%）Percentage to Total Area (%)
总面积	**Total Land Area**		
耕　地	Cultivated Land	12171.6	12.80
园　地	Garden Land	1179.1	1.24
林　地	Forest Land	23609.2	24.83
牧草地	Pasture Land	26183.5	27.54
其他农用地	Other Agricultural Land	2544.3	2.68
居民点及独立工矿用地	Land for Residential, Industrial/Mining Sites	2691.6	2.83
交通运输用地	Land for Transport	249.6	0.26
水利设施用地	Land for Water Conservancy Facilities	364.5	0.38
未利用地	Unused Land		

注：2008 年土地变更调查的统一时点为 12 月 31 日。

Notes: The statistical time of The Land-use Alteration Survey in 2008 is Dec.31st.

二、国土资源调查、勘查

Chapter 2 Land and Resources Survey and Mineral Resources Exploration

土地资源

Land Resources

耕地增减
Changes in

单位：亩[①]

年份/地区	Year/Region	年初耕地面积 Cultivated Land Area at Year Beginning	年内增加耕地面积 Increase of Cultivated Land Area During the Year					年内 Decrease of
			小计 Subtotal	整理 Land Consolidation	复垦 Land Reclamation	开发 Land Development	农业结构调整 Agricultural Restructuring	小计 Subtotal
2006		1831240000.8	10796850.3	1183417.1	954687.2	3369816.9	5288929.1	15398781.8
2007		1826638069.3	4499778.8	683452.3	395189.9	1858892.0	1562244.6	5109865.3
2008[②]		1826027982.8	3880581.2	928642.2	440010.7	2075454.7	436473.6	4170186.9
北京	Beijing	3482810	29767.3	16831.2	444.7	11785.7	705.7	37254
天津	Tianjin	6655144.6	56831	8100.6	723.3	48007.1		95629.8
河北	Hebei	94727101.9	237162.1	47330.2	21309	123653.2	44869.7	204803.7
山西	Shanxi	60801716.5	81443.2	6009	2059.4	71411.8	1963	45808.3
内蒙古	Inner Mongolia	107194196.3	76694.3	15544.4	8239	45537.4	7373.5	62245
辽宁	Liaoning	61277519.6	76430.7	6839.1	1180.6	67773.4	637.6	74698.1
吉林	Jilin	83025334.6	67238.8	27014.9	5798.4	34425.5		72908.5
黑龙江	Heilongjiang	177575475.7	101022.2	24471.4	7868.2	55543.2	13139.4	224683.2
上海	Shanghai	3894513.3	47140.5	9646.5	15355.2	13.1	22125.7	282260.9
江苏	Jiangsu	71456624.8	334924.9	49669.4	102968.7	182284.4	2.4	334656.8
浙江	Zhejiang	28763041.7	365681.9	145782.7	35232.9	146278.8	38387.5	315901.4
安徽	Anhui	85922292.9	179114.8	30003.4	63294.8	72077.7	13738.9	148576.9
福建	Fujian	19996135.1	60711.9	5782.6	542.6	53711.9	674.8	105287.9
江西	Jiangxi	42401215.8	91283.6	5976.3	380.9	82880.7	2045.7	86207.1
山东	Shandong	112605923.5	346227.8	119674.7	40210.7	128421.2	57921.2	222561.3
河南	Henan	118890406.8	156469.1	26863.8	22025.7	104874.9	2704.7	151261.6
湖北	Hubei	69950328.8	132878.1	37062.5	27267.4	66585.4	1962.8	121385.4
湖南	Hunan	56834558.6	98084	18925.9	1139.6	76819.4	1199.1	92030.1
广东	Guangdong	42714886.6	80866.5	12272.1	1888.2	62833.7	3872.5	334781
广西	Guangxi	63220455.7	117135.3	10788.5	278.9	97836.1	8231.8	74794.6
海南	Hainan	10912491.5	24021.1	13763.8		9976.1	281.2	23879.5
重庆	Chongqing	33586232.8	107740.7	67470.7	4588.6	32652.8	3028.6	154993.3
四川	Sichuan	89251815.1	294224.7	156566	7176.3	47722	82760.4	335061.5
贵州	Guizhou	67311828.8	82069.9	3307.5	5088.7	73065.7	608	114439.9
云南	Yunnan	91085369.6	174858.1	8127	16609.4	107959.1	42162.6	179328.5
西藏	Tibet	5417085.4	12264.1	1709	429.7	9631.9	493.5	4880.1
陕西	Shaanxi	60735668.2	147514.5	18349.5	37558.5	89008.6	2597.9	127968
甘肃	Gansu	69896304.7	50434.1	15391.2	5481.5	27425.7	2135.7	65226.5
青海	Qinghai	8133029.8	19176.7	1563	101.6	17465.3	46.8	11417.6
宁夏	Ningxia	16595099.5	40244.6	2651.1	33.1	26224.5	11335.9	29412.6
新疆	Xinjiang	61713374.6	190924.7	15154.2	4735.1	101568.4	69467	35843.8

注：① 1亩=0.067公顷；② 2008年度土地变更调查统计周期为2007年11月1日至2008年12月31日。

Notes: ① 1 mu=0.067 hectare; ② The statistical time of The Land-use Alteration Survey in 2008 is from Nov.1st, 2007 to Dec.31st, 2008.

变 动 情 况
Cultivated Land

Unit: mu[①]

减少耕地面积 Cultivated Land Area during the Year					年末耕地面积 Cultivated Land Area at Yearend
建设占用 Land for Construction Use	往年未变更上报 Used in Previous Years and Reported in Current Year	灾害损毁 Destroyed by Natural Hazards	生态退耕 Turned to Ecological Uses	农业结构调整 Agricultural Restructuring	
3878093.2	1367569.6	537955.0	5090852.3	5891881.3	1826638069.3
2824289.4		268863.2	381686.4	1635026.3	1826027982.8
2873522.9		372047.7	113973.3	810643.0	1825738377.1
30408.2			2561.3	4284.5	3475323.3
56822.2		38804.8		2.8	6616345.8
112907.6		172.2	41442.3	50281.6	94759460.3
45199.2		68.8	77.6	462.7	60837351.4
44476.4		15065.9	3	2699.7	107208645.6
73649			693	356.1	61279252.2
64256.9		3.1	4950	3698.5	83019664.9
75554		278	18.4	148832.8	177451814.7
108167.2		1828.3	6989.2	165276.2	3659392.9
334656.8					71456892.9
306939.3		1134.7	324	7503.4	28812822.2
133439.9		61	3184.1	11891.9	85952830.8
97494.5		3824.4	49.6	3919.4	19951559.1
85445.6		175.8	60	525.7	42406292.3
203331.2		418.4	3765.6	15046.1	112729590
146686.2			1016.2	3559.2	118895614.3
103104.3		3261.4	507.1	14512.6	69961821.5
89405.6		1007.8	109.7	1507	56840612.5
53211.7		8008	5575.3	267986	42460972.1
68499.4		2425.1	1511.7	2358.4	63262796.4
9035.3		851.6	934.5	13058.1	10912633.1
75526.7		66246.6	2523.3	10696.7	33538980.2
184136		137378.4	4713.1	8834	89210978.3
53876.4		47551.9	8583.8	4427.8	67279458.8
130279.1		30438.7	3079	15531.7	91080899.2
2925.6		849.7	671.2	433.6	5424469.4
92106.8		3201	8845.8	23814.4	60755214.7
38809.4		8627.7	3196.1	14593.3	69881512.3
11166.8			2.4	248.4	8140788.9
22903.8		4.9	413.3	6090.6	16605931.5
19101.8		359.5	8172.7	8209.8	61868455.5

土地登记发证与
Land Registration and License

单位：宗

地区	Region	土地 Land License					
		国有土地使用权 State-owned Land-use Right		集体土地使用权 Collective-owned Land-use Right		集体建设用地使用权 Right to the Use of Construction Land for Collectives	
		应完成初始登记宗数 Number of Land Plots Whose Initial Registration should be Completed	已完成初始登记宗数 Number of Land Plots Whose Initial Registration have been Completed	应完成初始登记宗数 Number of Land Plots Whose Initial Registration should be Completed	已完成初始登记宗数 Number of Land Plots Whose Initial Registration have been Completed	应完成初始登记宗数 Number of Land Plots Whose Initial Registration should be Completed	已完成初始登记宗数 Number of Land Plots Whose Initial Registration have been Completed
总计		**51483079**	**44556210**	**6716682**	**5948786**	**16156198**	**12453596**
北京	Beijing	106760	49979	24661	23071	60919	11497
天津	Tianjin	105346	69113	28964	26977	44904	13741
河北	Hebei	1419721	1290868	128814	125716	349772	233073
山西	Shanxi	584259	461166	108621	105342	594706	463961
内蒙古	Inner Mongolia	1717408	1501215	144810	131339	232576	185029
辽宁	Liaoning	1571028	1215043	133979	132814	1147501	851994
吉林	Jilin	1819383	1687030	208753	205045	230510	213279
黑龙江	Heilongjiang	2660182	2297777	44946	42888	37045	29959
上海	Shanghai	276360	256712	13841	13629	38805	38287
江苏	Jiangsu	4733139	4405324	1007628	998140	1174327	1110318
浙江	Zhejiang	4615352	4458169	400128	380341	696970	673622
安徽	Anhui	2190239	1740287	19702	19571	240266	229767
福建	Fujian	1952323	1790716	100493	92870	1479471	1252140
江西	Jiangxi	1225407	1018332	875341	814172	452138	220757
山东	Shandong	2318842	2165714	300088	293227	644161	503012
河南	Henan	2139926	1510607	77111	73610	4855309	3900444
湖北	Hubei	2810607	2479504	71730	70813	676721	515009
湖南	Hunan	1998283	1457379	318012	93697	599992	293331
广东	Guangdong	4844183	4116647	1485533	1392024	743704	700899
广西	Guangxi	1303546	1170033	45013	43099	28648	15232
海南	Hainan	168751	168751	73547	72502	5098	4986
重庆	Chongqing	2336075	2275305	90243	89608	56983	48432
四川	Sichuan	4308597	3457497	422872	414457	183087	175489
贵州	Guizhou	798037	599271	24058	24050	37168	28827
云南	Yunnan	1358484	1226603	432304	141167	406002	170393
西藏	Tibet	133582	80929	3562	1424	204824	56498
陕西	Shaanxi	595286	432082	85457	83745	137671	117053
甘肃	Gansu	352051	320919	20277	20110	128850	70753
青海	Qinghai	107198	83731	8707	8463	13194	5514
宁夏	Ningxia	125473	114541	2655	2536	7037	4041
新疆	Xinjiang	807251	654966	14832	12339	647839	316259

权属争议情况（2012 年）

Issued and Ownership Dispute (2012)

Unit: plot

发　证 Issued		土地权属争议 Land Ownership Dispute				
宅基地使用权 Right to the Use of Original House Sites		现有争议数 Number of Ownership Dispute Cases Available		已处理争议数 Number of Ownership Dispute Cases Handled		
					当年已处理争议数 Number of Ownership Dispute Cases Handled in the Current Year	
应完成初始登记宗数 Number of Land Plots Whose Initial Registration should be Completed	已完成初始登记宗数 Number of Land Plots Whose Initial Registration have been Completed		当年受理现有争议数 Number of Ownership Dispute Cases Available Accepted in the Current Year			当年受理当年处理争议数 Number of Ownership Dispute Cases Accepted and Handled in the Current Year
230087752	**183093262**	**62765**	**34135**	**195523**	**37907**	**32872**
1136920	586766	534	373	2247	1118	627
801026	547267	519	3	10079	277	52
16763655	13148023	3064	2201	7115	3422	3220
5538385	4683396	2986	1896	3331	1854	1693
3528085	2014944	8940	6245	8067	7804	7523
5631485	3333142	1228	971	2285	141	97
3416108	2916160	9476	9322	7189	3170	3145
3963873	3556820	1903	1505	8255	1705	1392
1049564	1049086	6	6	145	43	43
13569561	12427812	1224	1106	3144	803	445
11367464	9346637	51	42	2712	232	152
12822557	12184501	835	105	4198	332	285
5502843	4808202	3526	525	3888	435	287
6195467	4040769	1658	1431	2856	949	924
22412697	19412656	3797	2156	6546	3933	3754
18111161	13690133	1024	212	4691	449	381
7509034	5135819	1044	465	3446	620	509
11712333	7189614	1677	642	11317	1360	1207
13676717	12147433	2552	946	6009	1840	1220
7491022	6277032	7266	662	2624	526	461
912266	891556	52	5	7737	35	3
7158115	6970379	294	118	7422	308	224
18363274	17441248	897	339	23478	1832	1735
5861599	4944021	932	309	17477	672	443
10509680	4929099	4706	1386	19240	2044	1377
402162	154416	450	52	608	66	33
6318881	4435563	694	246	4463	610	406
4668808	2522897	272	245	9775	743	698
686693	548614	423	289	536	103	84
855830	790253	63	30	209	43	34
2150487	969004	672	302	4434	438	418

主要统计指标解释

年初（末）耕地面积 是指年初（末）统计区域内实有的全部耕地面积。

年内增加耕地面积 是指本年度因土地整理、复垦、开发、农业结构调整而增加的耕地面积。

土地整理 是指在一定区域内，按照土地利用规划，对田、水、路、林、村综合整治，提高农地质量，增加有效农地面积，改善农业生产条件和生态环境。其内容主要包括调整用地结构；归并零散地块；平整土地；道路、渠道等的综合治理；村庄及乡村企业用地的集中、搬迁和内部改造等。

土地复垦 是指对生产建设过程中挖损、塌陷、压占、污染等造成破坏的土地和洪灾、滑坡、崩塌、泥石流、风沙等自然灾害损毁的土地，采取生物和工程技术手段，使其恢复到可供利用状态的活动。

土地开发 是指按照土地利用规划，在保护和改善生态环境、防治水土流失和土地荒漠化的前提下，对滩涂、盐碱地、荒草地、裸土地等未利用地的宜农土地进行整治。

农业结构调整 是指由于经济发展和保护生态环境需要，在报告期内对原有种植业、林业、牧业、水产养殖业、副业等所占土地在农业生产中所占比例进行调整。

农业结构调整（增加耕地） 是指由于农业结构调整，将原其他农业用途的土地改为耕地的面积。

年内减少耕地面积 是指本年度因建设占用、灾害损毁、生态退耕和农业结构调整而减少的耕地面积。

建设占用 是指因各类建设占用而减少的耕地面积。

灾害损毁 是指因水冲、沙压、山崩、泥石流、沟蚀、地震等自然灾害破坏而减少的耕地面积。

生态退耕 是指因生态环境建设需要，实际耕地退耕还林、还牧、还湖的面积。

农业结构调整（减少耕地） 是指由于农业结构调整，将原耕地改为其他农业用途土地的面积。

应完成初始登记宗数 是指本行政辖区范围内依据权属调查表和通过相关部门统计资料估算取得的初始登记宗地总宗数。

已完成初始登记宗数 指本行政辖区内历年累计完成的国有土地使用权、集体土地所有权、集体土地使用权初始登记宗地数量。

现有争议数 截至报告期末，本行政辖区内历年累计受理且未处理结案的权属争议案件数量。受理或处理的一宗完整的争议案件为一件，一宗争议案分几次受理（或处理）的按一件统计。飞地权属发生争议的，由飞地所在地统计（下同）。

当年受理现有争议数 指报告期内，本行政辖区内当年受理且未处理结案的土地权属争议案件。

已处理争议数 截至报告期末，本行政辖区内历年累计已经处理结案的争议案件数量。

当年已处理争议数 指报告期内，本行政辖区内已经处理结案的土地权属争议案件（包括已处理的上年接转处理的争议案件）数量。

当年受理当年处理争议数 指报告期内，本行政辖区内当年受理且已经处理结案的土地权属争议案件（不包括已处理的上年接转处理的争议案件）数量。

Explanatory Notes on Main Statistical Indicators

Cultivated land area at year beginning (end) — refers to the area of all the cultivated land available within a geographic region of statistical surveys at the beginning (end) of the year.

Increased of cultivated land area during the year — refers to the area of cultivated land increased during the year as a result of land consolidation, reclamation, new development, and agricultural restructuring.

Land consolidation — refers to the process of comprehensive renovation of farmland, water, roads, forests, and villages in a particular region according to land-use planning in order to raise the farmland quality, increase the effective farmland area and improve the conditions of agricultural production and ecological environment. The content mainly includes land-use structure adjustment, consolidation of scattered parcels of land, land leveling, road and canal improvements, and concentration, relocation, and internal modification of land used for the construction of villages and village-and-town enterprises.

Land reclamation — refers to the process of restoring to the usable state the land damaged by excavation, collapse, surface land occupation, and pollution during the production and by natural disasters such as floods, landslides, avalanches, mud-flows, and wind-blown sand disasters by taking biotechnical and engineering technological means.

Land development — refers to the process of improving unused land suited to agricultural purposes such as shoals, saline-alkali land, land overgrown with weeds, and nuked land according to land-use planning in order to protect and improve the ecological environment, prevent soil erosion, and land desertification.

Agricultural restructuring — refers to the adjustment of the percentages of the lands originally used by crop growing, forestry, livestock farming, aquatic products farming, and side-line occupation in agricultural production during the reporting period in order to meet the requirements for economic development and eco-environmental protection.

Agricultural restructuring (increase of cultivated land) — refers to the area of cultivated land to which the land for other agricultural uses is converted as a result of agricultural restructuring.

Decrease of cultivated land area during the year — refers to the area of cultivated land decreased during the year as a result of use for construction, damage by natural hazards, transfer of productive cultivated land to ecological preservation uses, and agricultural restructuring.

Land for construction Use — refers to the area of cultivated land decreased due to various construction uses.

Destroyed by natural hazards — refers to the area of cultivated land decreased due to damage by natural hazards such as water erosion, sand coverage, landslides, mudflows, rill erosion, and earthquakes.

Turned to ecological uses — refers to the area of actual cultivated land converted for forestry, pasture, and lakes in order to meet the requirements for eco-environmental construction.

Agricultural restructuring (decrease of cultivated land) — refers to the area of land for other agricultural uses to which original cultivated land is converted as a result of agricultural restructuring.

Number of land plots whose initial registration should be completed — refers to the total number of initially registered land plots within the area under the administrative jurisdiction estimated according to the ownership investigation forms and statistical data of relevant departments.

Number of land plots whose initial registration has been completed — refers to the total number of cumulative land plots within the area under the administrative jurisdiction whose initial registration of state-owned land-use rights, ownership of collective-owned land, and collective-owned land-use rights over the years has been completed.

Number of ownership dispute cases available — refers to the number of ownership dispute cases within the area under the administrative jurisdiction that have been accepted cumulatively over the years but not handled or settled by the end of the reporting period. One complete ownership dispute case accepted or handled is referred to as one case. One dispute case that is accepted (or handled) several times is referred to as one case in the case statistics. A "land of one administrative area enclosed by that of another" is assigned to its affiliation area in the case statistics when its ownership is disputed (the same hereinafter).

Number of ownership dispute cases available accepted in the current year — refers to the number of the land ownership dispute cases within the area under the administrative jurisdiction that have been accepted but not handled or settled in the current year.

Number of ownership dispute cases handled — refers to the number of land ownership dispute cases within the area under the administrative jurisdiction that have been handled and settled cumulatively over the years by the end of the reporting period.

Number of ownership dispute cases handled in the current year — refers to the number of land ownership dispute cases within the area under the administrative jurisdiction that have been handled and settled in the current year during reporting period (including those that were transferred from the previous year and have been handled).

Number of ownership dispute cases accepted and handled in the current year — refers to the number of land ownership dispute cases within the area under the administrative jurisdiction that have been accepted, handled, and settled in the current year during reporting period (not including those that were transferred from the previous year and have been handled).

矿产资源勘查

Mineral Resources Exploration

地质勘查新查明矿产资源——按矿种分列（2012年）
Mineral Resources Identified Newly through Geological Exploration by Mineral (2012)

矿 种	Mineral	计量单位	Unit	新查明资源量 Newly Identified Mineral Resources
煤炭	Coal	亿吨（原煤）	10^8t (raw coal)	1320.12
石油	Oil	亿吨（原油）	10^8t (crude oil)	2.70
天然气	Natural gas	亿立方米（气量）	10^8m^3 (gas)	5007.61
油页岩	Oil shale	亿吨（矿石）	10^8t (ore)	12.00
石煤	Stone coal	亿吨（矿石）	10^8t (ore)	4.73
地热	Geothermal	电（热），兆瓦（能）	Heat (power), MW (energy)	4.00
铁矿	Iron	亿吨（矿石）	10^8t (ore)	53.95
锰矿	Manganese	万吨（矿石）	10^4t (ore)	11126.78
钒矿	Vanadium	万吨（V_2O_5）	10^4t (V_2O_5)	143.65
钛矿	Titanium	万吨（TiO_2）	10^4t (TiO_2)	103.71
铜矿	Copper	万吨（金属）	10^4t (metal)	236.22
铅矿	Lead	万吨（金属）	10^4t (metal)	205.30
锌矿	Zinc	万吨（金属）	10^4t (metal)	195.08
铝土矿	Bauxite	万吨（矿石）	10^4t (ore)	70606.29
镁矿	Magnesium	万吨（矿石）	10^4t (ore)	138384.00
镍矿	Nickel	万吨（金属）	10^4t (metal)	37.37
钨矿	Tungsten	万吨（WO_3）	10^4t (WO_3)	20.49
锡矿	Tin	吨（金属）	t (metal)	9154.38
钼矿	Molybdenum	万吨（金属）	10^4t (metal)	154.74
锑矿	Antimony	吨（金属）	t (metal)	25561.65
金矿	Gold	吨（金属）	t (metal)	604.00
银矿	Silver	吨（金属）	t (metal)	3950.05
铌砂矿	Niobium	吨（矿物）	t (mineral)	16270.00
铌原生矿	Niobium	万吨（Nb_2O_5）	10^4t (Nb_2O_5)	4.00
铌矿	Niobium	万吨（金属）	10^4t (metal)	37.29
锶	Strontium	万吨（$SrSO_4$）	10^4t ($SrSO_4$)	137.00
铷	Rubidium	吨（Rb_2O）	t(Rb_2O)	46.83
稀土矿	Rare earths	万吨（TR_2O_3）	10^4t(TR_2O_3)	54.91
普通萤石	Common fluorite	万吨（CaF_2）	10^4t(CaF_2)	221.56
熔剂用灰岩	Limestone for flux	亿吨（矿石）	10^8t (ore)	0.21
冶金用石英岩	Metallurgical quartzite	万吨（矿石）	10^4t (ore)	68367.51
冶金用脉石英	Metallurgical vein quartz	万吨（矿石）	10^4t (ore)	44.25
硫铁矿	Pyrite	万吨（矿石）	10^4t (ore)	1560.00

地质勘查新查明矿产资源——按矿种分列（2012年） 续表
Mineral Resources Identified Newly through Geological Exploration by Mineral (2012) Continued

矿 种	Mineral	计量单位	Unit	新查明资源量 Newly Identified Mineral Resources
磷矿	Phosphate rock	万吨（矿石）	10^4 t (ore)	156652.20
芒硝	Mirabilite	万吨（Na_2SO_4）	10^4 t (Na_2SO_4)	593.00
重晶石	Barite	万吨（矿石）	10^4 t (ore)	85.95
盐矿（包括地下卤水）	Salt(include natural brine)	亿吨（NaCl）	10^8 t (NaCl)	75.00
硅灰石	Wollastonite	万吨（矿物）	10^4 t (mineral)	11950.00
长石	Feldspar	万吨（矿物）	10^4 t (mineral)	200.00
方解石	Calcite	万吨（矿物）	10^4 t (mineral)	455.00
玻璃用脉石英	Vein quartz for glass	万吨（矿石）	10^4 t (ore)	1548.00
耐火粘土	Fireclay	万吨（矿石）	10^4 t (ore)	9.00
泥炭	Peat	万吨（矿石）	10^4 t (ore)	103.00
电气石	Tourmaline	万吨（矿石）	10^4 t (ore)	1.00
石墨（晶质）	Graphite	万吨（矿物）	10^4 t (mineral)	732.00
石膏	Gypsum	万吨（矿石）	10^4 t (ore)	20576.83
玻璃用灰岩	Limestone for glass	万吨（矿石）	10^4 t (ore)	1873.00
水泥用灰岩	Limestone for cement	亿吨（矿石）	10^8 t (ore)	13.31
建筑用灰岩	Limestone for building	万立方米（矿石）	10^4 m^3 (ore)	1727.00
玻璃用白云岩	Dolostone for glass	万吨（矿石）	10^4 t (ore)	2129.00
建筑用白云岩	Dolostone for building	万立方米（矿石）	10^4 m^3 (ore)	29.00
玻璃用石英岩	Quartzite for glass	万吨（矿石）	10^4 t (ore)	2766.00
水泥配料用砂岩	Sandstone for cement	万吨（矿石）	10^4 t (ore)	3946.66
建筑用砂岩	Sandstone for building	万立方米（矿石）	10^4 m^3 (ore)	191.00
建筑用砂	Sand for building	万立方米（矿石）	10^4 m^3 (ore)	39.00
硅藻土	Diatomaceous earth	万吨（矿石）	10^4 t (ore)	932.00
水泥配料用页岩	Shale for cement	万立方米（矿石）	10^4 m^3 (ore)	63.51
高岭土	Kaolin	万吨（矿石）	10^4 t (ore)	1084.00
膨润土	Bentonite	万吨（矿石）	10^4 t (ore)	3267.00
建筑用花岗岩	Building granite	万立方米（矿石）	10^4 m^3 (ore)	158.00
饰面用花岗岩	Facing granite	万立方米（矿石）	10^4 m^3 (ore)	616.91
建筑用凝灰岩	Tuff for building	万立方米（矿石）	10^4 m^3 (ore)	130.00
饰面用大理岩	Facing marble	万立方米（矿石）	10^4 m^3 (ore)	2.98
水泥用大理岩	Marble for cement	万吨（矿石）	10^4 t (ore)	2672.15
建筑用大理岩	Marble for building	万立方米（矿石）	10^4 m^3 (ore)	1692.00
矿泉水	Mineral water	立方米/日	m^3/day	180.00
地下水	Groundwater	立方米/日	m^3/day	7560.00

地质勘查投入和新发现矿产
Input in Geological Exploration and Newly

年份/地区	Year/Region	地质勘查 Expenditures for Geological				
					企事业 Funds from Enterprises	
		合计 Total	中央财政拨款 Central Special Budgetary Allocations	地方财政拨款 Local Special Budgetary Allocations	小计 Subtotal	国内企事业 Funds from Domestic Enterprises and Institutions Institutions
2004		3129145.96	108114.56	87010.68	2917321.30	2758027.85
2005		3444127.26	125081.45	146633.05	3160857.16	2996221.62
2006		4951694.68	178709.14	199273.10	4554310.06	4331986.06
2007		6228345.24	281043.86	295253.26	5605262.17	5407068.26
2008		7357583.93	351500.00	572400.00	6433683.93	6329514.23
2009		8306187.19	456189.12	826505.10	7023492.97	6315984.70
2010		10236148.09	765294.40	897703.34	8573150.35	7822506.61
2011		11181853.67	756149.43	1037516.46	9388187.78	
2012		12967540.64	884198.86	1283563.65	10799778.13	10516960.04
北　京	Beijing	99728.26	1722.00	12836.75	85169.51	83616.51
天　津	Tianjin	186003.52	1750.00	2279.00	181974.52	181676.30
河　北	Hebei	492270.82	14353.29	109601.72	368315.81	360387.68
山　西	Shanxi	215240.91	5169.90	73754.17	136316.84	130322.54
内蒙古	Inner Mongolia	665736.71	53214.00	116361.00	496161.71	456479.71
辽　宁	Liaoning	303434.92	9599.42	44274.05	249561.45	244643.93
吉　林	Jilin	332859.83	8803.04	6140.75	317916.04	309319.86
黑龙江	Heilongjiang	481414.98	18517.08	58183.73	404714.17	396770.95
上　海	Shanghai	105231.03	900.00	2831.03	101500.00	101500.00
江　苏	Jiangsu	223733.93	9020.00	4528.15	210185.78	209598.74
浙　江	Zhejiang	97115.11	6282.60	8027.92	82804.59	82133.79
安　徽	Anhui	163900.57	8454.68	34625.61	120820.28	115089.03
福　建	Fujian	67116.61	18201.89	7108.19	41806.53	39498.40
江　西	Jiangxi	116650.46	16108.72	23434.78	77106.96	74407.22
山　东	Shandong	676953.01	6847.46	52759.43	617346.12	603592.03
河　南	Henan	622842.75	9985.84	121700.65	491156.26	478597.48
湖　北	Hubei	132817.02	13636.00	13461.31	105719.71	103876.81
湖　南	Hunan	102565.64	18890.79	39803.58	43871.27	42195.21
广　东	Guangdong	53052.45	8464.72	4533.87	40053.86	37684.18
广　西	Guangxi	90731.12	8950.08	20731.37	61049.67	48457.82
海　南	Hainan	92467.32	3488.76	1311.96	87666.60	81298.92
重　庆	Chongqing	44297.79	8288.00	28727.08	7282.71	5710.74
四　川	Sichuan	1041940.36	25479.56	55018.34	961442.46	956177.39
贵　州	Guizhou	157472.77	11599.00	28268.13	117605.64	97874.70
云　南	Yunnan	227389.64	24228.40	34906.49	168254.75	145141.68
西　藏	Tibet	91474.41	57144.60	5028.99	29300.82	25953.50
陕　西	Shaanxi	1174661.95	12873.89	34390.94	1127397.12	1103632.82
甘　肃	Gansu	400282.44	20653.50	99534.35	280094.59	262960.56
青　海	Qinghai	505607.63	83668.34	90257.23	331682.06	324135.25
宁　夏	Ningxia	41258.41	8826.00	12552.11	19880.30	19698.39
新　疆	Xinjiang	2037589.77	69296.30	136590.97	1831702.50	1790610.40
其　他	The Others	1923698.50	319781.00		1603917.50	1603917.50

注：① 为 2003 年新增指标。

Note: ① Newly added indicators in 2003.

地情况——按地区分列

Discovered Mineral Prospects by Region

经费（万元） Exploration (10^4 yuan)			机械岩心钻探工作量（米） Footage of Core Drilling (meter)	坑探工作量（米） Footage of Pitting (meter)	新发现矿产地 Newly Discovered Mineral Prospects
资金 and Institutions					
港澳台商[①] Investment from Hong Kong, Macau and Taiwan	外商 Foreign Investment	其他投入 Other Investments			
571.00	158722.45	16698.42	6368500	139974	253
384.00	164251.54	11555.60	8554379	397177	177
611.37	221712.63	19402.38	11401868	274254	237
8209.29	189984.62	46785.95	13660347	415348	256
7564.43	35651.16	60954.11	20129743	962670	257
2976.64	437628.02	266903.61	23481486	869796	767
3036.52	604162.89	143444.33	26071466	951792	397
			30085346	873128	290
10479.91	11577.69	260760.49	34191939	869934	251
		1553.00	72600		
		298.22	210700		
	2306.00	5622.13	1255507	21624	27
		5994.30	1020100	2945	19
70.00		39612.00	3702200	76394	8
		4917.52	907524	4807	9
	195.50	8400.68	951085	18189	4
		7943.22	905531	1600	2
			14700		
		587.04	372100		2
	110.00	560.80	273650	10332	3
		5731.25	1518300	27732	3
		2308.13	474600	24130	7
81.00		2618.74	652500	50468	5
220.28		13533.81	2116200	18059	18
	1000.00	11558.78	1497900	24002	23
		1842.90	329100	5819	9
40.00	389.03	1247.03	581000	25445	12
	1014.68	1355.00	375482	25831	1
510.00	1198.00	10883.85	504700	38644	3
		6367.68	120200	7429	3
		1571.97	159500	5803	3
	257.15	5007.92	927105	47871	11
3879.54	885.00	14966.40	1300300	17228	14
35.00		23078.07	984300	116722	18
		3347.32	173000	3180	2
3547.86		20216.44	3157841	116983	5
	3361.83	13772.20	1943940	54935	3
		7546.81	1233162	27033	9
		181.91	235100	81	3
2096.23	860.50	38135.37	4720412	96648	16
			1501600		9

地质勘查投入和新发现矿产地

Input in Geological Exploration and Newly

矿种	Mineral	地质勘查 Expenditures for Geological				
		合计 Total	中央财政拨款 Central Special Budgetary Allocations	地方财政拨款 Local Special Budgetary Allocations	企事业 Funds from Enterprises	
					小计 Subtotal	国内企事业 Funds from Domestic Enterprises and Institutions
总　计	**Total**	**12967540.64**	**884198.86**	**1283563.65**	**10799778.13**	**10516960.04**
煤炭	Coal	1219089.96	34933.91	397675.54	786480.51	748547.89
石油天然气	Oil & natural gas	7804557.55			7804557.55	7804557.55
煤层气	Coal-bed methane	61566.68			61566.68	61566.68
天然沥青	Native bitumen	79.00			79.00	79.00
油页岩	Oil shale	10926.22	40.00	3514.46	7371.76	7028.56
石煤	Stone coal	32058.28	1549.00	15420.13	15089.15	4892.87
地热	Geothermal	39872.33		12346.42	27525.91	19830.91
铁矿	Iron	495408.64	32890.56	144074.93	318443.15	277564.73
锰矿	Manganese	40397.26	1728.00	13192.40	25476.86	20969.46
铬矿	Chromite	6443.15		619.33	5823.82	2113.82
钛矿	Titanium	11327.47		1323.83	10003.64	5499.18
钒矿	Vanadium	12690.14	159.14	1697.52	10833.48	8874.52
铜矿	Copper	558423.76	45850.44	76096.45	436476.87	390701.17
铝土矿	Bauxite	64589.41	5675.90	23620.29	35293.22	33122.48
镁矿	Magnesium	1683.44		1547.39	136.05	136.05
镍矿	Nickel	23636.65	500.00	3527.48	19609.17	18548.14
钴矿	Cobalt	1153.82		558.10	595.72	595.72
钨矿	Tungsten	45113.97	6652.56	8054.57	30406.84	25430.18
锡矿	Tin	24214.12	1347.00	4686.97	18180.15	15827.60
铋矿	Bismuth	10.45			10.45	
钼矿	Molybdenum	83566.32	2331.00	18343.87	62891.45	58968.45
锑矿	Antimony	11372.14	1361.89	2788.76	7221.49	6219.00
汞矿	Mercury	344.27			344.27	344.27
铅锌矿	Lead-zinc	345391.05	15521.88	49815.56	280053.61	252107.72
铂族金属	Platinum-group metals	998.08			998.08	785.08
金矿	Gold	646444.21	45775.86	91631.98	509036.37	460904.12
银矿	Silver	66731.47	445.72	18633.59	47652.16	41568.53
铌矿	Niobium	7896.09		3407.39	4488.70	3966.21
钽矿	Tantalum					
铍矿	Beryllium	3875.45		606.00	3269.45	3188.45

情况——按矿种分列（2012 年）
Discovered Mineral Prospects by Mineral (2012)

经 费（万元）Exploration (10^4 yuan)			机械岩心钻探工作量（米）Footage of Core Drilling (meter)	坑探工作量（米）Footage of Pitting (meter)	新发现矿产地 Newly Discovered Mineral Prospects
资 金 and Institutions					
港澳台商 Investment from Hong Kong, Macau and Taiwan	外商 Foreign Investment	其他投入 Other Investments			
10479.91	**11577.69**	**260760.49**	**34191939**	**869938**	**251**
7497.40	408.25	30026.97	9659386	62126	51
			7782800		15
			26600		
				800	
		343.20	65628		
		10196.28	163713	1478	3
		7695.00	365100		2
		40878.42	2907316	84087	24
	1198.00	3309.40	256733	10847	6
		3710.00	10984	3600	
		4504.46	35563	2000	1
		1958.96	69431	10570	9
35.00	110.00	45630.70	2549468	121830	6
		2170.74	558871	2111	12
			9587		5
81.43	659.40	320.20	139450	1436	
			2768	230	
40.00		4936.66	319310	15447	3
		2352.55	153571	24560	
		10.45	1000		
		3923.00	682300	23090	5
		1002.49	49197	7571	
			1673	1476	
	3681.26	24264.63	1874631	166587	17
		213.00	1517		
2235.08	4834.36	41062.81	3953940	236866	23
	639.42	5444.21	424472	41047	1
		522.49	17807	693	
					1
		81.00	28535	2649	

地质勘查投入和新发现矿产地
Input in Geological Exploration and Newly

矿种	Mineral	地质勘查 Expenditures for Geological				
		合计 Total	中央财政拨款 Central Special Budgetary Allocations	地方财政拨款 Local Special Budgetary Allocations	企事业 Funds from Enterprises	
					小计 Subtotal	国内企事业 Funds from Domestic Enterprises and Institutions
锂矿	Lithium	4443.87	500.00	2368.00	1575.87	1575.87
锆矿	Zirconium	541.06		164.00	377.06	377.06
锶矿	Strontium	1366.00		841.00	525.00	
铷矿	Rubidium	4857.86		4270.00	587.86	587.86
铯矿	Cesium	164.99			164.99	164.99
稀土矿	Rare earth	13833.85	2902.00	6885.45	4046.40	4046.40
锗矿	Germanium	800.00			800.00	800.00
铼矿	Rhenium	25.73			25.73	25.73
蓝晶石	Kyanite	928.35			928.35	928.35
红柱石	Andalusite	637.87			637.87	623.40
菱镁矿	Magnesite	91.29		29.04	62.25	62.25
普通萤石	Common fluorite	13690.30		1651.37	12038.93	10386.67
溶剂用灰岩	Limestone for flux	1728.99		408.66	1320.33	906.33
冶金用白云岩	Metallurgical dolomite	1051.43		345.90	705.53	582.90
冶金用石英岩	Metallurgical quartzite	1187.51		714.32	473.19	464.59
冶金用脉石英	Metallurgical vein quartz	270.77			270.77	119.19
耐火粘土	Fireclay	885.30		14.07	871.23	620.23
溶剂用蛇纹岩	Serpentinite for flux	82.23		13.45	68.78	68.78
硫矿	Native sulfur	4814.57		1186.74	3627.83	2275.23
钠硝石	Natratine	1183.09			1183.09	
明矾石	Alunite	23.27			23.27	23.27
芒硝	Mirabilite	769.09			769.09	617.09
重晶石	Barite	2490.18		397.83	2092.35	1588.75
天然碱	Trona	8304.75		1660.95	6643.80	4567.61
灰岩	Limestone	2318.82		1980.82	338.00	338.00
化工用白云岩	Dolostone for chemical industry	534.67		246.00	288.67	190.80
含钾岩石	K-bearing rock	417.40		125.31	292.09	292.09
泥炭	Peat	1109.67		16.83	1092.84	1092.84
盐矿(包括地下卤水)	Salt(include natural brine)	17381.65	1096.00	9804.81	6480.84	6123.18
钾盐	Potash	12194.27	6160.00	4141.00	1893.27	462.20
砷矿	Arsenic	132.00			132.00	132.00
磷矿	Phosphate rock	42541.06	30.00	6999.80	35511.26	33563.26

情况——按矿种分列（2012年） 续表1

Discovered Mineral Prospects by Mineral (2012) Continued 1

经费（万元） Exploration (10^4 yuan)			机械岩心钻探工作量（米） Footage of Core Drilling (meter)	坑探工作量（米） Footage of Pitting (meter)	新发现矿产地 Newly Discovered Mineral Prospects
资金 and Institutions					
港澳台商 Investment from Hong Kong, Macau and Taiwan	外商 Foreign Investment	其他投入 Other Investments			
			19801	4186	
			4399		
		525.00	11054		
			19341		
			647		
			93173	106	2
			2801	310	
		14.47	4318		
			301		
81.00		1571.26	103309	8788	5
		414.00	6849		2
		122.63	4215		3
		8.60	4705		
	47.00	104.58	1145		
		251.00	9666		1
		1352.60	52664	3527	1
		1183.09		940	
		152.00	2024		
		503.60	19128	1871	1
		2076.19	3742		
			11018		
		97.87	1612		
			2162		1
			2803		1
		357.66	74140	85	3
		1431.07	21550	265	
			606		
		1948.00	304395	13750	2

地质勘查投入和新发现矿产地

Input in Geological Exploration and Newly

矿种	Mineral	地质勘查 Expenditures for Geological				
		合计 Total	中央财政拨款 Central Special Budgetary Allocations	地方财政拨款 Local Special Budgetary Allocations	企事业 Funds from Enterprises	
					小计 Subtotal	国内企事业 Funds from Domestic Enterprises and Institutions
硼矿	Boron	259.14		149.14	110.00	110.00
金刚石	Diamond	2739.99	400.00	2284.63	55.36	55.36
石墨	Graphite	6575.86	150.00	1808.50	4617.36	4318.66
水晶	Crystal	10.00			10.00	10.00
刚玉	Corundum	56.60			56.60	56.60
硅灰石	Wollastonite	665.17		201.00	464.17	386.70
滑石	Talc	595.64		445.07	150.57	13.29
片云母	Flake mica	223.82		28.80	195.02	195.02
长石	Feldspar	1579.77		270.58	1309.19	709.19
电气石	Tourmaline	217.00		217.00		
石榴子石	Garnet	558.71		357.00	201.71	201.71
叶蜡石	Pyrophyllite	471.08		27.66	443.42	160.10
沸石	Zeolite	110.21			110.21	110.21
石膏	Gypsum	3865.01		945.29	2919.72	1345.05
方解石	Calcite	321.65			321.65	295.65
光学萤石	Optical fluorite	37.00		23.00	14.00	11.00
宝石	Gem	469.84		341.29	128.55	128.55
玉石	Jade	1042.19	280.00	376.45	385.74	385.74
玛瑙	Agate	155.64		155.64		
玻璃用灰岩	Limestone for glass	437.37		437.37		
灰岩	Limestone	33416.89	35.00	6239.49	27142.40	25148.13
建筑用灰岩	Limestone for building	474.69		93.43	381.26	101.76
饰面用灰岩	Facing limestone	153.00			153.00	
玻璃用白云岩	Dolostone for glass	141.92			141.92	60.00
建筑用白云岩	Dolostone for building	136.20		92.00	44.20	11.00
水泥配料用砂岩	Sandstone for cement	690.96		20.00	670.96	670.96
砖瓦用页岩	Shale for bricks and tiles	101.32		21.50	79.82	55.32
砖瓦用砂岩	Sandstone for bricks and tiles					
陶瓷用砂岩	Sandstone for ceramics	17.00			17.00	17.00
建筑用砂岩	Sandstone for building	42.70		2.20	40.50	
建筑用砂	Sand for building	57.80			57.80	6.00
砖瓦用砂	Sand for bricks and tiles	179.21		179.21		
水泥配料用脉石英	Vein quartz for cement	25.00			25.00	

情况——按矿种分列（2012年） 续表2

Discovered Mineral Prospects by Mineral (2012) Continued 2

经 费（万元）Exploration (10^4 yuan)			机械岩心钻探工作量（米）Footage of Core Drilling (meter)	坑探工作量（米）Footage of Pitting (meter)	新发现矿产地 Newly Discovered Mineral Prospects
资 金 and Institutions					
港澳台商 Investment from Hong Kong, Macau and Taiwan	外商 Foreign Investment	其他投入 Other Investments			
			3677		
			16456		
		298.70	40556	1240	3
		77.47	4362		
		137.28	5251		
			83		
		600.00	9587	302	
			690		
			4416		
		283.32	4532	280	
			2130	87	
		1574.67	38630	420	
		26.00	2140	60	
		3.00	300		
			2366	306	
			538		
			2048	89	
510.00		1484.27	212329		10
		279.50	1052		6
		153.00	937		
		81.92		527	
		33.20	1077		5
			4868	1400	
		24.50	549		
			200		1
		40.50			
		51.80	369		
			654		1
		25.00			

地质勘查投入和新发现矿产地
Input in Geological Exploration and Newly

矿种	Mineral	地质勘查 Expenditures for Geological				
		合计 Total	中央财政拨款 Central Special Budgetary Allocations	地方财政拨款 Local Special Budgetary Allocations	企事业 Funds from Enterprises	
					小计 Subtotal	国内企事业 Funds from Domestic Enterprises and Institutions
石英	Quartzite	1924.57	150.00	694.90	1079.67	853.87
硅藻土	Diatomaceous earth	600.33			600.33	445.33
陶粒用页岩	Shale for ceramsite	236.30		220.00	16.30	16.30
水泥配料用页岩	Shale for cement	101.00		69.00	32.00	
建筑用页岩	Shale for building	51.48		51.48		
高岭土	Kaolin	4421.15		2358.50	2062.65	1820.50
陶瓷土	Ceramic clay	2123.91		667.38	1456.53	1449.63
海泡石粘土	Sepiolite clay	65.00		65.00		
膨润土	Bentonite	1009.26		718.14	291.12	291.12
砖瓦用粘土	Clay for bricks and tiles	7.00			7.00	
陶粒用粘土	Ceramic clay	325.20		185.20	140.00	140.00
饰面用蛇纹岩	Facing serpentinite	514.22			514.22	
铸石用玄武岩	Basalt for casting	39.00			39.00	
饰面用玄武岩	Facing basalt	480.00		480.00		
建筑用玄武岩	Basalt for building	51.00			51.00	
建筑用角闪岩	Amphibolite for building	178.00			178.00	178.00
饰面用辉长岩	Facing gabbro	48.64			48.64	
建筑用花岗岩	Granite for building	316.62		10.20	306.42	146.71
饰面用花岗岩	Facing granite	2315.66		519.00	1796.66	1560.23
珍珠岩	Perlite	135.27		135.27		
玻璃用凝灰岩	Tuff for glass	58.13			58.13	34.93
水泥用凝灰岩	Tuff for cement	204.88		58.38	146.50	146.50
建筑用凝灰岩	Building tuff	23.20		2.20	21.00	
饰面用大理岩	Facing marble	858.88		109.54	749.34	400.30
建筑用大理岩	Marble for building	1591.40		50.00	1541.40	741.40
水泥用大理岩	Marble for cement	444.76		177.86	266.90	266.90
玻璃用大理岩	Marble for glass	60.00		50.00	10.00	
饰面用板岩	Facing slate	18.88		18.88		
片麻岩	Gneiss	15.30			15.30	13.50
矿泉水	Mineral water	1712.25		390.00	1322.25	1173.00
地下水	Groundwater	18784.87	242.00	9959.39	8583.48	2828.50
二氧化碳气	Carbon dioxide gas	2625.00			2625.00	2625.00
其他	Others	1109707.83	675491.00	314408.77	119808.06	119720.06

情况——按矿种分列（2012年） 续表3

Discovered Mineral Prospects by Mineral (2012) Continued 3

经 费（万元） Exploration (10⁴ yuan)			机械岩心钻探工作量（米） Footage of Core Drilling (meter)	坑探工作量（米） Footage of Pitting (meter)	新发现矿产地 Newly Discovered Mineral Prospects
资 金 and Institutions					
港澳台商 Investment from Hong Kong, Macau and Taiwan	外商 Foreign Investment	其他投入 Other Investments			
		225.80	4613		
		155.00	3641		1
			1145		
		32.00	680		
			207		
		242.15	24770	466	3
		6.90	14445	63	1
			800		
			10017		4
		7.00			
			642		
		514.22		40	
		39.00	1124		
			3800		
		51.00	641	120	
			1200		
		48.64	100	20	
		159.71	1294	3030	2
		236.43	7070	233	3
			1276		1
		23.20	150		
			513		
		21.00			1
		349.04	3539	326	
		800.00	12345	808	1
			6856		
		10.00	170		
					1
		1.80	137		
		149.25	2118		1
		5754.98	119386	5192	
			21630		
		88.00	694700		

地质勘查单位人员

Employees and Assets of

单位：人，万元

年份/地区	Year/Region	年末在职职工 On-the-job Employees at the Year End							
			地质勘查人员 Geological Exploration Personnel	技术人员 Technical Personnel	高级 Senior	中级 Intermediate	工程勘察与施工人员 Personnel Engaging in Engineering Surveys and Operations	矿产开发人员 Personnel Engaging in Mineral Resource Development	其他人员 Other Personnel
	2010	624059	234200	155467	41369	64832	72695	66068	251096
	2011	629061	248443	164769	44127	68053	78985	65592	236041
	2012	597923	248147	166941	48434	74322	87199	35781	226796
北京	Beijing	25497	9408	7903	2999	3773	4398	811	10880
天津	Tianjin	3737	2044	1592	483	768	699	53	941
河北	Hebei	36555	19611	11539	3285	4787	5839	394	10711
山西	Shanxi	82438	8646	6391	1678	3191	4802	554	68436
内蒙古	Inner Mongolia	15419	9890	4686	1578	2029	863	550	4116
辽宁	Liaoning	18113	9896	6975	2197	3388	2836	412	4969
吉林	Jilin	22287	7940	4856	1971	2151	2550	834	10963
黑龙江	Heilongjiang	20255	12147	6395	1990	3025	2709	428	4971
上海	Shanghai	3016	1875	1035	257	498	518	3	620
江苏	Jiangsu	10422	6503	4713	1178	1701	1732	433	1754
浙江	Zhejiang	9832	2784	2249	695	927	2721	546	3781
安徽	Anhui	20637	10983	6498	1812	2698	3757	314	5583
福建	Fujian	13534	5474	3926	1145	1989	1281	2192	4587
江西	Jiangxi	26581	11577	8123	1873	3007	4946	2006	8052
山东	Shandong	38893	13666	7802	2377	3140	5335	8727	11165
河南	Henan	39222	16503	11424	2717	4663	9174	1057	12488
湖北	Hubei	16784	7618	5641	1677	2470	3850	253	5063
湖南	Hunan	30148	10658	7716	2074	3464	6769	5124	7597
广东	Guangdong	15776	8469	6911	2086	3369	2065	983	4259
广西	Guangxi	13876	6724	4480	1227	2097	1195	1289	4668
海南	Hainan	2184	1449	1319	415	713	222	49	464
重庆	Chongqing	6288	3734	2603	709	1129	1150	307	1097
四川	Sichuan	29230	16533	10448	2524	4741	3182	988	8527
贵州	Guizhou	10815	4675	3844	1042	2111	1914	396	3830
云南	Yunnan	20457	6640	5099	1746	2549	3077	2481	8259
西藏	Tibet	3324	963	757	209	294	386	307	1668
陕西	Shaanxi	26916	13122	8911	2754	4186	3889	2829	7076
甘肃	Gansu	12725	5732	3888	1019	1516	2452	998	3543
青海	Qinghai	6654	3772	2696	836	1423	667	185	2030
宁夏	Ningxia	3853	1840	1332	421	573	746	77	1190
新疆	Xinjiang	12455	7271	5189	1460	1952	1475	201	3508

及资产情况

Geological Exploration Units

Unit: Person, 10^4 yuan

平均从业人员 Average Employees	劳动者报酬 Remuneration Payment of Employees	离退休人员 Retirees		总资产 Total Assets			总负债 Total Debts	净资产 Net Assets
		年末人数 Number of Retirees at the Year End	总费用 Total Expenditure		地勘专用仪器设备原值 Original Value of Special Instruments and Equipment	地勘专用仪器设备净值 Net Value of Special Instruments and Equipment		
636117	2914330.36	464559	1198793.80	49110955.01	2022286.84	1281000.00	28525572.19	20585382.83
642828	3354389.39	464186	1473747.29	57949843.18	2853552.03	1793351.53	33629535.78	24320307.40
615273	3557860.00	429640	1544042.40	57620877.50	3081862.40	1887680.30	34312408.50	23308469.00
30890	233290.60	8327	36103.50	4518360.40	215261.10	160930.10	2113631.60	2404728.80
3789	26532.80	2580	9327.00	351668.70	25866.20	16366.80	188087.40	163581.30
38297	173806.30	25713	85812.20	1328524.00	169612.40	101532.10	749236.70	579287.30
79827	600879.60	21218	49956.60	10990146.30	93851.00	44371.90	7515431.30	3474715.00
14958	96537.00	13785	64645.90	1206667.30	77086.20	48594.00	692471.00	514196.30
18081	83733.30	14826	54319.00	790904.10	79602.50	50112.20	372518.20	418385.90
21838	91832.20	13605	42406.60	4991940.30	58146.80	29816.00	3479900.00	1512040.30
20201	72287.40	11797	41157.00	1049561.00	89215.80	48038.70	499081.90	550479.10
3030	21491.60	979	1407.30	256434.80	63803.00	41069.70	129187.70	127247.00
10598	71766.50	7351	36249.30	372057.60	53748.60	32069.70	195065.50	176992.10
9997	66690.30	8817	54725.00	842186.40	25308.60	16705.10	453060.30	389126.00
20735	129687.10	16464	77724.10	1806799.40	89686.40	47042.90	1283908.30	522891.10
13294	88707.60	10069	18451.30	7632652.30	31285.20	17247.90	4237803.70	3394848.60
26018	109815.20	20127	66659.00	1098000.60	68320.10	41077.80	757106.50	340894.20
38247	247884.90	19177	81116.30	3751413.80	150618.00	94411.30	2228977.40	1522436.40
40771	242874.30	26453	84144.60	2489402.80	838806.80	527708.90	1580849.40	908553.40
16891	82243.70	18405	56580.10	892369.10	69161.20	44094.10	568227.50	324141.50
34631	171598.50	25235	70772.70	1461021.10	83785.30	50336.00	689329.80	771691.30
15601	106264.50	15587	96464.10	976246.30	119031.30	88782.40	535842.40	440403.90
14798	71744.60	14207	45605.20	708912.50	39608.60	28963.20	339704.80	369207.70
2148	11189.70	554	1643.10	71263.20	11491.30	6444.30	36469.40	34793.80
6272	38383.20	4612	17251.60	413090.10	26273.00	16158.80	173700.50	239389.50
27256	121521.50	19437	67698.60	1042612.80	100477.50	55671.70	637045.80	405567.00
14379	52562.70	13219	48899.60	616232.50	35533.00	21560.20	336967.10	279265.40
20191	122051.40	22614	83809.60	2036738.10	76442.00	42566.30	1296561.70	740176.50
3326	21794.70	2050	12009.30	606606.30	11550.40	8080.50	201080.20	405526.20
31664	174591.90	20476	76031.10	2223808.50	159361.60	89532.40	1527114.90	696693.50
12710	81014.40	26172	52091.30	862172.90	53611.70	29961.40	498162.90	364010.00
7394	43953.20	9603	40259.20	762700.60	59111.10	34638.80	369872.20	392828.40
3900	23236.60	3646	15756.90	194191.40	33812.90	13925.70	98875.80	95315.60
13542	77892.90	12535	54965.40	1276192.80	72392.90	39869.50	527136.80	749056.00

地质勘查单位

Revenue and Expenditure of

单位：万元

年份/地区 Year/Region	总收 General								
	合计 Total	地质勘查业 Revenue from Geological							
			地质勘探费 Funds of Geological Exploration			地质专项拨款 Special Budgetary Allocations for Geological Projects			地质勘查 Revenue of of Mineral
				中央 Central	地方 Local		中央 Central	地方 Local	
2010	22536866	6831299	2255930	662372	1593558	1578846	702588	876258	2996523
2011	30527098	8136026	2384277	757643	1626634	1802296	837322	964974	3949454
2012	21848907	7818761	2358066	608460	1749606	1716873	852203	864670	3743822
北　京 Beijing	2097260	540764	64884	52018	12866	280119	268928	11191	195761
天　津 Tianjin	142054	47979	10231	1703	8528	24299	21623	2676	13450
河　北 Hebei	856071	540774	181731	106499	75232	113400	50254	63146	245643
山　西 Shanxi	462939	269394	62803	19860	42943	45886	3914	41972	160706
内蒙古 Inner Mongolia	541182	373718	122916	38377	84539	54090	8739	45350	196712
辽　宁 Liaoning	363426	212152	86179	4975	81204	64707	29770	34937	61266
吉　林 Jilin	490555	260325	96728	11684	85044	22964	14596	8368	140633
黑龙江 Heilongjiang	393569	272575	74798	2925	71873	86961	17818	69143	110815
上　海 Shanghai	165280	60976	1276	276	1000	5625	3257	2368	54075
江　苏 Jiangsu	311854	170812	39521	21223	18298	26256	21731	4525	105035
浙　江 Zhejiang	713945	167735	80441	27750	52691	22210	5666	16544	65085
安　徽 Anhui	903421	348166	143047	268	142779	38486	9578	28908	166632
福　建 Fujian	361924	74012	35753	16294	19459	8532	4868	3664	29727
江　西 Jiangxi	890118	285434	132253	8334	123919	50695	22043	28652	102487
山　东 Shandong	1930836	434059	79693	22418	57275	82391	35304	47088	271975
河　南 Henan	1882354	665017	111637	6873	104764	91801	24219	67582	461580
湖　北 Hubei	668501	223088	79145	32222	46923	56094	37695	18399	87849
湖　南 Hunan	1068482	282314	118180	22595	95585	56657	12489	44168	107477
广　东 Guangdong	957635	242514	121188	10758	110430	53486	49622	3864	67839
广　西 Guangxi	442328	146338	55555	18116	37439	22575	7427	15148	68209
海　南 Hainan	45911	16594	2090	669	1421	4669	4284	386	9835
重　庆 Chongqing	268665	74359	42147	13411	28736	20218	2890	17328	11993
四　川 Sichuan	639353	379929	118263	10982	107281	78526	28361	50165	183141
贵　州 Guizhou	274907	170760	58853	30715	28138	34452	10362	24090	77456
云　南 Yunnan	1583730	213042	57949	12243	45706	34650	7030	27621	120442
西　藏 Tibet	190809	25702	12156		12156	10826	2960	7866	2720
陕　西 Shaanxi	1722457	417275	89994	55477	34517	90744	71373	19371	236537
甘　肃 Gansu	424914	245408	83828	18014	65814	69018	22181	46837	92562
青　海 Qinghai	422256	243788	82381	12833	69548	58259	27392	30868	103149
宁　夏 Ningxia	147469	65869	24450	10737	13713	2304	420	1884	39115
新　疆 Xinjiang	484704	347888	87999	18214	69785	105974	25412	80562	153915

收支情况
Geological Exploration Units

Unit: 10^4 yuan

入 Revenue: 收入 Exploration: 劳务收入 Labor Services Exploration: 涉外 Foreign-related	矿业权转让收入 Revenue from Transfer of Mining Rights	工程勘察施工收入 Revenue from Engineering Surveys and Operations	矿产开发收入 Revenue from Mineral Resource Development	其他收入 Other Revenues	总支出 General Expenditures	地质勘查（项目）支出 Expenditures of Mineral Exploration (Projects)	自有资金 Self-owned Funds	矿产开发支出 Expenditures of Mineral Resource Exploitation
127438	277794	3412534	8076713	3938526	20377825	5615357	1540739	8184399
117478	218052	5319304	11167284	5686432	28462957	6852509	2090819	11022966
139540	210064	5485222	2761206	5573654	18083808	8281926	3673303	1344426
42449	861	376013	146691	1032930	1572085	615562	233703	141402
1328	651	27892	6003	59528	130231	57617	26750	6003
5958	4104	212516	14927	83750	765565	499659	138500	12226
425		130683	13503	49358	356883	246390	131009	25496
2067	7258	92686	19972	47548	438103	287790	83717	28070
174	330	112649	4467	33827	240222	177343	57497	7492
	611	8690	184121	36808	336133	122626	25078	90074
	6120	69819	751	44305	381671	197438	53661	17633
11309		66925		37378	145369	73981	57109	
6525		118521	955	21566	284296	134549	50993	1387
	9391	394561	17956	124302	612019	113988	33331	11066
130	8275	388872	238	157871	826896	236377	64126	553
260	25714	110761	82556	68882	313525	120011	73207	60241
4127	4152	517796	26675	56061	818886	183094	57099	26497
2711	27621	188094	862918	418143	1420068	450774	317030	301691
34002	3738	870512	43164	299922	1691070	1173206	1024303	46937
5369	2563	293717	997	148137	535700	205098	85959	1376
4626	1925	243733	407820	132690	923472	216358	47716	52867
	1663	221978	303949	187532	753783	150029	30101	160435
2784	6310	134767	20993	133920	302253	148481	49453	15475
759		13639		15678	41274	27923	15360	200
		51832	162	142313	185306	128270	98564	890
6840	17909	158539	21890	61086	529753	350935	177923	24445
701	37734	22978	13693	29741	168723	119922	54008	11611
5203	7305	177965	333495	851923	1263471	335457	112122	6458
	5805	16108	127542	15650	149401	47727	7766	82027
202	2730	186834	38219	1077399	1532446	843867	379458	167613
	2910	133177	19727	23691	253818	164270	23020	5183
1594	15186	64113	30437	68731	582149	465312	26313	25673
	5884	46235	9080	20401	123225	89672	55337	7954
	3314	32616	8304	92583	406013	298199	83089	5450

主要统计指标解释

新发现矿产地 是指报告期内通过各类地质调查工作，或者根据群众报矿、群众采矿线索新发现的，并经过矿产调查工作证实为有进一步工作意义或具有工业价值，具有一定规模，作出初步评价的矿区。

坑探工作量 是指用凿岩机械或人工开凿的各种坑道工程，以“米”计量，取整数。

机械岩心钻探工作量 是指用动力机械带动，回转或冲击回转钻进，并以取出岩心了解和研究地下地质情况为目的的钻探工作。如手轮给进钻机、油压钻机、石油钻机、海洋石油钻机、水文水井钻机以及汽车钻机等。以“米”计量，取整数。

地质勘查经费 是指报告期完成的来自各方面的地质勘查资金。包括完成的中央财政、地方财政地质勘查拨款，企事业单位、港澳台商、外商投入的地质勘查工作的资金以及其他资金。

中央财政拨款 是指报告期实际完成的由国家预算收支科目安排的直接用于地质勘查经费。

地方财政拨款 是指报告期实际完成的地方财政拨付的地质勘查经费。

企事业资金 是指报告期完成的各类企事业单位投入的地质勘查工作的资金。包括国内企事业资金、港澳台商投资和外商投资。

国内企事业资金 是指报告期完成的国有、集体企事业单位和私营企业投入地质勘查工作的资金。

港澳台商投资 是指港澳台企业和经济组织或个人按国家有关政策、法规，用现汇、实物（折资）和技术等投入地质勘查工作的资金。

外商投资 是指报告期内完成境外投入地质勘查工作的资金，包括外商直接投资、对外借贷（外国政府贷款、国际金融组织贷款、出口信贷、外国银行商业贷款、对外发行债券和股票）及外商其他投资（包括补偿贸易和加工装配由外商提供的设备价款、国际租赁）。不包括我国自有外汇资金（包括国家外汇、地方外汇、流程外汇、调剂外汇和中国银行自有资金发行的外汇贷款等）。

年末在职职工 是指事业单位在编人员，企业在册人员，与单位签订聘用合同、劳动合同或符合劳动保障部门关于认定形成事实劳动关系条件的人员，不含外方及港、澳、台人员、实习在校生、参军人员及未经聘用、留用的离退休人员。

地质勘查人员 是指年末在职职工中，从事地质勘查工作的人员，包括从事基础地质调查、矿产资源调查、资源潜力评价、水文地质、工程地质、环境地质、物探、化探、遥感、岩矿鉴定测试、地质测量等工作的在职职工。

技术人员 是指在地勘单位中从事工作并取得劳动报酬的，具有初级及初级以上地质勘查专业技术职称的在职职工，包括已取得专业技术职称，现从事技术管理和行政管理工作的行政人员。

高级 是指地勘单位技术人员中，经过职称评定机构颁发高级技术职称证书的技术人员。

中级 是指地勘单位技术人员中，经过职称评定机构颁发中级技术职称证书的技术人员。

上述职称证书主要包括：原地矿部和原国务院各工业地勘主管部门或省级人事部门颁发的高、中级专业技术资格证书或批准文件。

工程勘察与施工人员 是指填报单位中专业从事建筑工程勘察、设计、施工工作的人员。

矿产开发人员 是指填报单位中从事矿产资源开发利用的人员。

其他人员 是指填报单位年末在职职工中除地质勘查、工程勘察施工、矿产开发人员以外的人员。

平均从业人员 是指报告期内在填报单位从事一定社会劳动并取得劳动报酬或经营收入的各类人员。包括各类单位在岗职工、再就业的离退休人员、聘用的外籍人员和港、澳、台人员、领取补贴的兼职人员、直接支付工资的劳务工以及个体从业人员、农村从业人员和非正规就业人员等。

平均从业人数计算方式是用年初人数与年末人数之和除以 2 或用年度各月平均人数之和除以 12。

劳动者报酬 是指在报告期内直接支付给本单位使用的全部劳动报酬（生活费）总额。包括：

职工工资总额，聘用人员报酬，聘用、留用的离退休人员劳动报酬，外籍及港澳台人员的劳动报酬，以及人事档案保留在原单位人员的劳动报酬。

离退休人员年末人数 是指历年来由本单位离、退休，在省财政计划内并且在本单位领取离、退休经费人员的年末总人数。

离退休人员总费用 是指报告期内由填报单位支出的离、退休人员的离退休经费（包括生活和物价补贴）、补贴等费用（包括医疗卫生费、交通费补贴、丧葬抚恤救济费、冬季取暖补贴、安家补贴、生活困难补助、护理费、书报费等）总和。

总资产 是指填报单位年末拥有或控制的全部资产总额，包括流动资产、长期投资、固定资产、无形及递延资产、其他长期资产、递延税项等，为本单位资产负债表的资产总计项。

地勘专用仪器设备原值 是指本单位用于地质勘查的专业仪器设备原值。

地勘专用仪器设备净值 是指本年末本单位用于地质勘查的专业仪器设备净值。

总负债 是指填报单位年末所承担的能以货币计量，将以资产或劳务偿付的债务。

净资产 指资产减去负债的差额，所有者权益，包括事业基金、固定基金、专用基金、结余等，以及企业的实收资本、资本公积、盈余公积和未分配利润等。

总收入 是指报告期内填报单位从事各种经济活动所取得的收入总额，包括地质勘查收入、矿业权转让收入、矿产开发收入、工程勘察施工收入和其他收入。

地质勘查业收入 是指报告期内填报单位从事地质勘查经济活动所取得的各种收入总和。包括地质勘探费、地质专项拨款、矿产勘查劳务收入等。

地质勘探费 是以 1998 年为基数，由中央财政划转给省财政单列，继续用于地质勘查单位离退休人员、地质勘查工作和经常性费用支出。该指标按照中央财政和地方财政投入分别统计。

地质专项拨款 是指报告期内地勘单位取得的中央及地方地质专项拨款费用，包括国土资源大调查项目、矿产资源补偿费项目、财政补贴项目、危机矿山项目、地勘基金项目等，也包括市、县政府设立的各类地质勘查专项项目，按中央和地方的各类专项分别统计。

地质勘查劳务收入 是指报告期内填报单位在本省、省外及境外地质勘查市场，从事地质勘查工作（如从事商业性地质矿产勘查项目、地质勘查技术劳务、地质灾害调查评估等）取得的收入，属于地勘单位经营性收入。

涉外 是指报告期内填报单位在境外地质勘查市场从事地勘工作所取得的收入。

矿业权转让收入 是指报告期内填报单位通过矿业权转让取得的收入，包括通过合资、合作方式成立矿业公司获得的矿产资源开发收入。

矿产开发收入 是指报告期内填报单位从事矿产资源开发活动所取得的收入，包括通过合资、合作方式成立矿业公司获得的矿产资源开发收入。

工程勘察施工收入 是指报告期内填报单位凭建设主管部门发放的建设工程勘察设计、岩土施工、建筑施工企业等专业资质，从事建设工程勘察、工程设计、工程施工等经营活动取得的各项收入。

其他收入 是指报告期内填报单位在总收入中除去从事地质勘查、矿业权转让、矿产开发、工程勘察施工等经济活动以外的收入。

总支出 是指报告期内填报单位为开展业务活动和其他活动所发生的各项资金耗费及损失，以及用于基本建设项目的开支。

地质勘查（项目）支出 是指报告期内填报单位从事地质勘查项目而发生的各种成本、费用的支出总额。

其中自有资金指凡属于（单位）所有者权益范围内所包括的资金，是按财务制度规定归企业支配的各种自有资金（包括企业折旧资金、资本金、资本公积金、企业盈余公积金及其他自有资金，也包括通过发行股票筹集的资金）。

矿产开发支出 是指报告期内填报单位从事矿产资源开发活动而发生的各项成本、费用支出总额。

Explanatory Notes on Main Statistical Indicators

Newly discovered mineral prospects — refers to a mineral occurrence that is newly found through all kinds of geological survey or on the basis of the ore information and clues reported by the broad masses of people, demonstrated through mineral surveys to be of value for further work or of industrial value and have a certain size, and evaluated preliminarily during the reporting period.

Footage of pitting — refers to the advances of various underground workings excavated by rock drills or manual operations. It is calculated by "meters" and rounded off.

Footage of core drilling — refers to the penetration of rotary or percussive drilling driven by power machinery that recovers the core in order to study the underground geology. The drills include hand-lever feed drills, hydraulic feed drills, oil drills, marine oil drills, hydrological water well drills, and truck-mounted drills. It is calculated in "meters" and rounded off.

Expenditures for geological exploration — refer to the funds for geological exploration from various sides completed during the reporting period. They include funds allocated from the Central and local financial budgets for geological exploration, funds invested by enterprises and institutions, Hong Kong, Macao, and Taiwan businessmen, and foreign businessmen for geological exploration, and other funds.

Central special budgetary allocations — refer to expenditures directly used for geological exploration and arranged by the state budgeted revenue and expenditure account, which are actually completed during the reporting period.

Local special budgetary allocations — refer to expenditures for geological exploration and allocated by local finance, which are actually completed during the reporting period.

Funds from enterprises and institutions — refer to the funds invested by various enterprises and institutions for geological exploration, which are completed during the reporting period. They include funds invested by domestic enterprises and institutions, Hong Kong, Macao, and Taiwan businessmen, and foreign businessmen.

Funds from domestic enterprises and institutions — refer to the funds invested by state- and collective-owned enterprises and institutions and private enterprises for geological exploration, which are completed during the reporting period.

Investments from Hong Kong, Macau and Taiwan — refer to the funds invested by Hong Kong, Macau, and Taiwan enterprises or economic establishments or individuals in cash, kind (converted into money according to the price indices), and technologies for geological exploration according to relevant policies, laws and regulations of China.

Foreign investment — refers to the funds invested from abroad for geological exploration, which are completed during the reporting period. They include foreign direct investments, foreign loans (loans from foreign governments, loans from international financial organizations, export credit loan, commercial loans from foreign banks, and bonds and stocks issued abroad) and other investments of foreigners (including compensation trade, processing and assembling for which the equipment and funds are provided by foreign businessmen, and international leasing) but China's free exchange funds (including national exchanges, local exchanges, floating exchanges, accommodation exchanges, and foreign exchanges loans issued using the equity capital of the Bank of China) are excluded.

On-the-job employees at the year end — refer to permanent staff and workers in institutions, registered staff and workers in enterprises, and personnel who have signed employment contracts or labor contracts or those who are qualified for the conditions of factual labor relations determined by the labor insurance department (excluding foreigners, personnel of Hong Kong, Macao, and Taiwan, currently enrolled student trainees, those who have joined the army, and retirees who are not re-employed).

Geological exploration personnel—refer to the personnel who are directly engaged in geological exploration among employees on the job at the year end, including those who conduct basic geological survey, mineral resources survey, resource potential assessments, hydrogeological, engineering-geological and environmental surveys, geophysical exploration, geochemical exploration, remote-sensing survey, rock and mineral identification and analysis, and geological mapping and surveying.

Technical personnel — refer to on-the-job personnel who work in geological exploration units and receive payments and have technical titles of geological exploration at and above the junior title. They include administrative personnel who have professional technical titles and now are engaged in technical management and administrative management.

Senior — refers to persons among technical personnel in geological exploration units who receive certificates of senior technical titles issued by agencies of evaluation of professional titles.

Intermediate — refers to persons among technical personnel in geological exploration units who receive certificates of intermediate technical titles issued by agencies of evaluation of professional titles.

The above-mentioned title certificates mainly include certificates of senior and intermediate technical titles and professional technical titles or approval documents issued by departments in charge of geological exploration of various industries under the former Ministry of Geology and Mineral Resources and former State Council or departments of personnel at the provincial level.

Personnel engaging in engineering surveys and operations — refer to persons who engage in engineering surveys and operations in geological exploration units.

Personnel engaging in mineral resource development — refer to persons who engage in mineral exploitation and utilization in geological exploration units.

Other personnel — refer to personnel other than personnel conducting geological exploration, engineering surveys and operations, and mineral exploitation among on-the-job employees of the reporting units at the year end.

Average employees — refer to the personnel who engage in certain social labor and receive payments or operating income in the reporting units during the reporting period, including employees on the spot, re-employed retirees, engaged foreigners and personnel of Hong Kong, Macao and Taiwan, part-time duty personnel who receive subsidies, and labor workers whose wages are directly paid, as well as individual employees, rural employees, and unregular employees.

The average number of employees=(number of employees at the year beginning + number of employees at the year end)/2 or the sum of the average monthly numbers during the current year/12.

Remuneration payment of employees — refers to the total sum of payments of labor (living expenses) paid directly to all the employees in the unit during the reporting period. It includes the sum of salaries and wages of employees on the job, payments of engaged personnel, payments of engaged and employed retirees, payments of foreigners and personnel of Hong Kong, Macao, and Taiwan, and payments of personnel whose personnel files are kept in their original units.

Number of retirees at the year end — refers to persons who are retired from their original units and get their pensions from their original units over the years in the provincial financial plan.

Total expenditure of retirees — refers to the total sum of pensions of retirees (including living and commodity price allowances) and subsidies to retirees (medical insurance and sanitation subsidy, traffic subsidy, allowances for funeral expenses and pensions and relief fund for their immediate relatives, subsidy for heating in winter, settlement allowance, subsidy for life difficulties, nursing subsidy, and newspaper and magazine allowance) paid by the reporting units during the reporting period.

Total assets—refer to the total amount of all the assets owned or controlled by the reporting units at the year end, including current assets, long-term investment, fixed assets, immaterial and deferred assets, other long-term assets, and deferred taxes. They are the item of total assets in the balance sheet of the unit.

Original value of special instruments and equipment—refers to the original value of special instruments and equipment used for geological exploration.

Net value of special instruments and equipment — refers to the net value of special instruments and equipment used for geological exploration at the end of the current year.

Total debts — refer to the debts assumed by the reporting units at the year end, which can be measured as currency and repaid by assets or labor services.

Net assets — refer to the balance of assets minus debts. The interests of an owner include the enterprise fund, fixed fund, special fund and balance, as well as the paid-in capital, capital reserves, surplus reserves, and undistributed profit.

General revenue — refers to the total amount of revenues obtained in economic activities undertaken by the reporting unit during the reporting period, including revenues from geological exploration, transfer of mining rights, mineral resources exploitation, engineering surveys and operations, and others.

Revenue from geological exploration — refers to the sum of all kinds of revenue obtained in economic activities of geological exploration by the reporting unit during the reporting period, including fees of geological exploration, special allocations for geological work, and revenue of labor services of mineral exploration.

Funds of geological exploration — refer to the funds that take the figure of the fiscal year of 1998 as the base and are transferred by the central budget to the provincial budget, listed separately and used for retirees, geological exploration, and current expenditures of geological exploration units. This indicator is calculated separately according to the central and local financial inputs.

Special budgetary allocations for geological projects — refer to the funds obtained by geological exploration units from the central and local special budgetary allocations for geological projects during the reporting period. These projects include the project of land and resources survey, the project of compensation for mineral resources, the project of financial subsidies, the project of mines facing resource crisis, and the project of geological exploration funds, as well as various special geological exploration projects set up by the city and county governments. They are calculated separately according to the central and local special projects.

Revenue of labor services of mineral exploration — refers to the revenue obtained by reporting units during the reporting period when they conduct geological exploration (e.g. commercial mineral exploration, labor services about geological exploration techniques, and geological hazard survey and assessments) in geological exploration markets inside and outside the province and abroad). It belongs to the operating revenue of geological exploration units.

Foreign related — refers to the revenue obtained by Chinese reporting units in their geological exploration in the overseas geological exploration markets during the reporting period.

Revenue from transfer of mining rights — refers to the revenue obtained by reporting units through transfer of mining rights during the reporting period, including the revenue of mineral resource exploitation obtained through the ways of cooperation and joint investment to establish mining ventures.

Revenue from mineral resource development — refers to the revenue obtained by reporting units through mineral resource exploitation and operations during the reporting period, including the revenue of mineral resource exploitation obtained through the ways of cooperation and joint investment to establish mining ventures.

Revenue from engineering surveys and operations — refers to all items of revenues obtained by reporting units during the reporting period through operational activities such as construction engineering surveys, engineering designs, and engineering operations by virtue of professional qualification certificates of construction engineering survey and design, earthwork, and construction enterprises issued by administrative departments in charge of construction.

Other revenues — refer to the revenues other than the revenues obtained by reporting units through economic activities such as geological exploration, transfer of mining rights, mineral resource exploitation, and engineering surveys and operations during the reporting period.

General expenditures — refers to the expenses and losses of all items of funds and expenditure incurred by reporting units for operational activities and other activities during the reporting period, as well as the expenditure used for capital construction projects.

Expenditures of mineral exploration (projects) — refers to the total amount of all items of costs and expenses incurred due to carrying out geological exploration projects by reporting units during the reporting period.

Free funds refer to that part of funds included in the ownership interest (of a unit). They are various kinds of free funds (including enterprise depreciation fund, capital reserves, registered capital, enterprise surplus reserves, and other free capitals, as well as funds collected through issuing stocks) that an enterprise can dispose of according to regulations of the financial system.

Expenditures of mineral resource exploitation — refer to the total amount of all items of costs and expenses incurred due to mineral resource exploitation and operations of reporting units during the reporting period.

三、国土资源开发利用

Chapter 3 Land and Resources Development and Utilization

土地资源

Land Resources

土地整治项目竣工情况

Results of Completion of the Land Consolidation and Improvement Projects

年份/地区	Year/Region	土地整治项目个数（个）Number of Projects of Land Consolidation and Improvement (number)	项目规模（公顷）Project Scale (hectare)				新增农用地面积（公顷）Increase of Agricultural Land (hectare)	
			合计 Total	土地整理 Land Consolidation	土地复垦 Land Reclamation	土地开发 Land Development		新增耕地面积 Increase of Cultivated Land
	2006	22390	748458.01	524178.39	69510.82	154768.80	285373.08	267452.14
	2007	20164	942963.68	719339.43	57818.74	165805.51	290545.95	274009.86
	2008	24154	1063957.86	822826.04	59422.43	181709.39	335966.99	319345.65
	2009	23523	874610.30	699801.48	30875.05	143933.76	304917.13	268966.51
	2010	10796	1406825.62	1144918.67	50176.08	211730.86	383513.71	373708.02
	2011	16757	1276130.42	966693.45	40916.34	268520.63	397582.20	349818.79
	2012	21803	2245804.71	1893058.26	50895.71	301850.73	427360.26	418614.73
北　京	Beijing	25	5850.09	5240.53		609.57	914.24	914.24
天　津	Tianjin	28	6385.64	1773.63		4612.00	4531.14	4531.14
河　北	Hebei	229	28764.67	22358.42	7.90	6398.35	6493.90	6398.00
山　西	Shanxi	609	25040.66	12690.01	694.19	11656.45	10037.33	9991.14
内蒙古	Inner Mongolia	197	90158.40	79057.85		11100.54	16275.09	16073.00
辽　宁	Liaoning	240	74981.58	73667.36	615.63	698.59	3485.76	3470.51
吉　林	Jilin	36	53731.03	53708.10	22.93		7620.45	7616.90
黑龙江	Heilongjiang	105	163590.54	160824.83	2646.48	119.23	21890.55	20631.19
上　海	Shanghai	367	2459.61	280.00	2086.46	93.15	2140.92	2140.92
江　苏	Jiangsu	1675	69787.63	59355.76	6436.25	3995.62	12893.00	12560.97
浙　江	Zhejiang	2436	18583.35	785.81	4215.28	13582.26	14001.99	13966.20
安　徽	Anhui	2242	44470.98	29493.02	9968.73	5009.24	13124.74	12282.96
福　建	Fujian	1478	31640.55	25463.29	608.35	5568.91	8164.96	8100.08
江　西	Jiangxi	271	20471.59	9350.70	18.12	11102.77	10635.64	10616.75
山　东	Shandong	775	372929.64	346143.71	5736.51	21049.42	19991.16	19181.94
河　南	Henan	317	172335.32	142645.59	3393.28	26296.45	31420.17	31048.77
湖　北	Hubei	1869	101116.06	67138.02	2165.92	31812.12	38087.76	37636.92
湖　南	Hunan	1994	226819.53	207273.76	1541.60	18004.17	26463.12	26337.54
广　东	Guangdong	463	18516.12	5868.01	81.45	12566.67	12004.02	11722.46
广　西	Guangxi	2917	38140.41	25089.36		13051.05	12297.19	12284.17
海　南	Hainan	14	2542.57	2023.08		519.49	584.79	557.27
重　庆	Chongqing	163	48648.62	47008.16	437.88	1202.58	7831.95	7827.40
四　川	Sichuan	486	235031.56	231553.72	195.67	3282.17	25316.09	25082.17
贵　州	Guizhou	1856	42979.18	11295.91	673.57	31009.71	27560.35	27432.74
云　南	Yunnan	189	78736.99	65767.12	470.15	12499.71	18385.73	17887.83
西　藏	Tibet	15	130.09			130.09	131.09	130.09
陕　西	Shaanxi	352	17465.85	6143.64	5831.48	5490.73	9934.29	9931.39
甘　肃	Gansu	322	62860.40	56170.29	3047.88	3642.24	9219.50	8883.80
青　海	Qinghai	4	3017.88	812.85		2205.03	2941.11	2941.11
宁　夏	Ningxia	32	60224.23	49880.93		10343.30	12697.09	12547.55
新　疆	Xinjiang	97	128393.94	94194.80		34199.14	40285.15	37887.58

主要统计指标解释

土地整治 即土地整理、复垦、开发。

土地整理 是指在一定区域内，按照土地利用规划，对田、水、路、林、村综合整治，提高耕地质量，增加有效耕地面积，改善农业生产条件和生态环境。其内容主要包括调整用地结构；平整土地；道路、渠道等的综合治理；村庄及乡村企业用地的集中、搬迁和内部改造。

土地复垦 是指对生产建设过程中，挖损、塌陷、压占、污染等造成破坏的土地，和洪灾、滑坡、崩塌、泥石流、风沙等自然灾害损害的土地，采取生物和工程技术手段，使其恢复到可利用状态的活动。

土地开发 是指按照土地利用总体规划，在保护和改善生态环境、防治水土流失和土地荒漠化的前提下，对滩涂、盐碱地、黄草地、裸土地等未利用地的宜农土地进行整治。

项目规模 是指完成土地整治项目即土地整理复垦开发项目所包括的面积，按实际验收数统计。

新增农用地、耕地面积 是指经过土地整治即土地整理、复垦、开发分别增加的农用地、耕地面积，按实际验收数统计。

Explanatory Notes on Main Statistical Indicators

Land consolidation and improvement — refers to land consolidation, reclamation and development.

Land consolidation — refers to the process of comprehensive renovation of farmland, water, roads, forests and villages in a particular region according to land-use planning in order to raise the cultivated land quality, increase the effective cultivated land area and improve the conditions of agricultural production and ecological environment. The content mainly includes land-use structure readjustment, consolidation of scattered parcels of land, land leveling, road and canal improvements, and concentration, relocation, and internal modification of land used for villages and village-and-town enterprises.

Land reclamation — refers to the process of restoring to the usable state the land damaged by excavation, collapse, surface land occupation, and pollution during the production and by natural disasters such as floods, landslides, rock falls, mud-flows, and wind-blown sand disasters by taking biotechnical and engineering technological means.

Land development — refers to the process of improving unused land suited to agricultural purposes such as shoals, saline-alkali land, land overgrown with weeds, and nuked land according to land-use planning in order to protect and improve the ecological environment, prevent and control soil erosion, and land desertification.

Project scale — refers to the area included in the land renovation project completed, i.e. the project of land consolidation, reclamation, and development. It is calculated according to the number of hectares checked and accepted actually.

Increase of agricultural land and cultivated land — refer to the areas of farmland, cultivated land added separately through land renovation, i.e. land consolidation, reclamation, and development. They are calculated according to the number of hectares checked and accepted actually.

矿产资源

Mineral Resources

全国石油天然气开发利用
Oil and Gas Development

年份/地区	Year/Region	油气田总数（个）Number of Oil & Gas Fields (number)				从业人数（人）Employees (person)	油产量（万吨）Oil Production (10^4 tons)
			大型 Large	中型 Medium	小型 Small		
	2006	804	87	189	528	453357	18375.63
	2007	822	91	200	531	513375	18597.16
	2008	833	97	202	534	529636	18946.06
	2009	864	96	217	551	540274	18821.42
	2010	873	102	214	557	621627	20128.34
	2011	900	101	229	570	604348	20287.26
	2012	920	104	224	592	665989	20683.76
天　津	Tianjin	23	3	7	13	30088	478.52
河　北	Hebei	62	1	17	44	50659	584.02
辽　宁	Liaoning	40	4	7	29	44466	1000.01
吉　林	Jilin	42	4	12	26	27355	810.37
黑龙江	Heilongjiang	53	8	14	31	92137	4001.55
江　苏	Jiangsu	57	0	4	53	7509	194.53
山　东	Shandong	72	11	40	21	82098	2755.00
河　南	Henan	51	3	12	36	50411	510.55
湖　北	Hubei	30	1	1	28	14588	96.90
浙　江	zhejiang	3	0	0	3	278	5.05
广　西	Guangxi	1	0	0	1	80	2.33
广　东	guangdong	4	0	0	4	150	19.10
四　川	Sichuan	146	9	15	122	38433	17.52
陕　西	Shaanxi	59	13	20	26	141493	3534.55
甘　肃	Gansu	7	0	3	4	12068	53.65
青　海	Qinghai	25	4	3	18	22150	205.00
新　疆	Xinjiang	90	17	27	46	46901	2574.18
渤　海	Bohai Sea	60	13	19	28	1445	2619.79
南　海	South China Sea	81	12	22	47	2323	1210.40
东　海	East China Sea	14	1	1	12	1357	10.74

注：1. 中国石油长庆、华北、大港和西南经济数据未按省分列，本汇总表将中国石油长庆全部计入陕西，中国石油华北全部计入河北，中国石
2. 本表不包括煤层气。

Notes: 1. The data of the Changqing, North China, Dagang and Southwest oil fields of China National Petroleum Corporation (CNPC) are not listed by province.
2. The data of coal-bed methane are not included in the table.

情况——按地区分列
and Utilization by Region

气产量（亿立方米）Gas Production (10^8 m^3)	工业总产值（万元）Gross Industrial Output Value (10^4 yuan)	销售收入（万元）Sales Revenue (10^4 yuan)	年利税总额（万元）Total Amount of Annual Profits and Taxes (10^4 yuan)	实缴补偿费（万元）Compensation Fee Paid (10^4 yuan)
584.46	65066878.27	64725140.22	45575444.36	424845.36
698.87	70146545.49	70404379.92	44494037.50	622332.50
774.87	88243301.74	88500727.28	58473888.73	631264.38
843.95	62778077.22	64325051.38	33106530.91	429734.35
942.19	166591854.72	79726447.55	48013069.70	752702.98
1012.79	108487463.00	103603119.00	68022811.00	944295.00
1070.84	108107590.38	105383886.58	64865656.69	744356.14
4.44	2137397.00	2055681.00	1293738.00	16344.00
7.67	2938194.00	3138339.00	1219656.00	27348.00
7.22	3890180.00	3591121.00	1259155.00	33332.00
23.12	3051493.42	2413501.18	1416878.88	20695.37
33.69	19711346.00	19916287.00	15886915.00	137000.00
0.57	915778.00	1046818.08	152971.65	7186.50
5.00	12971326.00	13469289.47	7951861.00	100097.65
32.29	4986523.00	5002678.45	1641549.00	27235.90
1.70	841113.00	778074.00	233200.00	3895.69
	24590.00	24219.00	-20224.00	210.00
	408500.00	408500.00	43536.77	390.51
1.80	117641.00	118166.00	54829.00	1156.00
241.55	2580283.75	3409450.75	199445.05	16834.00
293.65	16862770.00	16248541.92	9849822.00	145954.57
0.17	1522822.00	475100.00	294187.00	136.00
63.50	2490019.00	1768562.00	1148231.00	5587.45
251.32	13449725.00	13803687.51	8925308.25	116811.50
21.43	11777202.00	11597087.00	10054735.00	84141.00
72.54	7235728.30	5948990.00	3254887.25	
9.18	194958.91	169793.66	4974.84	

油大港全部计入天津，中国石油西南全部计入四川。

In this table, CNPC Changqing is included in Shaanxi, CNPC North China in Hebei, CNPC Dagang in Tianjin and CNPC South west in Sichuan.

全国石油天然气开发利用
Oil and Gas Development and

年份/地区	Year/Region	油气田总数（个） Number of Oil & Gas Fields (number)				从业人数（人） Employees (person)
			大型 Large	中型 Medium	小型 Small	
总　计	**Total**	**920**	**104**	**224**	**592**	**665989**
国有企业	State-owned Enterprises	21		10	11	70645
国有联营企业	Joint State-owned Enterprises	1			1	80.00
股份有限公司	Share Holding Company Limited	898	104	214	580	595264

注：经济类型为公司在工商管理机关登记注册类型。

Note: The economic type refers to the type registered by a company at administration for industry and commerce.

情况——按经济类型分列（2012年）
Utilization by Economic Type (2012)

油产量（万吨）Oil Production (10^4 tons)	气产量（亿立方米）Gas Production (10^8 m^3)	工业总产值（万元）Gross Industrial Output Value (10^4 yuan)	销售收入（万元）Sales Revenue (10^4 yuan)	年利税总额（万元）Total Amount of Annual Profits and Taxes (10^4 yuan)	实缴补偿费（万元）Compensation Fee Paid (10^4 yuan)
20683.76	**1070.84**	**108107590.38**	**105383886.58**	**64865656.69**	**744356.14**
1258.90		3619961.00	3590665.92	1084994.00	26511.00
2.33		408500.00	408500.00	43536.77	391.51
19422.53	1070.84	104079129.38	101384720.66	63737125.92	717454.63

全国非油气矿产资源开发利用
Non-Petroleum Mineral Resources Development

年份/地区	Year/Region	矿山企业数（个）Number of Mine Enterprises (number)				
			大型 Large	中型 Medium	小型 Small	小矿 Small-scale Mine
	2006	126370	3850	5345	56158	61017
	2007	124930	4014	5756	59446	55714
	2008	119550	2975	5368	58431	52776
	2009	117965	4156	5303	56675	51831
	2010	112638	4708	5477	53247	49206
	2011	107730	3723	5341	53430	45236
	2012	103795	3913	5563	52543	41776
北京	Beijing	222	22	52	134	14
天津	Tianjin	402	102	125	162	13
河北	Hebei	4571	96	183	2355	1937
山西	Shanxi	5001	267	642	2464	1628
内蒙古	Inner Mongolia	4499	153	288	2100	1958
辽宁	Liaoning	3875	83	123	2465	1204
吉林	Jilin	1913	141	271	889	612
黑龙江	Heilongjiang	3585	580	306	1244	1455
上海	Shanghai	78	2	2	73	1
江苏	Jiangsu	1425	157	251	1017	
浙江	Zhejiang	1548	812	170	519	47
安徽	Anhui	3311	180	170	1075	1886
福建	Fujian	2258	169	194	1456	439
江西	Jiangxi	5936	35	166	2945	2790
山东	Shandong	3834	196	433	3016	189
河南	Henan	3272	136	299	1618	1219
湖北	Hubei	3850	38	110	1692	2010
湖南	Hunan	7345	48	135	2364	4798
广东	Guangdong	2062	67	122	1654	219
广西	Guangxi	4324	44	70	1759	2451
海南	Hainan	248	46	48	146	8
重庆	Chongqing	2941	48	89	2125	679
四川	Sichuan	7688	92	346	4437	2813
贵州	Guizhou	7415	65	210	4505	2635
云南	Yunnan	7971	47	142	4339	3443
西藏	Tibet	87	7	15	46	19
陕西	Shaanxi	5176	138	215	2098	2725
甘肃	Gansu	3449	48	64	1256	2081
青海	Qinghai	918	31	43	309	535
宁夏	Ningxia	519	20	16	181	302
新疆	Xinjiang	4072	43	263	2100	1666

情况——按地区分列
and Utilization by Region

从业人数（人）Employees (person)	年产矿量（原矿）Annual Production (Crude Ore)	工业总产值（万元）Gross Industrial Output Value (10^4 yuan)	综合利用产值（万元）Output Value of Comprehensive Use (10^4 yuan)	矿产品销售收入（万元）Sales Revenue of Mineral Commodities (10^4 yuan)	利润总额（万元）Total Profits (10^4 yuan)
7983010	583263.44	67097342.04	4856684.16	61618919.74	10774021.31
7594709	625698.07	85559009.18	5252714.98	72410290.04	13148895.90
7309547	671976.65	112821408.88	8823572.40	98445091.27	20233847.11
7240067	692717.95	117086064.36	8865860.13	100877783.81	19100882.39
6991556	829239.52	156561094.07	10868738.56	133788103.04	27416600.00
6920018	906835.20	193798455.64	15250219.91	167217927.34	37311564.69
6711085	872344.25	193873090.06	12151041.32	160927621.27	30838149.37
24736	1481.32	495595.55	30155.00	426023.40	93235.71
7658	4012.72	48990.44	2649.60	35569.09	411.75
313325	46830.68	7865349.59	488788.65	7243486.60	1411940.01
880207	86867.18	46941513.02	2987618.40	31687332.76	5489611.49
289100	107489.80	23345334.31	938223.83	21164956.40	5428051.65
262728	37471.08	6228914.08	111105.08	5324318.01	723037.81
132346	14729.47	2604688.86	146034.19	2200605.42	329765.60
326182	16521.77	4107152.01	48961.26	3755257.32	258753.14
3655	162.53	121939.25	1701.69	113744.65	8760.11
140598	22601.88	2660974.18	116981.19	2185697.55	412910.84
50322	57877.57	1403675.24	86104.22	1227876.25	83736.70
343919	55252.95	10929843.66	1180292.07	10187821.99	1168745.56
86844	16935.32	1811981.77	328605.11	1728963.32	480801.59
224773	25028.30	2828748.15	255589.93	2595145.01	320941.96
553375	44220.14	14208807.91	699365.57	12408405.39	2525043.84
483535	27218.68	10553608.41	599067.19	9547268.93	1224111.72
143048	17441.11	2279409.32	101545.83	2021893.28	368821.60
304209	26916.22	3359756.39	144221.38	2774928.84	403005.00
55428	26082.85	1333492.51	153026.00	1096751.33	212030.64
112257	23313.12	1410066.03	137179.62	1064818.01	239731.00
11604	6537.11	374983.10	13502.80	331996.27	106284.61
187540	17203.05	2232609.78	287541.82	1932156.26	178771.33
407488	27060.14	3713793.84	171178.91	3261331.10	375455.92
293742	31123.70	9178177.73	2329113.43	8404437.03	2078950.71
343201	27612.73	6537458.05	438826.57	5245132.75	771870.22
6329	531.59	275677.39	2163.30	158850.51	39215.57
277948	43066.35	15285178.74	57818.29	11926746.03	3990902.86
182650	12200.83	3383071.92	96356.39	3031461.95	319490.98
47999	8333.40	2291768.82	105667.34	2121331.41	505663.19
51850	8007.01	1862777.67	369.00	1643112.29	566424.22
162489	32213.68	4197752.32	91287.67	4080202.10	721672.04

全国非油气矿产资源开发利用
Non-Petroleum Mineral Resources Development

矿种	Mineral	矿山企业数（个）Number of Mine Enterprises (number)				
			大 型 Large	中 型 Medium	小 型 Small	小 矿 Small-scale Mine
总 计	**Total**	**103795**	**3913**	**5563**	**52543**	**41776**
煤炭	Coal	13008	678	1329	7618	3383
油页岩	Oil shale	20		4	10	6
油砂	Oil sand	2			2	
石煤	Stone coal	226	1	1	46	178
天然沥青	Natural asphalt	6			1	5
地热	Geotherm	974	223	214	468	69
铁矿	Iron	4207	115	290	2417	1385
锰矿	Manganese	551	16	36	343	156
铬矿	Chromite	31		1	17	13
钛矿	Titanium	120	9	5	70	36
钒矿	Vanadium	114	9	19	62	24
铜矿	Copper	874	26	60	510	278
铅矿	Lead	904	3	29	477	395
锌矿	Zinc	798	9	46	466	277
铝土矿	Bauxite	276	6	28	179	63
镁矿	Magnesium	10		1	5	4
镍矿	Nickel	66	4	13	32	17
钴矿	Cobalt	4	1		3	
钨矿	Tungsten	155	4	21	107	23
锡矿	Tin	124	4	13	69	38
铋矿	Bismuth	3			2	1
钼矿	Molybdenum	210	16	30	109	55
汞矿	Mercury	41			21	20
锑矿	Antimony	98	3	4	51	40
铂矿	Platinum	5	1	1	3	
金矿	Gold	1638	57	130	868	583
银矿	Silver	94	6	5	53	30
铌钽矿	Columbotantalite	12		2	5	5
铌矿	Niobium	1				1
钽矿	Tantalum	6			5	1
铍矿	Beryllium	1				1
锂矿	Lithium	16	2	1	7	6
锆矿	Zirconium	25	21	3	1	
锶矿	Strontium	16	1		12	3
重稀土矿	Heavy rare earths	22		1	20	1
轻稀土矿	Light rare earths	89	1	6	41	41
锗矿	Germanium	2			2	
碲矿	Tellurium	3				3
蓝晶石	Kyanite	6		1	4	1
矽线石	Sillimanite	2	1		1	
红柱石	Andalusite	11	3	3	5	
菱镁矿	Magnesite	124	7	11	83	23

情况——按矿种分列（2012年）

and Utilization by Mineral (2012)

从业人数（人）Employees (person)	年产矿量（原矿，万吨）Annual Production (Crude Ore, 10^4 tons)	工业总产值（万元）Gross Industrial Output Value (10^4 yuan)	综合利用产值（万元）Output Value of Comprehensive Use (10^4 yuan)	矿产品销售收入（万元）Sales Revenue of Mineral Commodities (10^4 yuan)	利润总额（万元）Total Profits (10^4 yuan)
6711085	**872344.25**	**193873090.06**	**12151041.32**	**160927621.27**	**30838149.37**
3895653	314455.38	134169880.84	7327947.61	111972428.12	22064510.38
3477	228.71	35669.77	365.00	32820.38	1581.27
2					
3016	245.67	12683.90	71.50	12153.00	2961.25
33	0.04	242.35		112.35	
38175	11700.28	214452.17	400.00	169114.71	9799.73
389783	72905.54	15250374.03	676437.60	13661340.89	2245709.24
29283	806.74	652476.44	55228.62	334617.94	15497.18
619	12.29	18948.23	42.00	16528.99	6807.96
2901	617.05	36974.43	5777.71	33757.65	8389.60
5490	70.52	30692.01	40.00	12027.96	720.84
122641	14243.10	3489415.91	291020.90	2853687.51	637449.93
43596	1056.06	983944.80	165450.52	1127397.39	222079.07
70409	2649.08	1813828.07	256396.06	1546039.83	379957.22
17538	2075.16	329983.43	41478.06	307218.46	15554.75
178	90.00	7876.00	7450.00	6745.00	1214.00
13604	1337.47	1276442.19	32891.07	1096745.12	65472.03
55					
36053	1376.42	750213.14	39882.07	686557.45	178476.79
26190	866.04	531301.47	41472.02	454293.77	118995.86
81	2.00	2240.00		2240.00	8.00
35194	7353.51	1214620.00	70942.48	1047335.58	161263.02
1140	45.33	35693.24	3384.00	34826.64	10562.70
13469	120.16	154723.69	31107.99	120639.53	14266.13
74	3.06	566.10		566.10	38.00
186665	12336.53	6453066.90	770434.31	5757689.94	1773633.75
11403	494.97	339634.04	92325.32	303618.59	63052.29
974	124.30	24904.00	16400.00	24381.50	2212.00
30					
602	22.24	7323.90	2406.01	3719.99	151.82
14					
2644	195.49	65142.68	60679.00	59813.65	150.00
777	2235.87	26944.51	10902.64	15331.32	2045.31
667	15.73	5257.60		5250.94	2312.40
518	388.57	47778.67		3825.51	489.81
1546	295.01	120069.62	10343.00	66968.04	21403.75
253	9.20	9700.00	900.00	9700.00	630.00
57					
211	2.01	2001.36	95.00	959.00	73.60
323	1.19	125.00		125.00	75.00
750	14.52	6516.10	979.00	6392.10	219.79
7060	978.50	146539.86	2281.00	65139.21	5032.37

全国非油气矿产资源开发利用
Non-Petroleum Mineral Resources Development

矿种	Mineral	矿山企业数（个） Number of Mine Enterprises (number)				
			大 型 Large	中 型 Medium	小 型 Small	小 矿 Small-scale Mine
普通萤石	Common fluorite	1273	12	32	678	551
熔剂用灰岩	Limestone for flux	299	21	24	136	118
冶金用白云岩	Metallurgical, dolomite	356	9	13	210	124
冶金用石英岩	Metallurgical, quartzite	592	2	12	338	240
冶金用砂岩	Sandstone for metallurgy	39		1	34	4
铸型用砂岩	Sandstone for casting	16			11	5
铸型用砂	Sand for casting	77		4	56	17
冶金用脉石英	Metallurgical, vein quartz	320		1	183	136
耐火粘土	Fireclay	257	1	4	145	107
铁矾土	Ferruginous bauxite	20			4	16
铸型用粘土	Clay for casting	2			2	
耐火用橄榄岩	Refractory peridotite	6			6	
熔剂用蛇纹岩	Serpentinite for flux	10	2	5	2	1
自然硫	Native sulfur	2				2
硫铁矿	Pyrite	281	9	7	160	105
钠硝石	Nitratite	4			2	2
明矾石	Alunite	6	2		4	
芒硝	Mirabilite	78	19	19	31	9
重晶石	Barite	502	13	10	287	192
毒重石	Witherite	37		1	29	7
天然碱	Trona	13	1	3	6	3
电石用灰岩	Tourmaline limestone	88	3	4	43	38
制碱用灰岩	Limestone for soda ash	56	3	3	33	17
化肥用灰岩	Limestone for fertilizer	18			15	3
化工用白云岩	Dolostone for chemical industry	24			16	8
化肥用石英岩	Quartzite for fertilizer	16			12	4
化肥用砂岩	Sandstone for fertilizer	12			11	1
含钾砂页岩	K-bearing sandshale	3			2	1
含钾岩石	K-bearing rock	34	1	6	21	6
化肥用橄榄岩	Peridotite for fertilizer	1			1	
化肥用蛇纹岩	Serpentinite for fertilizer	21		1	13	7
泥炭	Peat	50	1	1	11	37
盐矿	Salt	206	85	28	76	17
镁盐	Magnesium	5		3	2	
钾盐	Potash	17	5	7	4	1
溴矿	Bromine	56			56	
砷矿	Arsenic	6			4	2
硼矿	Boron	67	3	5	56	3
磷矿	Phosphate rock	365	28	82	220	35
金刚石	Diamond	5		2	3	
石墨	Graphite	176	29	25	76	46
压电水晶	Piezoquartz	3			3	

情况——按矿种分列（2012年） 续表1
and Utilization by Mineral (2012) Continued 1

从业人数（人）Employees (person)	年产矿量（原矿，万吨）Annual Production (Crude Ore, 10^4 tons)	工业总产值（万元）Gross Industrial Output Value (10^4 yuan)	综合利用产值（万元）Output Value of Comprehensive Use (10^4 yuan)	矿产品销售收入（万元）Sales Revenue of Mineral Commodities (10^4 yuan)	利润总额（万元）Total Profits (10^4 yuan)
23426	555.52	216001.10	19432.41	184331.32	23955.16
16511	5916.29	391865.59	34743.98	309546.13	9707.78
6751	2007.96	95250.29	8561.54	62469.75	4125.09
7133	443.00	44022.76	3086.06	42302.43	1316.42
398	27.90	1131.80	51.20	986.95	178.55
195	107.02	1247.13	292.50	1173.53	339.99
2016	171.44	23149.24	248.00	21567.39	848.77
2642	64.96	4635.95	519.17	4291.26	470.20
5986	150.73	26456.16	1078.03	21608.14	2152.25
133	2.13	1003.15		265.00	58.00
12	1.00	20.00	20.00	20.00	6.00
143	8.40	4161.00	2539.52	1562.50	11.20
664	103.90	2403.40	16.00	1805.60	167.72
21					
19467	886.48	353832.30	21137.21	227778.54	34122.03
65					
1782	3.30	6635.00	197.00	5798.00	-197.00
10472	1754.59	256637.49	6371.50	206538.75	3113.64
7231	297.83	63458.60	3571.96	50225.33	11217.06
979	28.90	7410.66	140.00	6952.66	735.70
3770	273.01	258927.00	22890.00	188693.00	41607.00
1895	592.94	14351.78	626.81	12670.80	2718.59
1262	773.75	15690.69	312.90	15322.34	6411.33
424	29.50	376.20		290.50	7.50
278	35.30	1646.07	100.00	1472.17	178.84
258	15.67	1314.28		1314.28	106.07
110	3.30	247.89		247.89	46.00
18	0.83	142.70		142.70	37.46
311	12.30	916.53	58.60	776.33	50.00
10					
170	3.50	171.95	10.00	151.95	18.00
692	11.79	1494.70	232.40	1404.90	328.50
52899	7480.77	1500007.53	232352.81	1076842.09	80959.25
534	50.00	1960.00	1850.00	1780.10	626.94
8929	3928.56	1168227.90	55648.04	1200060.38	482429.24
2871	25.50	84925.89	22138.34	74321.48	8393.42
89	1.15	332.60		332.60	1.50
1095	57.64	19124.05		8973.23	1704.77
44984	6323.02	1785030.56	76717.91	1454386.76	287033.62
701					-739.00
9157	511.05	87545.31	460.00	73976.11	8029.00
5					

全国非油气矿产资源开发利用
Non-Petroleum Mineral Resources Development

矿种	Mineral	矿山企业数（个）Number of Mine Enterprises (number)				
			大型 Large	中型 Medium	小型 Small	小矿 Small-scale Mine
熔炼水晶	Fused crystal	4			1	3
工艺水晶	Crystal for artware	3			2	1
硅灰石	Wollastonite	239	3	5	122	109
滑石	Talc	154	6	7	85	56
石棉	Asbestos	38	10	4	22	2
云母	Mica	32			20	12
长石	Feldspar	404	1	8	219	176
电气石	Tourmaline	4			2	2
石榴子石	Garnet	22	1		9	12
叶蜡石	Pyrophyllite	87	3	18	49	17
透辉石	Diopside	36		3	17	16
蛭石	Vermiculite	22			20	2
沸石	Zeolite	70		1	38	31
透闪石	Tremolite	11	1		6	4
石膏	Gypsum	604	33	76	320	175
方解石	Calcite	760	4	30	309	417
光学萤石	Optic fluorite	10			4	6
宝石	Gem	10		1	2	7
玉石	Jade	116	1		42	73
玛瑙	Agate	4				4
玻璃用灰岩	Limestone for glass	7			3	4
水泥用灰岩	Limestone for cement	3366	296	326	1835	909
建筑石料用灰岩	Limestone for building stone	16260	141	273	7534	8312
饰面用灰岩	Facing limestone	160		4	71	85
制灰用石灰岩	Limestone for mortar	955	10	14	511	420
泥灰岩	Marlstone	26			11	15
白垩	Chalk	2			1	1
玻璃用白云岩	Dolostone for glass	49	1		24	24
建筑用白云岩	Dolostone for building	1265	11	29	736	489
玻璃用石英岩	Quartzite for glass	514	16	28	309	161
玻璃用砂岩	Sandstone for glass	123	6	37	54	26
水泥配料用砂岩	Sandstone for cement	295	7	33	171	84
砖瓦用砂岩	Sandstone for bricks and tiles	261		10	141	110
陶瓷用砂岩	Sandstone for ceramics	80		7	58	15
建筑用砂岩	Sandstone for building	2168	58	97	1225	788
玻璃用砂	Sand for glass	63	8	13	30	12
建筑用砂	Sand for building	4762	29	173	1752	2808
水泥配料用砂	Sand for cement	17	1	1	5	10
水泥标准砂	Cement standard sand	6			2	4

情况——按矿种分列（2012年） 续表2

and Utilization by Mineral (2012) Continued 2

从业人数（人）Employees (person)	年产矿量（原矿，万吨）Annual Production (Crude Ore, 10^4 tons)	工业总产值（万元）Gross Industrial Output Value (10^4 yuan)	综合利用产值（万元）Output Value of Comprehensive Use (10^4 yuan)	矿产品销售收入（万元）Sales Revenue of Mineral Commodities (10^4 yuan)	利润总额（万元）Total Profits (10^4 yuan)
13					
35					
2791	124.91	13770.88	520.00	11830.34	1475.38
5720	228.21	45830.34	2519.98	24109.33	3830.73
4673	601.56	38676.94	6178.00	25784.80	2044.00
339	5.92	1650.84		1650.84	90.00
4069	291.61	27574.81	641.20	14014.86	3176.88
27					
252	2.97	802.50	66.00	502.00	26.30
1592	123.96	9443.36	1928.83	9269.02	1177.08
589	100.84	6285.33	730.00	6583.21	898.83
352	10.23	2837.10	30.00	2597.10	209.70
884	58.97	2039.47	258.00	1837.47	163.25
119	0.23	7.35		7.35	
26739	1881.93	111752.05	13862.34	102188.41	7829.35
7059	704.45	49907.87	3487.09	40778.78	4435.47
70	0.50	21.80		21.80	
90	9.44	1375.00	332.00	412.00	47.20
2157	7.39	102211.74	15564.00	29866.23	2030.00
135	0.06	1662.00		352.00	200.00
32	17.75	400.00		400.00	81.50
104047	103544.82	7783216.15	850143.18	5599062.07	781481.61
204791	76534.47	1827664.60	165697.61	1271007.56	192668.15
2154	419.16	12088.50	1092.50	9501.49	1742.33
15564	5101.28	134685.77	6947.09	112691.85	18495.40
273	84.16	1328.42	24.20	1330.62	101.00
10					
931	164.21	4345.45	27.08	2394.59	209.38
18088	8157.57	203800.24	11614.20	174069.24	21512.67
6564	939.33	51865.09	12658.82	44978.22	5663.10
2089	426.57	30942.20	1232.60	29637.20	4266.38
6372	1643.68	133718.35	1711.30	119105.40	13839.99
4856	535.90	37342.39	1400.90	25400.08	2769.87
845	104.79	2725.99	423.32	2721.52	448.23
22344	11125.60	222373.89	9638.88	204167.47	25321.67
2305	466.34	26756.58	772.00	26721.62	2167.57
51056	20106.59	407268.43	17426.04	371760.30	63185.75
697	255.07	5197.94		5115.10	137.24
128	8.60	1407.41		1397.41	184.35

全国非油气矿产资源开发利用
Non-Petroleum Mineral Resources Development

矿种	Mineral	矿山企业数（个） Number of Mine Enterprises (number)				
			大型 Large	中型 Medium	小型 Small	小矿 Small-scale Mine
砖瓦用砂	Sand for bricks and tiles	123			20	103
玻璃用脉石英	Vein quartz for glass	222	2	1	119	100
水泥配料用脉石英	Vein quartz for cement	24		2	8	14
粉石英	Powdery quartz	47		3	29	15
天然油石	Natural whetstone	1				1
硅藻土	Diatomite	38		9	26	3
陶粒用页岩	Shale for ceramsite	30	2	5	21	2
砖瓦用页岩	Shale for bricks and tiles	7012	14	463	4132	2403
水泥配料用页岩	Shale for cement	175	6	17	78	74
建筑用页岩	Shale for building	868	1	33	492	342
高岭土	Kaolin	524	17	31	322	154
陶瓷土	Ceramic clay	609	10	26	440	133
凹凸棒石粘土	Attapulgite clay	33	4	4	21	4
海泡石粘土	Sepiolite clay	6			3	3
伊利石粘土	Illite clay	41		3	32	6
累托石粘土	Rectorite clay	23			9	14
膨润土	Bentonite	280	6	15	197	62
砖瓦用粘土	Clay for bricks and tiles	17047	5	395	6247	10400
陶粒用粘土	Clay for earthenware	262	2	6	156	98
水泥配料用粘土	Clay for cement	166	2	6	83	75
水泥配料用红土	Laterite for cement	17			3	14
水泥配料用黄土	Loess for cement	11		1	9	1
水泥配料用泥岩	Mudstone for cement	27	2	1	13	11
保温材料用粘土	Clay for thermal insulating material	5			3	2
白云母粘土矿	Muscovite clay mine	5			2	3
建筑用橄榄岩	Peridotite for building	10		1	7	2
饰面用蛇纹岩	Facing serpentinite	63			41	22
饰面用辉石岩	Facing pyroxenite	1			1	
建筑用辉石岩	Pyroxenite for building	9			5	4
铸石用玄武岩	Basalt for casting	13	1	1	9	2
饰面用玄武岩	Facing basalt	67	2	2	34	29
水泥混合材玄武岩	Basalt for addition of cement	11	1		7	3
建筑用玄武岩	Basalt for building	699	136	65	361	137
饰面用角闪岩	Facing amphibolite	3			3	
建筑用角闪岩	Amphibolite for building	37		3	19	15
水泥用辉绿岩	Diabase for cement	3			3	
铸石用辉绿岩	Diabase for casting	3			1	2
饰面用辉绿岩	Facing diabase	196	5	1	90	100
建筑用辉绿岩	Diabase for building	282	16	21	159	86

情况——按矿种分列（2012年） 续表3
and Utilization by Mineral (2012) Continued 3

从业人数（人）Employees (person)	年产矿量（原矿，万吨）Annual Production (Crude Ore, 10^4 tons)	工业总产值（万元）Gross Industrial Output Value (10^4 yuan)	综合利用产值（万元）Output Value of Comprehensive Use (10^4 yuan)	矿产品销售收入（万元）Sales Revenue of Mineral Commodities (10^4 yuan)	利润总额（万元）Total Profits (10^4 yuan)
1191	71.52	13758.30	500.00	10686.50	894.83
1799	143.17	7889.32	2475.00	7541.92	819.32
265	18.67	837.05		487.25	-62.00
750	33.70	3533.40	116.00	2485.40	441.00
30					
939	17.68	28737.19	50.00	12987.96	-1661.50
649	30.82	1788.13	30.00	1788.03	95.30
160120	14210.66	992213.43	100788.60	891751.43	101301.82
2157	703.36	11990.99	472.13	11125.79	1515.83
15717	1950.98	111618.35	11443.67	88728.64	19384.50
10601	868.64	121471.62	11297.80	102549.69	16305.19
6182	931.66	109801.74	8273.05	42822.66	5933.73
779	28.40	8230.40	10.00	7532.66	626.06
62					
790	14.08	1174.05	1.00	661.35	43.39
472	1.53	149.50		149.50	20.20
4864	318.15	82805.83	4343.76	71887.20	6923.14
585093	34688.11	3351691.13	164724.26	1846068.09	216361.82
5469	257.13	15768.70	1296.80	14423.30	1794.81
3249	779.91	16384.48	2218.60	12560.84	1248.94
182	23.91	719.63	200.00	716.15	57.40
257	65.50	351.80	73.20	351.80	44.00
473	322.18	44415.68	27.90	44399.67	8618.89
40		0.30			
82	12.50	218.00		195.00	141.00
253	21.62	787.40		785.57	70.50
475	13.66	2953.23	130.00	2161.03	620.10
40					
96	9.71	264.65		264.65	0.50
107	4.21	161.89		161.89	21.00
1142	21.36	4343.81	167.00	4343.81	631.64
61	22.65	618.25		569.50	34.00
10190	5793.21	106196.07	2828.04	90724.02	8696.03
44	2.26	205.00		187.00	55.00
594	135.84	2369.16	47.00	1846.56	-224.63
45	5.60	510.00		510.00	6.50
25					
1792	330.21	9365.27	721.00	8888.41	2761.36
3314	521.35	14228.16	374.87	14108.10	1309.29

全国非油气矿产资源开发利用
Non-Petroleum Mineral Resources Development

矿种	Mineral	矿山企业数（个）Number of Mine Enterprises (number)				
			大型 Large	中型 Medium	小型 Small	小矿 Small-scale Mine
饰面用辉长岩	Facing gabbro	8			5	3
建筑用辉长岩	Gabbro for building	25	1	3	15	6
饰面用安山岩	Facing andesite	2				2
建筑用安山岩	Andesite for building	689	198	79	268	144
建筑用闪长岩	Diorite for building	324	61	18	137	108
水泥混合材用闪长玢岩	Diorite porphyrite for addition of cement	45	1	1	27	16
饰面用二长岩	Facing monzonite	1		1		
建筑用二长岩	Monzonite for building	3	1		1	1
饰面用正长岩	Facing syenite	2			2	
建筑用正长岩	Syenite for building	9		1	8	
建筑用花岗岩	Granite for building	4042	411	305	2434	892
饰面用花岗岩	Facing granite	1564	12	18	1034	500
麦饭石	Medical stone	13			8	5
珍珠岩	Perlite	59	1	4	40	14
建筑用流纹岩	Rhyolite for building	6			5	1
黑曜岩	Obsidian	2			1	1
浮石	Float-stone	19		1	13	5
水泥用粗面岩	Trachyte for cement	2			1	1
铸石用粗面岩	Trachyte for casting	15			10	5
霞石正长岩	Nepheline syenite	11	1	2	7	1
玻璃用凝灰岩	Tuff for glass	1			1	
水泥用凝灰岩	Tuff for cement	24	4	1	10	9
建筑用凝灰岩	Tuff for building	1444	705	40	473	226
火山灰	Pozzuolana	9		1	6	2
火山渣	Vocanic cinder	10			8	2
饰面用大理岩	Facing marble	519	33	14	207	265
建筑用大理岩	Marble for building	505	22	11	345	127
水泥用大理岩	Marble for cement	195	46	38	87	24
玻璃用大理岩	Marble for glass	32	1		29	2
饰面用板岩	Facing slate	216	8	14	124	70
水泥配料用板岩	Slate for cement	25		1	13	11
片石	Schist	226		4	79	143
片麻岩	Gneiss	368	4	19	212	133
千枚岩	Phyllite	1			1	
砚石	Inkstone	4			3	1
矿泉水	Mineral water	826	46	59	599	122
地下水	Groundwater	4		1	3	
其他矿产	Other minerals	229		3	163	63

情况——按矿种分列（2012年） 续表4

and Utilization by Mineral (2012) Continued 4

从业人数（人）Employees (person)	年产矿量（原矿，万吨）Annual Production (Crude Ore, 10^4 tons)	工业总产值（万元）Gross Industrial Output Value (10^4 yuan)	综合利用产值（万元）Output Value of Comprehensive Use (10^4 yuan)	矿产品销售收入（万元）Sales Revenue of Mineral Commodities (10^4 yuan)	利润总额（万元）Total Profits (10^4 yuan)
59	14.18	192.36	21.00	172.36	38.60
243	81.40	866.25		732.97	53.30
4					
10783	5689.08	110526.35	6497.43	105384.09	13812.92
5309	1726.60	25255.54	316.30	23933.44	2242.52
490	34.79	3618.45	459.00	3270.45	533.90
32	2.40	420.00		420.00	51.40
99	631.00	8230.00	172.00	8224.00	450.13
10	0.32	6.72		6.72	
85	12.70	316.50	7.00	320.50	61.00
54121	29070.29	688116.09	39905.51	402483.95	45660.94
26340	3868.89	309924.72	49923.25	239358.01	49071.12
130	2.42	136.40		101.40	8.20
1288	59.47	11471.07	4604.00	9015.87	2523.83
54	8.20	255.80	176.00	99.00	15.00
6					
251	11.49	474.14	30.00	426.66	89.90
149	32.33	548.10		528.10	210.18
400	62.44	769.55	276.05	739.55	138.00
2					
309	42.01	1489.46	152.00	1469.46	232.77
29531	38860.34	710457.53	52718.28	628036.84	44451.53
48	27.20	536.90	10.00	532.00	45.65
95	3.80	182.00		182.00	50.00
7643	910.66	79551.46	4091.88	66538.11	17677.66
4981	1676.19	23987.00	1753.50	21177.60	3530.39
4696	2449.40	215859.12	5424.90	213551.08	54976.84
198	38.99	2043.20	1330.00	1604.31	287.00
2550	194.96	6889.46	198.50	6168.86	943.71
242	89.45	1682.45	25.00	1627.45	341.79
2460	669.54	15274.50	2815.00	14200.49	2210.96
3567	961.77	14022.84	1851.00	12031.70	2540.37
18	1.87	150.00		75.00	
57	0.33	65.00	2.00	62.00	8.83
27254	1188.21	514252.48	30.00	446315.21	-14811.23
27	4.00	27.20		27.00	6.00
6676	5719.88	44961.05	7780.50	34594.36	8883.43

全国非油气矿产资源开发利用
Non-Petroleum Mineral Resources Development

经济类型 Economic Type		矿山企业数（个） Number of Mine Enterprises (number)				
			大型 Large	中型 Medium	小型 Small	小矿 Small-scale Mine
总计	**Total**	**103795**	**3913**	**5563**	**52543**	**41776**
一、内资企业	**Ⅰ. Domestic Funded Enterprises**	**103238**	**3758**	**5471**	**52286**	**41723**
国有企业	State-owned Enterprises	3422	592	583	1760	487
集体企业	Collective-owned Enterprises	8751	96	297	4113	4245
股份合作企业	Cooperative Stock Enterprises	1449	80	112	766	491
联营企业	Joint Ownership Enterprises	532	17	35	256	224
有限责任公司	Limited Liability Corporations	14014	1054	1585	7718	3657
股份有限公司	Share Holding Company Limited	4337	409	527	2366	1035
私营企业	Private Enterprises	66067	1425	2192	33415	29035
其他企业	Other Enterprises	4666	85	140	1892	2549
二、港澳台商投资企业	**Ⅱ. Enterprises with Funds from Hong Kong, Macau and Taiwan**	**217**	**47**	**38**	**112**	**20**
三、外商投资企业	**Ⅲ. Foreign Funded Enterprises**	**340**	**108**	**54**	**145**	**33**

情况——按经济类型分列（2012年）
and Utilization by Economic Type (2012)

从业人数（人）Employees (person)	年产矿量（原矿，万吨）Annual Production (Crude Ore, 10^4 tons)	工业总产值（万元）Gross Industrial Output Value (10^4 yuan)	综合利用产值（万元）Output Value of Comprehensive Use (10^4 yuan)	矿产品销售收入（万元）Sales Revenue of Mineral Commodities (10^4 yuan)	利润总额（万元）Total Profits (10^4 yuan)
6711085	**872344.25**	**193873090.06**	**12151041.32**	**160927621.27**	**30838149.37**
6637516	**844839.42**	**189014003.44**	**12071391.70**	**156655675.73**	**29686704.88**
1743047	185387.23	69204006.41	3333852.84	51921749.13	8915094.97
402652	29956.18	3110709.02	271833.82	2906764.04	490592.14
121094	13707.20	3220453.06	65408.67	2770654.56	435453.08
31426	3778.29	990885.24	62371.00	916968.19	159312.45
1513624	212551.19	44592459.80	2722762.09	40210422.76	7521126.33
926161	132655.91	39075365.67	2436960.57	34604967.50	7821838.78
1826983	250443.04	28271042.37	3148787.66	22816035.03	4252482.63
72529	16360.38	549081.87	29415.05	508114.51	90804.49
22237	**8690.18**	**1064875.30**	**21421.19**	**1063333.19**	**241306.10**
51332	**18814.65**	**3794211.32**	**58228.43**	**3208612.35**	**910138.39**

主要统计指标解释

矿山规模 指依据国土资源部矿山生产规模划分标准确定的大型、中型、小型、小矿，见《关于调整部分矿种矿山生产建设规模标准的通知》（国土资发〔2004〕208 号），小矿指矿山生产规模为小型规模上限 1/10 以下的矿山。

企业登记注册类型 是指工商行政管理部门对企业登记注册的类型。

矿山企业数 是指各类矿山企业的数量，以“个”计量。

从业人数 是指报告期的矿山企业中从事矿业生产劳动，并取得劳动报酬或经营收入的就业年平均人数。包括当年在矿山企业中从事采矿活动的临时工和轮换工。非独立法人矿山企业只填报本矿山的平均就业人数。

年产矿量 是指矿山当年度采矿作业实际生产的符合矿石产品质量要求的各类矿产数量的总和。砂金矿按产金属量和平均品位、选矿回收率等折合成矿石量，盐湖矿、原地浸出和原地爆破浸出开采的矿产按其粗加工后的固态量计。计量单位一律采用“万吨”。

工业总产值 是指以货币表现的矿山企业报告期生产的最终工业产品总价值量。包括报告期生产的成品价值、已完工的对外工业性作业价值和自制半成品、在产品期末期初差额价值。采用“工厂法”的计算原则。

综合利用产值 是指在总产值中，由于对共生、伴生矿及“三废”综合利用的最终工业产品的价值量总和。

工业增加值 是指矿山企业当年以货币表现的工业生产活动的最终成果。有三种基本核算方法：此处核算采用收入法。

收入法 通过将生产经营和劳务活动所形成的各种收入相加，反映最终成果的方法，亦即根据生产要素再生产过程中应得收入份额反映最终成果的一种计算方法。即：增加值=固定资产折旧+劳动者报酬+生产税净额+营业盈余。

年利税总额 是指当年企业的利润与税金的总计。

利润总额 按当年矿山财务会计报表中的“损益表”中“利润总额”项的当年累计数填写，亏损以负数表示，盈利以正数表示。非独立法人的矿山只填报属于本矿山的利润总额。如隶属于水泥厂的水泥用灰岩矿、水泥用粘土矿，只填报属于本矿山的利润总额，不能填报整个水泥厂的利润总额。

税金 是指矿山企业生产经营中完成的各项税金总量。包括企业按规定缴纳的产品销售税金及附加税(城市维护建设税、教育费附加、资源税、消费税)、增值税、所得税以及房产税、印花税、车船使用税、土地使用税等。以当年矿山财务会计报表中的有关税金栏目数值为准，分国税、地税填报。非独立法人矿山只填报本矿山完成的税金总额。如隶属于水泥厂的水泥用灰岩矿、水泥用粘土矿，只填报本矿山完成的税金总额，不能填报整个水泥厂的税金总额。

矿产品销售收入 是指矿山企业当年度销售该矿产品（包括产成品、半成品及废品）所取得的收入。以销售实现为原则进行填报。

Explanatory Notes on Main Statistical Indicators

Mine scale — refers to the large-, medium-, and small-sized mines and small-scale mines determined in the mine production scale classification standards stipulated by MLR. See the "Circular on the Readjustment of the Mine Production Scale Standards of Part of Minerals". Small mines refer to those whose production scale is below 1/10 of the upper limit of the small size.

Registration type of enterprise — refers to the type registered by the industrial and commercial administration department for the enterprise.

Number of mine enterprises — refers to the number of various types of mine enterprises.

Employees — refers to the average yearly number of all the employees who are engaged in mining operations and receive payments or operation revenue in a mine enterprise in the current year. They also include temporary workers and rotate workers who undertake mining operations in the mine enterprise during the current year. A non-independent legal mine enterprise only fills in the average number of employees of the same mine enterprise.

Annual production — refers to the total sum of the productions of various minerals that meet the quality requirements of ores produced actually during mining operations of a mine in the current year. The production of placer gold is converted to the ore quantity according to the metal content and average grade and ore dressing recovery, and the quantities of minerals extracted from saline lakes and mined by in-situ leaching and in-situ explosive leaching are calculated according to their solid-state quantities after rough processing. The unit of measurements is "10^4 t".

Gross industrial output value — refers to the total value of final industrial products produced during the reporting period by a mine enterprise, expressed as currency. It includes the value of finished products produced during the reporting period, the value of industrial operations for foreigners that have been completed and self-manufactured semifinished products, and the value of difference between products at the beginning of the product period and those at the end of the product period. The calculation principle of the "factory method" is adopted.

Output value of comprehensive use — refers to the total sum of the values of final industrial products in the total output value due to total utilization of co-product minerals, by-product minerals, and "three wastes" (waste gas, waste water and industrial residues).

Value-added of industry — refers to the final result of industrial operations of a mine enterprise, expressed as currency during the current year. There are three basic accounting methods and here the "revenue method" is used.

Revenue method — refers to the method of reflecting the final result by adding all kinds of revenues obtained through productive operations and labor services; i.e. a calculation method of reflecting the final result according to that portion of revenue that should be obtained by productive elements in the process of re-production. i.e.: incremental value=depreciation of fixed assets+payments of laborers+net amount of production tax+business surplus.

Total amount of annual profits and taxes — refers to the total amount of profits and taxes of an enterprise during the current year.

Total Profit — refers to the cumulative value of profits in the current year in the "total profit amount" item of the "profit and loss statement" in the financial statements of a mine in the current year. Loss is expressed as a negative number, and profit as a positive number. For a mine as a nonindependent legal person, only the total profit amount belonging to that mine is filled in. For example, for the cement limestone mine and cement clay mine belonging to a cement plant, only the total profit amount paid by that mine is filled in, while the total profit amount of the entire cement plant cannot be filled out.

Tax — refers to the total amount of various taxes paid in operations of a mine enterprise. It includes the sales tax, additional taxes (urban maintenance and construction tax, educational surtax, resource tax, and consumption tax), value-added tax, income tax, house tax, stamp tax, vehicle and vessel usage tax, and land holding tax paid by an enterprise according to regulations. Based on the figures in the tax-related column in the financial statements of the mine in the current year, the taxes are filled in as the national tax and local tax. A mine as a nonindependent legal person only fills out the total amount of taxes paid by that mine. For example, for the cement limestone mine and cement clay mine belonging to a cement plant, only the total profit amount paid by that mine is filled in, while the total profit amount of the entire cement plant cannot be filled in.

Sales revenue of mineral commodities — refers to the revenue earned by selling mineral commodities (including finished commodities, half-finished commodities and wastes) by a mining enterprises during the current year, which is demanded to be reported in light of the principle of achieving sales.

海洋资源
Marine Resources

海洋资源利用情况
Uses of Marine Resources

年份/地区 Year/Region		海洋石油（万吨）Marine Oil (10^4 tons)	海洋天然气（亿立方米）Marine Natural Gas ($10^8 m^3$)	海滨砂矿（万吨）Beach Placers (10^4 tons)	海洋渔业（万吨）Marine Aquatic Products (10^4 tons)		海洋盐业（万吨）Marine Salt Industry (10^4 tons)
					捕捞产量 Marine Fishing Production	养殖产量 Mariculture Production	
2006		3239.91	74.86	10355.22	1442.04	1445.64	3100.89
2007		3178.37	82.35	2958.16	1243.55	1307.34	3176.90
2008		3421.13	85.78	4808.57	1340.86	1443.61	3127.15
2009		3698.19	85.92	5590.66	1344.08	1536.46	3500.45
2010		4709.98	110.89	3422.54	1203.59	1482.30	3286.63
2011		4451.97	121.45	4231.04	1356.72	1551.33	3322.42
天津	Tianjin	2770.20	21.37		2.50	1.33	181.00
河北	Hebei	229.05	5.10		25.18	31.15	402.25
辽宁	Liaoning	10.75	0.24		122.28	243.52	133.62
上海	Shanghai	16.10	7.18		12.16		
江苏	Jiangsu				57.84	84.24	94.25
浙江	Zhejiang			2749.84	326.49	84.49	13.99
福建	Fujian			259.87	210.01	316.15	48.50
山东	Shandong	257.15	1.23	945.37	251.24	413.48	2418.63
广东	Guangdong	1168.72	86.34		152.65	265.57	15.80
广西	Guangxi			26.00	66.94	92.38	3.63
海南	Hainan			249.96	105.03	19.01	10.75

主要统计指标解释

海洋捕捞产量 是指国内海域捕捞产量，不包括远洋渔业产量。

海水养殖产量 是指从人工投放苗种或天然纳苗并进行人工饲养管理的海水养殖水域中捕捞的水产品产量。

海洋盐业 指利用海水生产以氯化钠为主要成分的盐产品的活动，包括采盐和盐加工，不包括盐化工，盐化工列入海洋化工业。

Explanatory Notes on Main Statistical Indicators

Marine fishing production — refers to the fishing production in China seas, excluding overseas fisheries production.

Mariculture production — refers to the output of aquatic products managed with artificial breeding in sea water.

Marine salt industry — refers to those activities that using sea water to pruduce salt products with sodium salts as main components, including salt mining and salt processing, not including salt chemical industry which is included in marine chemical industry.

四、国土资源行政管理

Chapter 4 Land and Resources Administration

国土资源管理机构

Land and Resources Administrative Agencies

全国省、市、县级国土资源管理机构数

Number of Land and Resources Administrative Agencies of the Provincial, Municipal and County Level

单位：个 Unit: number

年份/地区	Year/Region	合计 Total	省级 Provincial Level	市（地）级 Municipal (Prefecture) Level	县（区）级 County (District) Level
	2006	3332	32	400	2900
	2007	3293	32	412	2849
	2008	3344	32	454	2858
	2009	3473	32	434	3007
	2010	3325	32	440	2853
	2011	3304	32	449	2823
	2012	3293	32	442	2819
北　京	Beijing	17	1	16	
天　津	Tianjin	12	1	11	
河　北	Hebei	184	1	11	172
山　西	Shanxi	144	1	11	132
内蒙古	Inner Mongolia	129	1	14	114
辽　宁	Liaoning	78	1	14	63
吉　林	Jilin	54	1	10	43
黑龙江	Heilongjiang	120	1	16	103
上　海	Shanghai	17	1	16	
江　苏	Jiangsu	108	1	13	94
浙　江	Zhejiang	106	1	11	94
安　徽	Anhui	123	1	16	106
福　建	Fujian	86	1	10	75
江　西	Jiangxi	111	1	11	99
山　东	Shandong	173	1	17	155
河　南	Henan	161	1	15	145
湖　北	Hubei	113	1	17	95
湖　南	Hunan	132	1	14	117
广　东	Guangdong	150	1	21	128
广　西	Guangxi	94	1	19	74
海　南	Hainan	19	1	2	16
重　庆	Chongqing	39	1	38	
四　川	Sichuan	204	1	21	182
贵　州	Guizhou	109	1	9	99
云　南	Yunnan	158	1	16	141
西　藏	Tibet	77	1	5	71
陕　西	Shaanxi	125	1	11	113
甘　肃	Gansu	100	1	15	84
青　海	Qinghai	51	1	8	42
宁　夏	Ningxia	23	1	5	17
新　疆	Xinjiang	276	2	29	245

土地资源管理

Land Resources Administration

审批建设用地情况

Examination and Approval of Land for Construction Use

单位：公顷 Unit: hectare

年份/地区 Year/Region	合计 Total	农用地转用 Transferred Agricultural Land	耕地 Cultivated Land	国务院批准用地 Land Approved by the State Council	农用地转用 Transferred Agricultual Land	耕地 Cultivated Land	省级政府批准用地 Land Approved by Provincial Governments	农用地转用 Transferred Agricultual Land	耕地 Cultivated Land
2006	405998.05	288052.26	188763.93	122758.47	95679.84	52135.75	283239.58	192372.42	136628.18
2007	412790.01	274365.52	176879.79	153899.16	108760.04	67032.06	258890.86	165605.48	109847.74
2008	398771.88	270185.75	173358.89	129275.26	95639.10	59038.43	269496.62	174546.65	114320.46
2009	587699.44	413793.10	244356.00	302065.22	221239.64	118966.92	285634.22	192553.46	125389.08
2010	539275.31	374934.98	233719.36	204189.39	149973.51	88341.02	335085.92	224961.47	145378.34
2011	611657.13	410538.55	253021.01	275597.61	197512.64	117125.19	336059.52	213025.91	135895.82
2012	615216.40	429083.24	259351.55	242114.45	185478.73	106142.91	373101.95	243604.51	153208.64
北京 Beijing	4650.13	2344.86	966.28	1570.03	542.86	267.75	3080.10	1802.00	698.53
天津 Tianjin	9491.77	6281.77	3898.76	2602.61	2109.21	1358.47	6889.16	4172.56	2540.29
河北 Hebei	25048.92	15519.67	11214.61	8192.63	6965.94	5182.59	16856.29	8553.73	6032.02
山西 Shanxi	25141.33	16011.64	11985.70	14022.56	10922.13	8089.64	11118.77	5089.51	3896.06
内蒙古 Inner Mongolia	21473.01	12307.37	5125.81	10535.97	6852.82	2447.60	10937.04	5454.55	2678.21
辽宁 Liaoning	20178.11	14260.65	10411.56	7447.49	5916.48	4555.08	12730.62	8344.17	5856.49
吉林 Jilin	11991.66	9713.32	8082.85	5186.32	4324.60	3547.70	6805.33	5388.71	4535.15
黑龙江 Heilongjiang	7000.85	5881.49	4745.57	3525.76	2823.86	2369.25	3475.09	3057.63	2376.32
上海 Shanghai	3457.52	2083.13	1600.70	178.15	125.45	100.40	3279.37	1957.68	1500.29
江苏 Jiangsu	31354.83	17241.45	12065.50	8889.51	5991.68	4018.07	22465.32	11249.76	8047.43
浙江 Zhejiang	18174.33	13794.64	9668.56	6221.40	4787.08	3291.66	11952.93	9007.56	6376.90
安徽 Anhui	17949.57	10624.56	7423.93	4686.46	4008.43	2551.58	13263.11	6616.13	4872.35
福建 Fujian	19807.17	16147.85	6906.51	6271.51	5400.77	1916.83	13535.66	10747.08	4989.69
江西 Jiangxi	20222.23	14091.46	7410.71	880.70	639.01	296.96	19341.54	13452.45	7113.75
山东 Shandong	29554.26	19969.32	15603.90	6013.30	5529.80	4703.16	23540.97	14439.52	10900.74
河南 Henan	31570.72	23080.93	17255.28	9719.30	8078.75	6424.89	21851.42	15002.18	10830.39
湖北 Hubei	32528.28	26910.71	16779.56	10017.39	8706.81	5201.88	22510.89	18203.90	11577.68
湖南 Hunan	21772.90	16458.39	8507.88	6948.03	4689.62	2215.67	14824.87	11768.77	6292.20
广东 Guangdong	20771.75	13789.98	4148.84	7238.47	3588.17	1001.17	13533.27	10201.82	3147.66
广西 Guangxi	30340.10	23129.88	12864.30	18722.88	14521.67	8029.13	11617.22	8608.21	4835.16
海南 Hainan	3823.24	3166.06	1176.88	845.05	707.33	355.90	2978.19	2458.73	820.98
重庆 Chongqing	10598.96	8832.55	5609.88	3417.40	2929.57	1814.67	7181.57	5902.98	3795.21
四川 Sichuan	38913.05	29614.19	19462.65	12782.29	9882.75	6211.14	26130.76	19731.44	13251.51
贵州 Guizhou	28306.49	17399.28	11190.56	14483.34	9657.97	5765.36	13823.15	7741.31	5425.20
云南 Yunnan	56599.85	44267.91	17030.60	44636.45	34439.01	10784.29	11963.41	9828.90	6246.31
西藏 Tibet	986.10	836.99	433.88	986.10	836.99	433.88			
陕西 Shaanxi	21706.95	17417.00	12235.44	11466.79	10037.51	7185.03	10240.16	7379.48	5050.41
甘肃 Gansu	6409.84	4193.52	3381.02	4429.82	2715.66	2115.55	1980.01	1477.86	1265.47
青海 Qinghai	10044.87	5910.03	2809.52	1852.43	1480.70	767.69	8192.44	4429.33	2041.82
宁夏 Ningxia	5342.52	2710.71	1563.99	1431.64	1112.06	548.43	3910.87	1598.65	1015.56
新疆 Xinjiang	30005.10	15091.96	7790.34	6912.67	5154.07	2591.50	23092.43	9937.89	5198.84

审批建设用地情况 续表

Examination and Approval of Land for Construction Use Continued

单位：公顷 Unit: hectare

年份/地区 Year/Region	城镇村建设用地 Land for Construction in City, Town and Village						单独选址建设用地 Land for Construction at Separated Selected Sites			
		商服用地 Land for Commercial and Service Uses	工矿仓储用地 Land for Industry, Mining and Warehousing	住宅用地 Land for Residential Uses	公共管理与公共服务用地① Land for Public Management and Public Services	交通运输用地① Land for Transport		交通运输用地 Land for Transport	水利设施用地 Land for Water Conservancy Facilities	能源用地① Land for Energy Projects
2006	239853.69②	15681.46	108649.54	44355.95			166144.35	55086.14	61265.08	
2007	246708.21	12348.30	109645.18	50979.72			166081.80	72696.78	40339.01	
2008	258487.81	16622.82	116214.90	57913.21			140284.04	79601.20	34245.66	
2009	283531.68	26491.82	126563.19	64294.79	40119.87	17046.81	304167.76	158365.28	43718.23	80774.97
2010	339170.16	36925.85	141995.19	84333.06	46046.14	20978.51	200105.15	118599.93	22248.21	40692.81
2011	371240.82	45061.04	151955.97	92993.19	47587.00	25426.22	240416.31	141409.19	53026.49	27517.98
2012	379231.41	47732.11	155221.72	94020.80	46190.77	25923.92	235985.00	130453.19	17621.00	67346.09
北京 Beijing	4580.10	502.70	354.32	1516.03	1258.23	861.13	70.03			
天津 Tianjin	8718.46	712.66	3795.27	2152.81	1389.69	630.42	773.31	661.63	2.48	54.12
河北 Hebei	19376.63	2763.35	9276.48	5048.53	1766.46	439.20	5672.29	4727.26	496.37	293.11
山西 Shanxi	12663.61	2280.41	4531.94	3197.47	1807.60	735.01	12477.72	11975.84	28.99	459.84
内蒙古 Inner Mongolia	10932.26	2584.96	4884.58	2048.29	1271.31	118.26	10540.75	8467.66		1364.54
辽宁 Liaoning	13973.41	1658.00	5444.72	5047.21	1224.85	556.90	6204.70	4313.71	1437.24	364.32
吉林 Jilin	8635.42	1120.32	2973.61	2696.75	1003.80	753.99	3356.24	1393.28	411.52	1210.54
黑龙江 Heilongjiang	5875.30	748.64	2235.41	1669.96	682.26	489.07	1125.55	357.98	74.52	502.14
上海 Shanghai	3255.74	368.06	977.76	565.81	318.72	542.38	201.78	187.91		9.59
江苏 Jiangsu	21019.06	2396.25	11209.04	5198.70	1789.25	348.91	10335.77	7291.68	1522.82	528.33
浙江 Zhejiang	12758.55	1383.92	4183.57	3407.94	1661.02	1267.59	5415.79	4103.00	1133.75	175.12
安徽 Anhui	11045.54	1298.42	4466.37	3670.22	1001.29	429.21	6904.03	5023.08	1010.80	187.55
福建 Fujian	13135.12	1380.78	6581.03	2414.28	1611.55	1015.12	6672.04	6103.30	140.57	428.18
江西 Jiangxi	19351.03	2659.10	8509.70	3887.55	3417.69	825.84	871.20	506.63	183.56	2.80
山东 Shandong	22896.59	2155.43	12952.30	5718.00	1607.92	375.84	6657.67	4903.23	120.68	956.90
河南 Henan	24943.16	3351.97	10978.74	6347.32	2741.91	1186.56	6627.56	4854.99	693.12	413.87
湖北 Hubei	24077.58	2590.69	10410.52	6640.01	2021.87	2030.10	8450.70	5673.21	2224.65	95.06
湖南 Hunan	16258.41	2458.39	5329.65	3746.39	1982.73	2412.92	5514.49	3274.27	1847.66	260.10
广东 Guangdong	16965.96	1966.83	7201.95	2707.08	1460.57	2118.48	3805.79	3288.19	147.21	193.92
广西 Guangxi	13368.88	1539.38	4929.83	2342.28	2384.57	1518.56	16971.22	12893.62	3423.47	146.94
海南 Hainan	3474.97	884.97	588.83	930.61	398.58	512.67	348.28	348.28		
重庆 Chongqing	7849.93	340.97	2928.37	1806.83	1434.80	1286.45	2749.03	2230.65	34.03	101.03
四川 Sichuan	25671.57	2203.51	10890.73	6592.13	3840.05	1997.88	13241.48	9308.13	913.68	1976.17
贵州 Guizhou	16119.28	2798.05	5538.64	3293.36	2843.34	1510.93	12187.21	7985.47	419.26	3547.07
云南 Yunnan	8337.77	2223.84	1559.16	2335.77	1606.74	488.99	48262.08	6862.82	200.40	37902.99
西藏 Tibet	230.00	15.00	10.00	10.00	130.00	45.00	756.10	756.10		
陕西 Shaanxi	10975.07	1155.22	4676.75	2655.98	1635.64	633.36	10731.87	2638.64	71.30	7996.18
甘肃 Gansu	2027.87	332.17	489.49	606.49	344.75	248.10	4381.96	2476.91	5.10	1826.61
青海 Qinghai	4795.45	590.79	2836.71	698.83	514.35	123.01	5249.42	1837.42	432.57	2111.73
宁夏 Ningxia	4206.78	94.00	203.00	278.11	68.00	114.00	1135.73	930.21		154.84
新疆 Xinjiang	11711.90	1173.33	4273.26	4790.07	971.23	308.09	18293.20	5078.10	645.27	4082.51

注：① 为2009年新增指标。② 2006年，城镇村建设用地中含部分申请用地面积。

Note: ① Newly added indicators in 2009. ② In 2006, the area of land for construction in city,town and village includes few area applicated but not approved.

土地征收情况
Land Requisition

单位：公顷 Unit: hectare

年份/地区 Year/Region	土地征收面积 Requisitioned Land Area			国务院批准 Requisition Land Area Approved by the State Council			省级政府批准 Requisition Land Area Approved by Provincial Governments		
		农用地 Agricultural Land			农用地 Agricultural Land			农用地 Agricultural Land	
			耕地 Cultivated Land			耕地 Cultivated Land			耕地 Cultivated Land
2006	341643.60	253781.04	169706.21	102419.93	88603.71	51003.32	239223.67	165177.33	118702.89
2007	301937.28	223116.05	148241.15	98495.93	85713.39	54507.15	203441.35	137402.66	93734.01
2008	304010.74	223206.05	149112.21	78760.70	68323.57	43277.70	225250.03	154882.48	105834.51
2009	451025.72	351173.64	216762.98	204239.02	177455.25	99112.56	246786.71	173718.38	117650.42
2010	459246.08	345188.08	228662.21	146427.84	123852.44	74530.10	312818.24	221335.64	154132.11
2011	568740.50	395843.62	261756.50	215553.15	161242.35	102287.99	353187.35	234601.27	159468.51
2012	517764.28	388474.08	246282.95	199453.29	167659.28	99480.83	318310.99	220814.80	146802.12
北　京 Beijing	3477.20	1848.00	641.20	597.52	55.39	6.39	2879.68	1792.62	634.81
天　津 Tianjin	6861.51	5326.81	3270.17	1084.52	855.60	489.20	5776.98	4471.21	2780.97
河　北 Hebei	22735.20	14288.44	10490.51	7320.91	6298.95	4699.96	15414.28	7989.49	5790.55
山　西 Shanxi	24446.54	15336.91	11572.03	13687.38	10554.75	7910.00	10759.17	4782.15	3662.03
内蒙古 Inner Mongolia	19149.18	11069.43	4920.87	9657.31	6370.87	2344.08	9491.87	4698.56	2576.78
辽　宁 Liaoning	21648.72	15702.06	11607.30	9896.08	8186.53	6300.82	11752.64	7515.52	5306.48
吉　林 Jilin	9581.56	7745.53	6657.52	3424.68	2892.99	2283.24	6156.88	4852.54	4374.28
黑龙江 Heilongjiang	3780.55	3045.38	2635.91	1496.22	1100.34	953.35	2284.33	1945.03	1682.56
上　海 Shanghai	2445.91	1844.25	1432.80	146.02	125.41	100.36	2299.89	1718.85	1332.44
江　苏 Jiangsu	30591.72	17853.16	12607.96	10046.89	7328.13	5019.66	20544.84	10525.03	7588.30
浙　江 Zhejiang	17162.14	13584.90	9602.92	6347.95	5245.55	3651.72	10814.19	8339.35	5951.20
安　徽 Anhui	18003.75	11909.27	8569.10	5002.09	4351.55	2854.00	13001.66	7557.73	5715.10
福　建 Fujian	18192.68	15294.39	6625.07	5516.84	5011.40	1762.60	12675.84	10282.99	4862.47
江　西 Jiangxi	19551.53	13586.07	7331.07	1035.85	742.44	431.88	18515.68	12843.63	6899.19
山　东 Shandong	30408.12	21286.05	16333.90	8330.59	7481.20	5813.35	22077.53	13804.85	10520.55
河　南 Henan	30847.82	23378.90	19349.03	9191.77	7760.48	6020.53	21656.05	15618.42	13328.50
湖　北 Hubei	27309.81	22615.36	13842.19	7742.12	7050.37	3953.80	19567.69	15564.99	9888.38
湖　南 Hunan	19048.36	15947.22	8375.49	5349.64	4409.69	2195.75	13698.73	11537.52	6179.74
广　东 Guangdong	13563.60	10994.24	3531.77	2788.98	2290.93	641.98	10774.62	8703.32	2889.79
广　西 Guangxi	25808.29	21789.50	12455.40	15678.92	13585.18	7686.02	10129.37	8204.32	4769.38
海　南 Hainan	2851.59	2317.76	964.00	607.37	488.99	226.85	2244.22	1828.77	737.15
重　庆 Chongqing	8564.40	7188.52	4554.99	1770.48	1579.34	957.55	6793.92	5609.18	3597.44
四　川 Sichuan	35608.68	28301.12	18991.12	10196.00	8768.30	5766.74	25412.68	19532.82	13224.38
贵　州 Guizhou	23596.27	15644.39	10048.43	10985.67	8704.96	5088.69	12610.60	6939.44	4959.74
云　南 Yunnan	45067.25	40359.03	16980.35	33794.49	30921.46	10820.29	11272.76	9437.57	6160.06
西　藏 Tibet	467.52	448.61	343.88	467.52	448.61	343.88			
陕　西 Shaanxi	20581.23	16719.30	11909.51	10714.27	9552.89	6908.42	9866.96	7166.41	5001.09
甘　肃 Gansu	4916.78	3713.95	3120.14	3039.04	2258.95	1858.07	1877.75	1455.00	1262.07
青　海 Qinghai	3471.07	2872.72	2466.01	740.38	678.45	506.73	2730.69	2194.27	1959.27
宁　夏 Ningxia	2276.69	1552.00	1122.31	496.62	381.00	209.38	1780.08	1171.00	912.93
新　疆 Xinjiang	5748.59	4910.83	3930.01	2299.17	2178.59	1675.54	3449.42	2732.24	2254.47

国有建设用地供应情况
State-owned Land for Construction Use

年份/地区 Year/Region	建设用地供应总量 Total Amount of Construction Used Land Supplied			划拨 Allocation			出让 Granting		
	宗数（宗） Number of Plots	土地面积（公顷） Land Area (hectare)		宗数（宗） Number of Plots	土地面积（公顷） Land Area (hectare)		宗数（宗） Number of Plots	土地面积（公顷） Land Area (hectare)	
			新增 Newly Increased Area			新增 Newly Increased Area			新增 Newly Increased Area
2006	233316	306805.89	126761.58	30747	63790.63	35477.96	186667	233017.88	89947.38
2007	211918	341973.95	125735.31	26909	76087.97	32720.03	160404	234960.59	92390.94
2008	163918	234184.69	102080.57	26330	62380.55	33377.95	123358	165859.67	67839.27
2009	150906	361648.75	233621.04	26114	122287.53	98532.15	122498	220813.90	134576.81
2010	174284	432561.42	171368.54	31291	138267.34	28626.94	141941	293717.81	142370.81
2011	193609	593284.57	265670.14	41866	257208.58	42247.66	151249	335085.17	222838.62
2012	192039	711281.31	292591.16	53106	377133.53	65794.02	138588	332432.34	226287.60
北　京 Beijing	616	1636.03	876.32	184	415.34	21.01	432	1220.70	855.31
天　津 Tianjin	1973	8936.12	4197.60	640	3843.69	302.30	1333	5092.43	3895.29
河　北 Hebei	6165	21016.28	11036.81	880	3795.25	101.39	5285	17221.03	10935.42
山　西 Shanxi	3530	16779.12	5835.87	1025	9642.72	49.90	2504	7135.73	5785.97
内蒙古 Inner Mongolia	6613	32954.29	11247.12	1910	17963.93	890.45	4702	14983.04	10356.68
辽　宁 Liaoning	5912	30969.44	8725.10	1256	13263.49	66.16	4627	17158.84	8658.94
吉　林 Jilin	4368	10797.44	4927.11	1211	4217.87	9.30	3155	6539.01	4917.81
黑龙江 Heilongjiang	4580	15517.92	4843.74	1711	7850.31	196.64	2845	7560.93	4647.10
上　海 Shanghai	825	2343.20	616.13	374	855.97		451	1487.22	616.13
江　苏 Jiangsu	14597	48392.31	28612.33	2960	14727.17	11662.85	11620	33654.30	16943.35
浙　江 Zhejiang	12072	31318.23	22550.81	5636	19106.51	14080.10	6313	11741.97	8000.96
安　徽 Anhui	9382	34828.65	10911.44	3311	18444.83	777.44	6071	16383.82	10133.99
福　建 Fujian	4212	14121.74	11990.47	1015	4362.49	3933.84	3194	9725.59	8022.98
江　西 Jiangxi	5882	23438.20	9706.16	2188	12617.47	1769.43	3694	10820.73	7936.73
山　东 Shandong	12458	43596.88	21603.07	2230	9257.07	196.75	10225	34339.19	21406.32
河　南 Henan	9144	48095.14	12308.05	3796	30994.09	418.94	5346	17098.73	11889.11
湖　北 Hubei	11076	25644.72	12309.47	1988	9564.33	247.81	9035	16068.80	12061.67
湖　南 Hunan	12591	24087.80	7122.29	1717	15444.25	746.55	10873	8643.01	6375.74
广　东 Guangdong	10643	34463.41	28818.67	1459	22044.73	20940.24	9184	12418.69	7878.43
广　西 Guangxi	9156	30012.07	5758.32	2355	22123.37	520.62	6800	7883.20	5237.70
海　南 Hainan	691	8281.27	4723.19	219	6332.25	3448.22	471	1944.34	1274.97
重　庆 Chongqing	2755	12704.78	3851.87	912	6305.38	22.69	1843	6399.40	3829.18
四　川 Sichuan	11114	33296.95	11155.52	2669	19879.97	875.75	8445	13416.98	10279.77
贵　州 Guizhou	5719	44165.80	8613.93	2211	34784.25	1332.50	3487	9280.68	7281.43
云　南 Yunnan	9502	13705.05	6458.85	1925	6273.05	415.33	7577	7432.00	6043.53
西　藏 Tibet	646	624.83	413.12	470	398.48	279.13	176	226.35	133.98
陕　西 Shaanxi	3303	15569.52	6594.56	973	8181.21	313.52	2330	7388.31	6281.04
甘　肃 Gansu	4534	18544.79	6883.96	2813	11298.76	840.91	1709	7241.23	6043.06
青　海 Qinghai	876	7648.06	2262.30	308	5292.41	464.62	565	2008.86	1797.68
宁　夏 Ningxia	1358	7864.77	4139.50	555	3122.85	50.98	803	4741.92	4088.52
新　疆 Xinjiang	5746	49926.51	13497.46	2205	34730.05	818.65	3493	15175.29	12678.81

——按供地方式和地区分列
Supplied by Land Supply Way and by Region

成交价款（万元）Transaction Price Value (10^4 yuan)	租赁 Lease				其他供地方式 Other Land Supply Ways			
	宗数（宗）Number of Plots	土地面积（公顷）Land Area (hectare)	新增 Newly Increased Area	租金（万元）Rent (10^4 yuan)	宗数（宗）Number of Plots	土地面积（公顷）Land Area (hectare)	新增 Newly Increased Area	收入（万元）Income (10^4 yuan)
80776447.01	13420	7587.83	353.56	37548.29	2482	2409.55	982.68	276833.34
122167208.32	21134	29397.16	323.58	25486.07	3471	1528.23	300.76	280318.66
102597987.90	11930	3615.97	93.39	32494.67	2300	2328.49	769.97	1513849.65
171795255.79	2122	9030.02	496.80	257118.57	172	9517.30	15.20	799367.29
274644791.15	1035	552.57	371.12	468671.73	17	23.69		14067.34
321260823.12	479	842.49	584.18	9787.81	15	148.33		495505.78
280422827.78	330	1700.12	509.54	83378.06	15	15.31		
6564529.31								
5290349.43								
11339630.54								
4284975.20	1	0.66		15.34				
5549935.68	1	7.32		21.07				
17759602.73	29	547.11		39854.60				
4487247.27	2	40.56		60.84				
3510440.25	24	106.68		524.21				
6016721.01								
38890804.85	17	10.84	6.13	31286.10				
20295489.18	123	469.75	469.75	3528.83				
12624814.98								
10332132.49	3	33.66	33.66	3165.32				
7702157.89								
25990492.95	3	0.62		58.61				
10834668.61	1	1.98		852.56	1	0.34		
9823273.34	53	11.59		3280.48				
7827272.18	1	0.53		4.28				
15171942.87								
5046485.95					1	5.50		
2102192.96					1	4.68		
11872750.82								
13619404.58								
5489921.80	21	100.87		151.12				
7577311.02								
58966.05								
5392664.05								
1256650.39					12	4.80		
435683.36	3	346.79		437.25				
937518.62								
2336797.42	48	21.17		137.45				

国有建设用地供应情况——
State-owned Land for Construction Use Supplied by Land Supply

地区	Region	建设用地供应总量 Total Amount of Construction Used Land Supplied			划拨 Allocation			出让 Granting	
		宗数（宗） Number of Plots	土地面积（公顷） Land Area (hectare)	新增 Newly Increased Area	宗数（宗） Number of Plots	土地面积（公顷） Land Area (hectare)	新增 Newly Increased Area	宗数（宗） Number of Plots	土地面积 Land Area
总　计	**Total**	**192039**	**711281.31**	**292591.16**	**53106**	**377133.53**	**65794.02**	**138588**	**332432.34**
北京	**Beijing**	**616**	**1636.03**	**876.32**	**184**	**415.34**	**21.01**	**432**	**1220.70**
天津	**Tianjin**	**1973**	**8936.12**	**4197.60**	**640**	**3843.69**	**302.30**	**1333**	**5092.43**
河北	**Hebei**	**6165**	**21016.28**	**11036.81**	**880**	**3795.25**	**101.39**	**5285**	**17221.03**
石家庄市	Shijiazhuang City	572	2467.70	1091.16	129	1140.26	49.35	443	1327.44
唐山市	Tangshan City	927	5356.02	1564.71	85	295.87		842	5060.15
秦皇岛市	Qinhuangdao City	377	1129.03	651.94	60	261.53	7.30	317	867.51
邯郸市	Handan City	515	1434.61	1219.77	53	67.42		462	1367.18
邢台市	Xingtai City	472	1306.31	852.46	66	122.39	3.78	406	1183.93
保定市	Baoding City	603	1727.90	1094.99	63	363.41	5.82	540	1364.49
张家口市	Zhangjiakou City	502	1726.87	593.59	166	970.19	16.09	336	756.69
承德市	Chengde City	499	1067.10	714.91	103	205.46	11.75	396	861.64
沧州市	Cangzhou City	596	1975.85	1156.73	86	230.44	7.30	510	1745.42
廊坊市	Langfang City	634	1813.69	1416.58	40	98.29		594	1715.40
衡水市	Hengshui City	468	1011.19	679.98	29	40.00		439	971.19
山西	**Shanxi**	**3530**	**16779.12**	**5835.87**	**1025**	**9642.72**	**49.90**	**2504**	**7135.73**
太原市	Taiyuan City	358	1662.70	635.36	143	934.81	31.69	215	727.90
大同市	Datong City	215	1178.07	657.20	57	406.43	0.42	158	771.63
阳泉市	Yangquan City	192	998.92	147.39	75	770.13		117	228.79
长治市	Changzhi City	291	889.00	570.11	70	207.37	6.21	221	681.63
晋城市	Jincheng City	281	1287.98	309.14	107	930.67		174	357.31
朔州市	Shuozhou City	223	1394.33	538.55	54	757.48		168	636.18
晋中市	Jinzhong City	412	1948.80	476.59	91	1236.05		321	712.75
运城市	Yuncheng City	433	3070.76	658.47	135	2343.47	9.97	298	727.30
忻州市	Xinzhou City	258	862.79	536.07	84	240.94	0.79	174	621.85
临汾市	Linfen City	529	2320.00	653.08	118	1396.04		411	923.96
吕梁市	Lüliang City	338	1165.76	653.91	91	419.33	0.82	247	746.43
内蒙古	**Inner Mongolia**	**6613**	**32954.29**	**11247.12**	**1910**	**17963.93**	**890.45**	**4702**	**14983.04**
呼和浩特市	Hohhot City	392	1435.13	775.70	172	421.12		220	1014.01
包头市	Baotou City	291	1296.26	583.11	84	501.63	10.84	207	794.63

按供地方式和省市分列（2012年）
Way and by Province, Autonomous Region and Municipality (2012)

（公顷）(hectare)		租赁 Lease				其他供地方式 Other Land Supply Ways			
新增 Newly Increased Area	成交价款（万元）Transaction Price Value (10^4 yuan)	宗数（宗）Number of Plots	土地面积（公顷）Land Area（hectare）	新增 Newly Increased Area	成交价款（万元）Transaction Price Value (10^4 yuan)	宗数（宗）Number of Plots	土地面积（公顷）Land Area (hectare)	新增 Newly Increased Area	成交价款（万元）Transaction Price Value (10^4 yuan)
226287.60	**280422827.78**	**330**	**1700.12**	**509.54**	**83378.06**	**15**	**15.31**		
855.31	**6564529.31**								
3895.29	**5290349.43**								
10935.42	**11339630.54**								
1041.81	1758403.04								
1564.71	2260437.86								
644.64	959116.69								
1219.77	1032756.07								
848.68	561229.95								
1089.17	852737.22								
577.50	350143.63								
703.15	518154.41								
1149.43	718532.35								
1416.58	1666565.59								
679.98	661553.74								
5785.97	**4284975.20**	**1**	**0.66**		**15.34**				
603.67	658105.10								
656.77	773530.80								
147.39	123399.69								
563.90	306514.77								
309.14	211792.54								
538.55	377816.35	1	0.66		15.34				
476.59	406968.76								
648.50	267135.21								
535.27	302402.29								
653.08	647357.33								
653.09	209952.36								
10356.68	**5549935.68**	**1**	**7.32**		**21.07**				
775.70	937909.48								
572.27	576995.07								

国有建设用地供应情况——
State-owned Land for Construction Use Supplied by Land Supply Way and

地 区	Region	建设用地供应总量 Total Amount of Construction Used Land Supplied			划拨 Allocation			出让 Granting	
		宗数（宗） Number of Plots	土地面积（公顷） Land Area (hectare)	新增 Newly Increased Area	宗数（宗） Number of Plots	土地面积（公顷） Land Area (hectare)	新增 Newly Increased Area	宗数（宗） Number of Plots	土地面积 Land Area
乌海市	Wuhai City	139	848.86	313.84	25	320.51	13.68	114	528.36
赤峰市	Chifeng City	688	4257.64	1073.78	249	2688.95		438	1561.37
通辽市	Tongliao City	550	2108.02	507.48	100	1163.19	32.85	450	944.83
鄂尔多斯市	Erdos City	888	4872.90	2085.49	166	1585.84	8.02	722	3287.06
呼伦贝尔市	Hulunbuir City	845	4106.86	1131.59	296	2561.06	358.94	549	1545.80
巴彦淖尔市	Bayannur City	419	3945.26	1183.31	122	2700.64	91.83	297	1244.62
乌兰察布市	Ulanqab City	549	2221.89	1120.53	196	895.33	32.27	353	1326.56
兴安盟	Xing'an League	634	2539.53	759.94	256	1678.49	32.96	378	861.04
锡林郭勒盟	Xilingol League	778	3430.00	1066.21	162	2308.61	309.05	616	1121.39
阿拉善盟	Alxa League	440	1891.92	646.13	82	1138.54		358	753.38
辽宁	**Liaoning**	**5912**	**30969.44**	**8725.10**	**1256**	**13263.49**	**66.16**	**4627**	**17158.84**
沈阳市	Shenyang City	949	5989.72	2318.54	144	2867.90		805	3121.82
大连市	Dalian City	795	5585.98	883.95	219	2903.96		547	2134.91
鞍山市	Anshan City	511	1710.84	1189.28	56	253.31		455	1457.52
抚顺市	Fushun City	303	1659.14	418.21	82	913.67		221	745.47
本溪市	Benxi City	195	755.27	203.82	55	416.80		140	338.47
丹东市	Dandong City	461	909.84	225.50	59	312.25	15.22	402	597.59
锦州市	Jinzhou City	291	981.17	418.56	40	262.98		251	718.20
营口市	Yingkou City	569	4294.14	568.72	155	2356.48		414	1937.65
阜新市	Fuxin City	205	705.73	468.44	39	86.02		166	619.71
辽阳市	Liaoyang City	244	1605.44	831.30	64	597.76	49.89	180	1007.68
盘锦市	Panjin City	375	3853.02	202.98	46	1440.25		329	2412.77
铁岭市	Tieling City	385	683.55	250.88	114	133.17		271	550.38
朝阳市	Chaoyang City	405	1460.92	496.62	139	596.92		266	864.00
葫芦岛市	Huludao City	224	774.68	248.29	44	122.01	1.05	180	652.67
吉林	**Jilin**	**4368**	**10797.44**	**4927.11**	**1211**	**4217.87**	**9.30**	**3155**	**6539.01**
长春市	Changchun City	1167	4640.10	1687.49	405	2557.54		761	2082.56
吉林市	Jilin City	694	1630.13	931.92	241	464.82		453	1165.31
四平市	Siping City	458	711.46	377.27	41	126.32		417	585.14
辽源市	Liaoyuan City	224	648.63	246.34	52	251.93		172	396.71
通化市	Tonghua City	326	563.67	380.71	71	45.24		255	518.43
白山市	Baishan City	566	621.85	228.17	150	311.39		416	310.46

按供地方式和省市分列（2012年） 续表1

by Province, Autonomous Region and Municipality (2012) Continued 1

（公顷）(hectare) 新增 Newly Increased Area	成交价款（万元）Transaction Price Value (10^4 yuan)	租赁 Lease 宗数（宗）Number of Plots	租赁 Lease 土地面积（公顷）Land Area (hectare)	租赁 Lease 土地面积 新增 Newly Increased Area	租赁 Lease 成交价款（万元）Transaction Price Value (10^4 yuan)	其他供地方式 Other Land Supply Ways 宗数（宗）Number of Plots	其他供地方式 Other Land Supply Ways 土地面积（公顷）Land Area (hectare)	其他供地方式 Other Land Supply Ways 土地面积 新增 Newly Increased Area	其他供地方式 Other Land Supply Ways 成交价款（万元）Transaction Price Value (10^4 yuan)
300.16	92328.70								
1073.78	569212.02	1	7.32		21.07				
474.63	208204.28								
2077.47	1417132.93								
772.64	447947.86								
1091.48	536423.63								
1088.27	350471.62								
726.99	140727.79								
757.16	179133.72								
646.13	93448.60								
8658.94	**17759602.73**	**29**	**547.11**		**39854.60**				
2318.54	4516679.94								
883.95	4507263.50	29	547.11		39854.60				
1189.28	1463556.27								
418.21	673286.26								
203.82	248049.33								
210.28	624789.34								
418.56	470776.73								
568.72	1810260.55								
468.44	298377.41								
781.42	488761.67								
202.98	1294581.47								
250.88	388915.95								
496.62	593691.52								
247.24	380612.79								
4917.81	**4487247.27**	**2**	**40.56**		**60.84**				
1687.49	2409286.39	1							
931.92	731813.10								
377.27	289210.79								
246.34	183476.49								
380.71	302439.75								
228.17	76750.93								

国有建设用地供应情况——
State-owned Land for Construction Use Supplied by Land Supply Way and

地区	Region	建设用地供应总量 Total Amount of Construction Used Land Supplied 宗数（宗） Number of Plots	土地面积（公顷） Land Area (hectare)	新增 Newly Increased Area	划拨 Allocation 宗数（宗） Number of Plots	土地面积（公顷） Land Area (hectare)	新增 Newly Increased Area	出让 Granting 宗数（宗） Number of Plots	土地面积 Land Area
松原市	Songyuan City	178	364.49	223.21	53	100.85	9.25	125	263.64
白城市	Baicheng City	268	404.89	120.41	55	153.61	0.05	213	251.29
延边朝鲜族自治州	Yanbian Korean A.P.	487	1212.21	731.60	143	206.17		343	965.48
黑龙江	**Heilongjiang**	**4580**	**15517.92**	**4843.74**	**1711**	**7850.31**	**196.64**	**2845**	**7560.93**
哈尔滨市	Harbin City	805	2550.87	1381.56	289	883.28	8.19	513	1666.67
齐齐哈尔市	Qiqihar City	334	1207.81	323.93	93	414.26	25.71	241	793.55
鸡西市	Jixi City	186	468.50	165.57	63	120.27		123	348.24
鹤岗市	Hegang City	111	231.14	46.99	45	68.05		60	81.67
双鸭山市	Shuangyashan City	105	465.07	131.63	44	221.04		59	242.07
大庆市	Daqing City	403	1225.97	590.28	66	91.09		337	1134.87
伊春市	Yichun City	166	785.93	26.50	96	667.14		64	113.33
佳木斯市	Jiamusi City	201	1339.65	175.98	90	995.17		109	341.06
七台河市	Qitaihe City	68	1190.33	139.75	17	1026.86		48	156.53
牡丹江市	Mudanjiang City	303	1191.09	282.91	108	721.21	0.86	193	463.32
黑河市	Heihe City	223	783.59	527.64	69	120.30		154	663.29
绥化市	Suihua City	497	2347.85	812.19	153	1362.37	34.14	344	985.48
大兴安岭地区	Da Hinggan Ling Prefecture	82	142.46	1.46	37	92.21		45	50.25
农垦总局	General Bureau of Agriculture	921	1154.62	84.45	443	692.66		478	461.96
森工总局	General Bureau of Forest Industry	140	359.95	127.73	82	340.80	127.73	58	19.15
友谊国土资源局	Youyi Land and Resources Bureau	28	70.43	22.50	16	33.61		12	36.83
五大连池风景名胜区	Wudalianchi	7	2.67	2.67				7	2.67
上海	**Shanghai**	**825**	**2343.20**	**616.13**	**374**	**855.97**		**451**	**1487.22**
江苏	**Jiangsu**	**14597**	**48392.31**	**28612.33**	**2960**	**14727.17**	**11662.85**	**11620**	**33654.30**
南京市	Nanjing City	993	4372.49	3225.55	372	2442.45	2048.26	621	1930.03
无锡市	Wuxi City	1170	4668.44	3389.40	515	2683.97	2207.98	640	1975.71
徐州市	Xuzhou City	1051	4825.81	3030.54	261	2087.44	1630.64	790	2738.37
常州市	Changzhou City	1160	3439.54	2002.03	153	703.43	509.30	1007	2736.11
苏州市	Suzhou City	1598	6167.11	3423.27	356	2002.93	1435.09	1242	4164.17

按供地方式和省市分列（2012年） 续表2

by Province, Autonomous Region and Municipality (2012) Continued 2

		租赁 Lease				其他供地方式 Other Land Supply Ways			
（公顷）(hectare)	成交价款（万元）Transaction Price Value (10^4 yuan)	宗数（宗）Number of Plots	土地面积（公顷）Land Area（hectare）		成交价款（万元）Transaction Price Value (10^4 yuan)	宗数（宗）Number of Plots	土地面积（公顷）Land Area (hectare)		成交价款（万元）Transaction Price Value (10^4 yuan)
新增 Newly Increased Area				新增 Newly Increased Area				新增 Newly Increased Area	
213.95	128760.08								
120.36	88475.47								
731.60	277034.28	1	40.56		60.84				
4647.10	**3510440.25**	**24**	**106.68**		**524.21**				
1373.37	1471305.31	3	0.92		5.61				
298.22	405791.62								
165.57	75773.12								
46.99	22022.58	6	81.43		248.16				
131.63	81548.62	2	1.95		23.87				
590.28	691861.22								
26.50	27849.12	6	5.46		60.19				
175.98	62876.61	2	3.42		4.34				
139.75	29711.82	3	6.94		50.40				
282.05	194656.53	2	6.56		131.64				
527.64	83035.90								
778.05	194551.37								
1.46	3947.80								
84.45	154420.39								
	3211.25								
22.50	6412.90								
2.67	1464.09								
616.13	**6016721.01**								
16943.35	**38890804.85**	**17**	**10.84**	**6.13**	**31286.10**				
1177.29	4159057.97								
1177.15	2836392.69	15	8.77	4.26	155.49				
1399.90	2790912.00								
1492.74	4922619.47								
1988.18	5868866.74								

国有建设用地供应情况——

State-owned Land for Construction Use Supplied by Land Supply Way and

地区	Region	建设用地供应总量 Total Amount of Construction Used Land Supplied			划拨 Allocation			出让 Granting	
		宗数（宗） Number of Plots	土地面积（公顷） Land Area (hectare)		宗数（宗） Number of Plots	土地面积（公顷） Land Area (hectare)		宗数（宗） Number of Plots	土地面积 Land Area
				新增 Newly Increased Area			新增 Newly Increased Area		
南通市	Nantong City	1491	5105.46	2547.85	195	662.82	488.87	1296	4442.64
连云港市	Lianyungang City	515	2693.06	886.36	116	233.24	182.93	399	2459.82
淮安市	Huai'an City	1119	2068.15	1096.25	104	114.10	83.33	1015	1954.05
盐城市	Yancheng City	1765	5486.88	3265.59	305	1317.53	1188.48	1460	4169.35
扬州市	Yangzhou City	926	2234.48	1431.45	132	599.46	516.61	794	1635.02
镇江市	Zhenjiang City	840	2363.37	1239.65	178	880.34	522.09	660	1480.96
泰州市	Taizhou City	964	2572.99	1962.07	220	814.26	735.02	744	1758.72
宿迁市	Suqian City	1005	2394.53	1112.33	53	185.19	114.24	952	2209.34
浙江	**Zhejiang**	**12072**	**31318.23**	**22550.81**	**5636**	**19106.51**	**14080.10**	**6313**	**11741.97**
杭州市	Hangzhou City	2113	5667.54	4492.01	1107	3604.92	2733.72	883	1592.87
宁波市	Ningbo City	2125	6186.12	4919.14	1124	3833.11	3453.70	1001	2353.02
温州市	Wenzhou City	1548	2422.09	1928.06	922	1649.21	1465.70	626	772.88
嘉兴市	Jiaxing City	948	5244.05	1811.75	377	3884.69	910.33	571	1359.35
湖州市	Huzhou City	642	1429.72	1057.91	161	508.26	462.26	481	921.46
绍兴市	Shaoxing City	1131	2496.62	1883.34	487	1296.68	1130.44	644	1199.93
金华市	Jinhua City	974	1396.48	1155.77	286	585.20	442.50	688	811.27
衢州市	Quzhou City	542	1151.10	1003.37	236	708.65	642.19	306	442.45
舟山市	Zhoushan City	332	1427.67	1104.36	170	511.60	492.30	162	916.06
台州市	Taizhou City	905	1804.32	1433.66	331	1004.94	943.91	574	799.38
丽水市	Lishui City	812	2092.52	1761.45	435	1519.23	1403.05	377	573.29
安徽	**Anhui**	**9382**	**34828.65**	**10911.44**	**3311**	**18444.83**	**777.44**	**6071**	**16383.82**
合肥市	Hefei City	872	4947.63	779.09	362	3007.30		510	1940.33
芜湖市	Wuhu City	610	2200.64	861.23	121	580.53		489	1620.11
蚌埠市	Bengbu City	305	1501.41	588.07	71	530.09	5.99	234	971.32
淮南市	Huainan City	182	835.90	278.16	60	425.37	28.61	122	410.53
马鞍山市	Ma'anshan City	495	2186.21	558.61	227	1412.45		268	773.75
淮北市	Huaibei City	259	1805.74	631.24	150	1385.92	535.89	109	419.83
铜陵市	Tongling City	132	719.24	180.21	20	193.80		112	525.45
安庆市	Anqing City	880	2192.37	792.53	317	1271.41	2.40	563	920.95
黄山市	Huangshan City	291	700.30	341.47	81	214.12	0.79	210	486.18
滁州市	Chuzhou City	1165	2472.89	699.80	404	1089.71		761	1383.18
阜阳市	Fuyang City	437	2345.23	607.82	167	1516.38		270	828.86

按供地方式和省市分列（2012年） 续表3

by Province, Autonomous Region and Municipality (2012) Continued 3

（公顷）(hectare)		租赁 Lease				其他供地方式 Other Land Supply Ways			
新增 Newly Increased Area	成交价款（万元）Transaction Price Value (10^4 yuan)	宗数（宗）Number of Plots	土地面积（公顷）Land Area（hectare）	新增 Newly Increased Area	成交价款（万元）Transaction Price Value (10^4 yuan)	宗数（宗）Number of Plots	土地面积（公顷）Land Area (hectare)	新增 Newly Increased Area	成交价款（万元）Transaction Price Value (10^4 yuan)
2058.98	5731052.52								
703.44	1052139.79								
1012.92	1894446.11								
2077.10	3160757.93								
914.84	2134923.35								
715.68	1493112.57	2	2.07	1.87	31130.61				
1227.05	1495199.01								
998.09	1351324.70								
8000.96	**20295489.18**	**123**	**469.75**	**469.75**	**3528.83**				
1288.54	5644768.56	123	469.75	469.75	3528.83				
1465.44	4591483.56								
462.36	1911806.86								
901.42	1694184.65								
595.65	773847.81								
752.90	2083518.80								
713.26	991971.08								
361.18	267699.20								
612.06	541037.77								
489.75	1316885.11								
358.40	478285.80								
10133.99	**12624814.98**								
779.09	3060629.40								
861.23	1523527.60								
582.08	792758.31								
249.55	316581.03								
558.61	569149.14								
95.34	257197.72								
180.21	514846.00								
790.13	640634.78								
340.69	334547.57								
699.80	595545.87								
607.82	616924.25								

国有建设用地供应情况——

State-owned Land for Construction Use Supplied by Land Supply Way and

地 区	Region	建设用地供应总量 Total Amount of Construction Used Land Supplied			划拨 Allocation			出让 Granting	
		宗数（宗） Number of Plots	土地面积（公顷） Land Area (hectare)		宗数（宗） Number of Plots	土地面积（公顷） Land Area (hectare)		宗数（宗） Number of Plots	土地面积 Land Area
				新增 Newly Increased Area			新增 Newly Increased Area		
宿州市	Suzhou City	375	1657.25	820.28	88	650.41		287	1006.83
巢湖市	Chaohu City	670	1628.41	770.17	230	812.52	107.20	440	815.90
六安市	Lu'an City	1086	3808.44	985.37	452	2176.94	15.13	634	1631.49
亳州市	Bozhou City	405	1352.59	398.67	209	716.12	27.58	196	636.47
池州市	Chizhou City	331	1563.65	758.64	95	767.77		236	795.88
宣城市	Xuancheng City	887	2910.76	860.06	257	1694.00	53.85	630	1216.75
福建	**Fujian**	**4212**	**14121.74**	**11990.47**	**1015**	**4362.49**	**3933.84**	**3194**	**9725.59**
福州市	Fuzhou City	648	2670.75	2252.76	176	683.79	618.67	472	1986.96
厦门市	Xiamen City	285	967.67	734.18	142	464.31	355.83	143	503.37
莆田市	Putian City	178	690.22	535.94	62	188.00	175.13	115	495.59
三明市	Sanming City	496	2002.46	1801.95	136	911.48	889.74	360	1090.98
泉州市	Quanzhou City	746	2238.58	2061.17	125	714.04	709.56	619	1497.51
漳州市	Zhangzhou City	651	2273.51	1819.73	124	535.24	406.11	527	1738.28
南平市	Nanping City	360	1008.27	906.42	76	240.26	226.99	284	768.01
龙岩市	Longyan City	421	1445.60	1215.27	94	431.95	411.17	327	1013.65
宁德市	Ningde City	427	824.66	663.05	80	193.42	140.62	347	631.23
江西	**Jiangxi**	**5882**	**23438.20**	**9706.16**	**2188**	**12617.47**	**1769.43**	**3694**	**10820.73**
南昌市	Nanchang City	564	2668.87	1115.51	132	1209.16	44.68	432	1459.71
景德镇市	Jingdezhen City	154	485.91	213.27	57	257.77	2.76	97	228.13
萍乡市	Pingxiang City	171	573.05	221.59	74	329.83	4.00	97	243.22
九江市	Jiujiang City	794	2871.54	1545.12	269	906.64	3.40	525	1964.90
新余市	Xinyu City	139	649.08	258.58	41	258.46	2.67	98	390.62
鹰潭市	Yingtan City	245	941.72	390.02	98	509.17		147	432.55
赣州市	Ganzhou City	822	2504.08	1213.81	321	1322.62	392.61	501	1181.46
吉安市	Ji'an City	770	2523.87	1203.13	321	1638.87	547.44	449	885.00
宜春市	Yichun City	817	4372.60	1555.59	323	2665.05	495.61	494	1707.54
抚州市	Fuzhou City	546	2892.10	909.26	184	1870.28	177.21	362	1021.82
上饶市	Shangrao City	860	2955.39	1080.28	368	1649.62	99.06	492	1305.78
山东	**Shandong**	**12458**	**43596.88**	**21603.07**	**2230**	**9257.07**	**196.75**	**10225**	**34339.19**
济南市	Jinan City	483	2107.43	1201.88	82	493.02		401	1614.40
青岛市	Qingdao City	1587	5816.70	2048.34	413	1808.98	12.63	1174	4007.72
淄博市	Zibo City	672	1545.62	775.31	246	506.74	16.59	426	1038.89

按供地方式和省市分列（2012年） 续表4
by Province, Autonomous Region and Municipality (2012) Continued 4

（公顷）(hectare)		租赁 Lease				其他供地方式 Other Land Supply Ways			
新增 Newly Increased Area	成交价款（万元）Transaction Price Value (10^4 yuan)	宗数（宗）Number of Plots	土地面积（公顷）Land Area (hectare)	新增 Newly Increased Area	成交价款（万元）Transaction Price Value (10^4 yuan)	宗数（宗）Number of Plots	土地面积（公顷）Land Area (hectare)	新增 Newly Increased Area	成交价款（万元）Transaction Price Value (10^4 yuan)
820.28	681561.26								
662.98	444010.61								
970.23	777515.94								
371.09	720706.54								
758.64	338225.90								
806.21	440453.05								
8022.98	**10332132.49**	**3**	**33.66**	**33.66**	**3165.32**				
1634.08	3013086.87								
378.34	1746324.72								
354.18	562316.88	1	6.63	6.63	497.19				
912.21	531766.91								
1324.59	1757789.66	2	27.03	27.03	2668.13				
1413.62	730885.46								
679.43	418801.85								
804.10	991834.50								
522.43	579325.63								
7936.73	**7702157.89**								
1070.84	1604858.11								
210.51	249719.49								
217.59	174336.92								
1541.71	1176515.63								
255.92	119985.66								
390.02	322154.92								
821.20	1410158.26								
655.69	584269.35								
1059.98	857679.63								
732.05	432724.25								
981.22	769755.66								
21406.32	**25990492.95**	**3**	**0.62**		**58.61**				
1201.88	3656988.51								
2035.70	4304545.18								
758.72	901641.71								

国有建设用地供应情况——
State-owned Land for Construction Use Supplied by Land Supply Way and

地区	Region	建设用地供应总量 Total Amount of Construction Used Land Supplied			划拨 Allocation			出让 Granting	
		宗数（宗） Number of Plots	土地面积（公顷） Land Area (hectare)	新增 Newly Increased Area	宗数（宗） Number of Plots	土地面积（公顷） Land Area (hectare)	新增 Newly Increased Area	宗数（宗） Number of Plots	土地面积 Land Area
枣庄市	Zaozhuang City	247	982.00	511.82	45	310.14		202	671.86
东营市	Dongying City	632	2432.57	1720.68	107	304.57	25.49	525	2128.00
烟台市	Yantai City	836	2754.25	1264.49	69	662.10		764	2091.53
潍坊市	Weifang City	1907	8120.36	2994.55	323	1132.93		1584	6987.44
济宁市	Jining City	680	2074.36	1231.73	117	462.85	13.77	563	1611.50
泰安市	Tai'an City	478	1536.71	946.61	106	469.50	45.35	372	1067.21
威海市	Weihai City	1178	3864.04	1267.52	208	422.61	39.00	970	3441.43
日照市	Rizhao City	363	1300.81	661.93	61	311.57		302	989.24
莱芜市	Laiwu City	342	537.12	414.46	29	71.74		313	465.38
临沂市	Linyi City	1024	3265.86	1810.70	184	1118.81	33.70	840	2147.05
德州市	Dezhou City	564	2130.41	1205.65	76	288.00		488	1842.41
聊城市	Liaocheng City	553	1495.53	1117.74	46	85.15	8.09	507	1410.38
滨州市	Binzhou City	489	1575.84	971.32	82	387.70		407	1188.14
菏泽市	Heze City	423	2057.27	1458.35	36	420.65	2.13	387	1636.62
河南	**Henan**	**9144**	**48095.14**	**12308.05**	**3796**	**30994.09**	**418.94**	**5346**	**17098.73**
郑州市	Zhengzhou City	1569	6203.23	2524.20	794	3267.29	191.34	775	2935.94
开封市	Kaifeng City	327	1159.43	433.80	96	517.97		231	641.46
洛阳市	Luoyang City	647	14176.91	1062.31	260	12702.56	2.91	387	1474.35
平顶山市	Pingdingshan City	421	1497.42	654.64	117	672.21		304	825.22
安阳市	Anyang City	301	1324.17	515.22	85	583.99		215	738.19
鹤壁市	Hebi City	256	853.87	328.38	126	380.13		130	473.74
新乡市	Xinxiang City	644	2860.24	884.15	290	1599.20	168.26	354	1261.04
焦作市	Jiaozuo City	756	2948.29	701.07	376	1364.63	3.14	380	1583.65
濮阳市	Puyang City	380	1133.42	363.03	180	589.95	1.68	200	543.47
许昌市	Xuchang City	343	1322.11	541.80	163	653.93	4.48	180	668.18
漯河市	Luohe City	414	1114.99	426.45	151	501.69		263	613.30
三门峡市	Sanmenxia City	414	4880.14	348.52	230	4363.98	13.62	184	516.17
南阳市	Nanyang City	515	2025.97	873.86	144	853.83	26.00	371	1172.13
商丘市	Shangqiu City	639	2131.70	884.02	176	889.98	6.25	463	1241.71
信阳市	Xinyang City	490	1593.57	338.83	313	1135.85	1.25	177	457.72
周口市	Zhoukou City	439	1601.90	768.52	146	586.74		293	1015.16
驻马店市	Zhumadian City	589	1267.78	659.26	149	330.14		439	937.30

按供地方式和省市分列（2012年） 续表5
by Province, Autonomous Region and Municipality (2012) Continued 5

（公顷）(hectare)		租赁 Lease				其他供地方式 Other Land Supply Ways			
新增 Newly Increased Area	成交价款（万元）Transaction Price Value (10^4 yuan)	宗数（宗）Number of Plots	土地面积（公顷）Land Area（hectare）	新增 Newly Increased Area	成交价款（万元）Transaction Price Value (10^4 yuan)	宗数（宗）Number of Plots	土地面积（公顷）Land Area (hectare)	新增 Newly Increased Area	成交价款（万元）Transaction Price Value (10^4 yuan)
511.82	1006577.76								
1695.20	1059155.54								
1264.49	1209725.98	3	0.62		58.61				
2994.55	2846768.79								
1217.96	1576666.37								
901.26	794667.39								
1228.52	3117215.59								
661.93	1150149.64								
414.46	139903.50								
1777.00	1289225.72								
1205.65	1092386.72								
1109.65	617262.51								
971.32	594039.99								
1456.21	633572.04								
11889.11	**10834668.61**	**1**	**1.98**		**852.56**	**1**	**0.34**		
2332.86	3309930.37								
433.80	403525.36								
1059.40	933338.37								
654.64	453989.95								
515.22	441691.41	1	1.98		852.56				
328.38	279554.19								
715.90	399122.10								
697.93	520757.22								
361.35	525050.74								
537.32	387195.01								
426.45	368696.78								
334.90	243735.58								
847.85	536672.17								
877.77	552824.76								
337.57	312167.67								
768.52	605624.40								
659.26	560792.51						1	0.34		

国有建设用地供应情况——
State-owned Land for Construction Use Supplied by Land Supply Way and

地区	Region	建设用地供应总量 Total Amount of Construction Used Land Supplied			划拨 Allocation			出让 Granting	
		宗数（宗） Number of Plots	土地面积（公顷） Land Area (hectare)	新增 Newly Increased Area	宗数（宗） Number of Plots	土地面积（公顷） Land Area (hectare)	新增 Newly Increased Area	宗数（宗） Number of Plots	土地面积 Land Area
湖北	**Hubei**	**11076**	**25644.72**	**12309.47**	**1988**	**9564.33**	**247.81**	**9035**	**16068.80**
武汉市	Wuhan City	868	4020.28	2216.26	290	1392.13	5.69	532	2616.67
黄石市	Huangshi City	459	965.80	400.41	75	457.69		384	508.10
十堰市	Shiyan City	230	1409.05	795.43	37	585.62	35.95	193	823.44
宜昌市	Yichang City	681	1979.61	993.61	134	515.32		547	1464.30
襄阳市	Xiangyang City	1290	2897.57	1582.90	155	879.31		1128	2018.14
鄂州市	Ezhou City	208	917.27	483.56	4	320.88		204	596.39
荆门市	Jingmen City	794	2299.95	702.42	164	973.49		630	1326.46
孝感市	Xiaogan City	1059	1878.46	1203.44	63	377.79	23.78	996	1500.67
荆州市	Jingzhou City	1776	2798.00	918.83	423	1456.48	2.61	1353	1341.52
黄冈市	Huanggang City	659	2341.59	715.22	232	1291.03		427	1050.55
咸宁市	Xianning City	883	1483.44	867.44	97	437.46	3.92	786	1045.97
随州市	Suizhou City	308	624.51	450.10	75	78.24		233	546.27
恩施土家族苗族自治州	Enshi Tujia & Miao A.P.	1378	643.67	283.44	97	276.69		1281	366.98
省直辖县级行政区划	County-level Administrative Units Directly under the Provincial Government	483	1385.53	696.41	142	522.20	175.85	341	863.33
湖南	**Hunan**	**12591**	**24087.80**	**7122.29**	**1717**	**15444.25**	**746.55**	**10873**	**8643.01**
长沙市	Changsha City	911	4786.64	1229.18	351	2878.61		559	1907.50
株洲市	Zhuzhou City	315	1336.89	669.36	91	982.47	355.08	224	354.43
湘潭市	Xiangtan City	337	966.20	622.21	68	245.97	11.73	269	720.23
衡阳市	Hengyang City	719	1601.89	721.63	51	713.00	3.08	668	888.89
邵阳市	Shaoyang City	1421	1501.02	357.34	109	961.42		1312	539.60
岳阳市	Yueyang City	466	1449.62	708.04	96	825.65	248.69	370	623.98
常德市	Changde City	1039	980.46	540.60	94	310.33	49.84	945	670.13
张家界市	Zhangjiajie City	297	189.69	95.19	34	44.57		263	145.12
益阳市	Yiyang City	1986	983.89	458.03	77	402.13		1909	581.76
郴州市	Chenzhou City	1031	1467.36	468.45	146	857.86	19.71	885	609.50
永州市	Yongzhou City	1062	1731.05	367.93	204	1317.34	45.50	858	413.71
怀化市	Huaihua City	1230	5662.10	503.85	206	4985.64		1024	676.46

按供地方式和省市分列（2012年） 续表6

by Province, Autonomous Region and Municipality (2012) Continued 6

（公顷）(hectare)		租赁 Lease				其他供地方式 Other Land Supply Ways			
新增 Newly Increased Area	成交价款（万元）Transaction Price Value (10^4 yuan)	宗数（宗）Number of Plots	土地面积（公顷）Land Area（hectare）	新增 Newly Increased Area	成交价款（万元）Transaction Price Value (10^4 yuan)	宗数（宗）Number of Plots	土地面积（公顷）Land Area (hectare)	新增 Newly Increased Area	成交价款（万元）Transaction Price Value (10^4 yuan)
12061.67	**9823273.34**	**53**	**11.59**		**3280.48**				
2210.57	3718373.00	46	11.48		3276.20				
400.41	279275.92								
759.49	383775.85								
993.61	897558.26								
1582.90	930577.56	7	0.12		4.27				
483.56	381633.14								
702.42	534168.31								
1179.66	463587.59								
916.22	427908.22								
715.22	417978.65								
863.52	444546.34								
450.10	249770.84								
283.44	260647.78								
520.56	433471.87								
6375.74	**7827272.18**	**1**	**0.53**		**4.28**				
1229.18	2867557.72	1	0.53		4.28				
314.28	291373.82								
610.47	603759.70								
718.55	519927.43								
357.34	371848.11								
459.35	397063.20								
490.75	542874.03								
95.19	170650.00								
458.03	359750.78								
448.74	522153.90								
322.44	222928.17								
503.85	587345.17								

国有建设用地供应情况——

State-owned Land for Construction Use Supplied by Land Supply Way and

地　区	Region	建设用地供应总量 Total Amount of Construction Used Land Supplied 宗数（宗）Number of Plots	土地面积（公顷）Land Area (hectare)	新增 Newly Increased Area	划拨 Allocation 宗数（宗）Number of Plots	土地面积（公顷）Land Area (hectare)	新增 Newly Increased Area	出让 Granting 宗数（宗）Number of Plots	土地面积 Land Area
娄底市	Loudi City	1174	922.83	248.67	54	598.18	12.93	1120	324.65
湘西土家族苗族自治州	West Hunan Tujia & Miao A.P.	603	508.15	131.82	136	321.09		467	187.05
广东	**Guangdong**	**10643**	**34463.41**	**28818.67**	**1459**	**22044.73**	**20940.24**	**9184**	**12418.69**
广州市	Guangzhou City	472	4225.64	3765.02	219	3239.15	3124.01	253	986.49
韶关市	Shaoguan City	608	4052.60	3813.83	88	3516.72	3490.30	520	535.88
深圳市	Shenzhen City	171	494.88	282.54	5	3.29	1.59	166	491.59
珠海市	Zhuhai City	90	1109.25	813.03	35	549.97	396.82	55	559.28
汕头市	Shantou City	69	180.45	88.07	13	52.21	33.75	56	128.24
佛山市	Foshan City	2038	3306.72	2106.69	153	2024.51	1760.90	1885	1282.21
江门市	Jiangmen City	415	2479.63	2106.57	109	1325.53	1306.72	306	1154.09
湛江市	Zhanjiang City	579	2713.14	2319.02	68	1686.97	1632.82	511	1026.17
茂名市	Maoming City	155	1082.32	988.89	49	840.41	834.79	106	241.90
肇庆市	Zhaoqing City	900	2153.32	1887.00	74	1439.19	1379.48	826	714.14
惠州市	Huizhou City	1258	1987.25	1251.84	163	998.00	897.78	1095	989.25
梅州市	Meizhou City	1762	1836.79	1682.86	65	1542.17	1523.77	1697	294.62
汕尾市	Shanwei City	26	101.23	95.07	7	3.70	0.98	19	97.52
河源市	Heyuan City	87	524.12	479.76	34	261.78	248.91	53	262.34
阳江市	Yangjiang City	222	1406.79	1306.07	45	449.04	447.50	177	957.75
清远市	Qingyuan City	668	1969.84	1753.69	185	1545.99	1504.33	483	423.85
东莞市	Dongguan City	201	1143.98	1054.94	59	703.39	698.07	142	440.59
中山市	Zhongshan City	184	634.62	475.61	12	18.23	11.08	172	616.39
潮州市	Chaozhou City	159	666.34	383.70	14	499.17	320.68	145	167.17
揭阳市	Jieyang City	170	834.23	722.18	23	351.15	334.25	147	483.08
云浮市	Yunfu City	409	1560.29	1442.32	39	994.16	991.70	370	566.14
广西	**Guangxi**	**9156**	**30012.07**	**5758.32**	**2355**	**22123.37**	**520.62**	**6800**	**7883.20**
南宁市	Nanning City	1238	4209.61	918.48	309	3292.94	232.30	929	916.67
柳州市	Liuzhou City	1619	3698.98	746.06	244	2740.47	18.71	1375	958.50
桂林市	Guilin City	1336	2197.66	417.75	226	1601.74	46.46	1110	595.91
梧州市	Wuzhou City	438	4798.74	451.09	105	4227.50	6.67	333	571.25

按供地方式和省市分列（2012年） 续表 7
by Province, Autonomous Region and Municipality (2012) Continued 7

		租赁 Lease				其他供地方式 Other Land Supply Ways			
（公顷）(hectare)	成交价款（万元）Transaction Price Value (10^4 yuan)	宗数（宗）Number of Plots	土地面积（公顷）Land Area（hectare）		成交价款（万元）Transaction Price Value (10^4 yuan)	宗数（宗）Number of Plots	土地面积（公顷）Land Area (hectare)		成交价款（万元）Transaction Price Value (10^4 yuan)
新增 Newly Increased Area				新增 Newly Increased Area				新增 Newly Increased Area	
235.74	262303.14								
131.82	107737.03								
7878.43	**15171942.87**								
641.01	2978279.10								
323.52	220946.60								
280.95	975457.68								
416.21	1211478.70								
54.31	150713.08								
345.79	3874294.12								
799.85	542345.91								
686.20	492330.46								
154.10	115714.33								
507.52	375370.71								
354.06	925783.56								
159.08	214351.41								
94.09	41830.95								
230.85	157572.40								
858.57	349360.30								
249.36	249660.48								
356.87	1141017.09								
464.53	513810.83								
63.02	174116.44								
387.93	220571.16								
450.62	246937.56								
5237.70	**5046485.95**					**1**	**5.50**		
686.18	1157869.73								
727.35	1016275.77								
371.29	329782.33								
444.43	370111.21								

国有建设用地供应情况——
State-owned Land for Construction Use Supplied by Land Supply Way and

地区	Region	建设用地供应总量 Total Amount of Construction Used Land Supplied			划拨 Allocation			出让 Granting	
		宗数（宗） Number of Plots	土地面积（公顷） Land Area (hectare)	新增 Newly Increased Area	宗数（宗） Number of Plots	土地面积（公顷） Land Area (hectare)	新增 Newly Increased Area	宗数（宗） Number of Plots	土地面积 Land Area
北海市	Beihai City	553	1071.43	151.06	45	562.34	4.67	508	509.09
防城港市	Fangchenggang City	586	1256.88	240.03	398	513.31	8.29	188	743.57
钦州市	Qinzhou City	429	1959.00	623.46	150	1396.40	179.08	279	562.60
贵港市	Guigang City	151	1161.24	183.47	57	820.50		94	340.74
玉林市	Yulin City	256	718.09	364.92	70	214.80		186	503.29
百色市	Baise City	859	2976.35	630.53	290	2147.67	4.08	569	828.68
贺州市	Hezhou City	358	793.74	339.02	79	362.48		279	431.26
河池市	Hechi City	585	1555.66	228.34	165	1243.40	5.24	419	306.76
来宾市	Laibin City	340	1002.49	277.16	52	635.73	2.31	288	366.76
崇左市	Chongzuo City	408	2612.21	186.95	165	2364.10	12.83	243	248.11
海南	**Hainan**	**691**	**8281.27**	**4723.19**	**219**	**6332.25**	**3448.22**	**471**	**1944.34**
海口市	Haikou City	123	896.09	58.87	67	682.39		56	213.70
三亚市	Sanya City	50	292.43	241.90	11	45.51		39	246.92
省直辖县级行政区划	County-level Administrative Units Directly under the Provincial Government	518	7092.74	4422.43	141	5604.34	3448.22	376	1483.72
重庆	**Chongqing**	**2755**	**12704.78**	**3851.87**	**912**	**6305.38**	**22.69**	**1843**	**6399.40**
四川	**Sichuan**	**11114**	**33296.95**	**11155.52**	**2669**	**19879.97**	**875.75**	**8445**	**13416.98**
成都市	Chengdu City	1155	7751.82	2803.22	437	4502.47		718	3249.35
自贡市	Zigong City	142	655.24	306.56	63	293.33	0.97	79	361.91
攀枝花市	Panzhihua City	296	889.84	314.99	55	406.09		241	483.75
泸州市	Luzhou City	416	1356.38	637.61	101	621.03		315	735.35
德阳市	Deyang City	840	2629.02	750.28	261	1674.52		579	954.50
绵阳市	Mianyang City	2169	3491.19	1111.99	398	2108.73		1771	1382.46
广元市	Guangyuan City	1767	1878.63	422.45	212	1386.21	58.95	1555	492.42
遂宁市	Suining City	351	686.03	249.89	78	308.61	3.38	273	377.42
内江市	Neijiang City	160	1604.51	740.44	57	1238.60	621.32	103	365.91
乐山市	Leshan City	398	1016.71	398.00	123	476.85	5.15	275	539.86
南充市	Nanchong City	286	1866.15	365.19	79	1346.85	20.37	207	519.30
眉山市	Meishan City	356	1392.05	554.81	64	565.54		292	826.52

按供地方式和省市分列（2012年） 续表8

by Province, Autonomous Region and Municipality (2012) Continued 8

（公顷）(hectare)		租赁 Lease				其他供地方式 Other Land Supply Ways			
新增 Newly Increased Area	成交价款（万元）Transaction Price Value (10^4 yuan)	宗数（宗）Number of Plots	土地面积（公顷）Land Area（hectare）	新增 Newly Increased Area	成交价款（万元）Transaction Price Value (10^4 yuan)	宗数（宗）Number of Plots	土地面积（公顷）Land Area (hectare)	新增 Newly Increased Area	成交价款（万元）Transaction Price Value (10^4 yuan)
146.40	216406.92								
231.74	256685.15								
444.38	297157.51								
183.47	159382.40								
364.92	301520.62								
626.45	292752.49								
339.02	141703.40								
223.11	141893.58					1	5.50		
274.85	284784.88								
174.12	80159.97								
1274.97	**2102192.96**					**1**	**4.68**		
58.87	303401.05								
241.90	793511.79								
974.21	1005280.12					1	4.68		
3829.18	**11872750.82**								
10279.77	**13619404.58**								
2803.22	6166028.38								
305.60	272734.51								
314.99	193107.63								
637.61	359343.02								
750.28	441649.45								
1111.99	863043.85								
363.49	232792.74								
246.51	163752.75								
119.12	370540.03								
392.86	598165.83								
344.83	580583.91								
554.81	627684.62								

国有建设用地供应情况——

State-owned Land for Construction Use Supplied by Land Supply Way and

地区	Region	建设用地供应总量 Total Amount of Construction Used Land Supplied 宗数（宗）Number of Plots	土地面积（公顷）Land Area (hectare)	新增 Newly Increased Area	划拨 Allocation 宗数（宗）Number of Plots	土地面积（公顷）Land Area (hectare)	新增 Newly Increased Area	出让 Granting 宗数（宗）Number of Plots	土地面积 Land Area
宜宾市	Yibin City	487	1484.01	703.65	157	689.62	1.20	330	794.39
广安市	Guang'an City	212	1417.07	300.90	72	1021.23	1.49	140	395.84
达州市	Dazhou City	209	833.35	211.23	63	342.05		146	491.30
雅安市	Ya'an City	185	1285.35	202.48	121	1041.80	3.86	64	243.55
巴中市	Bazhong City	879	785.41	238.82	68	391.67		811	393.74
资阳市	Ziyang City	235	1351.36	591.42	85	681.04	20.45	150	670.32
阿坝藏族羌族自治州	Aba Tibetan & Qiang A.P.	64	310.53	6.12	26	294.86	2.25	38	15.66
甘孜藏族自治州	Ganzi Tibetan A.P.	132	241.80	170.74	27	166.33	98.26	105	75.47
凉山彝族自治州	Liangshan Yi A.P.	375	370.52	74.71	122	322.55	38.10	253	47.97
贵州	**Guizhou**	**5719**	**44165.80**	**8613.93**	**2211**	**34784.25**	**1332.50**	**3487**	**9280.68**
贵阳市	Guiyang City	597	5169.01	1492.84	271	3351.34		326	1817.67
六盘水市	Liupanshui City	352	4346.94	511.79	88	3679.71	3.58	264	667.23
遵义市	Zunyi City	956	5502.09	1153.12	371	4187.47	34.95	585	1314.62
安顺市	Anshun City	350	4335.05	314.95	136	3925.61	90.54	214	409.44
铜仁地区	Tongren Prefecture	328	5782.39	1092.10	134	5063.52	587.08	194	718.87
黔西南布依族苗族自治州	Southwest Guizhou Buyei & Miao A.P.	385	6708.98	411.65	222	6252.70		163	456.28
毕节地区	Bijie Prefecture	719	4888.17	1530.62	301	3353.76	257.86	418	1534.41
黔东南苗族侗族自治州	Southeast Guizhou Miao & Dong A.P.	1049	4677.65	1131.03	438	3312.41	343.12	590	1264.37
黔南布依族苗族自治州	South Guizhou Buyei & Miao A.P.	983	2755.52	975.84	250	1657.73	15.37	733	1097.79
云南	**Yunnan**	**9502**	**13705.05**	**6458.85**	**1925**	**6273.05**	**415.33**	**7577**	**7432.00**
昆明市	Kunming City	2481	2696.45	1550.35	152	682.86	41.52	2329	2013.59
曲靖市	Qujing City	501	1023.53	561.44	108	354.15	17.82	393	669.38
玉溪市	Yuxi City	432	588.53	418.01	93	126.73	12.34	339	461.80
保山市	Baoshan City	498	557.39	399.48	99	105.70	0.40	399	451.69
昭通市	Zhaotong City	918	291.18	196.81	44	30.02	4.07	874	261.15
丽江市	Lijiang City	147	2715.96	152.10	67	2528.03	1.96	80	187.94

按供地方式和省市分列（2012年） 续表 9

by Province, Autonomous Region and Municipality (2012) Continued 9

		租赁 Lease				其他供地方式 Other Land Supply Ways			
（公顷）(hectare) 新增 Newly Increased Area	成交价款（万元）Transaction Price Value (10^4 yuan)	宗数（宗）Number of Plots	土地面积（公顷）Land Area（hectare）	土地面积（公顷）Land Area（hectare） 新增 Newly Increased Area	成交价款（万元）Transaction Price Value (10^4 yuan)	宗数（宗）Number of Plots	土地面积（公顷）Land Area (hectare)	土地面积（公顷）Land Area (hectare) 新增 Newly Increased Area	成交价款（万元）Transaction Price Value (10^4 yuan)
702.45	580656.45								
299.41	311177.04								
211.23	297582.75								
198.62	50598.74								
238.82	485786.31								
570.97	833299.71								
3.88	3532.67								
72.48	9315.80								
36.61	178028.38								
7281.43	**5489921.80**	**21**	**100.87**		**151.12**				
1492.84	1817902.12								
508.21	345128.25								
1118.17	693644.76								
224.41	218631.13								
505.01	281114.27								
411.65	102626.11								
1272.75	1104968.60								
787.91	536668.85	21	100.87		151.12				
960.47	389237.72								
6043.53	**7577311.02**								
1508.83	4372796.92								
543.62	518890.02								
405.67	261383.56								
399.08	209466.85								
192.74	145730.53								
150.13	91637.12								

国有建设用地供应情况——
State-owned Land for Construction Use Supplied by Land Supply Way and

地 区	Region	建设用地供应总量 Total Amount of Construction Used Land Supplied			划拨 Allocation			出让 Granting	
		宗数（宗） Number of Plots	土地面积（公顷） Land Area (hectare)		宗数（宗） Number of Plots	土地面积（公顷） Land Area (hectare)		宗数（宗） Number of Plots	土地面积 Land Area
				新增 Newly Increased Area			新增 Newly Increased Area		
普洱市	Pu'er City	657	390.62	144.23	127	212.67	21.83	530	177.95
临沧市	Lincang City	199	513.53	284.58	70	252.05	42.09	129	261.48
楚雄彝族自治州	Chuxiong Yi A.P.	629	1001.11	628.68	145	387.24	70.33	484	613.88
红河哈尼族彝族自治州	Honghe Hani & Yi A.P.	920	754.34	427.38	194	256.13	17.69	726	498.22
文山壮族苗族自治州	Wenshan Zhuang & Miao A.P.	158	488.62	249.80	73	235.67		85	252.95
西双版纳傣族自治州	Xishuangbanna Dai A.P.	282	328.63	257.64	90	44.10		192	284.53
大理白族自治州	Dali Bai A.P.	963	1097.66	362.98	472	511.78	6.14	491	585.88
德宏傣族景颇族自治州	Dehong Dai &Jingpo A.P.	425	1152.51	768.26	169	519.02	178.17	256	633.48
怒江傈僳族自治州	Nujiang Lisu A.P.	273	47.59	9.72	19	15.95		254	31.64
迪庆藏族自治州	Diqing Tibetan A.P.	19	57.41	47.40	3	10.98	0.96	16	46.43
西藏	**Tibet**	**646**	**624.83**	**413.12**	**470**	**398.48**	**279.13**	**176**	**226.35**
拉萨市	Lhasa City	143	274.60	174.88	58	135.22	94.39	85	139.39
昌都地区	Qamdo Prefecture	142	30.13		142	30.13			
山南地区	Lhokha Prefecture	29	109.75	89.30	24	88.47	88.47	5	21.28
日喀则地区	Xigaze Prefecture	62	83.56	73.83	37	27.01	25.99	25	56.55
那曲地区	Nagqu Prefecture	46	11.51		46	11.51			
阿里地区	Ngari Prefecture	127	67.79	67.79	118	64.93	64.93	9	2.87
林芝地区	Nyingchi Prefecture	97	47.49	7.31	45	41.22	5.36	52	6.27
陕西	**Shaanxi**	**3303**	**15569.52**	**6594.56**	**973**	**8181.21**	**313.52**	**2330**	**7388.31**
西安市	Xi'an City	595	3256.87	1185.97	213	1720.76		382	1536.12
铜川市	Tongchuan City	56	276.37	68.35	23	214.80	14.13	33	61.57
宝鸡市	Baoji City	307	2163.14	571.48	112	1520.50		195	642.64
咸阳市	Xianyang City	366	1684.58	914.44	113	667.70	65.03	253	1016.88
渭南市	Weinan City	199	1094.87	647.52	48	388.95	13.88	151	705.92
延安市	Yan'an City	147	1445.08	227.36	64	1363.78	175.99	83	81.31

按供地方式和省市分列（2012年） 续表10

by Province, Autonomous Region and Municipality (2012) Continued 10

（公顷）(hectare)	成交价款（万元）Transaction Price Value (10^4 yuan)	租赁 Lease				其他供地方式 Other Land Supply Ways			
新增 Newly Increased Area		宗数（宗）Number of Plots	土地面积（公顷）Land Area (hectare)	新增 Newly Increased Area	成交价款（万元）Transaction Price Value (10^4 yuan)	宗数（宗）Number of Plots	土地面积（公顷）Land Area (hectare)	新增 Newly Increased Area	成交价款（万元）Transaction Price Value (10^4 yuan)
122.40	157418.60								
242.50	95299.15								
558.34	324147.69								
409.69	374911.72								
249.80	114488.82								
257.64	173972.40								
356.85	447044.44								
590.09	266106.51								
9.72	11831.54								
46.43	12185.14								
133.98	**58966.05**								
80.50	30637.30								
0.83	4870.76								
47.84	22154.38								
2.87	241.60								
1.95	1062.01								
6281.04	**5392664.05**								
1185.97	2765102.77								
54.22	32578.56								
571.48	226757.23								
849.41	427461.19								
633.64	274795.35								
51.36	107240.61								

国有建设用地供应情况——
State-owned Land for Construction Use Supplied by Land Supply Way and

地 区	Region	建设用地供应总量 Total Amount of Construction Used Land Supplied			划拨 Allocation			出让 Granting	
		宗数（宗） Number of Plots	土地面积（公顷） Land Area (hectare)	新增 Newly Increased Area	宗数（宗） Number of Plots	土地面积（公顷） Land Area (hectare)	新增 Newly Increased Area	宗数（宗） Number of Plots	土地面积 Land Area
汉中市	Hanzhong City	379	574.39	284.97	135	206.57	41.90	244	367.82
榆林市	Yulin City	586	3602.72	2215.60	107	1163.28		479	2439.44
安康市	Ankang City	503	566.82	309.92	106	215.22	0.81	397	351.60
商洛市	Shangluo City	165	904.66	168.94	52	719.66	1.79	113	185.00
甘肃	**Gansu**	**4534**	**18544.79**	**6883.96**	**2813**	**11298.76**	**840.91**	**1709**	**7241.23**
兰州市	Lanzhou City	200	1038.64	255.49	84	378.45		116	660.19
嘉峪关市	Jiayuguan City	150	1577.76	694.60	67	878.34		71	694.62
金昌市	Jinchang City	81	486.52	324.24	25	176.51	63.15	56	310.01
白银市	Baiyin City	351	1002.13	265.50	86	505.39	1.38	265	496.74
天水市	Tianshui City	129	648.91	121.28	75	467.20		54	181.71
武威市	Wuwei City	208	1950.88	795.42	76	1092.96		132	857.92
张掖市	Zhangye City	285	1148.73	738.91	69	776.70	414.66	216	372.03
平凉市	Pingliang City	71	383.51	92.09	31	311.53	23.93	40	71.98
酒泉市	Jiuquan City	437	6140.61	2513.96	139	3409.59	0.34	298	2731.02
庆阳市	Qingyang City	1994	2085.76	248.17	1905	1901.59	96.02	89	184.17
定西市	Dingxi City	242	1219.10	535.97	120	796.99	162.62	122	422.11
陇南市	Longnan City	229	502.01	57.52	109	429.15	0.31	120	72.86
临夏回族自治州	Linxia Hui A.P.	105	350.83	239.08	26	173.66	78.50	79	177.17
甘南藏族自治州	Gannan Tibetan A.P.	52	9.39	1.73	1	0.69		51	8.70
青海	**Qinghai**	**876**	**7648.06**	**2262.30**	**308**	**5292.41**	**464.62**	**565**	**2008.86**
西宁市	Xining City	224	1101.44	751.32	46	214.16	10.05	178	887.29
海东地区	Haidong Prefecture	170	775.84	243.69	63	528.93	18.47	107	246.90
海北藏族自治州	Haibei Tibetan A.P.	81	126.03	69.99	40	48.75	4.80	40	76.65
黄南藏族自治州	Huangnan Tibetan A.P.	32	403.93	24.77	25	398.46	21.23	7	5.47
海南藏族自治州	Hainan Tibetan A.P.	155	1325.79	34.44	51	1281.80		104	43.99
果洛藏族自治州	Golog Tibetan A.P.	38	8.83		3	1.86		35	6.97

按供地方式和省市分列（2012年） 续表11

by Province, Autonomous Region and Municipality (2012) Continued 11

（公顷）(hectare)		租赁 Lease				其他供地方式 Other Land Supply Ways			
新增 Newly Increased Area	成交价款（万元）Transaction Price Value (10^4 yuan)	宗数（宗）Number of Plots	土地面积（公顷）Land Area（hectare）	新增 Newly Increased Area	成交价款（万元）Transaction Price Value (10^4 yuan)	宗数（宗）Number of Plots	土地面积（公顷）Land Area (hectare)	新增 Newly Increased Area	成交价款（万元）Transaction Price Value (10^4 yuan)
243.07	243201.69								
2215.60	1110402.98								
309.11	132230.52								
167.15	72893.14								
6043.06	**1256650.39**					**12**	**4.80**		
255.49	286467.31								
694.60	35373.41					12	4.80		
261.09	26834.75								
264.13	53374.29								
121.28	160880.25								
795.42	95329.95								
324.25	68748.88								
68.16	35958.60								
2513.62	103725.81								
152.14	182649.53								
373.35	101133.13								
57.21	20186.44								
160.58	81646.58								
1.73	4341.47								
1797.68	**435683.36**	**3**	**346.79**		**437.25**				
741.26	299306.96								
225.22	103829.47								
65.19	5851.13	1	0.63		1.90				
3.54	870.99								
34.44	3443.62								
	363.14								

国有建设用地供应情况——

State-owned Land for Construction Use Supplied by Land Supply Way and

地区	Region	建设用地供应总量 Total Amount of Construction Used Land Supplied 宗数（宗）Number of Plots	土地面积（公顷）Land Area (hectare)	新增 Newly Increased Area	划拨 Allocation 宗数（宗）Number of Plots	土地面积（公顷）Land Area (hectare)	新增 Newly Increased Area	出让 Granting 宗数（宗）Number of Plots	土地面积 Land Area
玉树藏族自治州	Yushu Tibetan A.P.								
海西蒙古族藏族自治州	Haixi Mongol & Tibetan A.P.	176	3906.20	1138.09	80	2818.45	410.05	94	741.59
宁夏	**Ningxia**	**1358**	**7864.77**	**4139.50**	**555**	**3122.85**	**50.98**	**803**	**4741.92**
银川市	Yinchuan City	437	2851.58	1325.99	154	1166.18		283	1685.40
石嘴山市	Shizuishan City	240	1240.83	615.97	129	417.87		111	822.96
吴忠市	Wuzhong City	374	1541.51	913.05	135	649.08	50.16	239	892.44
固原市	Guyuan City	129	716.59	83.37	63	595.84		66	120.74
中卫市	Zhongwei City	178	1514.25	1201.12	74	293.88	0.82	104	1220.38
新疆	**Xinjiang**	**5746**	**49926.51**	**13497.46**	**2205**	**34730.05**	**818.65**	**3493**	**15175.29**
乌鲁木齐市	Urumqi City	399	945.49	377.38	127	243.32	35.83	272	702.17
克拉玛依市	Karamay City	160	1403.46	130.96	70	1174.86	53.36	90	228.60
吐鲁番地区	Turpan Prefeture	112	1057.99	318.59	56	796.71	106.55	56	261.28
哈密地区	Hami Prefeture	222	6229.83	541.65	94	5616.09	1.35	128	613.74
昌吉回族自治州	Changji Hui A.P.	778	7100.18	2602.08	266	4038.54	17.31	503	3057.56
博尔塔拉蒙古自治州	Bortala Mongol A.P.	250	808.82	181.59	69	413.46		181	395.35
巴音郭楞蒙古自治州	Bayingolin Mongol A.P.	480	3310.96	839.30	223	2441.40	139.27	257	869.56
阿克苏地区	Akesu Prefeture	546	7346.62	2150.94	194	5098.10	55.82	352	2248.52
克孜勒苏柯尔克孜自治州	Kizilsu Kirgiz A.P.	123	503.12	222.67	49	263.23	1.91	74	239.89
喀什地区	Kashi Prefeture	931	7683.12	2101.70	269	5514.82	156.92	624	2167.14
和田地区	Hotan Prefeture	191	1193.87	392.12	105	808.23	72.27	86	385.64
伊犁哈萨克自治州	Ili Kazak A.P.	636	7190.38	3151.57	271	3887.91	87.34	365	3302.46
塔城地区	Tacheng Prefeture	392	2917.68	357.81	90	2421.67	90.24	301	480.08
阿勒泰地区	Altay Prefeture	437	1773.31	90.78	255	1625.88	0.48	182	147.43
石河子市	Shihezi City	89	461.69	38.31	67	385.81		22	75.88
阿拉尔市	Aral City								
图木舒克市	Tumxuk City								
五家渠市	Wujiaqu City								

按供地方式和省市分列（2012年） 续表 12
by Province, Autonomous Region and Municipality (2012) Continued 12

（公顷）(hectare) 新增 Newly Increased Area	成交价款（万元）Transaction Price Value (10^4 yuan)	租赁 Lease 宗数（宗）Number of Plots	租赁 Lease 土地面积（公顷）Land Area (hectare)	租赁 Lease 土地面积 新增 Newly Increased Area	租赁 Lease 成交价款（万元）Transaction Price Value (10^4 yuan)	其他供地方式 Other Land Supply Ways 宗数（宗）Number of Plots	其他供地方式 Other Land Supply Ways 土地面积（公顷）Land Area (hectare)	其他供地方式 Other Land Supply Ways 土地面积 新增 Newly Increased Area	其他供地方式 Other Land Supply Ways 成交价款（万元）Transaction Price Value (10^4 yuan)
728.03	22018.06	2	346.16		435.34				
4088.52	**937518.62**								
1325.99	447847.65								
615.97	86417.49								
862.88	186395.55								
83.37	42737.68								
1200.31	174120.25								
12678.81	**2336797.42**	**48**	**21.17**		**137.45**				
341.55	406158.61								
77.61	71518.87								
212.05	29334.05								
540.29	24531.48								
2584.77	348461.74	9	4.08		10.68				
181.59	95041.11								
700.02	153057.77								
2095.13	175415.21								
220.76	9073.77								
1944.78	270913.97	38	1.16		3.01				
319.85	52764.23								
3064.22	577180.00								
267.57	66102.97	1	15.93		123.76				
90.30	14294.75								
38.31	42948.87								

国有建设用地供应情况
State-owned Land for Construction Use

单位：公顷

年份/地区 Year/Region		供地总量 Total Amount of Land Supplied	工矿仓储用地 Land for Industry,Mining and Warehousing	商服用地 Land for Commercial and Service Uses	住宅用地		
						普通商品住房 Ordinary Commercial House	
							中低价位、中小套型 Medium- and Low-price, Medium- and Small-sized Ordinary Commercial Houses
2006		306805.89	154635.30	32124.51	65153.68	47975.55	
2007		341973.95	141723.43	57751.08	80174.84	59630.44	
2008		234184.69	92918.09	26532.02	62030.09	46362.43	
2009		361648.75	141486.49	27570.86	81548.17	69089.89	12960.30
2010		432561.42	153977.63	38905.15	115272.54	97887.90	20749.97
2011		593284.57	191314.46	42629.68	126452.89	103696.32	32348.92
2012		711281.31	207194.53	50939.34	114664.56	84647.33	30488.05
北 京	Beijing	1636.03	530.88	149.00	613.60	409.03	174.88
天 津	Tianjin	8936.12	3702.43	499.07	1580.03	776.03	8.59
河 北	Hebei	21016.28	9943.17	2333.32	4591.90	4199.48	930.45
山 西	Shanxi	16779.12	4522.15	1097.91	2271.18	1561.63	324.11
内蒙古	Inner Mongolia	32954.29	10162.43	2796.60	3826.55	3193.74	1519.50
辽 宁	Liaoning	30969.44	8649.05	2818.61	6392.21	5947.09	2285.23
吉 林	Jilin	10797.44	3721.68	1237.54	2675.97	2105.35	523.36
黑龙江	Heilongjiang	15517.92	4260.04	1305.50	3092.60	2260.76	403.78
上 海	Shanghai	2343.20	908.96	155.48	487.13	393.69	255.65
江 苏	Jiangsu	48392.31	18858.65	5853.34	10916.46	8414.26	4521.41
浙 江	Zhejiang	31318.23	7523.40	1276.09	5955.67	2266.36	2232.09
安 徽	Anhui	34828.65	9743.85	2775.47	6695.52	3672.94	1173.93
福 建	Fujian	14121.74	6332.47	1324.86	2273.05	2169.83	800.75
江 西	Jiangxi	23438.20	6852.27	1370.72	3476.36	2607.91	552.02
山 东	Shandong	43596.88	19931.09	5217.40	9647.28	8769.36	5060.08
河 南	Henan	48095.14	9878.58	1954.34	6526.24	5608.77	1672.53
湖 北	Hubei	25644.72	11098.14	1896.47	4539.25	3785.94	1096.33
湖 南	Hunan	24087.80	3877.83	1459.30	4176.01	3068.38	186.29
广 东	Guangdong	34463.41	7421.60	1531.17	3395.82	3268.94	811.35
广 西	Guangxi	30012.07	4848.84	981.05	2255.50	1887.08	593.29
海 南	Hainan	8281.27	540.71	463.07	940.34	831.36	280.92
重 庆	Chongqing	12704.78	2573.25	766.77	3619.58	2656.97	661.96
四 川	Sichuan	33296.95	8455.87	2097.02	4682.20	3502.53	659.39
贵 州	Guizhou	44165.80	6043.78	2166.80	3631.30	2918.47	1875.24
云 南	Yunnan	13705.05	2460.36	1684.93	3544.84	2743.09	225.48
西 藏	Tibet	624.83	58.57	71.38	121.40	96.34	
陕 西	Shaanxi	15569.52	4178.26	933.70	2605.23	1999.57	459.84
甘 肃	Gansu	18544.79	6495.98	2058.49	1443.21	796.26	328.17
青 海	Qinghai	7648.06	3663.82	285.48	937.14	317.40	31.41
宁 夏	Ningxia	7864.77	3767.96	678.15	1129.62	553.71	72.06
新 疆	Xinjiang	49926.51	16188.48	1700.31	6621.35	1865.07	767.96

注：①②③④⑤ 2009 年开始采用新的土地分类。

Note: ①②③④⑤ These indicators are using the new land use type after 2009.

——按用地类型和地区分列
Supplied by Land Use Type and by Region

Unit: hectare

Land for Residential Uses			其他用地 Land for Other Types					
经济适用住房 Economically Affordable House	廉租住房 Cheap Rent House	高档住宅 High-grade Residence		公共管理与公共服务用地[①] Land for Public Management and Public Services	特殊用地[②] Land for Special Uses	交通运输用地[③] Land for Transport	水域及水利设施用地[④] Land for Water Conservancy Facilities	其他土地[⑤] Land for Other Uses
5278.69		23.93	54892.41	29582.60	2239.51	18135.89	4934.41	
5084.85		68.33	62324.60	33248.17	1945.48	20258.82	6872.11	
5107.35		6.62	52704.51	26573.24	2623.58	17004.19	6503.50	
10343.01	1394.29	720.99	111043.23	43763.85	1761.48	45613.76	19436.83	467.31
13292.14	3380.87	711.63	124406.10	52945.57	2522.37	48795.49	19490.72	651.96
16238.19	6121.69	396.69	232887.54	79274.16	2746.86	110887.88	39026.22	952.42
20245.62	9545.24	226.36	338482.89	100396.99	2817.40	173662.64	56514.24	5091.63
193.00	11.57		342.55	299.83	3.33	32.56	6.83	
745.31	58.65	0.04	3154.59	1076.29	33.53	2044.76		
213.11	171.79	7.52	4147.89	1396.33	39.98	2421.08	290.50	
444.40	225.49	39.67	8887.88	2037.32	63.85	5896.41	866.80	23.50
453.73	179.09		16168.70	4010.47	72.84	11285.42	799.97	
357.69	82.55	4.89	13109.57	4150.80	102.75	7553.40	1268.50	34.12
437.03	133.60		3162.26	1629.09	22.23	1295.98	214.96	
699.98	131.87		6859.79	1579.20	101.07	4208.41	968.05	3.06
59.46	33.98		791.62	387.14	7.67	349.91	46.91	
1748.61	687.07	66.53	12763.86	5488.16	139.09	6339.26	415.48	381.87
3494.68	190.42	4.20	16563.07	10100.65	87.19	6051.34	323.89	
2056.29	966.28	0.02	15613.81	5498.71	155.54	9057.45	252.11	650.00
42.45	60.77		4191.35	1694.28	154.60	2192.32	150.15	
337.68	527.07	3.69	11738.85	4926.05	115.82	5839.36	620.14	237.49
668.79	208.97	0.16	8801.10	3098.43	262.95	4662.88	776.83	
574.71	342.69	0.06	29735.98	7185.82	104.61	7713.84	14099.18	632.53
546.21	154.31	52.80	8110.86	1991.86	77.23	4368.22	1631.24	42.31
869.83	237.80		14574.66	2858.60	131.18	7449.43	4135.46	
81.99	39.05	5.84	22114.82	4829.53	71.32	15913.86	1257.12	42.99
171.52	196.90		21926.67	3869.93	188.38	11893.97	5947.43	26.96
98.78	10.20		6337.14	1805.47	25.33	1209.48	3296.86	
532.19	430.41		5745.18	1172.67	28.84	4117.93	425.73	
862.32	316.71	0.64	18061.86	7613.44	69.62	9281.76	802.24	294.78
407.84	304.98		32323.92	8228.10	127.43	12171.18	9547.88	2249.33
44.89	751.32	5.55	6014.92	1674.69	148.14	1961.56	2230.53	
13.44	11.62		373.49	270.56	55.87	40.44	6.62	
388.37	217.13	0.16	7852.34	1866.48	79.57	5779.80	126.49	
365.18	281.77		8547.12	2991.41	76.62	5144.75	163.21	171.12
418.52	201.22		2761.62	591.54	32.06	1704.91	433.11	
381.76	194.15		2289.04	758.97	51.78	1469.58	8.71	
2535.86	2185.83	34.59	25416.38	5315.17	186.96	14211.39	5401.31	301.55

国有建设用地供应情况——

State-owned Land for Construction Use Supplied by Land Use Type

单位：公顷

地 区	Region	供地总量 Total Amount of Land Supplied	工矿仓储用地 Land for Industry, Mining and Warehousing	商服用地 Land for Commercial and Service Uses	住宅用地		
						普通商品住房 Ordinary Commercial House	
							中低价位、中小套型 Medium- and Low-price, Medium- and Small-sized Ordinary Commercial Houses
总 计	**Total**	**711281.31**	**207194.53**	**50939.34**	**114664.56**	**84647.33**	**30488.05**
北京	**Beijing**	**1636.03**	**530.88**	**149.00**	**613.60**	**409.03**	**174.88**
天津	**Tianjin**	**8936.12**	**3702.43**	**499.07**	**1580.03**	**776.03**	**8.59**
河北	**Hebei**	**21016.28**	**9943.17**	**2333.32**	**4591.90**	**4199.48**	**930.45**
石家庄市	Shijiazhuang City	2467.70	696.26	158.01	495.39	428.56	11.94
唐山市	Tangshan City	5356.02	3230.43	674.60	690.49	674.45	131.34
秦皇岛市	Qinhuangdao City	1129.03	199.04	304.68	387.77	344.27	24.18
邯郸市	Handan City	1434.61	989.50	101.46	275.53	258.85	35.99
邢台市	Xingtai City	1306.31	712.26	113.77	389.96	330.62	41.34
保定市	Baoding City	1727.90	843.43	119.44	397.31	382.23	26.66
张家口市	Zhangjiakou City	1726.87	325.16	110.87	349.71	290.96	144.94
承德市	Chengde City	1067.10	436.52	190.84	227.92	209.43	51.99
沧州市	Cangzhou City	1975.85	1316.33	96.22	373.13	337.66	45.92
廊坊市	Langfang City	1813.69	730.01	302.85	644.62	596.83	185.31
衡水市	Hengshui City	1011.19	464.23	160.58	360.07	345.62	230.84
山西	**Shanxi**	**16779.12**	**4522.15**	**1097.91**	**2271.18**	**1561.63**	**324.11**
太原市	Taiyuan City	1662.70	478.51	97.83	200.96	111.25	50.27
大同市	Datong City	1178.07	197.19	213.12	485.59	310.40	16.63
阳泉市	Yangquan City	998.92	128.63	45.76	125.34	71.37	59.56
长治市	Changzhi City	889.00	428.14	91.28	168.29	159.18	26.32
晋城市	Jincheng City	1287.98	210.88	77.07	121.62	60.00	21.34
朔州市	Shuozhou City	1394.33	653.80	75.27	240.55	173.04	11.55
晋中市	Jinzhong City	1948.80	444.53	83.18	220.24	161.93	35.72
运城市	Yuncheng City	3070.76	449.38	83.85	220.08	185.55	12.54
忻州市	Xinzhou City	862.79	387.75	143.74	148.92	87.38	21.89
临汾市	Linfen City	2320.00	548.11	121.34	179.04	161.89	44.35
吕梁市	Lüliang City	1165.76	595.21	65.46	160.56	79.65	23.95
内蒙古	**Inner Mongolia**	**32954.29**	**10162.43**	**2796.60**	**3826.55**	**3193.74**	**1519.50**
呼和浩特市	Hohhot City	1435.13	170.06	359.82	480.13	475.68	84.02
包头市	Baotou City	1296.26	436.32	112.21	295.05	197.27	162.89

按用地类型和省市分列（2012 年）

and by Province, Autonomous Region and Municipality (2012)

Unit: hectare

Land for Residential Uses			其他用地 Land for Other Types					
经济适用住房 Economically Affordable House	廉租住房 Cheap Rent House	高档住宅 High-grade Residence		公共管理与公共服务用地 Land for Public Management and Public Services	特殊用地 Land for Special Uses	交通运输用地 Land for Transport	水域及水利设施用地 Land for Water Conservancy Facilities	其他土地 Land for Other Uses
20245.62	**9545.24**	**226.36**	**338482.89**	**100396.99**	**2817.40**	**173662.64**	**56514.24**	**5091.63**
193.00	**11.57**		**342.55**	**299.83**	**3.33**	**32.56**	**6.83**	
745.31	**58.65**	**0.04**	**3154.59**	**1076.29**	**33.53**	**2044.76**		
213.11	**171.79**	**7.52**	**4147.89**	**1396.33**	**39.98**	**2421.08**	**290.50**	
59.07	7.75		1118.04	265.71	7.79	564.12	280.41	
9.37	6.67		760.50	180.69	0.45	576.88	2.48	
33.54	9.84	0.12	237.54	81.65		155.89		
4.92	11.75		68.13	46.83		21.30		
29.42	29.93		90.32	87.00		3.33		
4.47	8.09	2.52	367.73	132.49	8.65	226.58		
40.07	18.69		941.12	176.85	3.64	753.57	7.07	
6.65	11.84		211.82	133.58	2.86	74.84	0.54	
7.76	24.01	3.71	190.18	165.03	10.83	14.32		
12.02	34.60	1.18	136.21	106.60	5.75	23.86		
5.82	8.63		26.30	19.91		6.40		
444.40	**225.49**	**39.67**	**8887.88**	**2037.32**	**63.85**	**5896.41**	**866.80**	**23.50**
87.11	2.59		885.41	330.26	21.83	532.86	0.46	
	135.52	39.67	282.16	189.21	0.32	15.43	77.20	
46.42	7.54		699.19	121.61	1.00	576.57		
9.11	0.00		201.29	82.04	0.47	116.38	2.40	
50.23	11.39		878.41	126.20	7.02	745.06	0.13	
47.81	19.71		424.70	98.11	0.41	319.01	7.17	
53.57	4.74		1200.84	302.55	15.83	244.20	638.26	
31.19	3.34		2317.46	256.74	11.53	1908.89	116.81	23.50
32.75	28.79		182.38	135.68	1.41	45.30		
11.01	6.14		1471.51	206.34	4.04	1261.09	0.04	
75.18	5.72		344.53	188.58		131.64	24.31	
453.73	**179.09**		**16168.70**	**4010.47**	**72.84**	**11285.42**	**799.97**	
4.34	0.11		425.13	254.57		170.56		
66.74	31.04		452.69	208.86		243.83		

国有建设用地供应情况——
State-owned Land for Construction Use Supplied by Land Use Type

单位：公顷

地 区	Region	供地总量 Total Amount of Land Supplied	工矿仓储用地 Land for Industry, Mining and Warehousing	商服用地 Land for Commercial and Service Uses	住宅用地		
						普通商品住房 Ordinary Commercial House	
							中低价位、中小套型 Medium- and Low-price, Medium- and Small-sized Ordinary Commercial Houses
乌海市	Wuhai City	848.86	455.52	58.30	51.37	22.48	0.86
赤峰市	Chifeng City	4257.64	1680.37	195.83	316.23	272.97	44.87
通辽市	Tongliao City	2108.02	624.16	92.27	230.66	223.59	86.98
鄂尔多斯市	Erdos City	4872.90	1837.25	766.34	785.31	562.03	372.18
呼伦贝尔市	Hulunbuir City	4106.86	1356.26	316.93	484.79	409.65	198.72
巴彦淖尔市	Bayannur City	3945.26	755.62	243.76	243.04	224.56	121.03
乌兰察布市	Ulanqab City	2221.89	920.08	166.31	401.03	329.78	133.11
兴安盟	Xing'an League	2539.53	663.34	87.62	158.62	117.47	42.81
锡林郭勒盟	Xilingol League	3430.00	718.33	303.96	251.14	247.10	196.01
阿拉善盟	Alxa League	1891.92	545.11	93.25	129.20	111.15	76.01
辽宁	**Liaoning**	**30969.44**	**8649.05**	**2818.61**	**6392.21**	**5947.09**	**2285.23**
沈阳市	Shenyang City	5989.72	1383.92	473.71	1253.47	1234.97	177.71
大连市	Dalian City	5585.98	1131.48	565.96	848.23	788.28	404.42
鞍山市	Anshan City	1710.84	587.47	180.14	691.33	644.06	362.13
抚顺市	Fushun City	1659.14	436.65	128.58	274.75	213.43	162.43
本溪市	Benxi City	755.27	179.09	57.56	122.12	95.80	
丹东市	Dandong City	909.84	257.76	84.85	251.48	234.35	
锦州市	Jinzhou City	981.17	414.18	146.04	178.61	157.00	132.36
营口市	Yingkou City	4294.14	918.09	260.00	824.36	756.31	114.55
阜新市	Fuxin City	705.73	465.04	47.13	135.64	99.84	
辽阳市	Liaoyang City	1605.44	817.91	81.44	169.07	120.31	55.15
盘锦市	Panjin City	3853.02	1131.61	455.02	828.66	828.66	578.19
铁岭市	Tieling City	683.55	173.54	90.98	283.50	277.61	212.50
朝阳市	Chaoyang City	1460.92	429.66	100.68	333.09	322.13	
葫芦岛市	Huludao City	774.68	322.67	146.52	197.90	174.36	85.78
吉林	**Jilin**	**10797.44**	**3721.68**	**1237.54**	**2675.97**	**2105.35**	**523.36**
长春市	Changchun City	4640.10	1130.20	770.96	986.15	720.43	47.68
吉林市	Jilin City	1630.13	659.46	122.36	475.29	381.24	36.95
四平市	Siping City	711.46	284.11	53.95	240.84	228.18	128.44
辽源市	Liaoyuan City	648.63	194.31	82.03	154.19	118.81	0.55
通化市	Tonghua City	563.67	301.34	42.50	184.94	156.89	73.76

按用地类型和省市分列（2012年） 续表 1

and by Province, Autonomous Region and Municipality (2012) Continued 1

Unit: hectare

Land for Residential Uses				其他用地 Land for Other Types				
经济适用住房 Economically Affordable House	廉租住房 Cheap Rent House	高档住宅 High-grade Residence		公共管理与公共服务用地 Land for Public Management and Public Services	特殊用地 Land for Special Uses	交通运输用地 Land for Transport	水域及水利设施用地 Land for Water Conservancy Facilities	其他土地 Land for Other Uses
28.86	0.02		283.67	30.07	2.04	178.78	72.78	
8.11	35.15		2065.21	745.70	6.44	1313.06		
	7.07		1160.93	305.59	6.49	848.85		
215.59	7.69		1483.99	725.14		758.85		
47.16	27.98		1948.88	230.99	27.66	1682.23	8.00	
0.77	17.71		2702.84	441.05	1.01	2260.78		
33.71	37.54		734.47	168.81	9.80	554.15	1.71	
31.89	9.25		1629.95	623.86	14.52	991.57		
2.14	1.90		2156.57	137.56	4.06	2014.96		
14.42	3.63		1124.36	138.27	0.81	267.80	717.48	
357.69	**82.55**	**4.89**	**13109.57**	**4150.80**	**102.75**	**7553.40**	**1268.50**	**34.12**
12.05	6.45		2878.63	1329.70	21.37	1527.56		
53.24	6.71		3040.32	1125.37	11.26	1898.74	4.94	
32.35	14.93		251.90	68.86	0.72	182.32		
46.79	14.52		819.16	86.53	16.60	715.81	0.22	
22.05	4.28		396.49	40.21	4.42	342.08	9.78	
15.96	1.17		315.75	100.65	1.61	161.42	52.06	
20.14	1.46		242.35	162.27	0.27	79.81		
36.77	31.28		2291.68	309.19	0.34	1982.15		
30.91	0.00	4.89	57.93	47.14		10.79		
48.55	0.22		537.02	422.36	2.93	74.59	3.02	34.12
	0.00		1437.74	138.02		102.17	1197.55	
5.75	0.14		135.52	76.18		59.34		
9.97	0.99		597.50	142.33	38.48	415.77	0.92	
23.14	0.40		107.59	101.99	4.76	0.84		
437.03	**133.60**		**3162.26**	**1629.09**	**22.23**	**1295.98**	**214.96**	
221.91	43.81		1752.79	854.86	9.60	887.86	0.47	
62.04	32.01		373.02	311.23	0.80	60.97	0.02	
4.08	8.58		132.56	87.60		44.96		
35.38	0.00		218.10	42.56		175.53		
24.09	3.95		34.89	29.05	0.51	5.26	0.08	

国有建设用地供应情况——
State-owned Land for Construction Use Supplied by Land Use Type

单位：公顷

地　区	Region	供地总量 Total Amount of Land Supplied	工矿仓储用地 Land for Industry, Mining and Warehousing	商服用地 Land for Commercial and Service Uses	住宅用地		
						普通商品住房 Ordinary Commercial House	
							中低价位、中小套型 Medium- and Low-price, Medium- and Small-sized Ordinary Commercial Houses
白山市	Baishan City	621.85	216.57	34.96	97.94	67.24	
松原市	Songyuan City	364.49	134.63	19.98	119.83	105.34	6.44
白城市	Baicheng City	404.89	150.37	23.74	107.94	78.62	56.94
延边朝鲜族自治州	Yanbian Korean A.P.	1212.21	650.70	87.04	308.86	248.60	172.61
黑龙江	**Heilongjiang**	**15517.92**	**4260.04**	**1305.50**	**3092.60**	**2260.76**	**403.78**
哈尔滨市	Harbin City	2550.87	864.13	232.30	606.83	526.68	23.56
齐齐哈尔市	Qiqihar City	1207.81	456.25	160.41	256.66	221.64	
鸡西市	Jixi City	468.50	191.41	43.40	124.54	111.92	15.73
鹤岗市	Hegang City	231.14	124.00	16.64	39.32	22.45	
双鸭山市	Shuangyashan City	465.07	67.47	81.67	173.36	93.48	7.08
大庆市	Daqing City	1225.97	519.21	178.95	442.26	429.18	38.05
伊春市	Yichun City	785.93	24.61	64.63	100.86	30.58	22.05
佳木斯市	Jiamusi City	1339.65	228.27	101.75	97.28	73.24	68.25
七台河市	Qitaihe City	1190.33	133.76	9.41	35.12	20.30	19.72
牡丹江市	Mudanjiang City	1191.09	127.05	82.15	287.77	261.97	11.09
黑河市	Heihe City	783.59	570.52	44.98	61.49	48.29	17.70
绥化市	Suihua City	2347.85	677.94	126.83	222.35	205.34	71.23
大兴安岭地区	Da Hinggan Ling Prefecture	142.46	8.40	9.64	75.70	3.43	
农垦总局	General Bureau of Agriculture	1154.62	250.83	124.70	467.81	169.98	71.24
森工总局	General Bureau of Forest dustry	359.95	3.44	11.05	76.78	36.71	32.53
友谊国土资源局	Youyi Land and Resources Bureau	70.43	12.75	14.33	24.48	5.56	5.56
五大连池风景名胜区	Wudalianchi	2.67		2.67			
上海	**Shanghai**	**2343.20**	**908.96**	**155.48**	**487.13**	**393.69**	**255.65**
江苏	**Jiangsu**	**48392.31**	**18858.65**	**5853.34**	**10916.46**	**8414.26**	**4521.41**
南京市	Nanjing City	4372.49	1199.04	148.35	703.37	333.89	96.46
无锡市	Wuxi City	4668.44	1151.49	283.06	1012.43	467.59	290.71
徐州市	Xuzhou City	4825.81	1264.85	509.68	1438.71	753.04	527.91
常州市	Changzhou City	3439.54	1584.11	468.08	791.56	612.67	368.83
苏州市	Suzhou City	6167.11	2665.39	784.44	1051.57	935.35	581.97
南通市	Nantong City	5105.46	1925.53	1175.50	1318.19	1295.06	565.82

按用地类型和省市分列（2012年） 续表2

and by Province, Autonomous Region and Municipality (2012) Continued 2

Unit: hectare

Land for Residential Uses			其他用地 Land for Other Types					
经济适用住房 Economically Affordable House	廉租住房 Cheap Rent House	高档住宅 High-grade Residence		公共管理与公共服务用地 Land for Public Management and Public Services	特殊用地 Land for Special Uses	交通运输用地 Land for Transport	水域及水利设施用地 Land for Water Conservancy Facilities	其他土地 Land for Other Uses
22.38	8.32		272.39	32.60	5.49	19.91	214.39	
	14.49		90.05	59.41		30.64		
25.23	4.09		122.85	80.60	2.38	39.87		
41.91	18.34		165.61	131.18	3.45	30.98		
699.98	**131.87**		**6859.79**	**1579.20**	**101.07**	**4208.41**	**968.05**	**3.06**
66.47	13.68		847.61	472.54	31.09	334.42	9.56	
30.83	4.19		334.49	114.07	3.75	216.42	0.26	
12.62	0.00		109.15	33.54	1.08	74.53		
8.44	8.43		51.18	48.73	0.18	2.27		
78.73	1.14		142.57	96.94	5.97	39.67		
12.24	0.84		85.55	55.42	0.11	30.03		
64.18	6.10		595.83	96.36	12.07	487.40		
	24.04		912.36	153.10	25.64	680.20	53.42	
4.83	10.00		1012.04	13.98		108.93	889.13	
8.12	17.67		694.12	159.73	2.09	529.23		3.06
7.32	5.89		106.60	56.49	4.12	45.77	0.21	
8.62	8.39		1320.74	81.78	5.87	1233.09		
53.21	19.06		48.72	13.20		35.52		
290.42	7.40		311.29	175.61	1.21	134.46		
40.07	0.00		268.69	3.39		249.83	15.47	
13.87	5.05		18.87	4.33	7.91	6.64		
59.46	**33.98**		**791.62**	**387.14**	**7.67**	**349.91**	**46.91**	
1748.61	**687.07**	**66.53**	**12763.86**	**5488.16**	**139.09**	**6339.26**	**415.48**	**381.87**
302.36	7.98	59.14	2321.73	887.83	15.33	1418.43		0.15
157.45	382.53	4.86	2221.45	1030.24	3.35	1002.68	118.42	66.76
630.12	55.55		1612.56	884.98	6.05	681.09	40.45	
68.14	110.75		595.79	117.14	5.15	364.06	109.43	
96.01	20.21		1665.71	560.75	49.86	607.57	132.58	314.96
4.49	18.64		686.25	211.13	12.71	462.41		

国有建设用地供应情况——
State-owned Land for Construction Use Supplied by Land Use Type

单位：公顷

地　区	Region	供地总量 Total Amount of Land Supplied	工矿仓储用地 Land for Industry, Mining and Warehousing	商服用地 Land for Commercial and Service Uses	住宅用地		
						普通商品住房 Ordinary Commercial House	
							中低价位、中小套型 Medium- and Low-price, Medium- and Small-sized Ordinary Commercial Houses
连云港市	Lianyungang City	2693.06	1526.88	597.21	392.25	359.12	103.96
淮安市	Huai'an City	2068.15	872.60	405.81	690.79	638.91	450.14
盐城市	Yancheng City	5486.88	2304.05	856.98	1075.32	893.09	608.47
扬州市	Yangzhou City	2234.48	916.31	185.69	690.12	586.25	305.92
镇江市	Zhenjiang City	2363.37	796.83	96.59	582.15	564.66	406.90
泰州市	Taizhou City	2572.99	1115.22	138.90	659.17	512.44	172.65
宿迁市	Suqian City	2394.53	1536.34	203.06	510.82	462.19	41.65
浙江	**Zhejiang**	**31318.23**	**7523.40**	**1276.09**	**5955.67**	**2266.36**	**2232.09**
杭州市	Hangzhou City	5667.54	1041.30	182.64	880.00	322.17	322.15
宁波市	Ningbo City	6186.12	1439.18	298.53	1540.04	540.13	525.64
温州市	Wenzhou City	2422.09	385.57	125.39	641.74	189.93	186.00
嘉兴市	Jiaxing City	5244.05	772.82	153.01	570.78	275.45	269.42
湖州市	Huzhou City	1429.72	628.98	55.33	322.97	204.20	203.54
绍兴市	Shaoxing City	2496.62	692.65	153.66	537.52	306.12	306.12
金华市	Jinhua City	1396.48	587.83	95.94	229.54	110.35	110.08
衢州市	Quzhou City	1151.10	319.88	31.98	234.08	53.24	53.24
舟山市	Zhoushan City	1427.67	547.71	24.47	95.62	73.20	69.20
台州市	Taizhou City	1804.32	561.88	77.95	371.66	143.26	138.53
丽水市	Lishui City	2092.52	545.61	77.19	531.72	48.31	48.15
安徽	**Anhui**	**34828.65**	**9743.85**	**2775.47**	**6695.52**	**3672.94**	**1173.93**
合肥市	Hefei City	4947.63	1083.81	489.45	563.42	264.87	9.22
芜湖市	Wuhu City	2200.64	946.31	164.26	574.94	195.30	128.17
蚌埠市	Bengbu City	1501.41	518.48	165.15	336.18	276.03	84.77
淮南市	Huainan City	835.90	185.16	61.92	270.24	138.78	
马鞍山市	Ma'anshan City	2186.21	522.50	46.22	259.26	198.30	98.46
淮北市	Huaibei City	1805.74	277.69	72.74	839.93	339.31	56.35
铜陵市	Tongling City	719.24	191.78	92.05	272.60	222.24	165.16
安庆市	Anqing City	2192.37	536.45	169.08	300.38	234.62	29.53
黄山市	Huangshan City	700.30	201.00	187.66	140.51	85.97	26.48

按用地类型和省市分列（2012年） 续表3

and by Province, Autonomous Region and Municipality (2012) Continued 3

Unit: hectare

Land for Residential Uses			其他用地 Land for Other Types					
经济适用住房 Economically Affordable House	廉租住房 Cheap Rent House	高档住宅 High-grade Residence		公共管理与公共服务用地 Land for Public Management and Public Services	特殊用地 Land for Special Uses	交通运输用地 Land for Transport	水域及水利设施用地 Land for Water Conservancy Facilities	其他土地 Land for Other Uses
27.51	5.62		176.72	164.50		11.29	0.93	
49.41	0.00	2.46	98.95	88.26	5.12	5.56		
143.37	38.87		1250.53	290.30	16.00	944.22		
103.81	0.00	0.06	442.37	152.60	8.08	268.01	13.68	
3.72	13.77		887.79	453.70	13.49	420.60		
132.67	14.06		659.69	530.70	3.93	125.06		
29.55	19.09		144.30	116.03		28.28		
3494.68	**190.42**	**4.20**	**16563.07**	**10100.65**	**87.19**	**6051.34**	**323.89**	
521.86	35.97		3563.61	1668.83	25.34	1801.12	68.32	
983.23	16.68		2908.38	1393.87	13.67	1419.00	81.83	
439.89	11.92		1269.39	704.04	8.49	513.71	43.16	
287.28	8.05		3747.44	3334.86	11.43	348.75	52.40	
110.75	8.02		422.45	196.45	5.99	219.43	0.57	
224.05	3.45	3.91	1112.79	849.46	11.60	245.90	5.84	
112.78	6.41		483.17	261.95	1.07	220.14		
166.09	14.75		565.15	456.70	2.42	87.30	18.73	
21.42	1.00		759.86	286.87	1.03	471.96		
213.28	14.82	0.30	792.83	358.70	2.91	430.33	0.90	
414.06	69.35		938.01	588.92	3.23	293.69	52.15	
2056.29	**966.28**	**0.02**	**15613.81**	**5498.71**	**155.54**	**9057.45**	**252.11**	**650.00**
233.66	64.89		2810.94	429.28	58.24	1794.52	77.35	451.55
188.92	190.72		515.14	433.87	0.64	80.62		
19.46	40.69		481.60	85.88	24.12	371.60		
73.92	57.54		318.58	173.15	6.73	105.59	33.11	
29.14	31.82		1358.23	749.87	7.55	600.59	0.21	
474.77	25.85		615.38	337.94	0.84	276.32	0.29	
33.61	16.75		162.81	32.68		130.13		
27.57	38.20		1186.45	374.00	13.49	798.96		
49.54	5.00		171.13	92.96	3.59	70.98	3.56	0.05

国有建设用地供应情况——
State-owned Land for Construction Use Supplied by Land Use Type

单位：公顷

地 区	Region	供地总量 Total Amount of Land Supplied	工矿仓储用地 Land for Industry, Mining and Warehousing	商服用地 Land for Commercial and Service Uses	住宅用地		
						普通商品住房 Ordinary Commercial House	
							中低价位、中小套型 Medium- and Low-price, Medium- and Small-sized Ordinary Commercial Houses
滁州市	Chuzhou City	2472.89	942.00	174.33	504.44	249.15	22.50
阜阳市	Fuyang City	2345.23	526.95	145.44	265.44	128.85	8.04
宿州市	Suzhou City	1657.25	506.90	182.08	471.74	316.57	217.13
巢湖市	Chaohu City	1628.41	558.20	81.96	309.81	218.06	96.93
六安市	Lu'an City	3808.44	940.19	295.91	713.87	340.64	106.24
亳州市	Bozhou City	1352.59	280.68	183.64	395.03	257.54	1.53
池州市	Chizhou City	1563.65	604.14	74.82	196.69	97.42	58.00
宣城市	Xuancheng City	2910.76	921.63	188.77	281.03	109.27	65.42
福建	**Fujian**	**14121.74**	**6332.47**	**1324.86**	**2273.05**	**2169.83**	**800.75**
福州市	Fuzhou City	2670.75	883.26	442.29	602.68	586.09	204.19
厦门市	Xiamen City	967.67	269.54	139.14	121.58	120.71	13.07
莆田市	Putian City	690.22	315.82	46.82	203.57	199.13	60.73
三明市	Sanming City	2002.46	880.35	77.46	192.63	188.43	114.28
泉州市	Quanzhou City	2238.58	961.44	145.95	461.70	437.04	198.45
漳州市	Zhangzhou City	2273.51	1351.55	118.26	286.71	271.04	66.02
南平市	Nanping City	1008.27	495.35	133.76	115.30	112.54	10.94
龙岩市	Longyan City	1445.60	625.43	173.22	205.02	179.62	114.14
宁德市	Ningde City	824.66	549.73	47.96	83.85	75.23	18.93
江西	**Jiangxi**	**23438.20**	**6852.27**	**1370.72**	**3476.36**	**2607.91**	**552.02**
南昌市	Nanchang City	2668.87	866.73	152.41	481.86	408.92	160.66
景德镇市	Jingdezhen City	485.91	137.23	49.25	67.88	37.23	
萍乡市	Pingxiang City	573.05	146.79	30.99	205.61	129.25	9.53
九江市	Jiujiang City	2871.54	1142.24	264.55	630.60	437.37	49.61
新余市	Xinyu City	649.08	289.47	24.15	73.20	72.21	38.79
鹰潭市	Yingtan City	941.72	197.97	60.34	210.38	176.04	
赣州市	Ganzhou City	2504.08	615.04	279.26	547.61	370.44	60.41
吉安市	Ji'an City	2523.87	588.25	114.31	238.33	174.27	23.33
宜春市	Yichun City	4372.60	1200.64	170.09	443.75	341.59	110.75
抚州市	Fuzhou City	2892.10	794.51	53.24	231.67	167.49	14.77
上饶市	Shangrao City	2955.39	873.40	172.12	345.48	293.10	84.16

按用地类型和省市分列（2012年） 续表4

and by Province, Autonomous Region and Municipality (2012) Continued 4

Unit: hectare

Land for Residential Uses			其他用地 Land for Other Types					
经济适用住房 Economically Affordable House	廉租住房 Cheap Rent House	高档住宅 High-grade Residence		公共管理与公共服务用地 Land for Public Management and Public Services	特殊用地 Land for Special Uses	交通运输用地 Land for Transport	水域及水利设施用地 Land for Water Conservancy Facilities	其他土地 Land for Other Uses
201.12	54.16		852.12	660.02	1.31	190.78		
68.85	67.74		1407.39	503.66	7.34	663.47	110.59	122.33
125.05	30.12		496.52	115.43	2.12	359.87	19.10	
46.83	44.90	0.02	678.45	148.53		453.85		76.07
269.15	104.09		1858.47	743.86	24.34	1086.57	3.70	
61.91	75.57		493.25	333.35	2.33	157.57		
25.49	73.78		688.00	121.14		562.66	4.20	
127.30	44.46		1519.33	163.08	2.90	1353.34		
42.45	**60.77**		**4191.35**	**1694.28**	**154.60**	**2192.32**	**150.15**	
9.78	6.81		742.52	343.37	26.88	368.53	3.74	
0.87	0.00		437.42	186.94	3.00	242.46	5.01	
1.87	2.57		124.01	59.42	0.58	64.01		
	4.20		852.02	205.51	9.31	637.18	0.02	
2.41	22.25		669.49	252.71	0.06	400.91	15.80	
5.82	9.84		516.99	269.19	15.17	226.93	5.70	
1.40	1.36		263.85	92.81	25.75	145.29		
12.48	12.92		441.94	173.45	69.34	81.00	118.15	
7.81	0.82		143.11	110.87	4.50	26.01	1.73	
337.68	**527.07**	**3.69**	**11738.85**	**4926.05**	**115.82**	**5839.36**	**620.14**	**237.49**
19.46	53.48		1167.87	417.69	70.42	678.04	1.72	
16.01	10.94	3.69	231.54	74.36	5.39	151.79		
59.48	16.88		189.66	70.51		119.15		
15.85	177.37		834.15	258.26	20.12	544.53		11.24
	0.99		262.26	47.93	1.00	213.33		
31.18	3.15		473.03	145.58	1.42	326.02		
87.75	89.42		1062.17	684.83	12.39	360.21	4.74	
23.43	40.62		1582.99	823.23	1.13	629.57	111.27	17.80
49.61	52.55		2558.12	1287.62	0.77	774.61	495.12	
21.56	42.62		1812.68	386.41	2.21	1422.92		1.14
13.34	39.04		1564.40	729.63	0.97	619.20	7.30	207.30

国有建设用地供应情况——
State-owned Land for Construction Use Supplied by Land Use Type

单位：公顷

地 区	Region	供地总量 Total Amount of Land Supplied	工矿仓储用地 Land for Industry, Mining and Warehousing	商服用地 Land for Commercial and Service Uses	住宅用地	普通商品住房 Ordinary Commercial House	中低价位、中小套型 Medium- and Low-price, Medium- and Small-sized Ordinary Commercial Houses
山东	**Shandong**	**43596.88**	**19931.09**	**5217.40**	**9647.28**	**8769.36**	**5060.08**
济南市	Jinan City	2107.43	751.40	280.73	551.32	505.90	26.29
青岛市	Qingdao City	5816.70	1882.19	1092.27	1243.89	1004.61	855.59
淄博市	Zibo City	1545.62	577.29	128.92	264.98	222.87	17.85
枣庄市	Zaozhuang City	982.00	281.98	176.55	225.11	213.33	82.76
东营市	Dongying City	2432.57	1343.09	187.97	572.59	535.27	118.81
烟台市	Yantai City	2754.25	1109.26	251.84	643.70	611.04	450.39
潍坊市	Weifang City	8120.36	5462.56	565.21	1208.77	1195.69	404.22
济宁市	Jining City	2074.36	681.04	454.56	443.29	414.28	113.53
泰安市	Tai'an City	1536.71	567.31	202.22	391.89	306.64	87.28
威海市	Weihai City	3864.04	923.47	375.20	1786.02	1742.12	1628.70
日照市	Rizhao City	1300.81	549.93	80.30	442.80	353.01	25.58
莱芜市	Laiwu City	537.12	370.30	35.39	88.80	67.35	
临沂市	Linyi City	3265.86	1150.40	554.36	513.09	437.65	428.75
德州市	Dezhou City	2130.41	1159.32	388.51	328.91	288.43	271.11
聊城市	Liaocheng City	1495.53	941.78	108.21	331.26	325.40	252.70
滨州市	Binzhou City	1575.84	1092.94	100.51	293.42	248.48	98.79
菏泽市	Heze City	2057.27	1086.82	234.64	317.45	297.27	197.73
河南	**Henan**	**48095.14**	**9878.58**	**1954.34**	**6526.24**	**5608.77**	**1672.53**
郑州市	Zhengzhou City	6203.23	1483.79	260.44	1095.60	1023.95	0.60
开封市	Kaifeng City	1159.43	317.44	58.96	306.21	255.56	116.96
洛阳市	Luoyang City	14176.91	895.46	134.30	579.02	516.31	308.78
平顶山市	Pingdingshan City	1497.42	447.47	103.48	438.93	265.02	52.14
安阳市	Anyang City	1324.17	464.86	140.49	314.87	295.66	61.93
鹤壁市	Hebi City	853.87	241.10	70.88	232.46	177.16	54.88
新乡市	Xinxiang City	2860.24	684.09	110.87	665.22	612.13	358.19
焦作市	Jiaozuo City	2948.29	1095.61	138.15	419.72	325.60	183.85
濮阳市	Puyang City	1133.42	276.18	62.52	245.72	213.74	0.35

按用地类型和省市分列（2012年） 续表5

and by Province, Autonomous Region and Municipality (2012) Continued 5

Unit: hectare

Land for Residential Uses			其他用地 Land for Other Types					
经济适用住房 Economically Affordable House	廉租住房 Cheap Rent House	高档住宅 High-grade Residence		公共管理与公共服务用地 Land for Public Management and Public Services	特殊用地 Land for Special Uses	交通运输用地 Land for Transport	水域及水利设施用地 Land for Water Conservancy Facilities	其他土地 Land for Other Uses
668.79	**208.97**	**0.16**	**8801.10**	**3098.43**	**262.95**	**4662.88**	**776.83**	
13.72	31.70		523.98	219.72	126.89	177.25	0.12	
201.42	37.86		1598.36	545.65		1037.61	15.09	
36.27	5.84		574.43	338.36	29.86	206.20		
6.12	5.67		298.36	42.71		255.66		
24.52	12.80		328.92	216.96	7.22	100.70	4.05	
32.65	0.00		749.45	238.14	14.44	492.97	3.90	
9.09	3.99		883.82	355.96	31.08	496.78		
19.45	9.56		495.47	255.66	3.27	236.54		
69.29	15.96		375.29	77.42	4.39	247.54	45.95	
40.30	3.45	0.16	779.35	320.76	0.43	111.40	346.76	
47.82	41.97		227.77	47.90	1.78	178.09		
21.07	0.37		42.63	42.63				
68.71	6.74		1048.00	60.99	2.27	984.74		
20.13	20.35		253.67	139.97	8.97	104.72		
5.19	0.67		114.27	85.61		28.66		
32.88	12.05		88.97	54.97	29.99	4.02		
20.18	0.00		418.36	55.03	2.36		360.96	
574.71	**342.69**	**0.06**	**29735.98**	**7185.82**	**104.61**	**7713.84**	**14099.18**	**632.53**
60.32	11.33		3363.39	1738.16		1625.24		
38.95	11.70		476.82	142.97	27.08	306.77		
50.78	11.93		12568.13	797.12	5.03	937.23	10828.75	
155.37	18.53		507.54	190.96		260.91		55.67
6.40	12.80		403.94	101.78	2.00	300.16		
	55.30		309.43	152.33		147.64		9.46
3.14	49.96		1400.05	270.48		648.86	61.93	418.78
74.27	19.85		1294.81	929.53	0.84	364.44		
30.71	1.28		549.01	65.35	7.93	417.97		57.76

国有建设用地供应情况——
State-owned Land for Construction Use Supplied by Land Use Type

单位：公顷

地 区	Region	供地总量 Total Amount of Land Supplied	工矿仓储用地 Land for Industry, Mining and Warehousing	商服用地 Land for Commercial and Service Uses	住宅用地		
						普通商品住房 Ordinary Commercial House	
							中低价位、中小套型 Medium- and Low-price, Medium- and Small-sized Ordinary Commercial Houses
许昌市	Xuchang City	1322.11	413.52	95.60	208.28	154.96	45.58
漯河市	Luohe City	1114.99	396.91	42.87	178.82	175.49	
三门峡市	Sanmenxia City	4880.14	290.39	113.56	127.73	109.00	77.52
南阳市	Nanyang City	2025.97	732.19	127.51	361.24	330.96	31.79
商丘市	Shangqiu City	2131.70	917.90	100.21	433.73	378.54	175.20
信阳市	Xinyang City	1593.57	211.66	87.91	195.62	156.42	71.12
周口市	Zhoukou City	1601.90	530.46	167.61	357.08	317.91	129.42
驻马店市	Zhumadian City	1267.78	479.54	138.98	365.98	300.36	4.24
湖北	**Hubei**	**25644.72**	**11098.14**	**1896.47**	**4539.25**	**3785.94**	**1096.33**
武汉市	Wuhan City	4020.28	1727.98	220.37	804.34	546.21	73.55
黄石市	Huangshi City	965.80	344.84	45.15	121.17	112.51	44.45
十堰市	Shiyan City	1409.05	507.34	134.37	183.07	172.77	50.53
宜昌市	Yichang City	1979.61	1051.09	159.70	317.49	247.41	89.06
襄阳市	Xiangyang City	2897.57	1613.18	251.99	356.83	335.98	74.14
鄂州市	Ezhou City	917.27	250.76	52.08	254.10	254.10	
荆门市	Jingmen City	2299.95	906.22	164.19	293.17	248.93	76.06
孝感市	Xiaogan City	1878.46	1089.64	104.12	377.00	307.57	44.49
荆州市	Jingzhou City	2798.00	1127.31	80.36	200.67	179.73	119.69
黄冈市	Huanggang City	2341.59	985.85	262.74	543.69	512.28	10.44
咸宁市	Xianning City	1483.44	467.75	101.47	474.91	437.25	402.09
随州市	Suizhou City	624.51	384.22	28.93	149.65	141.62	4.29
恩施土家族苗族自治州	Enshi Tujia & Miao A.P.	643.67	130.83	98.54	123.25	116.29	13.57
省直辖县级行政区划	County-level Administrative Units Directly under the Provincial Government	1385.53	511.13	192.46	339.91	173.28	93.97
湖南	**Hunan**	**24087.80**	**3877.83**	**1459.30**	**4176.01**	**3068.38**	**186.29**
长沙市	Changsha City	4786.64	750.02	291.23	1226.24	799.98	51.85
株洲市	Zhuzhou City	1336.89	156.43	75.36	146.92	120.69	
湘潭市	Xiangtan City	966.20	430.62	68.09	228.84	191.09	25.02
衡阳市	Hengyang City	1601.89	361.90	136.23	456.89	364.35	8.22

按用地类型和省市分列（2012年） 续表6

and by Province, Autonomous Region and Municipality (2012) Continued 6

Unit: hectare

Land for Residential Uses				其他用地 Land for Other Types				
经济适用住房 Economically Affordable House	廉租住房 Cheap Rent House	高档住宅 High-grade Residence		公共管理与公共服务用地 Land for Public Management and Public Services	特殊用地 Land for Special Uses	交通运输用地 Land for Transport	水域及水利设施用地 Land for Water Conservancy Facilities	其他土地 Land for Other Uses
48.22	5.11		604.72	83.94	6.00	514.78		
	3.33		496.39	213.26	1.23	281.91		
14.08	4.65		4348.47	577.06	2.66	565.91	3202.83	
18.62	11.66		805.03	242.80	1.80	560.43		
13.63	41.56		679.85	312.79	15.90	274.23		76.93
34.03	5.17		1098.39	865.74	19.00	194.05	5.68	13.93
15.93	23.24		546.74	322.58	5.84	218.33		
10.26	55.30	0.06	283.28	178.98	9.31	94.99		
546.21	**154.31**	**52.80**	**8110.86**	**1991.86**	**77.23**	**4368.22**	**1631.24**	**42.31**
239.55	18.59		1267.58	791.11	8.79	467.68		
2.99	5.67		454.63	141.35	1.00	312.28		
5.69	4.61		584.28	50.51	0.67	533.10		
42.59	27.49		451.33	149.17	11.66	233.25	57.25	
10.44	10.40		675.58	106.24		569.34		
	0.00		360.33	8.08		352.25		
35.77	8.47		936.37	67.06	14.75	201.22	653.33	
13.22	7.96	48.25	307.69	104.10		161.29		42.31
10.34	10.60		1389.66	67.09	3.39	696.21	622.96	
11.60	19.81		549.32	253.43	24.58	271.31		
2.62	30.49	4.55	439.31	137.42	10.59	287.97	3.33	
5.90	2.13		61.70	17.15	1.21	43.34		
2.11	4.84		291.05	53.20		38.28	199.57	
163.39	3.25		342.02	45.93	0.59	200.70	94.79	
869.83	**237.80**		**14574.66**	**2858.60**	**131.18**	**7449.43**	**4135.46**	
381.90	44.35		2519.14	1228.66	46.97	1197.48	46.03	
15.09	11.14		958.19	194.58	0.33	746.41	16.87	
34.51	3.24		238.65	158.03	17.64	62.98		
86.97	5.58		646.87	100.60	13.33	532.94		

国有建设用地供应情况——
State-owned Land for Construction Use Supplied by Land Use Type

单位：公顷

地 区	Region	供地总量 Total Amount of Land Supplied	工矿仓储用地 Land for Industry, Mining and Warehousing	商服用地 Land for Commercial and Service Uses	住宅用地		
						普通商品住房 Ordinary Commercial House	
							中低价位、中小套型 Medium- and Low-price, Medium- and Small-sized Ordinary Commercial Houses
邵阳市	Shaoyang City	1501.02	203.44	115.85	284.59	209.93	3.85
岳阳市	Yueyang City	1449.62	386.07	63.25	215.57	150.83	27.94
常德市	Changde City	980.46	365.54	110.27	235.02	188.36	17.36
张家界市	Zhangjiajie City	189.69	23.49	30.29	98.82	86.79	
益阳市	Yiyang City	983.89	357.80	91.70	152.11	119.10	10.73
郴州市	Chenzhou City	1467.36	271.34	67.56	394.04	257.89	18.94
永州市	Yongzhou City	1731.05	248.81	55.48	140.71	104.76	5.18
怀化市	Huaihua City	5662.10	118.02	241.81	349.32	289.12	17.15
娄底市	Loudi City	922.83	112.98	81.77	164.34	128.59	
湘西土家族苗族自治州	West Hunan Tujia & Miao A.P.	508.15	91.36	30.41	82.59	56.92	0.07
广东	**Guangdong**	**34463.41**	**7421.60**	**1531.17**	**3395.82**	**3268.94**	**811.35**
广州市	Guangzhou City	4225.64	542.54	178.30	375.87	318.08	58.60
韶关市	Shaoguan City	4052.60	376.03	43.62	107.63	102.24	18.62
深圳市	Shenzhen City	494.88	89.23	30.05	129.51	128.23	54.10
珠海市	Zhuhai City	1109.25	345.48	59.80	79.25	79.15	50.80
汕头市	Shantou City	180.45	104.95	4.40	11.41	11.41	0.23
佛山市	Foshan City	3306.72	926.75	225.47	359.33	358.52	79.46
江门市	Jiangmen City	2479.63	806.04	217.11	200.37	194.71	97.44
湛江市	Zhanjiang City	2713.14	853.59	32.28	159.86	159.71	43.54
茂名市	Maoming City	1082.32	188.10	17.36	32.48	30.42	
肇庆市	Zhaoqing City	2153.32	538.65	67.97	169.83	163.00	86.55
惠州市	Huizhou City	1987.25	535.06	122.99	399.67	394.54	27.83
梅州市	Meizhou City	1836.79	151.72	26.60	121.52	121.07	51.01
汕尾市	Shanwei City	101.23	57.55	7.31	33.06	32.47	0.39
河源市	Heyuan City	524.12	114.30	34.29	155.36	136.69	33.25
阳江市	Yangjiang City	1406.79	387.20	71.71	219.98	214.94	126.10
清远市	Qingyuan City	1969.84	200.95	20.79	206.77	205.93	71.78
东莞市	Dongguan City	1143.98	215.17	49.36	103.61	94.13	
中山市	Zhongshan City	634.62	259.28	214.13	144.64	141.59	

按用地类型和省市分列（2012年） 续表7

and by Province, Autonomous Region and Municipality (2012) Continued 7

Unit: hectare

Land for Residential Uses				其他用地 Land for Other Types				
经济适用住房 Economically Affordable House	廉租住房 Cheap Rent House	高档住宅 High-grade Residence		公共管理与公共服务用地 Land for Public Management and Public Services	特殊用地 Land for Special Uses	交通运输用地 Land for Transport	水域及水利设施用地 Land for Water Conservancy Facilities	其他土地 Land for Other Uses
28.57	46.09		897.13	190.89	4.22	702.03		
37.76	26.98		784.73	87.84	11.75	685.14		
29.98	16.68		269.62	46.53	0.26	169.79	53.04	
8.95	3.07		37.09	19.02	8.48	9.59		
28.26	4.76		382.28	79.93	0.48	288.47	13.40	
111.15	24.99		734.42	72.23	0.13	656.67	5.39	
21.17	14.77		1286.05	365.24		894.55	26.25	
50.41	9.79		4952.96	190.11	12.24	781.68	3968.93	
30.70	5.06		563.73	58.89	8.81	496.03		
4.39	21.28		303.78	66.03	6.54	225.66	5.55	
81.99	**39.05**	**5.84**	**22114.82**	**4829.53**	**71.32**	**15913.86**	**1257.12**	**42.99**
51.31	6.48		3128.93	932.63	1.58	2170.41	24.31	
1.72	3.61	0.06	3525.31	27.32	1.08	2555.81	941.10	
	1.28		246.10	237.64		8.34	0.11	
	0.10		624.70	36.02	16.82	571.86		
	0.00		59.69	42.67		17.02		
	0.81		1795.17	250.28	0.89	1544.00		
4.25	1.41		1256.11	314.66	0.02	913.87	27.57	
0.05	0.10		1667.41	274.67		1392.74		
1.00	1.06		844.38	155.64	3.55	685.19		
0.52	0.54	5.78	1376.87	142.43	2.08	1221.38		10.98
5.12	(0.00)		929.53	816.24	12.70	100.59		
0.45	0.00		1536.95	597.22	8.93	858.50	72.30	
0.58	0.00		3.30	2.72		0.58		
16.03	2.64		220.18	218.48	1.70			
	5.04		727.90	404.41	7.60	315.90		
0.06	0.77		1541.32	120.39	12.15	1235.52	173.27	
	9.48		775.84	117.83		626.00		32.01
	3.05		16.57	16.49		0.08		

国有建设用地供应情况——
State-owned Land for Construction Use Supplied by Land Use Type

单位：公顷

地 区	Region	供地总量 Total Amount of Land Supplied	工矿仓储用地 Land for Industry, Mining and Warehousing	商服用地 Land for Commercial and Service Uses	住宅用地		
						普通商品住房 Ordinary Commercial House	
							中低价位、中小套型 Medium- and Low-price, Medium- and Small-sized Ordinary Commercial Houses
潮州市	Chaozhou City	666.34	130.05	3.73	84.25	83.62	8.05
揭阳市	Jieyang City	834.23	288.84	45.86	125.78	125.49	3.60
云浮市	Yunfu City	1560.29	310.09	58.04	175.65	172.99	
广西	**Guangxi**	**30012.07**	**4848.84**	**981.05**	**2255.50**	**1887.08**	**593.29**
南宁市	Nanning City	4209.61	581.32	77.10	206.10	194.71	13.96
柳州市	Liuzhou City	3698.98	703.69	64.86	373.96	288.19	152.52
桂林市	Guilin City	2197.66	286.17	61.42	248.83	222.96	23.29
梧州市	Wuzhou City	4798.74	287.36	119.64	159.05	146.51	0.60
北海市	Beihai City	1071.43	402.70	32.67	110.65	49.37	
防城港市	Fangchenggang City	1256.88	467.02	177.43	69.00	53.92	
钦州市	Qinzhou City	1959.00	222.91	61.43	199.62	190.74	30.41
贵港市	Guigang City	1161.24	342.99	69.22	120.01	110.47	29.37
玉林市	Yulin City	718.09	256.78	50.24	150.88	137.52	63.18
百色市	Baise City	2976.35	666.26	77.32	125.68	103.70	29.15
贺州市	Hezhou City	793.74	209.23	23.13	86.90	75.09	48.49
河池市	Hechi City	1555.66	185.01	70.99	107.07	54.03	8.52
来宾市	Laibin City	1002.49	105.35	43.71	241.52	217.94	186.17
崇左市	Chongzuo City	2612.21	132.06	51.89	56.24	41.92	7.64
海南	**Hainan**	**8281.27**	**540.71**	**463.07**	**940.34**	**831.36**	**280.92**
海口市	Haikou City	896.09	92.50	55.54	77.71	51.85	4.48
三亚市	Sanya City	292.43	40.12	99.38	40.30	34.08	
省直辖县级行政区划	County-level Administrative Units Directly under the Provincial Government	7092.74	408.09	308.15	822.34	745.43	276.43
重庆	**Chongqing**	**12704.78**	**2573.25**	**766.77**	**3619.58**	**2656.97**	**661.96**
四川	**Sichuan**	**33296.95**	**8455.87**	**2097.02**	**4682.20**	**3502.53**	**659.39**
成都市	Chengdu City	7751.82	1907.45	716.64	807.93	583.64	96.33
自贡市	Zigong City	655.24	241.56	50.85	82.32	68.55	
攀枝花市	Panzhihua City	889.84	485.53	27.40	103.39	96.23	
泸州市	Luzhou City	1356.38	460.37	57.44	254.21	215.13	50.91

按用地类型和省市分列（2012年） 续表8

and by Province, Autonomous Region and Municipality (2012) Continued 8

Unit: hectare

Land for Residential Uses			其他用地 Land for Other Types					
经济适用住房 Economically Affordable House	廉租住房 Cheap Rent House	高档住宅 High-grade Residence		公共管理与公共服务用地 Land for Public Management and Public Services	特殊用地 Land for Special Uses	交通运输用地 Land for Transport	水域及水利设施用地 Land for Water Conservancy Facilities	其他土地 Land for Other Uses
	0.63		448.31	7.39		422.45	18.47	
0.30	0.00		373.74	64.56	2.22	306.97		
0.60	2.06		1016.51	49.86		966.65		
171.52	**196.90**		**21926.67**	**3869.93**	**188.38**	**11893.97**	**5947.43**	**26.96**
10.02	1.37		3345.09	739.45	47.00	2043.50	515.14	
57.16	28.61		2556.46	1484.90	4.78	1066.78		
18.14	7.72		1601.25	332.76	6.25	962.55	299.70	
3.75	8.79		4232.68	70.25	0.36	1576.42	2560.42	25.23
	61.28		525.42	125.59		399.83		
11.11	3.97		543.43	82.20	14.43	446.79		
0.60	8.28		1475.04	73.36	14.77	1354.65	32.27	
4.67	4.86		629.02	71.84	19.81	537.37		
4.71	8.65		260.19	115.84	54.12	90.23		
8.20	13.77		2107.09	224.62	4.55	1332.76	545.16	
5.43	6.39		474.47	212.20	8.10	254.17		
40.20	12.84		1192.60	68.75	3.84	1099.98	18.30	1.73
	23.58		611.91	102.46	6.65	502.79		
7.53	6.79		2372.03	165.72	3.71	226.15	1976.45	
98.78	**10.20**		**6337.14**	**1805.47**	**25.33**	**1209.48**	**3296.86**	
22.35	3.52		670.35	51.74		618.60		
6.22	0.00		112.63	103.53		9.10		
70.22	6.69		5554.16	1650.20	25.33	581.77	3296.86	
532.19	**430.41**		**5745.18**	**1172.67**	**28.84**	**4117.93**	**425.73**	
862.32	**316.71**	**0.64**	**18061.86**	**7613.44**	**69.62**	**9281.76**	**802.24**	**294.78**
201.03	22.62	0.64	4319.79	2190.16	9.19	2113.67		6.78
8.51	5.27		280.50	58.41	1.64	220.46		
3.78	3.38		273.52	162.98	2.13	108.41		
27.57	11.51		584.36	440.12	5.15	139.09		

国有建设用地供应情况——
State-owned Land for Construction Use Supplied by Land Use Type

单位：公顷

地 区	Region	供地总量 Total Amount of Land Supplied	工矿仓储用地 Land for Industry, Mining and Warehousing	商服用地 Land for Commercial and Service Uses	住宅用地	普通商品住房 Ordinary Commercial House	中低价位、中小套型 Medium- and Low-price, Medium- and Small-sized Ordinary Commercial Houses
德阳市	Deyang City	2629.02	624.03	164.91	431.04	190.83	26.37
绵阳市	Mianyang City	3491.19	950.57	153.09	402.14	330.62	26.89
广元市	Guangyuan City	1878.63	347.53	60.12	134.95	111.34	1.96
遂宁市	Suining City	686.03	199.94	103.54	121.92	82.59	17.25
内江市	Neijiang City	1604.51	200.61	37.00	159.93	144.13	12.64
乐山市	Leshan City	1016.71	269.09	148.73	187.40	118.05	54.48
南充市	Nanchong City	1866.15	274.76	72.29	184.20	174.95	16.39
眉山市	Meishan City	1392.05	608.12	125.39	442.72	439.98	102.05
宜宾市	Yibin City	1484.01	521.50	77.94	329.06	187.80	42.38
广安市	Guang'an City	1417.07	311.50	40.13	118.18	100.31	52.42
达州市	Dazhou City	833.35	372.28	45.62	91.22	77.18	52.40
雅安市	Ya'an City	1285.35	221.63	11.37	46.74	7.73	3.20
巴中市	Bazhong City	785.41	89.94	96.18	283.35	250.36	3.03
资阳市	Ziyang City	1351.36	290.78	88.20	428.23	287.65	98.82
阿坝藏族羌族自治州	Aba Tibetan & Qiang A.P.	310.53	4.78	2.33	3.58	0.61	
甘孜藏族自治州	Ganzi Tibetan A.P.	241.80	61.81	2.14	1.98	1.98	1.83
凉山彝族自治州	Liangshan Yi A.P.	370.52	12.09	15.70	67.72	32.85	0.03
贵州	**Guizhou**	**44165.80**	**6043.78**	**2166.80**	**3631.30**	**2918.47**	**1875.24**
贵阳市	Guiyang City	5169.01	881.05	288.16	599.61	462.71	334.56
六盘水市	Liupanshui City	4346.94	425.92	172.01	156.77	124.58	72.00
遵义市	Zunyi City	5502.09	925.63	228.18	575.77	511.79	369.63
安顺市	Anshun City	4335.05	242.33	122.70	161.66	117.64	32.06
铜仁地区	Tongren Prefecture	5782.39	428.75	101.85	257.42	202.75	126.08
黔西南布依族苗族自治州	Southwest Guizhou Buyei & Miao A.P.	6708.98	950.19	627.31	131.36	84.65	69.41
毕节地区	Bijie Prefecture	4888.17	899.11	157.90	617.95	528.66	352.12
黔东南苗族侗族自治州	Southeast Guizhou Miao & Dong A.P.	4677.65	711.91	197.14	756.02	593.56	492.55
黔南布依族苗族自治州	South Guizhou Buyei & Miao A.P.	2755.52	578.88	271.55	374.73	292.13	26.83

按用地类型和省市分列（2012年） 续表9

and by Province, Autonomous Region and Municipality (2012) Continued 9

Unit: hectare

Land for Residential Uses			其他用地 Land for Other Types					
经济适用住房 Economically Affordable House	廉租住房 Cheap Rent House	高档住宅 High-grade Residence		公共管理与公共服务用地 Land for Public Management and Public Services	特殊用地 Land for Special Uses	交通运输用地 Land for Transport	水域及水利设施用地 Land for Water Conservancy Facilities	其他土地 Land for Other Uses
220.16	20.04		1409.05	551.70	0.12	856.44	0.79	
62.76	8.76		1985.38	1234.97	12.92	678.17	46.72	12.60
22.10	1.51	0.00	1336.04	545.75	10.68	779.61		
18.13	21.20		260.63	206.35	9.93	44.35		
10.72	5.08		1206.97	137.69		1069.28		
42.04	27.30		411.49	163.39	3.61	103.50	140.99	
1.92	7.33		1334.90	335.83		896.61		102.46
1.29	1.44		215.82	63.70		1.27		150.85
124.80	16.46		555.51	297.30	2.55	254.46	1.20	
15.88	2.00		947.25	102.22	4.87	840.16		
4.49	9.54		324.23	154.04	2.71	167.48		
29.63	9.38		1005.60	188.07		510.26	307.28	
32.66	0.34		315.93	110.88		182.96		22.09
1.23	139.35		544.16	388.36		155.80		
2.67	0.29		299.84	20.55		90.18	189.12	
			175.87	71.07	1.42		103.38	
30.96	3.91		275.00	189.91	2.70	69.62	12.78	
407.84	**304.98**		**32323.92**	**8228.10**	**127.43**	**12171.18**	**9547.88**	**2249.33**
76.42	60.49		3400.18	2226.39	30.32	1142.47	1.00	
3.12	29.06		3592.25	87.91		896.69	2607.65	
39.81	24.18		3772.50	584.37	15.15	2181.51	722.80	268.68
21.35	22.67		3808.36	2647.08	6.53	1154.74		
27.77	26.89		4994.37	378.58	8.90	1880.16	2654.10	72.64
35.55	11.17		5000.11	497.65	1.06	946.39	3269.88	285.13
6.84	82.44		3213.21	374.92	5.43	1091.66	123.18	1618.01
121.76	40.70		3012.58	1022.52	17.90	1832.88	134.40	4.87
75.22	7.38		1530.36	408.68	42.14	1044.68	34.86	

国有建设用地供应情况——
State-owned Land for Construction Use Supplied by Land Use Type

单位：公顷

地 区	Region	供地总量 Total Amount of Land Supplied	工矿仓储用地 Land for Industry, Mining and Warehousing	商服用地 Land for Commercial and Service Uses	住宅用地		
						普通商品住房 Ordinary Commercial House	
							中低价位、中小套型 Medium- and Low-price, Medium- and Small-sized Ordinary Commercial Houses
云南	**Yunnan**	**13705.05**	**2460.36**	**1684.93**	**3544.84**	**2743.09**	**225.48**
昆明市	Kunming City	2696.45	575.40	410.38	868.42	694.81	0.26
曲靖市	Qujing City	1023.53	327.68	116.90	370.88	224.19	81.57
玉溪市	Yuxi City	588.53	220.98	93.34	177.87	111.48	
保山市	Baoshan City	557.39	93.23	86.31	305.04	247.79	
昭通市	Zhaotong City	291.18	91.47	62.82	102.67	95.52	4.84
丽江市	Lijiang City	2715.96	12.71	81.80	103.50	87.98	0.28
普洱市	Pu'er City	390.62	41.74	67.81	82.94	67.82	0.70
临沧市	Lincang City	513.53	79.89	120.52	137.48	48.19	20.96
楚雄彝族自治州	Chuxiong Yi A.P.	1001.11	275.62	60.44	301.41	239.05	59.53
红河哈尼族彝族自治州	Honghe Hani & Yi A.P.	754.34	186.96	64.64	261.70	245.88	43.48
文山壮族苗族自治州	Wenshan Zhuang & Miao A.P.	488.62	131.47	37.37	106.14	84.95	
西双版纳傣族自治州	Xishuangbanna Dai A.P.	328.63	27.92	81.53	167.80	153.64	
大理白族自治州	Dali Bai A.P.	1097.66	215.98	185.54	181.30	170.67	
德宏傣族景颇族自治州	Dehong Dai & Jingpo A.P.	1152.51	172.11	185.18	326.77	237.66	9.79
怒江傈僳族自治州	Nujiang Lisu A.P.	47.59	6.06	11.32	15.86	14.26	4.06
迪庆藏族自治州	Diqing Tibetan A.P.	57.41	1.14	19.03	35.05	19.19	
西藏	**Tibet**	**624.83**	**58.57**	**71.38**	**121.40**	**96.34**	
拉萨市	Lhasa City	274.60	13.21	34.26	110.73	94.69	
昌都地区	Qamdo Prefecture	30.13	0.25	0.06	0.30		
山南地区	Lhokha Prefecture	109.75	0.82	21.28			
日喀则地区	Xigaze Prefecture	83.56	42.77	10.27	1.68	0.30	
那曲地区	Nagqu Prefecture	11.51					
阿里地区	Ngari Prefecture	67.79	0.43	2.75	2.06	0.12	
林芝地区	Nyingchi Prefecture	47.49	1.10	2.76	6.63	1.23	
陕西	**Shaanxi**	**15569.52**	**4178.26**	**933.70**	**2605.23**	**1999.57**	**459.84**
西安市	Xi'an City	3256.87	560.81	207.21	764.17	594.29	2.93

按用地类型和省市分列（2012 年） 续表 10

and by Province, Autonomous Region and Municipality (2012) Continued 10

Unit: hectare

Land for Residential Uses			其他用地 Land for Other Types					
经济适用住房 Economically Affordable House	廉租住房 Cheap Rent House	高档住宅 High-grade Residence		公共管理与公共服务用地 Land for Public Management and Public Services	特殊用地 Land for Special Uses	交通运输用地 Land for Transport	水域及水利设施用地 Land for Water Conservancy Facilities	其他土地 Land for Other Uses
44.89	**751.32**	**5.55**	**6014.92**	**1674.69**	**148.14**	**1961.56**	**2230.53**	
13.52	160.09		842.25	591.21	10.90	221.72	18.43	
21.83	124.87		208.06	116.27	19.05	1.33	71.41	
	66.39		96.34	45.97	1.55	47.55	1.27	
	57.25		72.80	26.15	9.52		37.13	
	7.14		34.22	21.92	11.17	0.39	0.75	
2.27	13.26		2517.95	47.14		580.39	1890.42	
1.56	13.56		198.14	98.07	1.33	23.66	75.08	
0.02	89.27		175.63	46.62	2.24	63.60	63.17	
3.46	58.90		363.64	156.63	3.70	166.33	36.99	
	15.82		241.04	98.32	63.02	64.95	14.75	
	21.18		213.65	182.05	4.09	23.40	4.11	
1.82	12.34		51.38	50.19		1.20		
0.41	10.22		514.83	154.76	16.77	342.91	0.39	
	89.11		468.44	30.45	4.13	418.75	15.11	
	1.61		14.34	8.96		5.38		
	10.31	5.55	2.20		0.67		1.53	
13.44	**11.62**		**373.49**	**270.56**	**55.87**	**40.44**	**6.62**	
13.44	2.60		116.40	108.72		4.79	2.89	
	0.30		29.53	13.84	6.11	7.82	1.77	
			87.65	67.86	19.79			
	1.38		28.84	16.99	1.75	10.10		
			11.51	11.31			0.20	
	1.94		62.56	51.65	1.00	9.91		
	5.40		37.00	0.19	27.23	7.82	1.77	
388.37	**217.13**	**0.16**	**7852.34**	**1866.48**	**79.57**	**5779.80**	**126.49**	
133.94	35.94		1724.68	888.33		836.36		

国有建设用地供应情况——
State-owned Land for Construction Use Supplied by Land Use Type

单位：公顷

地　区	Region	供地总量 Total Amount of Land Supplied	工矿仓储用地 Land for Industry, Mining and Warehousing	商服用地 Land for Commercial and Service Uses	住宅用地		
						普通商品住房 Ordinary Commercial House	
							中低价位、中小套型 Medium- and Low-price, Medium- and Small-sized Ordinary Commercial Houses
铜川市	Tongchuan City	276.37	10.67	10.49	78.84	28.53	
宝鸡市	Baoji City	2163.14	377.32	67.80	272.48	193.00	15.24
咸阳市	Xianyang City	1684.58	590.61	81.07	335.12	283.25	190.93
渭南市	Weinan City	1094.87	442.47	80.32	222.60	166.59	24.36
延安市	Yan'an City	1445.08	9.72	26.97	71.08	51.62	17.65
汉中市	Hanzhong City	574.39	128.92	82.23	217.18	172.09	40.06
榆林市	Yulin City	3602.72	1823.50	201.60	451.27	382.67	127.22
安康市	Ankang City	566.82	180.95	111.52	103.09	65.76	24.81
商洛市	Shangluo City	904.66	53.29	64.48	89.38	61.76	16.64
甘肃	**Gansu**	**18544.79**	**6495.98**	**2058.49**	**1443.21**	**796.26**	**328.17**
兰州市	Lanzhou City	1038.64	589.50	33.84	237.69	119.64	8.74
嘉峪关市	Jiayuguan City	1577.76	577.58	100.53	39.97	33.18	15.08
金昌市	Jinchang City	486.52	191.73	50.19	33.41	30.27	7.05
白银市	Baiyin City	1002.13	412.70	32.23	128.85	49.28	35.51
天水市	Tianshui City	648.91	154.64	97.18	74.59	60.37	5.56
武威市	Wuwei City	1950.88	964.87	95.97	202.43	29.43	7.41
张掖市	Zhangye City	1148.73	186.50	67.97	129.44	105.28	12.40
平凉市	Pingliang City	383.51	70.94	16.53	18.59	15.13	13.25
酒泉市	Jiuquan City	6140.61	1262.54	1417.37	152.80	83.64	47.20
庆阳市	Qingyang City	2085.76	1623.69	33.34	106.67	92.28	51.28
定西市	Dingxi City	1219.10	287.89	61.75	208.14	109.67	75.97
陇南市	Longnan City	502.01	86.47	14.84	27.55	14.20	4.96
临夏回族自治州	Linxia Hui A.P.	350.83	86.21	35.12	81.21	52.02	42.34
甘南藏族自治州	Gannan Tibetan A.P.	9.39	0.69	1.65	1.86	1.86	1.42
青海	**Qinghai**	**7648.06**	**3663.82**	**285.48**	**937.14**	**317.40**	**31.41**
西宁市	Xining City	1101.44	594.39	115.90	217.74	152.73	13.26
海东地区	Haidong Prefecture	775.84	84.56	29.84	458.31	126.09	17.14
海北藏族自治州	Haibei Tibetan A.P.	126.03	33.17	23.91	11.53	2.27	0.95
黄南藏族自治州	Huangnan Tibetan A.P.	403.93		3.59	19.04	9.23	0.07
海南藏族自治州	Hainan Tibetan A.P.	1325.79	201.16	60.94	122.35	18.78	
果洛藏族自治州	Golog Tibetan A.P.	8.83	0.42	6.82	0.15	0.15	

按用地类型和省市分列（2012年） 续表 11

and by Province, Autonomous Region and Municipality (2012) Continued 11

Unit: hectare

Land for Residential Uses			其他用地 Land for Other Types					
经济适用住房 Economically Affordable House	廉租住房 Cheap Rent House	高档住宅 High-grade Residence		公共管理与公共服务用地 Land for Public Management and Public Services	特殊用地 Land for Special Uses	交通运输用地 Land for Transport	水域及水利设施用地 Land for Water Conservancy Facilities	其他土地 Land for Other Uses
43.21	7.10		176.37	26.77		83.77	65.83	
19.55	59.93		1445.54	200.11	6.67	1238.76		
26.67	25.21		677.78	141.37	36.83	497.15	2.43	
36.67	19.34		349.48	114.92	13.16	221.40		
11.80	7.66		1337.32	24.12	2.52	1299.64	11.04	
39.50	5.59		146.05	91.60	15.33	37.85	1.27	
51.08	17.52		1126.34	205.40	5.07	915.88		
15.32	22.01		171.26	110.51		14.83	45.93	
10.63	16.83	0.16	697.51	63.36		634.15		
365.18	**281.77**		**8547.12**	**2991.41**	**76.62**	**5144.75**	**163.21**	**171.12**
114.85	3.20		177.61	117.79	0.64	59.18		
5.76	1.04		859.68	589.92	5.25	167.64	17.70	79.16
3.14			211.18	100.14	7.34	62.89		40.82
46.01	33.56		428.35	328.64	50.07	49.65		
8.56	5.66		322.50	77.64	0.52	221.43		22.90
13.98	159.02		687.61	112.50		515.57	59.54	
23.98	0.18		764.82	95.59	6.03	648.05	15.15	
1.33	2.13		277.46	53.19	0.29	223.98		
65.21	3.95		3307.90	1106.76	1.87	2165.19	10.38	23.71
8.19	6.20		322.06	72.67		204.68	44.71	
59.37	39.10		661.32	175.00	0.66	469.14	11.98	4.53
10.09	3.27		373.15	132.88	1.56	237.35	1.37	
4.72	24.47		148.29	23.51	2.40	120.01	2.38	
	0.00		5.18	5.18				
418.52	**201.22**		**2761.62**	**591.54**	**32.06**	**1704.91**	**433.11**	
61.19	3.83		173.42	148.76	0.32	24.34		
258.43	73.80		203.13	86.26	21.77	95.09		
	9.26		57.42	28.41	6.81	4.17	18.02	
6.83	2.98		381.31	56.42	1.99	9.82	313.08	
44.06	59.51		941.35	179.42	1.16	674.78	85.99	
	0.00		1.44	1.44				

国有建设用地供应情况——
State-owned Land for Construction Use Supplied by Land Use Type

单位：公顷

地 区	Region	供地总量 Total Amount of Land Supplied	工矿仓储用地 Land for Industry, Mining and Warehousing	商服用地 Land for Commercial and Service Uses	住宅用地		
						普通商品住房 Ordinary Commercial House	
							中低价位、中小套型 Medium- and Low-price, Medium- and Small-sized Ordinary Commercial Houses
玉树藏族自治州	Yushu Tibetan A.P.						
海西蒙古族藏族自治州	Haixi Mongol & Tibetan A.P.	3906.20	2750.13	44.49	108.02	8.15	
宁夏	**Ningxia**	**7864.77**	**3767.96**	**678.15**	**1129.62**	**553.71**	**72.06**
银川市	Yinchuan City	2851.58	1432.51	252.53	559.04	254.52	43.24
石嘴山市	Shizuishan City	1240.83	727.45	60.61	84.92	25.53	10.81
吴忠市	Wuzhong City	1541.51	585.45	118.37	311.32	182.93	6.69
固原市	Guyuan City	716.59	58.28	27.21	63.09	48.39	5.42
中卫市	Zhongwei City	1514.25	964.26	219.44	111.25	42.35	5.91
新疆	**Xinjiang**	**49926.51**	**16188.48**	**1700.31**	**6621.35**	**1865.07**	**767.96**
乌鲁木齐市	Urumqi City	945.49	402.52	53.31	302.55	248.73	215.30
克拉玛依市	Karamay City	1403.46	587.16	88.00	152.94	9.29	1.90
吐鲁番地区	Turpan Prefeture	1057.99	212.08	43.55	82.69	36.46	13.74
哈密地区	Hami Prefeture	6229.83	551.07	53.57	650.47	12.59	2.84
昌吉回族自治州	Changji Hui A.P.	7100.18	2599.66	308.15	580.67	313.57	75.53
博尔塔拉蒙古自治州	Bortala Mongol A.P.	808.82	182.59	73.14	261.65	139.62	137.78
巴音郭楞蒙古自治州	Bayingolin Mongol A.P.	3310.96	680.02	73.13	596.21	174.64	50.77
阿克苏地区	Akesu Prefeture	7346.62	3918.63	308.33	451.64	175.50	61.59
克孜勒苏柯尔克孜自治州	Kizilsu Kirgiz A.P.	503.12	207.13	32.38	68.95	6.59	0.11
喀什地区	Kashi Prefeture	7683.12	1926.81	203.08	1369.15	217.56	86.10
和田地区	Hotan Prefeture	1193.87	522.19	53.41	162.46	1.51	1.35
伊犁哈萨克自治州	Ili Kazak A.P.	7190.38	2756.32	278.10	866.01	385.17	108.39
塔城地区	Tacheng Prefeture	2917.68	1512.18	73.48	272.45	108.39	0.07
阿勒泰地区	Altay Prefeture	1773.31	88.36	33.32	725.28	25.68	11.62
石河子市	Shihezi City	461.69	41.77	25.35	78.24	9.76	0.87
阿拉尔市	Aral City						
图木舒克市	Tumxuk City						
五家渠市	Wujiaqu City						

按用地类型和省市分列（2012年） 续表12

and by Province, Autonomous Region and Municipality (2012) Continued 12

Unit: hectare

Land for Residential Uses			其他用地 Land for Other Types					
经济适用住房 Economically Affordable House	廉租住房 Cheap Rent House	高档住宅 High-grade Residence		公共管理与公共服务用地 Land for Public Management and Public Services	特殊用地 Land for Special Uses	交通运输用地 Land for Transport	水域及水利设施用地 Land for Water Conservancy Facilities	其他土地 Land for Other Uses
48.02	51.84		1003.56	90.83		896.71	16.02	
381.76	**194.15**		**2289.04**	**758.97**	**51.78**	**1469.58**	**8.71**	
287.96	16.55		607.50	232.21	28.37	346.64	0.27	
25.67	33.72		367.85	116.55	12.18	238.82	0.29	
21.17	107.22		526.37	212.63	10.53	297.23	5.98	
7.53	7.17		568.01	60.61	0.30	507.10		
39.42	29.48		219.31	136.96	0.38	79.79	2.17	
2535.86	**2185.83**	**34.59**	**25416.38**	**5315.17**	**186.96**	**14211.39**	**5401.31**	**301.55**
53.58	0.22	0.01	187.10	185.07	0.39	1.64		
109.07	0.00	34.58	575.36	285.59	0.16	289.61		
37.12	9.10		719.67	271.98	2.33	341.89		103.46
590.58	47.30		4974.73	256.83	7.79	4624.46	85.64	
67.61	199.49		3611.70	657.51	24.69	1882.16	1047.34	
117.97	4.06		291.43	118.06	14.09	135.57	23.72	
120.20	301.37		1961.60	324.14	35.55	1089.37	512.54	
186.14	89.99		2668.03	388.23	6.09	1356.10	917.60	
22.49	39.87		194.66	72.54		119.79	2.33	
40.02	1111.58		4184.08	1172.60	43.92	2966.52	1.03	
	160.95		455.81	279.39		59.65	88.44	28.33
307.57	173.27		3289.94	638.82	39.75	768.20	1843.16	
151.45	12.61		1059.58	142.66	7.50	447.41	433.29	28.72
695.65	3.95		926.35	462.27	2.90	14.95	446.23	
36.41	32.06		316.34	59.47	1.78	114.04		141.05

国有建设用地出让
State-owned Land for Construction

单位：公顷、万元

年份/地区 Year/Region	出让 Granting				协议 Granting through	
	宗数 Number of Land Plots	面积 Area	新增 Newly Increased	成交价款 Transaction Price Value	宗数 Number of Land Plots	面积 Area
2006	186667	233017.88	89947.38	80776447.01	140933	161871.39
2007	160404	234960.59	92390.94	122167208.30	109748	117662.76
2008	123358	165859.67	67839.27	102597987.90	68093	26634.36
2009	122498	220813.90	134576.81	171795255.79	59372	33594.25
2010	141941	293717.81	142370.81	274644791.15	61551	34206.94
2011	151249	335085.17	222838.62	321260823.12	59632	30116.83
2012	138588	332432.34	226287.60	280422827.78	46419	30802.81
北 京 Beijing	432	1220.70	855.31	6564529.31	302	587.19
天 津 Tianjin	1333	5092.43	3895.29	5290349.43	416	298.30
河 北 Hebei	5285	17221.03	10935.42	11339630.54	761	2637.23
山 西 Shanxi	2504	7135.73	5785.97	4284975.20	345	691.44
内蒙古 Inner Mongolia	4702	14983.04	10356.68	5549935.68	1327	1345.55
辽 宁 Liaoning	4627	17158.84	8658.94	17759602.73	914	990.76
吉 林 Jilin	3155	6539.01	4917.81	4487247.27	1050	552.27
黑龙江 Heilongjiang	2845	7560.93	4647.10	3510440.25	736	977.39
上 海 Shanghai	451	1487.22	616.13	6016721.01	24	128.19
江 苏 Jiangsu	11620	33654.30	16943.35	38890804.85	1012	603.34
浙 江 Zhejiang	6313	11741.97	8000.96	20295489.18	660	884.90
安 徽 Anhui	6071	16383.82	10133.99	12624814.98	885	729.09
福 建 Fujian	3194	9725.59	8022.98	10332132.49	237	697.92
江 西 Jiangxi	3694	10820.73	7936.73	7702157.89	204	443.23
山 东 Shandong	10225	34339.19	21406.32	25990492.95	1400	3362.54
河 南 Henan	5346	17098.73	11889.11	10834668.61	1296	2664.07
湖 北 Hubei	9035	16068.80	12061.67	9823273.34	3941	1097.33
湖 南 Hunan	10873	8643.01	6375.74	7827272.18	7085	935.98
广 东 Guangdong	9184	12418.69	7878.43	15171942.87	6579	2271.91
广 西 Guangxi	6800	7883.20	5237.70	5046485.95	4668	1392.08
海 南 Hainan	471	1944.34	1274.97	2102192.96	78	144.72
重 庆 Chongqing	1843	6399.40	3829.18	11872750.82	475	239.95
四 川 Sichuan	8445	13416.98	10279.77	13619404.58	4878	1296.72
贵 州 Guizhou	3487	9280.68	7281.43	5489921.80	865	280.65
云 南 Yunnan	7577	7432.00	6043.53	7577311.02	3933	790.33
西 藏 Tibet	176	226.35	133.98	58966.05	132	176.12
陕 西 Shaanxi	2330	7388.31	6281.04	5392664.05	639	660.67
甘 肃 Gansu	1709	7241.23	6043.06	1256650.39	524	882.71
青 海 Qinghai	565	2008.86	1797.68	435683.36	264	1328.54
宁 夏 Ningxia	803	4741.92	4088.52	937518.62	90	261.42
新 疆 Xinjiang	3493	15175.29	12678.81	2336797.42	699	1450.26

情况——按地区分列
Use Granted by Region

Unit: hectare, 10^4 yuan

出让 Agreement		"招拍挂"出让 Granting through Bidding, Auction and Listing			
新增 Newly Increased	成交价款 Transaction Price Value	宗数 Number of Land Plots	面积 Area	新增 Newly Increased	成交价款 Transaction Price Value
69067.39	22827188.87	45734	71146.50	20879.99	57949258.14
50999.46	21418614.76	50656	117297.82	41391.49	100748593.56
6460.06	7310554.06	55265	139225.30	61379.21	95287433.84
10658.73	8839395.63	63126	187219.64	123918.07	162955860.15
7659.24	11010595.76	80390	259510.87	134711.58	263634195.39
11371.09	13078125.81	91617	304968.34	211467.53	308182697.31
13134.07	13888544.98	92169	301629.53	213019.54	266534282.80
305.68	451578.01	130	633.51	549.63	6112951.30
87.67	119141.09	917	4794.13	3807.62	5171208.33
371.28	961098.33	4524	14583.80	10564.14	10378532.21
303.18	350878.04	2159	6444.30	5482.79	3934097.16
660.39	226748.65	3375	13637.49	9696.28	5323187.04
421.68	300145.45	3713	16168.07	8237.26	17459457.29
169.97	117937.48	2105	5986.74	4747.84	4369309.80
256.58	232680.76	2109	6583.54	4390.52	3277759.49
49.46	383004.01	427	1359.03	566.67	5633717.00
183.31	624623.98	10608	33050.96	16760.05	38266180.87
660.69	838098.67	5653	10857.06	7340.26	19457390.52
77.64	835339.40	5186	15654.73	10056.35	11789475.57
396.68	610357.54	2957	9027.66	7626.30	9721774.95
385.85	114891.70	3490	10377.50	7550.88	7587266.19
652.16	2152400.70	8825	30976.65	20754.16	23838092.25
1365.06	1147311.88	4050	14434.66	10524.05	9687356.73
672.34	418663.68	5094	14971.46	11389.33	9404609.66
61.76	464813.05	3788	7707.03	6313.98	7362459.13
1256.61	1269503.90	2605	10146.78	6621.82	13902438.97
459.47	367188.97	2132	6491.12	4778.23	4679296.98
68.17	65799.35	393	1799.62	1206.80	2036393.61
113.38	165305.14	1368	6159.45	3715.80	11707445.68
570.58	534634.83	3567	12120.27	9709.19	13084769.75
192.01	59348.92	2622	9000.03	7089.42	5430572.88
329.82	452913.64	3644	6641.67	5713.71	7124397.38
	21781.70	44	50.23		37184.35
327.95	197305.99	1691	6727.64	5953.09	5195358.07
356.26	74981.94	1185	6358.52	5686.79	1181668.45
1261.84	64376.76	301	680.32	535.85	371306.60
24.64	67200.40	713	4480.50	4063.88	870318.22
1091.95	198491.04	2794	13725.04	11586.85	2138306.39

国有建设用地出让情况
State-owned Land for Construction Use Granted

单位：公顷、万元

地 区	Region	出让 Granting			
		宗数 Number of Land Plots	面积 Area	新增 Newly Increased	成交价款 Transaction Price Value
总 计	**Total**	**138588**	**332432.34**	**226287.60**	**280422827.78**
北京	**Beijing**	**432**	**1220.70**	**855.31**	**6564529.31**
天津	**Tianjin**	**1333**	**5092.43**	**3895.29**	**5290349.43**
河北	**Hebei**	**5285**	**17221.03**	**10935.42**	**11339630.54**
石家庄市	Shijiazhuang City	443	1327.44	1041.81	1758403.04
唐山市	Tangshan City	842	5060.15	1564.71	2260437.86
秦皇岛市	Qinhuangdao City	317	867.51	644.64	959116.69
邯郸市	Handan City	462	1367.18	1219.77	1032756.07
邢台市	Xingtai City	406	1183.93	848.68	561229.95
保定市	Baoding City	540	1364.49	1089.17	852737.22
张家口市	Zhangjiakou City	336	756.69	577.50	350143.63
承德市	Chengde City	396	861.64	703.15	518154.41
沧州市	Cangzhou City	510	1745.42	1149.43	718532.35
廊坊市	Langfang City	594	1715.40	1416.58	1666565.59
衡水市	Hengshui City	439	971.19	679.98	661553.74
山西	**Shanxi**	**2504**	**7135.73**	**5785.97**	**4284975.20**
太原市	Taiyuan City	215	727.90	603.67	658105.10
大同市	Datong City	158	771.63	656.77	773530.80
阳泉市	Yangquan City	117	228.79	147.39	123399.69
长治市	Changzhi City	221	681.63	563.90	306514.77
晋城市	Jincheng City	174	357.31	309.14	211792.54
朔州市	Shuozhou City	168	636.18	538.55	377816.35
晋中市	Jinzhong City	321	712.75	476.59	406968.76
运城市	Yuncheng City	298	727.30	648.50	267135.21
忻州市	Xinzhou City	174	621.85	535.27	302402.29
临汾市	Linfen City	411	923.96	653.08	647357.33
吕梁市	Lüliang City	247	746.43	653.09	209952.36
内蒙古	**Inner Mongolia**	**4702**	**14983.04**	**10356.68**	**5549935.68**
呼和浩特市	Hohhot City	220	1014.01	775.70	937909.48
包头市	Baotou City	207	794.63	572.27	576995.07
乌海市	Wuhai City	114	528.36	300.16	92328.70
赤峰市	Chifeng City	438	1561.37	1073.78	569212.02
通辽市	Tongliao City	450	944.83	474.63	208204.28

——按省市分列（2012年）

by Province, Autonomous Region and Municipality (2012)

Unit: hectare, 10^4 yuan

协议出让 Granting through Agreement				"招拍挂"出让 Granting through Bidding, Auction and Listing			
宗数 Number of Land Plots	面积 Area	新增 Newly Increased	成交价款 Transaction Price Value	宗数 Number of Land Plots	面积 Area	新增 Newly Increased	成交价款 Transaction Price Value
46419	**30802.81**	**13134.07**	**13888544.98**	**92169**	**301629.53**	**213019.54**	**266534282.80**
302	**587.19**	**305.68**	**451578.01**	**130**	**633.51**	**549.63**	**6112951.30**
416	**298.30**	**87.67**	**119141.09**	**917**	**4794.13**	**3807.62**	**5171208.33**
761	**2637.23**	**371.28**	**961098.33**	**4524**	**14583.80**	**10564.14**	**10378532.21**
50	171.57	97.08	91692.34	393	1155.87	944.73	1666710.70
209	1772.39	12.94	398174.24	633	3287.75	1551.77	1862263.62
86	93.77	15.74	159345.25	231	773.74	628.90	799771.44
42	43.54	0.90	46889.01	420	1323.64	1218.88	985867.06
42	69.38	8.19	26201.21	364	1114.54	840.49	535028.74
69	114.55	80.63	78603.07	471	1249.95	1008.54	774134.15
41	117.16	66.77	17030.30	295	639.53	510.73	333113.33
94	111.45	58.86	105389.49	302	750.19	644.29	412764.91
32	18.79	8.20	5256.13	478	1726.63	1141.23	713276.22
26	31.25	21.45	15128.25	568	1684.14	1395.13	1651437.34
70	93.38	0.53	17389.04	369	877.81	679.45	644164.69
345	**691.44**	**303.18**	**350878.04**	**2159**	**6444.30**	**5482.79**	**3934097.16**
25	23.31		26923.14	190	704.59	603.67	631181.96
19	93.59	66.92	86188.80	139	678.04	589.85	687342.00
20	33.09	0.33	8563.43	97	195.70	147.06	114836.26
21	102.08	17.95	32174.17	200	579.54	545.95	274340.60
20	35.06	3.47	14576.04	154	322.25	305.67	197216.50
5	19.49	9.04	5948.91	163	616.70	529.50	371867.44
58	145.55	110.65	72516.14	263	567.20	365.95	334452.62
44	33.91	15.49	5701.50	254	693.39	633.01	261433.71
1	13.25	13.25	1903.00	173	608.61	522.03	300499.29
126	117.45	39.08	85451.17	285	806.51	614.00	561906.17
6	74.66	27.01	10931.75	241	671.77	626.08	199020.61
1327	**1345.55**	**660.39**	**226748.65**	**3375**	**13637.49**	**9696.28**	**5323187.04**
28	45.01	4.65	5365.54	192	969.00	771.05	932543.94
49	84.74	6.86	14690.63	158	709.90	565.41	562304.44
21	8.29	1.66	1444.89	93	520.06	298.50	90883.81
80	98.51	43.32	26637.33	358	1462.86	1030.46	542574.69
180	106.27	38.51	17085.88	270	838.55	436.12	191118.40

国有建设用地出让情况
State-owned Land for Construction Use Granted

单位：公顷、万元

地区	Region	出让 Granting 宗数 Number of Land Plots	面积 Area	新增 Newly Increased	成交价款 Transaction Price Value
鄂尔多斯市	Erdos City	722	3287.06	2077.47	1417132.93
呼伦贝尔市	Hulunbuir City	549	1545.80	772.64	447947.86
巴彦淖尔市	Bayannur City	297	1244.62	1091.48	536423.63
乌兰察布市	Ulanqab City	353	1326.56	1088.27	350471.62
兴安盟	Xing'an League	378	861.04	726.99	140727.79
锡林郭勒盟	Xilingol League	616	1121.39	757.16	179133.72
阿拉善盟	Alxa League	358	753.38	646.13	93448.60
辽宁	**Liaoning**	**4627**	**17158.84**	**8658.94**	**17759602.73**
沈阳市	Shenyang City	805	3121.82	2318.54	4516679.94
大连市	Dalian City	547	2134.91	883.95	4507263.50
鞍山市	Anshan City	455	1457.52	1189.28	1463556.27
抚顺市	Fushun City	221	745.47	418.21	673286.26
本溪市	Benxi City	140	338.47	203.82	248049.33
丹东市	Dandong City	402	597.59	210.28	624789.34
锦州市	Jinzhou City	251	718.20	418.56	470776.73
营口市	Yingkou City	414	1937.65	568.72	1810260.55
阜新市	Fuxin City	166	619.71	468.44	298377.41
辽阳市	Liaoyang City	180	1007.68	781.42	488761.67
盘锦市	Panjin City	329	2412.77	202.98	1294581.47
铁岭市	Tieling City	271	550.38	250.88	388915.95
朝阳市	Chaoyang City	266	864.00	496.62	593691.52
葫芦岛市	Huludao City	180	652.67	247.24	380612.79
吉林	**Jilin**	**3155**	**6539.01**	**4917.81**	**4487247.27**
长春市	Changchun City	761	2082.56	1687.49	2409286.39
吉林市	Jilin City	453	1165.31	931.92	731813.10
四平市	Siping City	417	585.14	377.27	289210.79
辽源市	Liaoyuan City	172	396.71	246.34	183476.49
通化市	Tonghua City	255	518.43	380.71	302439.75
白山市	Baishan City	416	310.46	228.17	76750.93
松原市	Songyuan City	125	263.64	213.95	128760.08
白城市	Baicheng City	213	251.29	120.36	88475.47
延边朝鲜族自治州	Yanbian Korean A.P.	343	965.48	731.60	277034.28

——按省市分列（2012年） 续表1
by Province, Autonomous Region and Municipality (2012) Continued 1

Unit: hectare, 10^4 yuan

协议出让 Granting through Agreement				“招拍挂”出让 Granting through Bidding, Auction and Listing			
宗数 Number of Land Plots	面积 Area	新增 Newly Increased	成交价款 Transaction Price Value	宗数 Number of Land Plots	面积 Area	新增 Newly Increased	成交价款 Transaction Price Value
85	159.85	58.03	68657.40	637	3127.21	2019.44	1348475.53
109	141.75	8.89	37826.61	440	1404.05	763.76	410121.25
75	37.75	15.07	2500.85	222	1206.87	1076.41	533922.78
47	135.45	112.49	15946.79	306	1191.11	975.78	334524.83
187	52.50	22.80	4567.94	191	808.54	704.19	136159.85
313	448.96	342.56	29010.00	303	672.43	414.60	150123.73
153	26.47	5.55	3014.80	205	726.91	640.57	90433.80
914	**990.76**	**421.68**	**300145.45**	**3713**	**16168.07**	**8237.26**	**17459457.29**
88	75.70	5.55	34206.39	717	3046.11	2312.99	4482473.55
139	163.49	35.99	102057.35	408	1971.42	847.97	4405206.15
85	55.40	41.57	20970.42	370	1402.12	1147.71	1442585.85
36	29.08	7.38	3674.75	185	716.38	410.84	669611.51
33	31.03	11.58	7964.32	107	307.44	192.24	240085.01
233	42.82	9.54	6669.18	169	554.77	200.75	618120.16
47	43.40	7.41	4952.03	204	674.80	411.16	465824.71
12	8.19		4525.94	402	1929.46	568.72	1805734.61
30	320.77	271.14	56056.84	136	298.95	197.30	242320.57
84	94.16	28.80	19280.07	96	913.52	752.62	469481.60
3	2.73		573.00	326	2410.04	202.98	1294008.47
64	24.33	2.74	7463.94	207	526.04	248.14	381452.02
23	24.63		6670.23	243	839.37	496.62	587021.29
37	75.03		25081.01	143	577.64	247.24	355531.79
1050	**552.27**	**169.97**	**117937.48**	**2105**	**5986.74**	**4747.84**	**4369309.80**
224	228.61	64.31	67893.16	537	1853.95	1623.18	2341393.22
25	73.47	52.80	9867.40	428	1091.84	879.12	721945.70
200	52.51	3.25	5807.32	217	532.63	374.02	283403.48
69	53.16	1.26	9357.13	103	343.55	245.08	174119.36
64	64.69	34.13	14477.75	191	453.74	346.59	287962.00
260	22.79	3.67	2614.41	156	287.67	224.50	74136.52
14	7.17	2.75	1501.17	111	256.47	211.21	127258.90
97	11.27	7.81	1645.58	116	240.02	112.54	86829.89
97	38.61		4773.56	246	926.87	731.60	272260.72

国有建设用地出让情况
State-owned Land for Construction Use Granted

单位：公顷、万元

地　区	Region	出让 Granting			
		宗数 Number of Land Plots	面积 Area	新增 Newly Increased	成交价款 Transaction Price Value
黑龙江	**Heilongjiang**	**2845**	**7560.93**	**4647.10**	**3510440.25**
哈尔滨市	Harbin City	513	1666.67	1373.37	1471305.31
齐齐哈尔市	Qiqihar City	241	793.55	298.22	405791.62
鸡西市	Jixi City	123	348.24	165.57	75773.12
鹤岗市	Hegang City	60	81.67	46.99	22022.58
双鸭山市	Shuangyashan City	59	242.07	131.63	81548.62
大庆市	Daqing City	337	1134.87	590.28	691861.22
伊春市	Yichun City	64	113.33	26.50	27849.12
佳木斯市	Jiamusi City	109	341.06	175.98	62876.61
七台河市	Qitaihe City	48	156.53	139.75	29711.82
牡丹江市	Mudanjiang City	193	463.32	282.05	194656.53
黑河市	Heihe City	154	663.29	527.64	83035.90
绥化市	Suihua City	344	985.48	778.05	194551.37
大兴安岭地区	Da Hinggan Ling Prefecture	45	50.25	1.46	3947.80
农垦总局	General Bureau of Agriculture	478	461.96	84.45	154420.39
森工总局	General Bureau of Forest Industry	58	19.15		3211.25
友谊国土资源局	Youyi Land and Resources Bureau	12	36.83	22.50	6412.90
五大连池风景名胜区	Wudalianchi	7	2.67	2.67	1464.09
上海	**Shanghai**	**451**	**1487.22**	**616.13**	**6016721.01**
江苏	**Jiangsu**	**11620**	**33654.30**	**16943.35**	**38890804.85**
南京市	Nanjing City	621	1930.03	1177.29	4159057.97
无锡市	Wuxi City	640	1975.71	1177.15	2836392.69
徐州市	Xuzhou City	790	2738.37	1399.90	2790912.00
常州市	Changzhou City	1007	2736.11	1492.74	4922619.47
苏州市	Suzhou City	1242	4164.17	1988.18	5868866.74
南通市	Nantong City	1296	4442.64	2058.98	5731052.52
连云港市	Lianyungang City	399	2459.82	703.44	1052139.79
淮安市	Huai'an City	1015	1954.05	1012.92	1894446.11
盐城市	Yancheng City	1460	4169.35	2077.10	3160757.93
扬州市	Yangzhou City	794	1635.02	914.84	2134923.35
镇江市	Zhenjiang City	660	1480.96	715.68	1493112.57
泰州市	Taizhou City	744	1758.72	1227.05	1495199.01
宿迁市	Suqian City	952	2209.34	998.09	1351324.70

——按省市分列（2012年） 续表2
by Province, Autonomous Region and Municipality (2012) Continued 2

Unit: hectare, 10^4 yuan

协议出让 Granting through Agreement				“招拍挂”出让 Granting through Bidding, Auction and Listing			
宗数 Number of Land Plots	面积 Area	新增 Newly Increased	成交价款 Transaction Price Value	宗数 Number of Land Plots	面积 Area	新增 Newly Increased	成交价款 Transaction Price Value
736	**977.39**	**256.58**	**232680.76**	**2109**	**6583.54**	**4390.52**	**3277759.49**
100	103.96	37.04	93701.31	413	1562.70	1336.32	1377604.00
60	165.20	13.95	38282.09	181	628.35	284.27	367509.53
55	172.26	29.57	15143.11	68	175.97	136.00	60630.01
13	6.39		1214.51	47	75.27	46.99	20808.07
10	7.38	1.62	1424.26	49	234.69	130.01	80124.37
76	34.17		6081.23	261	1100.70	590.28	685779.99
34	17.47	3.83	4448.53	30	95.86	22.66	23400.59
29	63.11	14.62	9197.39	80	277.94	161.36	53679.22
18	3.98	1.06	1216.47	30	152.54	138.69	28495.35
45	69.68	40.95	24949.43	148	393.64	241.10	169707.10
66	174.12	79.53	17545.41	88	489.17	448.11	65490.49
12	24.41	15.28	4827.06	332	961.07	762.77	189724.32
15	33.86		855.94	30	16.39	1.46	3091.87
160	72.98	6.13	9606.35	318	388.99	78.33	144814.04
37	11.59		1678.69	21	7.55		1532.56
6	16.80	13.00	2509.00	6	20.03	9.50	3903.90
				7	2.67	2.67	1464.09
24	**128.19**	**49.46**	**383004.01**	**427**	**1359.03**	**566.67**	**5633717.00**
1012	**603.34**	**183.31**	**624623.98**	**10608**	**33050.96**	**16760.05**	**38266180.87**
47	38.53	1.30	26512.71	574	1891.50	1175.99	4132545.27
66	126.55	46.12	176804.61	574	1849.16	1131.03	2659588.09
51	29.49		8191.87	739	2708.87	1399.90	2782720.13
98	98.46	93.66	27599.44	909	2637.66	1399.08	4895020.03
17	35.03	2.41	13187.36	1225	4129.15	1985.77	5855679.38
45	18.69	2.01	3871.02	1251	4423.95	2056.96	5727181.50
64	72.79	22.23	94475.84	335	2387.03	681.21	957663.95
362	8.07		3256.24	653	1945.97	1012.92	1891189.87
64	83.74	11.98	53260.22	1396	4085.61	2065.12	3107497.71
134	76.24		75086.31	660	1558.78	914.84	2059837.05
25	7.98	2.40	8823.80	635	1472.98	713.28	1484288.77
39	7.76	1.20	133554.58	705	1750.97	1225.85	1361644.43
				952	2209.34	998.09	1351324.70

国有建设用地出让情况
State-owned Land for Construction Use Granted

单位：公顷、万元

地区	Region	出让 Granting 宗数 Number of Land Plots	面积 Area	新增 Newly Increased	成交价款 Transaction Price Value
浙江	**Zhejiang**	**6313**	**11741.97**	**8000.96**	**20295489.18**
杭州市	Hangzhou City	883	1592.87	1288.54	5644768.56
宁波市	Ningbo City	1001	2353.02	1465.44	4591483.56
温州市	Wenzhou City	626	772.88	462.36	1911806.86
嘉兴市	Jiaxing City	571	1359.35	901.42	1694184.65
湖州市	Huzhou City	481	921.46	595.65	773847.81
绍兴市	Shaoxing City	644	1199.93	752.90	2083518.80
金华市	Jinhua City	688	811.27	713.26	991971.08
衢州市	Quzhou City	306	442.45	361.18	267699.20
舟山市	Zhoushan City	162	916.06	612.06	541037.77
台州市	Taizhou City	574	799.38	489.75	1316885.11
丽水市	Lishui City	377	573.29	358.40	478285.80
安徽	**Anhui**	**6071**	**16383.82**	**10133.99**	**12624814.98**
合肥市	Hefei City	510	1940.33	779.09	3060629.40
芜湖市	Wuhu City	489	1620.11	861.23	1523527.60
蚌埠市	Bengbu City	234	971.32	582.08	792758.31
淮南市	Huainan City	122	410.53	249.55	316581.03
马鞍山市	Ma'anshan City	268	773.75	558.61	569149.14
淮北市	Huaibei City	109	419.83	95.34	257197.72
铜陵市	Tongling City	112	525.45	180.21	514846.00
安庆市	Anqing City	563	920.95	790.13	640634.78
黄山市	Huangshan City	210	486.18	340.69	334547.57
滁州市	Chuzhou City	761	1383.18	699.80	595545.87
阜阳市	Fuyang City	270	828.86	607.82	616924.25
宿州市	Suzhou City	287	1006.83	820.28	681561.26
巢湖市	Chaohu City	440	815.90	662.98	444010.61
六安市	Lu'an City	634	1631.49	970.23	777515.94
亳州市	Bozhou City	196	636.47	371.09	720706.54
池州市	Chizhou City	236	795.88	758.64	338225.90
宣城市	Xuancheng City	630	1216.75	806.21	440453.05
福建	**Fujian**	**3194**	**9725.59**	**8022.98**	**10332132.49**
福州市	Fuzhou City	472	1986.96	1634.08	3013086.87

——按省市分列（2012年） 续表3

by Province, Autonomous Region and Municipality (2012) Continued 3

Unit: hectare, 10^4 yuan

协议出让 Granting through Agreement				“招拍挂”出让 Granting through Bidding, Auction and Listing			
宗数 Number of Land Plots	面积 Area	新增 Newly Increased	成交价款 Transaction Price Value	宗数 Number of Land Plots	面积 Area	新增 Newly Increased	成交价款 Transaction Price Value
660	**884.90**	**660.69**	**838098.67**	**5653**	**10857.06**	**7340.26**	**19457390.52**
65	42.61	26.51	55635.47	818	1550.25	1262.03	5589133.09
58	54.81	17.92	51894.04	943	2298.20	1447.52	4539589.52
233	287.93	180.15	561309.66	393	484.95	282.21	1350497.20
50	106.07	84.91	51510.97	521	1253.28	816.51	1642673.69
10	5.27	4.78	3816.79	471	916.19	590.87	770031.02
53	37.26	21.73	22635.31	591	1162.67	731.17	2060883.49
53	11.62	5.32	6458.23	635	799.65	707.94	985512.85
4	16.80	16.52	3517.41	302	425.64	344.66	264181.78
12	294.23	289.48	59285.75	150	621.83	322.58	481752.02
113	18.24	7.27	14304.69	461	781.14	482.48	1302580.42
9	10.05	6.11	7730.35	368	563.24	352.28	470555.45
885	**729.09**	**77.64**	**835339.40**	**5186**	**15654.73**	**10056.35**	**11789475.57**
27	22.77		9641.26	483	1917.57	779.09	3050988.13
146	299.30	3.85	642902.23	343	1320.81	857.38	880625.36
17	18.88		3699.31	217	952.44	582.08	789059.00
20	92.93		51215.69	102	317.60	249.55	265365.34
20	19.94	2.87	22112.33	248	753.81	555.74	547036.81
18	10.76	4.99	7323.22	91	409.07	90.36	249874.50
				112	525.45	180.21	514846.00
124	31.26	7.11	8335.50	439	889.69	783.02	632299.28
3	1.42	1.42	960.99	207	484.76	339.26	333586.58
136	6.08	5.61	866.63	625	1377.10	694.19	594679.24
14	57.01	11.51	13501.08	256	771.85	596.31	603423.17
6	6.29		1201.05	281	1000.55	820.28	680360.21
117	24.81		16979.49	323	791.08	662.98	427031.12
120	84.90	0.21	44528.34	514	1546.60	970.03	732987.60
34	52.16	39.94	11775.81	162	584.31	331.15	708930.73
				236	795.88	758.64	338225.90
83	0.58	0.12	296.45	547	1216.17	806.09	440156.60
237	**697.92**	**396.68**	**610357.54**	**2957**	**9027.66**	**7626.30**	**9721774.95**
51	227.67	157.50	380207.00	421	1759.30	1476.58	2632879.88

国有建设用地出让情况
State-owned Land for Construction Use Granted

单位：公顷、万元

地　区	Region	出让 Granting 宗数 Number of Land Plots	面积 Area	新增 Newly Increased	成交价款 Transaction Price Value
厦门市	Xiamen City	143	503.37	378.34	1746324.72
莆田市	Putian City	115	495.59	354.18	562316.88
三明市	Sanming City	360	1090.98	912.21	531766.91
泉州市	Quanzhou City	619	1497.51	1324.59	1757789.66
漳州市	Zhangzhou City	527	1738.28	1413.62	730885.46
南平市	Nanping City	284	768.01	679.43	418801.85
龙岩市	Longyan City	327	1013.65	804.10	991834.50
宁德市	Ningde City	347	631.23	522.43	579325.63
江西	**Jiangxi**	**3694**	**10820.73**	**7936.73**	**7702157.89**
南昌市	Nanchang City	432	1459.71	1070.84	1604858.11
景德镇市	Jingdezhen City	97	228.13	210.51	249719.49
萍乡市	Pingxiang City	97	243.22	217.59	174336.92
九江市	Jiujiang City	525	1964.90	1541.71	1176515.63
新余市	Xinyu City	98	390.62	255.92	119985.66
鹰潭市	Yingtan City	147	432.55	390.02	322154.92
赣州市	Ganzhou City	501	1181.46	821.20	1410158.26
吉安市	Ji'an City	449	885.00	655.69	584269.35
宜春市	Yichun City	494	1707.54	1059.98	857679.63
抚州市	Fuzhou City	362	1021.82	732.05	432724.25
上饶市	Shangrao City	492	1305.78	981.22	769755.66
山东	**Shandong**	**10225**	**34339.19**	**21406.32**	**25990492.95**
济南市	Jinan City	401	1614.40	1201.88	3656988.51
青岛市	Qingdao City	1174	4007.72	2035.70	4304545.18
淄博市	Zibo City	426	1038.89	758.72	901641.71
枣庄市	Zaozhuang City	202	671.86	511.82	1006577.76
东营市	Dongying City	525	2128.00	1695.20	1059155.54
烟台市	Yantai City	764	2091.53	1264.49	1209725.98
潍坊市	Weifang City	1584	6987.44	2994.55	2846768.79
济宁市	Jining City	563	1611.50	1217.96	1576666.37
泰安市	Tai'an City	372	1067.21	901.26	794667.39
威海市	Weihai City	970	3441.43	1228.52	3117215.59

——按省市分列（2012年） 续表4

by Province, Autonomous Region and Municipality (2012) Continued 4

Unit: hectare, 10^4 yuan

协议出让 Granting through Agreement				"招拍挂"出让 Granting through Bidding, Auction and Listing			
宗数 Number of Land Plots	面积 Area	新增 Newly Increased	成交价款 Transaction Price Value	宗数 Number of Land Plots	面积 Area	新增 Newly Increased	成交价款 Transaction Price Value
10	17.30	13.34	16159.01	133	486.07	365.01	1730165.70
6	7.66	7.26	2492.03	109	487.93	346.92	559824.85
30	54.63	51.53	19166.24	330	1036.35	860.68	512600.67
27	60.70	59.75	25136.67	592	1436.82	1264.84	1732652.99
43	216.96	55.95	34070.08	484	1521.32	1357.67	696815.38
11	13.99	13.95	2397.48	273	754.02	665.48	416404.36
32	47.75	21.53	123647.92	295	965.90	782.56	868186.58
27	51.27	15.88	7081.09	320	579.97	506.55	572244.54
204	**443.23**	**385.85**	**114891.70**	**3490**	**10377.50**	**7550.88**	**7587266.19**
92	54.46	16.90	49965.41	340	1405.25	1053.94	1554892.70
2	0.72	0.72	75.93	95	227.41	209.78	249643.56
9	3.18	0.30	1942.34	88	240.05	217.29	172394.59
28	137.97	136.71	7276.32	497	1826.94	1405.00	1169239.30
				98	390.62	255.92	119985.66
8	19.20	18.64	16370.20	139	413.35	371.38	305784.73
7	5.43	4.36	2748.95	494	1176.03	816.84	1407409.31
23	14.91	3.78	17543.62	426	870.09	651.90	566725.74
2	2.32	2.32		492	1705.22	1057.66	857679.63
27	2.16	1.26	260.79	335	1019.66	730.80	432463.46
6	202.88	200.85	18708.16	486	1102.89	780.36	751047.50
1400	**3362.54**	**652.16**	**2152400.70**	**8825**	**30976.65**	**20754.16**	**23838092.25**
20	29.74	23.46	41087.98	381	1584.66	1178.42	3615900.53
216	114.44	57.27	151182.68	958	3893.28	1978.43	4153362.50
144	379.89	206.12	290965.20	282	659.00	552.60	610676.51
3	22.29	17.09	3887.86	199	649.57	494.73	1002689.90
17	89.03	30.85	70366.73	508	2038.97	1664.34	988788.81
214	266.53	41.18	93844.23	550	1825.00	1223.31	1115881.75
121	1584.60	6.32	344421.16	1463	5402.84	2988.23	2502347.62
59	184.12	167.22	68871.05	504	1427.38	1050.74	1507795.32
32	32.24	19.55	13567.54	340	1034.96	881.71	781099.85
164	453.51	5.49	984628.82	806	2987.92	1223.03	2132586.77

国有建设用地出让情况
State-owned Land for Construction Use Granted

单位：公顷、万元

地　区	Region	出让 Granting 宗数 Number of Land Plots	面积 Area	新增 Newly Increased	成交价款 Transaction Price Value
日照市	Rizhao City	302	989.24	661.93	1150149.64
莱芜市	Laiwu City	313	465.38	414.46	139903.50
临沂市	Linyi City	840	2147.05	1777.00	1289225.72
德州市	Dezhou City	488	1842.41	1205.65	1092386.72
聊城市	Liaocheng City	507	1410.38	1109.65	617262.51
滨州市	Binzhou City	407	1188.14	971.32	594039.99
菏泽市	Heze City	387	1636.62	1456.21	633572.04
河南	**Henan**	**5346**	**17098.73**	**11889.11**	**10834668.61**
郑州市	Zhengzhou City	775	2935.94	2332.86	3309930.37
开封市	Kaifeng City	231	641.46	433.80	403525.36
洛阳市	Luoyang City	387	1474.35	1059.40	933338.37
平顶山市	Pingdingshan City	304	825.22	654.64	453989.95
安阳市	Anyang City	215	738.19	515.22	441691.41
鹤壁市	Hebi City	130	473.74	328.38	279554.19
新乡市	Xinxiang City	354	1261.04	715.90	399122.10
焦作市	Jiaozuo City	380	1583.65	697.93	520757.22
濮阳市	Puyang City	200	543.47	361.35	525050.74
许昌市	Xuchang City	180	668.18	537.32	387195.01
漯河市	Luohe City	263	613.30	426.45	368696.78
三门峡市	Sanmenxia City	184	516.17	334.90	243735.58
南阳市	Nanyang City	371	1172.13	847.85	536672.17
商丘市	Shangqiu City	463	1241.71	877.77	552824.76
信阳市	Xinyang City	177	457.72	337.57	312167.67
周口市	Zhoukou City	293	1015.16	768.52	605624.40
驻马店市	Zhumadian City	439	937.30	659.26	560792.51
湖北	**Hubei**	**9035**	**16068.80**	**12061.67**	**9823273.34**
武汉市	Wuhan City	532	2616.67	2210.57	3718373.00
黄石市	Huangshi City	384	508.10	400.41	279275.92
十堰市	Shiyan City	193	823.44	759.49	383775.85
宜昌市	Yichang City	547	1464.30	993.61	897558.26
襄阳市	Xiangyang City	1128	2018.14	1582.90	930577.56

——按省市分列（2012年） 续表5

by Province, Autonomous Region and Municipality (2012) Continued 5

Unit: hectare, 10^4 yuan

协议出让 Granting through Agreement				“招拍挂”出让 Granting through Bidding, Auction and Listing			
宗数 Number of Land Plots	面积 Area	新增 Newly Increased	成交价款 Transaction Price Value	宗数 Number of Land Plots	面积 Area	新增 Newly Increased	成交价款 Transaction Price Value
17	3.61	2.57	14133.54	285	985.63	659.36	1136016.10
218	50.95	26.30	11447.50	95	414.43	388.15	128456.00
61	25.45	8.01	4501.19	779	2121.60	1768.99	1284724.53
99	103.82	24.41	54213.30	389	1738.59	1181.23	1038173.42
13	15.77	12.89	4258.95	494	1394.60	1096.77	613003.56
1	3.41	3.41	688.68	406	1184.73	967.91	593351.31
1	3.13		334.27	386	1633.48	1456.21	633237.77
1296	**2664.07**	**1365.06**	**1147311.88**	**4050**	**14434.66**	**10524.05**	**9687356.73**
110	320.34	138.36	248995.04	665	2615.60	2194.50	3060935.32
4	8.10	1.30	9675.77	227	633.36	432.50	393849.59
99	413.11	263.15	138380.11	288	1061.24	796.25	794958.26
137	196.92	146.03	179744.65	167	628.30	508.61	274245.31
31	24.24	5.52	11956.89	184	713.95	509.69	429734.52
22	41.16	15.92	12488.76	108	432.58	312.46	267065.43
108	255.23	179.39	67649.05	246	1005.81	536.50	331473.05
115	343.79	61.26	64272.79	265	1239.86	636.67	456484.43
69	95.24	21.16	109640.32	131	448.23	340.19	415410.42
14	58.08	46.04	11566.91	166	610.10	491.28	375628.10
136	223.72	136.75	78472.66	127	389.58	289.70	290224.12
51	135.87	49.68	25203.11	133	380.29	285.22	218532.47
101	171.99	65.06	71269.65	270	1000.15	782.79	465402.52
152	273.36	179.04	89945.70	311	968.36	698.73	462879.05
24	32.46	29.05	6292.73	153	425.26	308.53	305874.93
19	20.18	3.15	10717.88	274	994.97	765.37	594906.52
104	50.27	24.19	11039.83	335	887.03	635.07	549752.68
3941	**1097.33**	**672.34**	**418663.68**	**5094**	**14971.46**	**11389.33**	**9404609.66**
92	216.26	107.30	79889.31	440	2400.41	2103.26	3638483.69
188	30.80	13.22	32071.45	196	477.30	387.19	247204.47
42	281.01	266.51	100655.86	151	542.42	492.97	283119.99
141	46.20	30.43	14716.12	406	1418.09	963.18	882842.14
477	45.60	18.83	36449.37	651	1972.54	1564.07	894128.19

国有建设用地出让情况
State-owned Land for Construction Use Granted

单位：公顷、万元

地 区	Region	出让 Granting			
		宗数 Number of Land Plots	面积 Area	新增 Newly Increased	成交价款 Transaction Price Value
鄂州市	Ezhou City	204	596.39	483.56	381633.14
荆门市	Jingmen City	630	1326.46	702.42	534168.31
孝感市	Xiaogan City	996	1500.67	1179.66	463587.59
荆州市	Jingzhou City	1353	1341.52	916.22	427908.22
黄冈市	Huanggang City	427	1050.55	715.22	417978.65
咸宁市	Xianning City	786	1045.97	863.52	444546.34
随州市	Suizhou City	233	546.27	450.10	249770.84
恩施土家族苗族自治州	Enshi Tujia & Miao A.P.	1281	366.98	283.44	260647.78
省直辖县级行政区划	County-level Administrative Units Directly under the Provincial Government	341	863.33	520.56	433471.87
湖南	**Hunan**	**10873**	**8643.01**	**6375.74**	**7827272.18**
长沙市	Changsha City	559	1907.50	1229.18	2867557.72
株洲市	Zhuzhou City	224	354.43	314.28	291373.82
湘潭市	Xiangtan City	269	720.23	610.47	603759.70
衡阳市	Hengyang City	668	888.89	718.55	519927.43
邵阳市	Shaoyang City	1312	539.60	357.34	371848.11
岳阳市	Yueyang City	370	623.98	459.35	397063.20
常德市	Changde City	945	670.13	490.75	542874.03
张家界市	Zhangjiajie City	263	145.12	95.19	170650.00
益阳市	Yiyang City	1909	581.76	458.03	359750.78
郴州市	Chenzhou City	885	609.50	448.74	522153.90
永州市	Yongzhou City	858	413.71	322.44	222928.17
怀化市	Huaihua City	1024	676.46	503.85	587345.17
娄底市	Loudi City	1120	324.65	235.74	262303.14
湘西土家族苗族自治州	West Hunan Tujia & Miao A.P.	467	187.05	131.82	107737.03
广东	**Guangdong**	**9184**	**12418.69**	**7878.43**	**15171942.87**
广州市	Guangzhou City	253	986.49	641.01	2978279.10
韶关市	Shaoguan City	520	535.88	323.52	220946.60
深圳市	Shenzhen City	166	491.59	280.95	975457.68
珠海市	Zhuhai City	55	559.28	416.21	1211478.70
汕头市	Shantou City	56	128.24	54.31	150713.08
佛山市	Foshan City	1885	1282.21	345.79	3874294.12

——按省市分列（2012年） 续表6

by Province, Autonomous Region and Municipality (2012) Continued 6

Unit: hectare, 10^4 yuan

协议出让 Granting through Agreement				"招拍挂"出让 Granting through Bidding, Auction and Listing			
宗数 Number of Land Plots	面积 Area	新增 Newly Increased	成交价款 Transaction Price Value	宗数 Number of Land Plots	面积 Area	新增 Newly Increased	成交价款 Transaction Price Value
3	46.84	46.84	12936.89	201	549.55	436.72	368696.25
42	39.06	23.86	23276.87	588	1287.40	678.57	510891.44
447	34.74	0.16	7528.45	549	1465.93	1179.50	456059.13
826	28.25	0.53	22472.64	527	1313.28	915.70	405435.57
151	137.66	51.49	40644.63	276	912.89	663.73	377334.02
498	115.43	93.01	13207.52	288	930.54	770.51	431338.82
9	2.83		2411.30	224	543.44	450.10	247359.55
1014	60.44	16.71	27868.88	267	306.54	266.73	232778.90
11	12.21	3.44	4534.38	330	851.12	517.12	428937.49
7085	**935.98**	**61.76**	**464813.05**	**3788**	**7707.03**	**6313.98**	**7362459.13**
164	402.53	14.87	207514.16	395	1504.97	1214.31	2660043.56
38	6.65	0.73	4955.38	186	347.78	313.55	286418.43
107	81.97	0.62	42020.58	162	638.26	609.86	561739.12
283	75.82	3.89	23056.28	385	813.07	714.67	496871.15
1060	93.67	1.72	35704.06	252	445.93	355.62	336144.04
138	23.47	1.15	15331.44	232	600.50	458.20	381731.76
658	58.67	0.66	58500.88	287	611.46	490.10	484373.14
190	6.99	0.49	2665.62	73	138.13	94.70	167984.38
1411	32.90	3.95	8155.17	498	548.86	454.08	351595.61
556	19.96	3.83	10030.26	329	589.54	444.91	512123.63
626	36.65	0.44	25801.31	232	377.06	322.00	197126.85
751	59.49	22.88	15685.39	273	616.97	480.97	571659.78
832	22.50	4.32	10265.95	288	302.15	231.43	252037.19
271	14.71	2.23	5126.56	196	172.34	129.59	102610.47
6579	**2271.91**	**1256.61**	**1269503.90**	**2605**	**10146.78**	**6621.82**	**13902438.97**
93	193.56	50.38	361418.91	160	792.93	590.62	2616860.19
368	52.20	13.20	14234.31	152	483.68	310.33	206712.30
121	406.40	238.12	417133.81	45	85.19	42.84	558323.87
1	2.00	2.00	420.00	54	557.28	414.21	1211058.70
6	5.41	4.65	2073.69	50	122.83	49.67	148639.40
1621	138.09	2.97	61572.98	264	1144.12	342.82	3812721.14

国有建设用地出让情况
State-owned Land for Construction Use Granted

单位：公顷、万元

地 区	Region	出让 Granting 宗数 Number of Land Plots	面积 Area	新增 Newly Increased	成交价款 Transaction Price Value
江门市	Jiangmen City	306	1154.09	799.85	542345.91
湛江市	Zhanjiang City	511	1026.17	686.20	492330.46
茂名市	Maoming City	106	241.90	154.10	115714.33
肇庆市	Zhaoqing City	826	714.14	507.52	375370.71
惠州市	Huizhou City	1095	989.25	354.06	925783.56
梅州市	Meizhou City	1697	294.62	159.08	214351.41
汕尾市	Shanwei City	19	97.52	94.09	41830.95
河源市	Heyuan City	53	262.34	230.85	157572.40
阳江市	Yangjiang City	177	957.75	858.57	349360.30
清远市	Qingyuan City	483	423.85	249.36	249660.48
东莞市	Dongguan City	142	440.59	356.87	1141017.09
中山市	Zhongshan City	172	616.39	464.53	513810.83
潮州市	Chaozhou City	145	167.17	63.02	174116.44
揭阳市	Jieyang City	147	483.08	387.93	220571.16
云浮市	Yunfu City	370	566.14	450.62	246937.56
广西	**Guangxi**	**6800**	**7883.20**	**5237.70**	**5046485.95**
南宁市	Nanning City	929	916.67	686.18	1157869.73
柳州市	Liuzhou City	1375	958.50	727.35	1016275.77
桂林市	Guilin City	1110	595.91	371.29	329782.33
梧州市	Wuzhou City	333	571.25	444.43	370111.21
北海市	Beihai City	508	509.09	146.40	216406.92
防城港市	Fangchenggang City	188	743.57	231.74	256685.15
钦州市	Qinzhou City	279	562.60	444.38	297157.51
贵港市	Guigang City	94	340.74	183.47	159382.40
玉林市	Yulin City	186	503.29	364.92	301520.62
百色市	Baise City	569	828.68	626.45	292752.49
贺州市	Hezhou City	279	431.26	339.02	141703.40
河池市	Hechi City	419	306.76	223.11	141893.58
来宾市	Laibin City	288	366.76	274.85	284784.88
崇左市	Chongzuo City	243	248.11	174.12	80159.97

——按省市分列（2012年） 续表7

by Province, Autonomous Region and Municipality (2012) Continued 7

Unit: hectare, 10^4 yuan

协议出让 Granting through Agreement				“招拍挂”出让 Granting through Bidding, Auction and Listing			
宗数 Number of Land Plots	面积 Area	新增 Newly Increased	成交价款 Transaction Price Value	宗数 Number of Land Plots	面积 Area	新增 Newly Increased	成交价款 Transaction Price Value
106	472.53	408.39	100911.63	200	681.57	391.46	441434.28
439	130.12	2.37	80832.35	72	896.05	683.84	411498.11
57	82.30		11726.18	49	159.60	154.10	103988.16
611	59.21	21.04	25223.66	215	654.93	486.47	350147.05
777	28.83		17701.65	318	960.42	354.06	908081.91
1613	69.88	0.35	18473.24	84	224.74	158.73	195878.18
1	3.03		218.25	18	94.49	94.09	41612.70
1	0.14		21.48	52	262.20	230.85	157550.92
10	358.99	346.88	79451.49	167	598.77	511.69	269908.81
301	28.59	18.90	7563.49	182	395.26	230.45	242097.00
30	90.04	83.58	46194.29	112	350.55	273.28	1094822.80
40	58.01	33.73	3025.56	132	558.38	430.80	510785.27
119	11.98		3451.60	26	155.19	63.02	170664.84
39	62.20	19.47	14986.10	108	420.88	368.46	205585.05
225	18.41	10.59	2869.25	145	547.73	440.02	244068.31
4668	**1392.08**	**459.47**	**367188.97**	**2132**	**6491.12**	**4778.23**	**4679296.98**
659	58.52	23.01	36585.43	270	858.16	663.17	1121284.30
1166	72.68	27.09	14225.32	209	885.82	700.26	1002050.45
820	41.57	2.18	22293.15	290	554.34	369.11	307489.18
191	44.07	9.53	31580.57	142	527.17	434.89	338530.64
465	350.05	29.61	74951.57	43	159.04	116.78	141455.36
106	274.88		74795.40	82	468.69	231.74	181889.75
133	130.50	114.24	41701.61	146	432.10	330.14	255455.90
14	22.30		9340.82	80	318.44	183.47	150041.58
52	16.51	0.02	8152.32	134	486.78	364.90	293368.30
233	199.98	128.19	24779.78	336	628.70	498.27	267972.72
182	132.66	115.00	13508.37	97	298.60	224.03	128195.03
307	12.61	5.49	2806.94	112	294.15	217.62	139086.64
184	32.05	3.57	11594.69	104	334.72	271.28	273190.19
156	3.70	1.55	873.02	87	244.41	172.57	79286.94

国有建设用地出让情况
State-owned Land for Construction Use Granted

单位：公顷、万元

地　区	Region	出让 Granting			
		宗数 Number of Land Plots	面积 Area	新增 Newly Increased	成交价款 Transaction Price Value
海南	**Hainan**	**471**	**1944.34**	**1274.97**	**2102192.96**
海口市	Haikou City	56	213.70	58.87	303401.05
三亚市	Sanya City	39	246.92	241.90	793511.79
省直辖县级行政区划	County-level Administrative Units Directly under the Provincial Government	376	1483.72	974.21	1005280.12
重庆	**Chongqing**	**1843**	**6399.40**	**3829.18**	**11872750.82**
四川	**Sichuan**	**8445**	**13416.98**	**10279.77**	**13619404.58**
成都市	Chengdu City	718	3249.35	2803.22	6166028.38
自贡市	Zigong City	79	361.91	305.60	272734.51
攀枝花市	Panzhihua City	241	483.75	314.99	193107.63
泸州市	Luzhou City	315	735.35	637.61	359343.02
德阳市	Deyang City	579	954.50	750.28	441649.45
绵阳市	Mianyang City	1771	1382.46	1111.99	863043.85
广元市	Guangyuan City	1555	492.42	363.49	232792.74
遂宁市	Suining City	273	377.42	246.51	163752.75
内江市	Neijiang City	103	365.91	119.12	370540.03
乐山市	Leshan City	275	539.86	392.86	598165.83
南充市	Nanchong City	207	519.30	344.83	580583.91
眉山市	Meishan City	292	826.52	554.81	627684.62
宜宾市	Yibin City	330	794.39	702.45	580656.45
广安市	Guang'an City	140	395.84	299.41	311177.04
达州市	Dazhou City	146	491.30	211.23	297582.75
雅安市	Ya'an City	64	243.55	198.62	50598.74
巴中市	Bazhong City	811	393.74	238.82	485786.31
资阳市	Ziyang City	150	670.32	570.97	833299.71
阿坝藏族羌族自治州	Aba Tibetan & Qiang A.P.	38	15.66	3.88	3532.67
甘孜藏族自治州	Ganzi Tibetan A.P.	105	75.47	72.48	9315.80
凉山彝族自治州	Liangshan Yi A.P.	253	47.97	36.61	178028.38
贵州	**Guizhou**	**3487**	**9280.68**	**7281.43**	**5489921.80**
贵阳市	Guiyang City	326	1817.67	1492.84	1817902.12
六盘水市	Liupanshui City	264	667.23	508.21	345128.25
遵义市	Zunyi City	585	1314.62	1118.17	693644.76
安顺市	Anshun City	214	409.44	224.41	218631.13
铜仁地区	Tongren Prefecture	194	718.87	505.01	281114.27
黔西南布依族苗族自治州	Southwest Guizhou Buyei & Miao A.P.	163	456.28	411.65	102626.11
毕节地区	Bijie Prefecture	418	1534.41	1272.75	1104968.60
黔东南苗族侗族自治州	Southeast Guizhou Miao & Dong A.P.	590	1264.37	787.91	536668.85
黔南布依族苗族自治州	South Guizhou Buyei & Miao A.P.	733	1097.79	960.47	389237.72
云南	**Yunnan**	**7577**	**7432.00**	**6043.53**	**7577311.02**
昆明市	Kunming City	2329	2013.59	1508.83	4372796.92

——按省市分列（2012年） 续表8

by Province, Autonomous Region and Municipality (2012) Continued 8

Unit: hectare, 10^4 yuan

协议出让 Granting through Agreement				“招拍挂”出让 Granting through Bidding, Auction and Listing			
宗数 Number of Land Plots	面积 Area	新增 Newly Increased	成交价款 Transaction Price Value	宗数 Number of Land Plots	面积 Area	新增 Newly Increased	成交价款 Transaction Price Value
78	**144.72**	**68.17**	**65799.35**	**393**	**1799.62**	**1206.80**	**2036393.61**
24	14.07		23712.25	32	199.62	58.87	279688.80
6	20.57	18.54	17413.22	33	226.35	223.36	776098.57
48	110.07	49.63	24673.88	328	1373.65	924.57	980606.24
475	**239.95**	**113.38**	**165305.14**	**1368**	**6159.45**	**3715.80**	**11707445.68**
4878	**1296.72**	**570.58**	**534634.83**	**3567**	**12120.27**	**9709.19**	**13084769.75**
129	185.40	83.92	152046.32	589	3063.95	2719.30	6013982.06
1	0.33	0.33	53.97	78	361.58	305.27	272680.54
128	14.50	1.11	3054.63	113	469.25	313.88	190053.00
86	28.05	1.48	7120.78	229	707.30	636.14	352222.24
232	51.44	12.11	18235.56	347	903.06	738.17	423413.89
1504	328.77	272.96	127701.05	267	1053.69	839.03	735342.80
1400	86.05	6.02	66621.77	155	406.38	357.47	166170.97
90	31.36		9304.09	183	346.06	246.51	154448.66
25	14.61	0.11	13487.08	78	351.30	119.01	357052.94
92	19.25	0.72	57695.48	183	520.61	392.13	540470.35
3	14.95		18315.35	204	504.35	344.83	562268.56
				292	826.52	554.81	627684.62
83	138.10	95.63	22607.78	247	656.28	606.82	558048.68
7	4.20	0.90	1371.23	133	391.64	298.51	309805.80
68	248.42	0.13	17887.28	78	242.88	211.09	279695.46
				64	243.55	198.62	50598.74
730	15.29	3.40	3671.38	81	378.44	235.42	482114.93
22	18.14	10.18	4998.38	128	652.18	560.79	828301.34
34	11.51	0.32	2743.38	4	4.15	3.56	789.30
96	70.25	69.91	5639.76	9	5.22	2.57	3676.04
148	16.08	11.35	2079.55	105	31.88	25.27	175948.83
865	**280.65**	**192.01**	**59348.92**	**2622**	**9000.03**	**7089.42**	**5430572.88**
46	81.39	18.71	14344.66	280	1736.28	1474.13	1803557.45
86	14.58	11.08	4514.95	178	652.66	497.13	340613.30
55	76.98	75.61	13178.80	530	1237.64	1042.56	680465.96
62	4.11	0.10	2511.65	152	405.33	224.31	216119.48
12	31.57	30.01	5946.26	182	687.31	475.00	275168.01
27	18.19	17.04	4039.11	136	438.09	394.61	98587.00
67	30.93	27.49	9170.73	351	1503.48	1245.26	1095797.87
187	17.00	11.97	4785.90	403	1247.37	775.95	531882.94
323	5.91		856.86	410	1091.88	960.47	388380.85
3933	**790.33**	**329.82**	**452913.64**	**3644**	**6641.67**	**5713.71**	**7124397.38**
1837	287.42	106.99	286062.82	492	1726.17	1401.84	4086734.11

国有建设用地出让情况
State-owned Land for Construction Use Granted

单位：公顷、万元

地　区	Region	出让 Granting			
		宗数 Number of Land Plots	面积 Area	新增 Newly Increased	成交价款 Transaction Price Value
曲靖市	Qujing City	393	669.38	543.62	518890.02
玉溪市	Yuxi City	339	461.80	405.67	261383.56
保山市	Baoshan City	399	451.69	399.08	209466.85
昭通市	Zhaotong City	874	261.15	192.74	145730.53
丽江市	Lijiang City	80	187.94	150.13	91637.12
普洱市	Pu'er City	530	177.95	122.40	157418.60
临沧市	Lincang City	129	261.48	242.50	95299.15
楚雄彝族自治州	Chuxiong Yi A.P.	484	613.88	558.34	324147.69
红河哈尼族彝族自治州	Honghe Hani & Yi A.P.	726	498.22	409.69	374911.72
文山壮族苗族自治州	Wenshan Zhuang & Miao A.P.	85	252.95	249.80	114488.82
西双版纳傣族自治州	Xishuangbanna Dai A.P.	192	284.53	257.64	173972.40
大理白族自治州	Dali Bai A.P.	491	585.88	356.85	447044.44
德宏傣族景颇族自治州	Dehong Dai & Jingpo A.P.	256	633.48	590.09	266106.51
怒江傈僳族自治州	Nujiang Lisu A.P.	254	31.64	9.72	11831.54
迪庆藏族自治州	Diqing Tibetan A.P.	16	46.43	46.43	12185.14
西藏	**Tibet**	**176**	**226.35**	**133.98**	**58966.05**
拉萨市	Lhasa City	85	139.39	80.50	30637.30
昌都地区	Qamdo Prefecture				
山南地区	Lhokha Prefecture	5	21.28	0.83	4870.76
日喀则地区	Xigaze Prefecture	25	56.55	47.84	22154.38
那曲地区	Nagqu Prefecture				
阿里地区	Ngari Prefecture	9	2.87	2.87	241.60
林芝地区	Nyingchi Prefecture	52	6.27	1.95	1062.01
陕西	**Shaanxi**	**2330**	**7388.31**	**6281.04**	**5392664.05**
西安市	Xi'an City	382	1536.12	1185.97	2765102.77
铜川市	Tongchuan City	33	61.57	54.22	32578.56
宝鸡市	Baoji City	195	642.64	571.48	226757.23
咸阳市	Xianyang City	253	1016.88	849.41	427461.19
渭南市	Weinan City	151	705.92	633.64	274795.35
延安市	Yan'an City	83	81.31	51.36	107240.61
汉中市	Hanzhong City	244	367.82	243.07	243201.69
榆林市	Yulin City	479	2439.44	2215.60	1110402.98
安康市	Ankang City	397	351.60	309.11	132230.52
商洛市	Shangluo City	113	185.00	167.15	72893.14
甘肃	**Gansu**	**1709**	**7241.23**	**6043.06**	**1256650.39**
兰州市	Lanzhou City	116	660.19	255.49	286467.31
嘉峪关市	Jiayuguan City	71	694.62	694.60	35373.41
金昌市	Jinchang City	56	310.01	261.09	26834.75
白银市	Baiyin City	265	496.74	264.13	53374.29
天水市	Tianshui City	54	181.71	121.28	160880.25
武威市	Wuwei City	132	857.92	795.42	95329.95

——按省市分列（2012年） 续表 9

by Province, Autonomous Region and Municipality (2012) Continued 9

Unit: hectare, 10^4 yuan

协议出让 Granting through Agreement				"招拍挂"出让 Granting through Bidding, Auction and Listing			
宗数 Number of Land Plots	面积 Area	新增 Newly Increased	成交价款 Transaction Price Value	宗数 Number of Land Plots	面积 Area	新增 Newly Increased	成交价款 Transaction Price Value
133	78.66	1.27	37653.99	260	590.72	542.35	481236.03
59	79.79	48.51	33616.90	280	382.01	357.15	227766.66
110	37.76	31.50	20672.90	289	413.93	367.58	188793.95
622	9.76	0.35	1588.80	252	251.40	192.39	144141.73
26	36.66	0.73	1578.80	54	151.27	149.40	90058.33
298	17.11	3.11	5725.01	232	160.84	119.28	151693.59
4	7.88	5.96	1593.17	125	253.60	236.53	93705.97
35	46.30	45.15	14854.65	449	567.57	513.19	309293.04
269	17.54	2.23	9025.52	457	480.68	407.47	365886.21
				85	252.95	249.80	114488.82
47	7.66	0.14	2346.20	145	276.87	257.50	171626.19
233	80.42	3.70	15555.83	258	505.46	353.15	431488.61
61	80.23	78.64	22156.97	195	553.25	511.45	243949.54
198	1.61		376.52	56	30.03	9.72	11455.03
1	1.53	1.53	105.56	15	44.90	44.90	12079.58
132	**176.12**		**21781.70**	**44**	**50.23**		**37184.35**
69	108.58		15663.78	16	30.80		14973.52
4	20.88		4656.74	1	0.40		214.02
8	41.46		652.39	17	15.09		21501.99
9	2.87		241.60				
42	2.33		567.19	10	3.94		494.82
639	**660.67**	**327.95**	**197305.99**	**1691**	**6727.64**	**5953.09**	**5195358.07**
48	102.75	3.27	54598.81	334	1433.36	1182.71	2710503.96
6	6.14	4.67	322.10	27	55.44	49.55	32256.46
27	63.09	39.35	14607.42	168	579.55	532.13	212149.81
27	105.93	31.47	28329.58	226	910.95	817.94	399131.61
38	33.36	5.51	9092.92	113	672.56	628.13	265702.43
19	7.59	1.29	11016.74	64	73.71	50.07	96223.87
100	74.90	27.00	28368.39	144	292.92	216.07	214833.31
49	223.71	204.08	32776.44	430	2215.73	2011.53	1077626.54
302	39.17	11.06	16955.96	95	312.43	298.05	115274.56
23	4.02	0.24	1237.62	90	180.98	166.91	71655.52
524	**882.71**	**356.26**	**74981.94**	**1185**	**6358.52**	**5686.79**	**1181668.45**
36	363.05	2.97	18924.33	80	297.14	252.51	267542.98
1	0.01		8.59	70	694.60	694.60	35364.82
14	42.21	17.76	4180.03	42	267.80	243.32	22654.72
115	30.22	2.40	10374.27	150	466.52	261.73	43000.01
9	69.88	53.88	16234.27	45	111.83	67.40	144645.98
31	28.60	0.68	2287.75	101	829.32	794.74	93042.20

国有建设用地出让情况
State-owned Land for Construction Use Granted

单位：公顷、万元

地　区	Region	出让 Granting			
		宗数 Number of Land Plots	面积 Area	新增 Newly Increased	成交价款 Transaction Price Value
张掖市	Zhangye City	216	372.03	324.25	68748.88
平凉市	Pingliang City	40	71.98	68.16	35958.60
酒泉市	Jiuquan City	298	2731.02	2513.62	103725.81
庆阳市	Qingyang City	89	184.17	152.14	182649.53
定西市	Dingxi City	122	422.11	373.35	101133.13
陇南市	Longnan City	120	72.86	57.21	20186.44
临夏回族自治州	Linxia Hui A.P.	79	177.17	160.58	81646.58
甘南藏族自治州	Gannan Tibetan A.P.	51	8.70	1.73	4341.47
青海	**Qinghai**	**565**	**2008.86**	**1797.68**	**435683.36**
西宁市	Xining City	178	887.29	741.26	299306.96
海东地区	Haidong Prefecture	107	246.90	225.22	103829.47
海北藏族自治州	Haibei Tibetan A.P.	40	76.65	65.19	5851.13
黄南藏族自治州	Huangnan Tibetan A.P.	7	5.47	3.54	870.99
海南藏族自治州	Hainan Tibetan A.P.	104	43.99	34.44	3443.62
果洛藏族自治州	Golog Tibetan A.P.	35	6.97		363.14
玉树藏族自治州	Yushu Tibetan A.P.				
海西蒙古族藏族自治州	Haixi Mongol & Tibetan A.P.	94	741.59	728.03	22018.06
宁夏	**Ningxia**	**803**	**4741.92**	**4088.52**	**937518.62**
银川市	Yinchuan City	283	1685.40	1325.99	447847.65
石嘴山市	Shizuishan City	111	822.96	615.97	86417.49
吴忠市	Wuzhong City	239	892.44	862.88	186395.55
固原市	Guyuan City	66	120.74	83.37	42737.68
中卫市	Zhongwei City	104	1220.38	1200.31	174120.25
新疆	**Xinjiang**	**3493**	**15175.29**	**12678.81**	**2336797.42**
乌鲁木齐市	Urumqi City	272	702.17	341.55	406158.61
克拉玛依市	Karamay City	90	228.60	77.61	71518.87
吐鲁番地区	Turpan Prefeture	56	261.28	212.05	29334.05
哈密地区	Hami Prefeture	128	613.74	540.29	24531.48
昌吉回族自治州	Changji Hui A.P.	503	3057.56	2584.77	348461.74
博尔塔拉蒙古自治州	Bortala Mongol A.P.	181	395.35	181.59	95041.11
巴音郭楞蒙古自治州	Bayingolin Mongol A.P.	257	869.56	700.02	153057.77
阿克苏地区	Akesu Prefeture	352	2248.52	2095.13	175415.21
克孜勒苏柯尔克孜自治州	Kizilsu Kirgiz A.P.	74	239.89	220.76	9073.77
喀什地区	Kashi Prefeture	624	2167.14	1944.78	270913.97
和田地区	Hotan Prefeture	86	385.64	319.85	52764.23
伊犁哈萨克自治州	Ili Kazak A.P.	365	3302.46	3064.22	577180.00
塔城地区	Tacheng Prefeture	301	480.08	267.57	66102.97
阿勒泰地区	Altay Prefeture	182	147.43	90.30	14294.75
石河子市	Shihezi City	22	75.88	38.31	42948.87
阿拉尔市	Aral City				
图木舒克市	Tumxuk City				
五家渠市	Wujiaqu City				

——按省市分列（2012年） 续表10

by Province, Autonomous Region and Municipality (2012) Continued 10

Unit: hectare, 10^4 yuan

协议出让 Granting through Agreement				“招拍挂”出让 Granting through Bidding, Auction and Listing			
宗数 Number of Land Plots	面积 Area	新增 Newly Increased	成交价款 Transaction Price Value	宗数 Number of Land Plots	面积 Area	新增 Newly Increased	成交价款 Transaction Price Value
103	12.88	2.10	3569.35	113	359.15	322.15	65179.53
18	7.25	5.93	3739.66	22	64.74	62.24	32218.94
52	280.79	253.59	7762.05	246	2450.23	2260.02	95963.75
13	1.19		75.12	76	182.98	152.14	182574.41
6	21.32	7.64	5307.96	116	400.79	365.71	95825.17
79	18.96	9.31	2356.35	41	53.89	47.90	17830.09
				79	177.17	160.58	81646.58
47	6.35		162.20	4	2.35	1.73	4179.27
264	**1328.54**	**1261.84**	**64376.76**	**301**	**680.32**	**535.85**	**371306.60**
89	622.29	573.51	55142.50	89	265.00	167.76	244164.46
15	9.75	6.81	1181.01	92	237.15	218.41	102648.46
13	48.36	45.63	1432.77	27	28.29	19.56	4418.36
				7	5.47	3.54	870.99
92	18.98	13.72	1311.04	12	25.01	20.72	2132.57
35	6.97		363.14				
20	622.20	622.17	4946.30	74	119.39	105.87	17071.76
90	**261.42**	**24.64**	**67200.40**	**713**	**4480.50**	**4063.88**	**870318.22**
53	228.52	12.83	62749.90	230	1456.88	1313.17	385097.76
10	21.02	11.81	2578.47	101	801.94	604.16	83839.02
19	7.68		649.45	220	884.76	862.88	185746.09
5	3.49		812.46	61	117.26	83.37	41925.22
3	0.71		410.12	101	1219.67	1200.31	173710.13
699	**1450.26**	**1091.95**	**198491.04**	**2794**	**13725.04**	**11586.85**	**2138306.39**
128	60.16	42.45	28446.49	144	642.01	299.10	377712.12
44	53.20	0.75	15483.82	46	175.40	76.85	56035.05
1	5.00		114.51	55	256.28	212.05	29219.54
44	17.79		547.87	84	595.95	540.29	23983.61
49	159.70		12820.96	454	2897.87	2584.77	335640.78
3	11.12	5.48	372.45	178	384.24	176.11	94668.66
7	207.11	203.19	4691.14	250	662.45	496.83	148366.63
23	9.47	3.83	2588.74	329	2239.04	2091.30	172826.47
21	79.73	74.43	2539.64	53	160.16	146.33	6534.13
86	183.75	167.45	42640.26	538	1983.38	1777.33	228273.71
				86	385.64	319.85	52764.23
73	632.17	588.19	79339.61	292	2670.29	2476.03	497840.40
206	19.57	2.20	3748.59	95	460.51	265.37	62354.39
7	4.83	3.98	357.09	175	142.60	86.33	13937.66
7	6.66		4799.87	15	69.21	38.31	38149.00

主要城市建设用地价格（2012 年）
Prices of Land for Construction Use of Major Cities (2012)

城市	City	地面地价水平（元/米²）Price Level of Ground Land（yuan/m²）				地价同比增长率（%）Increase Over the Same Period of the Previous Year（%）			
		综合地价 Integrated Price of Land	商业用地地价 Price of Land for Commercial Use	住宅用地地价 Price of Land for Residential Use	工业用地地价 Price of Land for Industrial Use	综合地价 Integrated Price of Land	商业用地地价 Price of Land for Commercial Use	居住用地地价 Price of Land for Residential Use	工业用地地价 Price of Land for Industrial Use
105 个主要城市总体水平	**The Overall Land Price Level of 105 Major Cities**	**3129**	**5843**	**4620**	**670**	**2.6**	**3.3**	**2.3**	**2.7**
北京市	Beijing	9080	12944	13587	1569	1.1	1.2	0.9	3.2
天津市	Tianjin	5205	8263	5575	780	3.8	5.1	3.2	1.6
石家庄市	Shijiazhuang City	1857	2490	2120	671	8.7	9.3	9.8	0.2
唐山市	Tangshan City	1465	2250	1790	519	1.4	2.9	0.7	3.0
秦皇岛市	Qinhuangdao City	1697	2476	2385	364	3.2	2.7	3.4	1.0
邯郸市	Handan City	1111	2317	1541	605	-1.1	-0.2	-2.4	-0.7
保定市	Baoding City	1360	2815	2149	537	4.5	9.6	4.1	3.5
张家口市	Zhangjiakou City	1014	1833	978	401	4.1	5.0	3.9	2.6
廊坊市	Langfang City	1750	3583	2627	387	-1.9	0.6	-2.8	0.8
太原市	Taiyuan City	1407	1979	1485	680	6.6	6.1	7.7	5.8
大同市	Datong City	1856	3483	2841	517	0.0	0.0	0.0	0.0
呼和浩特市	Hohhot City	1599	2645	1273	468	13.0	14.6	12.9	9.9
包头市	Baotou City	743	1480	969	317	6.9	10.5	7.5	0.3
沈阳市	Shenyang City	2139	2793	2458	628	0.1	0.0	0.2	0.3
大连市	Dalian City	2166	4773	2605	698	5.7	5.2	6.0	4.5
鞍山市	Anshan City	735	1180	884	406	0.0	0.0	-0.1	0.3
抚顺市	Fushun City	617	1384	1216	375	0.2	1.3	0.4	-0.5
本溪市	Benxi City	772	1142	1028	408	3.1	3.0	3.6	2.5
丹东市	Dandong City	843	2861	1518	361	2.6	3.1	3.4	1.4
锦州市	Jinzhou City	708	1300	809	273	1.1	1.1	0.8	3.0
阜新市	Fuxin City	889	1859	1152	340	0.5	1.8	0.1	0.3
辽阳市	Liaoyang City	802	1516	1031	450	0.6	0.2	-0.1	2.5
长春市	Changchun City	2007	4005	2510	387	2.6	2.6	3.0	0.0
吉林市	Jilin City	824	1335	1187	369	1.1	1.2	0.4	2.5
哈尔滨市	Harbin City	3331	6079	2501	528	0.2	0.3	0.0	0.2
齐齐哈尔市	Qiqihar City	523	1565	644	329	9.6	9.3	10.1	8.9
鸡西市	Jixi City	597	2164	702	250	-1.8	0.5	-3.6	1.6
鹤岗市	Hegang City	500	1008	425	250	0.2	0.0	0.2	0.0

主要城市建设用地价格（2012年） 续表1

Prices of Land for Construction Use of Major Cities (2012) Continued 1

城市	City	地面地价水平（元/米²）Price Level of Ground Land（yuan/m²）				地价同比增长率（%）Increase Over the Same Period of the Previous Year（%）			
		综合地价 Integrated Price of Land	商业用地地价 Price of Land for Commercial Use	住宅用地地价 Price of Land for Residential Use	工业用地地价 Price of Land for Industrial Use	综合地价 Integrated Price of Land	商业用地地价 Price of Land for Commercial Use	居住用地地价 Price of Land for Residential Use	工业用地地价 Price of Land for Industrial Use
大庆市	Daqing City	868	1359	1009	244	2.4	3.4	2.1	2.5
伊春市	Yichun City	281	486	234	196	3.7	3.6	3.1	5.4
佳木斯市	Jiamusi City	508	1114	508	286	2.0	1.7	4.3	0.4
牡丹江市	Mudanjiang City	669	2440	653	352	-1.3	-1.5	-1.7	-0.9
上海市	Shanghai	14113	34118	23813	1644	6.2	10.5	4.7	10.4
南京市	Nanjing City	6469	16947	8530	1068	-0.5	0.5	-0.8	0.9
无锡市	Wuxi City	3188	10533	4704	717	-1.0	1.9	-1.8	0.4
徐州市	Xuzhou City	2154	3705	3155	268	0.7	2.5	0.2	1.5
常州市	Changzhou City	1296	4715	3013	373	-0.1	-0.2	-0.7	2.1
苏州市	Suzhou City	2858	5220	2738	617	-0.6	-0.7	-0.7	0.2
南通市	Nantong City	1744	3670	3119	581	-3.4	-1.0	-5.5	0.4
扬州市	Yangzhou City	1179	2534	1741	343	0.3	4.8	-0.8	1.2
杭州市	Hangzhou City	10448	15191	15109	519	-0.2	0.8	-0.3	2.3
宁波市	Ningbo City	5439	8185	8121	1036	1.8	1.3	1.5	5.8
温州市	Wenzhou City	5165	11624	9747	1695	-9.5	-7.3	-11.8	-4.1
嘉兴市	Jiaxing City	1166	2752	1367	411	2.6	3.0	1.0	9.9
湖州市	Huzhou City	1961	4327	2433	429	0.5	0.4	-1.2	5.9
合肥市	Hefei City	2439	5320	3410	408	2.5	0.7	3.0	0.0
芜湖市	Wuhu City	1652	5330	2644	374	-1.6	-1.8	-4.3	0.0
蚌埠市	Bengbu City	943	1672	1323	310	2.0	2.3	1.9	1.6
淮南市	Huainan City	711	1733	1271	308	0.0	0.0	0.0	0.0
淮北市	Huaibei City	1443	3627	1931	299	2.3	2.7	2.3	2.4
福州市	Fuzhou City	9504	16088	10429	574	1.9	3.0	1.6	1.4
厦门市	Xiamen City	16124	27967	17345	826	3.7	1.3	4.2	1.2
泉州市	Quanzhou City	3348	6505	5651	577	1.9	2.0	2.0	1.1
南昌市	Nanchang City	2278	3291	2540	450	3.7	3.2	3.8	1.9

主要城市建设用地价格（2012年） 续表2
Prices of Land for Construction Use of Major Cities (2012) Continued 2

城　市	City	地面地价水平（元/米²）Price Level of Ground Land（yuan/m²）				地价同比增长率（%）Increase Over the Same Period of the Previous Year（%）			
		综合地价 Integrated Price of Land	商业用地地价 Price of Land for Commercial Use	住宅用地地价 Price of Land for Residential Use	工业用地地价 Price of Land for Industrial Use	综合地价 Integrated Price of Land	商业用地地价 Price of Land for Commercial Use	居住用地地价 Price of Land for Residential Use	工业用地地价 Price of Land for Industrial Use
九江市	Jiujiang City	1362	2768	2482	294	2.5	3.6	2.3	0.7
济南市	Jinan City	2251	4333	3619	680	1.0	0.7	1.2	0.3
青岛市	Qingdao City	2833	8090	4257	775	0.3	0.6	0.3	0.0
淄博市	Zibo City	1037	1878	1365	426	0.9	1.1	1.0	0.2
枣庄市	Zaozhuang City	887	1604	1225	341	2.7	3.7	2.6	1.5
烟台市	Yantai City	1651	4700	4095	356	-1.3	-0.7	-1.6	0.0
潍坊市	Weifang City	1345	2117	1467	428	4.3	4.4	5.2	0.2
济宁市	Jining City	853	1542	1241	474	0.6	0.3	1.0	0.0
泰安市	Tai'an City	1495	2091	2191	317	2.6	2.9	2.8	0.6
临沂市	Linyi City	797	1418	1008	347	4.6	6.6	4.3	3.6
郑州市	Zhengzhou City	2410	2914	3187	663	2.0	1.9	2.2	0.5
开封市	Kaifeng City	1150	2177	1406	399	5.1	8.4	5.2	1.3
洛阳市	Luoyang City	1253	2568	1650	537	8.7	6.2	10.0	1.5
平顶山市	Pingdingshan City	1067	2304	1244	503	2.8	2.0	3.9	1.0
安阳市	Anyang City	872	2033	903	499	5.4	3.4	7.0	2.7
新乡市	Xinxiang City	1309	2337	1634	375	-1.6	-1.6	-2.7	1.6
焦作市	Jiaozuo City	661	1593	847	315	0.8	0.1	0.7	1.3
武汉市	Wuhan City	3109	6301	3423	764	1.3	2.3	0.9	0.4
黄石市	Huangshi City	606	928	627	339	6.3	8.1	8.4	0.9
宜昌市	Yichang City	1120	1809	1132	367	6.9	8.8	6.4	2.2
襄阳市	Xiangyang City	898	1655	960	546	4.2	4.9	6.1	0.4
荆州市	Jingzhou City	1251	2459	1620	542	12.0	7.9	13.0	14.6
长沙市	Changsha City	2229	3569	2502	726	6.9	7.9	6.5	4.3
株洲市	Zhuzhou City	1237	2753	1272	405	0.4	4.6	-2.1	-3.3
湘潭市	Xiangtan City	1126	1891	1300	500	1.6	1.6	1.8	1.4
衡阳市	Hengyang City	766	1589	794	471	5.7	6.7	7.0	3.1

主要城市建设用地价格（2012年） 续表3
Prices of Land for Construction Use of Major Cities (2012) Continued 3

城市	City	地面地价水平（元/米²）Price Level of Ground Land（yuan/m²）				地价同比增长率（%）Increase Over the Same Period of the Previous Year（%）			
		综合地价 Integrated Price of Land	商业用地地价 Price of Land for Commercial Use	住宅用地地价 Price of Land for Residential Use	工业用地地价 Price of Land for Industrial Use	综合地价 Integrated Price of Land	商业用地地价 Price of Land for Commercial Use	居住用地地价 Price of Land for Residential Use	工业用地地价 Price of Land for Industrial Use
岳阳市	Yueyang City	1406	2924	1303	350	6.5	10.5	5.2	2.6
广州市	Guangzhou City	14521	24779	18167	577	3.0	3.9	2.3	4.0
深圳市	Shenzhen City	17990	31352	26904	2468	4.1	0.4	6.5	10.0
珠海市	Zhuhai City	3978	8964	5880	575	-0.5	1.9	-2.0	3.4
汕头市	Shantou City	1933	5246	3230	802	2.8	3.6	1.4	5.1
佛山市顺德区	Shunde of Foshan City	2575	5419	3386	603	0.7	2.4	-0.2	2.0
湛江市	Zhanjiang City	1025	3739	1553	420	0.7	1.3	0.6	0.7
东莞市	Dongguan City	4446	6772	4778	696	2.0	-0.6	2.6	1.6
中山市	Zhongshan City	1634	5292	1394	594	2.8	4.7	1.7	4.2
南宁市	Nanning City	2401	6026	1840	490	1.4	1.7	-0.1	3.8
柳州市	Liuzhou City	2261	6814	2656	398	-1.1	0.7	-2.5	3.4
北海市	Beihai City	1226	2842	1963	316	-3.2	-4.0	-3.4	-1.3
海口市	Haikou City	2876	3394	3381	560	2.2	2.5	2.3	0.9
成都市	Chengdu City	6622	9671	7206	685	1.9	9.2	-1.1	1.3
南充市	Nanchong City	1782	2547	2022	489	5.3	4.4	5.8	6.5
宜宾市	Yibin City	1734	2458	2168	212	0.7	4.3	-0.3	0.5
贵阳市	Guiyang City	3030	8525	4437	492	0.4	1.0	0.1	1.0
昆明市	Kunming City	5901	13458	6766	631	1.8	-2.3	3.3	2.1
拉萨市	Lhasa City	1427	1910	1599	975	0.0	0.0	0.0	0.0
重庆市	Chongqing	2803	7206	3264	572	0.6	0.1	0.8	0.0
西安市	Xi'an City	2985	4539	3708	661	1.6	3.1	0.7	1.7
兰州市	Lanzhou City	2044	2971	2692	751	4.3	5.2	4.5	1.1
西宁市	Xining City	1311	2502	1369	480	4.8	12.5	3.5	2.1
银川市	Yinchuan City	1141	2222	1605	253	2.3	5.6	1.6	0.0
乌鲁木齐市	Urumqi City	1660	3080	2863	523	-0.5	-2.0	-0.6	4.6

土地违法案件
Cases Handling of

单位：件、公顷

年份/案件类别	Year/Case Category	合计 Total 件数 Number of Cases	涉及土地面积 Land Area Involved	耕地 Cultivated Land
	2006	90340	69558.88	34230.80
	2007	92347	80873.14	36708.24
	2008	60077	50430.20	19964.57
	2009	41662	31850.47	14181.54
	2010	42140	39330.14	16230.15
	2011	43149	46063.57	15352.56
	2012	37480	28489.60	9875.05
上年未结案件	**Cases Unsettled from Last Year**	**5141**	**5694.51**	**2368.14**
本年发现违法	**Violations of Law Discovered in the Current Year**	**61821**	**32026.18**	**10764.75**
本年发生案件	Cases Occurring This Year	47442	18630.99	6274.83
历年隐漏案件	Cases Concealed and Not Discovered over the Past Years	14379	13395.19	4489.92
本年立案	**Cases Filed This Year**	**36928**	**27418.75**	**9010.41**
本年发生案件立案	Cases Occurring This Year	23160	15041.34	4730.97
买卖或非法转让	Purchase and Sale or Illegal Transfer	152	44.05	12.45
破坏耕地	Damage of Cultivated Land	594	111.90	103.35
非法占地	Unlawful Encroachment of Land	22198	14687.92	4575.58
非法批地	Unlawful Approval of Land Occupancy	56	55.71	27.74
低价出让土地	Granting of Land at a Lower Price			
其他	Others	160	141.76	11.86
历年隐漏案件立案	Cases Concealed and Not Discovered over the Past Years	13768	12377.41	4279.44
本年结案	**Cases Settled This Year**	**37480**	**28489.60**	**9875.05**
处理本年发生案件	This Year's Cases Handled	21119	13158.99	4093.88
买卖或非法转让	Purchase and Sale or Illegal Transfer	133	40.35	11.23
破坏耕地	Damage of Cultivated Land	473	97.61	89.39
非法占地	Unlawful Encroachment of Land	20314	12894.33	3959.61
非法批地	Unlawful Approval of Land Occupancy	54	54.74	27.70
低价出让土地	Granting of Land at a Lower Price			
其他	Others	145	71.97	5.96
处理上年未结案件	Last Year's Unsettled Cases Handled	3316	3249.76	1580.19
处理历年隐漏案件	Concealed and Not Discovered Cases Handled	13045	12080.85	4200.98
本年未结案件	**Cases Unsettled This Year**	**4589**	**4623.65**	**1503.45**

查处情况
Violations of Land Law

Unit: case, hectare

省级机关 Provincial Level			市级机关 Municipal Level			县级机关 County Level		
件数 Number of Cases	涉及土地面积 Land Area Involved	耕地 Cultivated Land	件数 Number of Cases	涉及土地面积 Land Area Involved	耕地 Cultivated Land	件数 Number of Cases	涉及土地面积 Land Area Involved	耕地 Cultivated Land
21	42.69	15.44	110	1010.56	331.87	732	4833.01	1771.65
134	1447.82	996.92	167	1308.81	160.28	986	5055.73	2279.43
56	394.12	92.71	83	712.65	321.79	634	2221.02	797.75
37	334.88	86.20	57	216.86	116.87	498	2136.81	916.23
43	249.97	129.54	51	341.19	235.87	588	3447.52	1659.37
43	947.04	585.73	41	366.69	139.25	532	2503.49	1008.22
20	209.99	54.93	34	187.00	90.62	394	1585.56	698.54
4	**8.46**	**6.79**	**18**	**260.13**	**123.73**	**74**	**280.04**	**137.43**
25	**284.61**	**68.96**	**34**	**125.06**	**56.08**	**502**	**2006.69**	**745.14**
15	133.65	40.49	17	85.63	35.09	252	974.01	413.31
10	150.96	28.47	17	39.43	20.99	250	1032.68	331.83
18	**223.85**	**54.81**	**25**	**130.76**	**60.61**	**374**	**1513.41**	**626.45**
8	72.89	26.34	15	100.05	43.57	215	839.45	346.58
						8	4.87	1.33
8	72.89	26.34	14	100.01	43.57	186	803.20	336.62
						16	29.00	7.46
			1	0.04		5	2.38	1.17
10	150.96	28.47	10	30.71	17.04	159	673.96	279.87
20	**209.99**	**54.93**	**34**	**187.00**	**90.62**	**394**	**1585.56**	**698.54**
7	50.98	19.67	14	82.85	38.42	187	741.39	311.03
						7	4.37	1.33
7	50.98	19.67	13	82.81	38.42	159	705.64	301.07
						16	29.00	7.46
			1	0.04		5	2.38	1.17
4	8.46	6.79	10	73.44	35.16	53	175.22	108.47
9	150.55	28.47	10	30.71	17.04	154	668.95	279.04
2	**22.32**	**6.67**	**9**	**203.89**	**93.72**	**54**	**207.89**	**65.34**

土地违法案件
Cases Handling of

单位：件、公顷

年份/案件类别	Year/Case Category	乡级机关 Township Level		
		件数 Number of Cases	涉及土地面积 Land Area Involved	耕地 Cultivated Land
	2006	1082	4013.10	1506.29
	2007	1433	5171.74	1912.80
	2008	747	2131.50	1123.25
	2009	770	1718.62	1059.58
	2010	618	1445.28	738.34
	2011	780	1731.28	709.28
	2012	595	851.85	361.73
上年未结案件	**Cases Unsettled from Last Year**	**76**	**154.24**	**83.51**
本年发现违法	**Violations of Law Discovered in the Current Year**	**776**	**1048.89**	**425.65**
本年发生案件	Cases Occurring This Year	471	641.21	269.04
历年隐漏案件	Cases Concealed and Not Discovered over the Past Years	305	407.68	156.61
本年立案	**Cases Filed This Year**	**592**	**789.92**	**352.26**
本年发生案件立案	Cases Occurring This Year	307	402.21	183.54
买卖或非法转让	Purchase and Sale or Illegal Transfer	1	0.22	
破坏耕地	Damage of Cultivated Land	3	3.35	3.35
非法占地	Unlawful Encroachment of Land	263	371.93	159.91
非法批地	Unlawful Approval of Land Occupancy	40	26.71	20.28
低价出让土地	Granting of Land at a Lower Price			
其他	Others			
历年隐漏案件立案	Cases Concealed and Not Discovered over the Past Years	285	387.71	168.72
本年结案	**Cases Settled This Year**	**595**	**851.85**	**361.73**
处理本年发生案件	This Year's Cases Handled	280	382.42	169.55
买卖或非法转让	Purchase and Sale or Illegal Transfer	1	0.22	
破坏耕地	Damage of Cultivated Land	3	3.35	3.35
非法占地	Unlawful Encroachment of Land	238	353.11	145.96
非法批地	Unlawful Approval of Land Occupancy	38	25.74	20.24
低价出让土地	Granting of Land at a Lower Price			
其他	Others			
处理上年未结案件	Last Year's Unsettled Cases Handled	36	82.64	23.86
处理历年隐漏案件	Concealed and Not Discovered Cases Handled	279	386.79	168.32
本年未结案件	**Cases Unsettled This Year**	**73**	**92.31**	**74.04**

查处情况　续表
Violations of Land Law　Continued

Unit: case, hectare

村（组）集体 Village and Collective Level			企事业单位 Enterprises and Institutions			个人 Individuals		
件数 Number of Cases	涉及土地面积 Land Area Involved	耕地 Cultivated Land	件数 Number of Cases	涉及土地面积 Land Area Involved	耕地 Cultivated Land	件数 Number of Cases	涉及土地面积 Land Area Involved	耕地 Cultivated Land
6488	7396.11	3494.53	21969	33965.00	18398.14	59938	18298.42	8712.88
6633	7948.94	4234.91	24996	41542.50	18933.21	57998	18397.60	8190.69
5291	5269.28	2519.09	15094	31848.15	11784.76	38172	7853.49	3325.23
3333	3062.15	1474.29	10464	18870.98	8044.13	26503	5510.18	2484.24
2783	2025.62	1042.65	10794	25385.43	9911.45	27263	6435.13	2512.93
2826	2006.82	882.63	13819	32659.31	9646.47	25108	5848.93	2380.96
2799	1573.11	690.05	9926	19889.96	6455.58	23712	4192.12	1523.60
456	**489.18**	**231.88**	**1095**	**3627.20**	**1369.05**	**3418**	**875.27**	**415.75**
3563	**1999.56**	**804.80**	**11092**	**20595.68**	**6367.21**	**45829**	**5965.70**	**2296.90**
2300	1108.34	490.67	6750	11105.93	3270.13	37637	4582.23	1756.10
1263	891.22	314.13	4342	9489.75	3097.08	8192	1383.47	540.80
2846	**1536.96**	**660.30**	**9826**	**19233.64**	**5852.71**	**23247**	**3990.20**	**1403.26**
1608	842.22	379.90	5446	9994.53	2765.20	15561	2789.97	985.84
22	14.12	3.17	17	10.67	3.59	104	14.17	4.36
24	8.81	8.76	53	19.30	17.08	514	80.43	74.16
1551	812.40	366.31	5303	9842.98	2740.91	14873	2684.50	901.92
11	6.89	1.66	73	121.58	3.62	70	10.87	5.40
1238	694.74	280.40	4380	9239.11	3087.51	7686	1200.23	417.42
2799	**1573.11**	**690.05**	**9926**	**19889.96**	**6455.58**	**23712**	**4192.12**	**1523.60**
1345	641.71	281.62	5070	8781.78	2451.36	14216	2477.86	822.23
19	13.27	2.49	16	10.18	3.59	90	12.31	3.82
11	3.91	3.90	51	18.84	16.76	408	71.52	65.38
1307	619.39	274.30	4933	8693.93	2428.09	13657	2388.46	752.10
8	5.14	0.93	70	58.83	2.92	61	5.57	0.93
333	298.01	143.22	674	1994.60	944.80	2206	617.39	317.90
1121	633.39	265.21	4182	9113.58	3059.42	7290	1096.87	383.47
503	**453.03**	**202.13**	**995**	**2970.88**	**766.18**	**2953**	**673.35**	**295.41**

土地违法案件查处
Cases Handling of Violations

单位：件、公顷

年份/案件类别	Year/Case Category	合计 Total		
		件数 Number of Cases	涉及土地面积 Land Area Involved	耕地 Cultivated Land
2006		90340	69558.88	34230.80
2007		92347	80873.14	36708.24
2008		60077	50430.20	19964.57
2009		41662	31850.47	14181.54
2010		42140	39330.15	16230.14
2011		43149	46063.57	15352.56
2012		37480	28489.60	9875.05
上年未结案件	**Cases Unsettled from Last Year**	**5141**	**5694.51**	**2368.14**
本年发现违法	**Violations of Law Discovered in the Current Year**	**61821**	**32026.18**	**10764.75**
本年发生案件	Cases Occurring This Year	47442	18630.99	6274.83
历年隐漏案件	Cases Concealed and Not Discovered over the Past Years	14379	13395.19	4489.92
本年立案	**Cases Filed This Year**	**36928**	**27418.75**	**9010.41**
本年发生案件立案	Cases Occurring This Year	23160	15041.34	4730.97
买卖或非法转让	Purchase and Sale or Illegal Transfer	152	44.05	12.45
破坏耕地	Damage of Cultivated Land	594	111.90	103.35
非法占地	Unlawful Encroachment of Land	22198	14687.92	4575.58
非法批地	Unlawful Approval of Land Occupancy	56	55.71	27.74
低价出让土地	Granting of Land at a Lower Price			
其他	Others	160	141.76	11.86
历年隐漏案件立案	Cases Concealed and Not Discovered over the Past Years	13768	12377.41	4279.44
本年结案	**Cases Settled This Year**	**37480**	**28489.60**	**9875.05**
处理本年发生案件	This Year's Cases Handled	21119	13158.99	4093.88
买卖或非法转让	Purchase and Sale or Illegal Transfer	133	40.35	11.23
破坏耕地	Damage of Cultivated Land	473	97.61	89.39
非法占地	Unlawful Encroachment of Land	20314	12894.33	3959.61
非法批地	Unlawful Approval of Land Occupancy	54	54.74	27.70
低价出让土地	Granting of Land at a Lower Price			
其他	Others	145	71.97	5.96
处理上年未结案件	Last Year's Unsettled Cases Handled	3316	3249.76	1580.19
处理历年隐漏案件	Concealed and Not Discovered Cases Handled	13045	12080.85	4200.98
本年未结案件	**Cases Unsettled This Year**	**4589**	**4623.65**	**1503.45**

情况——按地区分列
of Land Law by Region

Unit: case, hectare

北京 Beijing			天津 Tianjin			河北 Hebei		
件数 Number of Cases	涉及土地面积		件数 Number of Cases	涉及土地面积		件数 Number of Cases	涉及土地面积	
	Land Area Involved	耕地 Cultivated Land		Land Area Involved	耕地 Cultivated Land		Land Area Involved	耕地 Cultivated Land
160	346.56	103.50	148	224.74	118.48	4961	2243.75	1383.61
270	572.42	212.78	1019	1738.69	850.19	6053	3818.89	2690.51
444	851.85	98.92	1031	1677.26	772.08	2070	1545.59	967.37
1240	1521.89	422.75	161	235.99	57.72	2064	1172.15	865.97
875	1451.84	273.45	433	189.22	70.47	2401	1157.62	727.75
711	939.76	101.20	362	134.57	42.65	2789	2192.26	1358.62
498	518.24	23.01	721	105.73	21.44	2258	1468.44	774.98
133	**477.20**	**132.00**				**848**	**849.86**	**563.52**
897	**812.71**	**61.63**	**1377**	**142.37**	**27.72**	**2272**	**1311.52**	**590.23**
370	302.71	34.45	1101	92.88	13.65	1859	1042.17	504.41
527	510.00	27.18	276	49.49	14.07	413	269.35	85.82
583	**552.90**	**27.65**	**721**	**105.73**	**21.44**	**2006**	**1152.16**	**522.60**
134	188.49	1.70	445	56.24	7.37	1630	934.25	458.53
						3	2.52	2.28
						40	11.44	9.02
133	186.74	1.70	445	56.24	7.37	1567	912.67	442.65
1	1.75					20	7.61	4.59
449	364.41	25.95	276	49.49	14.07	376	217.91	64.07
498	**518.24**	**23.01**	**721**	**105.73**	**21.44**	**2258**	**1468.44**	**774.98**
112	174.12	1.30	445	56.24	7.37	1279	530.90	222.91
						1	2.16	1.95
						17	10.07	7.64
111	172.37	1.30	445	56.24	7.37	1248	515.28	212.35
1	1.75					13	3.39	0.97
47	24.67	2.91				650	730.11	492.11
339	319.45	18.80	276	49.49	14.07	329	207.43	59.96
218	**511.86**	**136.64**				**596**	**533.58**	**311.14**

土地违法案件查处
Cases Handling of Violations

单位：件、公顷

年份/案件类别	Year/Case Category	山西 Shanxi		
		件数 Number of Cases	涉及土地面积	
			Land Area Involved	耕地 Cultivated Land
	2006	2734	2189.22	1187.04
	2007	3684	3904.50	2318.94
	2008	1560	1515.94	816.12
	2009	1360	939.72	406.83
	2010	1416	1794.61	935.69
	2011	1713	2860.07	1008.88
	2012	916	1102.99	330.70
上年未结案件	**Cases Unsettled from Last Year**	**102**	**89.43**	**23.23**
本年发现违法	**Violations of Law Discovered in the Current Year**	**1051**	**1154.49**	**355.29**
本年发生案件	Cases Occurring This Year	533	414.59	152.24
历年隐漏案件	Cases Concealed and Not Discovered over the Past Years	518	739.90	203.05
本年立案	**Cases Filed This Year**	**892**	**1116.54**	**335.11**
本年发生案件立案	Cases Occurring This Year	376	377.86	132.83
买卖或非法转让	Purchase and Sale or Illegal Transfer	2	0.26	
破坏耕地	Damage of Cultivated Land	3	1.38	1.38
非法占地	Unlawful Encroachment of Land	358	338.26	130.75
非法批地	Unlawful Approval of Land Occupancy			
低价出让土地	Granting of Land at a Lower Price			
其他	Others	13	37.95	0.70
历年隐漏案件立案	Cases Concealed and Not Discovered over the Past Years	516	738.67	202.28
本年结案	**Cases Settled This Year**	**916**	**1102.99**	**330.70**
处理本年发生案件	This Year's Cases Handled	339	309.46	123.19
买卖或非法转让	Purchase and Sale or Illegal Transfer	2	0.26	
破坏耕地	Damage of Cultivated Land	3	1.38	1.38
非法占地	Unlawful Encroachment of Land	323	304.01	121.81
非法批地	Unlawful Approval of Land Occupancy			
低价出让土地	Granting of Land at a Lower Price			
其他	Others	11	3.81	
处理上年未结案件	Last Year's Unsettled Cases Handled	69	61.89	9.96
处理历年隐漏案件	Concealed and Not Discovered Cases Handled	508	731.64	197.54
本年未结案件	**Cases Unsettled This Year**	**78**	**102.98**	**27.64**

情况——按地区分列　续表 1
of Land Law by Region　Continued 1

Unit: case, hectare

内蒙古 Inner Mongolia			辽宁 Liaoning			吉林 Jilin		
件数 Number of Cases	涉及土地面积 Land Area Involved	耕地 Cultivated Land	件数 Number of Cases	涉及土地面积 Land Area Involved	耕地 Cultivated Land	件数 Number of Cases	涉及土地面积 Land Area Involved	耕地 Cultivated Land
1031	2186.29	300.19	1654	1647.24	731.52	988	626.78	194.48
712	1038.15	144.12	2059	3001.32	1413.75	1137	744.07	129.25
639	6995.92	1732.00	876	826.01	307.85	1136	971.13	348.04
784	1856.00	207.27	786	1476.82	443.06	1021	715.05	245.23
415	1588.29	299.37	1695	2862.08	1474.47	1028	1367.85	461.41
650	1800.14	182.93	950	1306.50	567.59	1193	1558.47	402.72
437	758.73	131.80	602	574.00	187.14	971	1228.39	343.76
50	**49.65**	**20.53**	**276**	**392.83**	**169.01**	**50**	**26.11**	**5.78**
643	**1250.09**	**317.28**	**424**	**342.85**	**89.09**	**1000**	**1297.18**	**349.91**
471	829.54	143.73	255	101.69	35.41	772	1016.93	263.06
172	420.55	173.55	169	241.17	53.69	228	280.25	86.85
543	**1030.37**	**220.42**	**424**	**342.85**	**89.09**	**935**	**1294.71**	**348.64**
395	756.47	131.72	255	101.69	35.41	707	1014.46	261.79
			5	12.26	12.26	18	7.14	6.76
395	756.47	131.72	249	88.70	23.15	683	1004.41	254.62
			1	0.73		6	2.91	0.41
148	273.90	88.70	169	241.17	53.69	228	280.25	86.85
437	**758.73**	**131.80**	**602**	**574.00**	**187.14**	**971**	**1228.39**	**343.76**
322	474.69	36.71	243	96.35	35.31	693	922.03	251.13
			5	12.26	12.26	18	7.15	6.76
322	474.69	36.71	237	83.36	23.05	669	911.97	243.96
			1	0.73		6	2.91	0.41
18	23.14	6.90	196	239.02	98.14	50	26.11	5.78
97	260.90	88.19	163	238.64	53.69	228	280.25	86.85
156	**321.29**	**109.15**	**98**	**161.68**	**70.96**	**14**	**92.43**	**10.66**

土地违法案件查处
Cases Handling of Violations

单位：件、公顷

年份/案件类别	Year/Case Category	黑龙江 Heilongjiang		
		件数 Number of Cases	涉及土地面积	
			Land Area Involved	耕地 Cultivated Land
	2006	1110	1206.42	420.19
	2007	1425	2430.22	631.90
	2008	1171	1611.41	338.59
	2009	680	857.64	265.61
	2010	891	3150.40	1412.18
	2011	1429	1806.38	418.18
	2012	1201	1741.65	414.91
上年未结案件	**Cases Unsettled from Last Year**			
本年发现违法	**Violations of Law Discovered in the Current Year**	**1304**	**1772.94**	**433.86**
本年发生案件	Cases Occurring This Year	533	809.62	260.31
历年隐漏案件	Cases Concealed and Not Discovered over the Past Years	771	963.32	173.55
本年立案	**Cases Filed This Year**	**1201**	**1741.65**	**414.91**
本年发生案件立案	Cases Occurring This Year	433	778.70	241.34
买卖或非法转让	Purchase and Sale or Illegal Transfer	1	0.03	
破坏耕地	Damage of Cultivated Land	3	2.73	1.91
非法占地	Unlawful Encroachment of Land	426	775.30	238.84
非法批地	Unlawful Approval of Land Occupancy			
低价出让土地	Granting of Land at a Lower Price			
其他	Others	3	0.65	0.60
历年隐漏案件立案	Cases Concealed and Not Discovered over the Past Years	768	962.96	173.57
本年结案	**Cases Settled This Year**	**1201**	**1741.65**	**414.91**
处理本年发生案件	This Year's Cases Handled	433	778.70	241.34
买卖或非法转让	Purchase and Sale or Illegal Transfer	1	0.03	
破坏耕地	Damage of Cultivated Land	3	2.73	1.91
非法占地	Unlawful Encroachment of Land	426	775.30	238.84
非法批地	Unlawful Approval of Land Occupancy			
低价出让土地	Granting of Land at a Lower Price			
其他	Others	3	0.65	0.60
处理上年未结案件	Last Year's Unsettled Cases Handled			
处理历年隐漏案件	Concealed and Not Discovered Cases Handled	768	962.95	173.57
本年未结案件	**Cases Unsettled This Year**			

情况——按地区分列　续表 2
of Land Law by Region　Continued 2

Unit: case, hectare

上海 Shanghai			江苏 Jiangsu			浙江 Zhejiang		
件数 Number of Cases	涉及土地面积 Land Area Involved	耕地 Cultivated Land	件数 Number of Cases	涉及土地面积 Land Area Involved	耕地 Cultivated Land	件数 Number of Cases	涉及土地面积 Land Area Involved	耕地 Cultivated Land
840	1286.43	699.34	4332	4784.34	2862.27	13635	5719.28	3430.28
596	839.31	278.43	4536	6939.10	4515.24	15122	3914.25	2283.34
453	594.17	135.28	3100	4931.86	2909.67	14105	4213.95	2215.46
402	394.45	251.81	2221	4893.53	3014.41	3547	898.45	430.38
247	215.98	168.29	762	1374.01	913.17	5019	1497.88	793.39
272	401.66	249.53	704	1475.32	686.23	5050	1699.81	666.25
325	272.05	149.13	428	456.24	240.86	3391	986.53	464.71
			34	**59.26**	**36.52**	**285**	**101.94**	**37.02**
211	**77.22**	**42.34**	**541**	**596.67**	**319.09**	**3135**	**886.29**	**428.12**
202	75.92	41.21	373	441.67	247.32	2013	590.93	299.32
9	1.30	1.13	168	155.01	71.76	1122	295.36	128.80
325	**272.05**	**149.13**	**411**	**449.63**	**234.72**	**3114**	**886.00**	**427.75**
9	2.61	1.68	244	295.36	162.96	1994	590.68	298.95
			1	0.56	0.56	4	0.27	0.14
						24	3.59	2.74
9	2.61	1.68	242	294.63	162.40	1965	586.72	296.06
			1	0.17		1	0.09	
316	269.44	147.45	167	154.27	71.76	1120	295.33	128.80
325	**272.05**	**149.13**	**428**	**456.24**	**240.86**	**3391**	**986.53**	**464.71**
9	2.61	1.68	235	276.26	152.17	1984	588.30	298.28
			1	0.56	0.56	4	0.27	0.14
						23	3.52	2.67
9	2.61	1.68	233	275.53	151.61	1956	584.41	295.47
			1	0.17		1	0.09	
			26	25.78	16.93	294	103.51	37.69
316	269.44	147.45	167	154.20	71.76	1113	294.73	128.74
			17	**52.65**	**30.37**	**8**	**1.41**	**0.06**

土地违法案件查处
Cases Handling of Violations

单位：件、公顷

年份/案件类别	Year/Case Category	安徽 Anhui		
		件数 Number of Cases	涉及土地面积 Land Area Involved	耕地 Cultivated Land
	2006	2447	1474.29	707.65
	2007	2264	2313.09	939.50
	2008	1292	1706.77	1158.95
	2009	2421	3826.29	2602.46
	2010	3100	2654.57	1434.94
	2011	2138	2329.29	1248.05
	2012	3250	1598.65	974.47
上年未结案件	**Cases Unsettled from Last Year**	**653**	**578.51**	**327.39**
本年发现违法	**Violations of Law Discovered in the Current Year**	**5278**	**2145.54**	**1325.93**
本年发生案件	Cases Occurring This Year	3201	1073.55	711.56
历年隐漏案件	Cases Concealed and Not Discovered over the Past Years	2077	1071.99	614.37
本年立案	**Cases Filed This Year**	**2997**	**1401.34**	**850.93**
本年发生案件立案	Cases Occurring This Year	1132	448.88	302.19
买卖或非法转让	Purchase and Sale or Illegal Transfer	4	0.46	0.46
破坏耕地	Damage of Cultivated Land	5	3.58	3.58
非法占地	Unlawful Encroachment of Land	1078	407.51	276.90
非法批地	Unlawful Approval of Land Occupancy	45	37.33	21.25
低价出让土地	Granting of Land at a Lower Price			
其他	Others			
历年隐漏案件立案	Cases Concealed and Not Discovered over the Past Years	1865	952.47	548.74
本年结案	**Cases Settled This Year**	**3250**	**1598.65**	**974.47**
处理本年发生案件	This Year's Cases Handled	925	410.57	276.82
买卖或非法转让	Purchase and Sale or Illegal Transfer	3	0.26	0.26
破坏耕地	Damage of Cultivated Land	5	3.58	3.58
非法占地	Unlawful Encroachment of Land	872	369.40	251.73
非法批地	Unlawful Approval of Land Occupancy	45	37.33	21.25
低价出让土地	Granting of Land at a Lower Price			
其他	Others			
处理上年未结案件	Last Year's Unsettled Cases Handled	470	245.20	149.61
处理历年隐漏案件	Concealed and Not Discovered Cases Handled	1855	942.88	548.04
本年未结案件	**Cases Unsettled This Year**	**400**	**381.20**	**203.85**

情况——按地区分列　续表 3
of Land Law by Region　Continued 3

Unit: case, hectare

福建 Fujian			江西 Jiangxi			山东 Shandong		
件数 Number of Cases	涉及土地面积		件数 Number of Cases	涉及土地面积		件数 Number of Cases	涉及土地面积	
	Land Area Involved	耕地 Cultivated Land		Land Area Involved	耕地 Cultivated Land		Land Area Involved	耕地 Cultivated Land
4102	857.57	129.59	2773	474.45	155.53	6860	8771.65	6574.58
4136	621.04	304.22	1119	1176.24	253.83	6719	8728.04	5572.67
3764	356.82	108.45	594	1050.72	428.77	2932	3444.37	1782.37
2809	319.59	99.23	890	1145.39	301.74	2693	2012.51	1231.72
2463	833.98	217.55	753	1262.61	445.07	2222	1360.70	730.30
3520	1113.53	332.78	1100	1127.24	301.97	1221	757.30	359.77
3847	1214.01	307.71	537	529.70	165.44	1319	747.76	392.47
214	**24.57**	**12.07**	**55**	**60.90**	**11.25**	**216**	**123.47**	**62.13**
4837	**1347.34**	**358.34**	**908**	**550.29**	**198.50**	**2305**	**1104.53**	**577.84**
4257	1114.19	308.16	686	275.88	128.14	1744	801.94	461.33
580	233.15	50.18	222	274.41	70.36	561	302.60	116.51
3945	**1239.58**	**321.94**	**512**	**512.38**	**181.39**	**1520**	**787.37**	**408.29**
3399	1008.81	273.29	292	238.51	110.36	1008	499.12	298.32
11	2.72	0.02	14	0.31	0.02	1	1.87	1.87
171	15.76	15.49	1	0.15	0.15	5	0.94	0.94
3208	981.53	257.39	265	234.97	109.65	1001	494.36	295.51
9	8.79	0.39	12	3.09	0.54	1	1.95	
546	230.78	48.65	220	273.86	71.03	512	288.24	109.97
3847	**1214.01**	**307.71**	**537**	**529.70**	**165.44**	**1319**	**747.76**	**392.47**
3247	956.35	252.40	278	200.16	84.45	794	398.14	249.84
6	2.12		14	0.31	0.02	1	1.87	1.87
143	13.59	13.32	1	0.15	0.15	5	0.94	0.94
3089	931.84	238.69	251	196.62	83.74	787	393.38	247.03
9	8.79	0.39	12	3.09	0.54	1	1.95	
92	10.86	5.49	41	57.08	9.96	121	96.31	45.95
508	246.80	49.81	218	272.45	71.03	404	253.31	96.67
312	**50.14**	**26.30**	**30**	**43.58**	**27.20**	**417**	**163.08**	**77.95**

土地违法案件查处
Cases Handling of Violations

单位：件、公顷

年份/案件类别	Year/Case Category	河南 Henan		
		件数 Number of Cases	涉及土地面积 Land Area Involved	耕地 Cultivated Land
	2006	10525	11951.56	8845.38
	2007	8563	6041.70	4249.44
	2008	3398	2140.41	1499.65
	2009	2743	1126.02	681.63
	2010	1595	926.49	536.75
	2011	1709	999.15	610.02
	2012	1105	883.73	560.76
上年未结案件	**Cases Unsettled from Last Year**	**18**	**26.85**	**18.94**
本年发现违法	**Violations of Law Discovered in the Current Year**	**2004**	**1227.89**	**637.19**
本年发生案件	Cases Occurring This Year	1688	656.00	236.74
历年隐漏案件	Cases Concealed and Not Discovered over the Past Years	316	571.89	400.45
本年立案	**Cases Filed This Year**	**1253**	**965.39**	**571.71**
本年发生案件立案	Cases Occurring This Year	966	407.75	175.83
买卖或非法转让	Purchase and Sale or Illegal Transfer	3	0.30	
破坏耕地	Damage of Cultivated Land	13	2.84	1.97
非法占地	Unlawful Encroachment of Land	934	393.22	172.72
非法批地	Unlawful Approval of Land Occupancy			
低价出让土地	Granting of Land at a Lower Price			
其他	Others	16	11.40	1.14
历年隐漏案件立案	Cases Concealed and Not Discovered over the Past Years	287	557.63	395.88
本年结案	**Cases Settled This Year**	**1105**	**883.73**	**560.76**
处理本年发生案件	This Year's Cases Handled	832	349.91	162.21
买卖或非法转让	Purchase and Sale or Illegal Transfer	3	0.30	
破坏耕地	Damage of Cultivated Land	13	2.84	1.97
非法占地	Unlawful Encroachment of Land	800	335.38	159.10
非法批地	Unlawful Approval of Land Occupancy			
低价出让土地	Granting of Land at a Lower Price			
其他	Others	16	11.40	1.14
处理上年未结案件	Last Year's Unsettled Cases Handled	23	27.04	18.78
处理历年隐漏案件	Concealed and Not Discovered Cases Handled	250	506.77	379.77
本年未结案件	**Cases Unsettled This Year**	**166**	**108.51**	**29.89**

情况——按地区分列　续表 4
of Land Law by Region　Continued 4

Unit: case, hectare

湖北 Hubei			湖南 Hunan			广东 Guangdong		
件数 Number of Cases	涉及土地面积		件数 Number of Cases	涉及土地面积		件数 Number of Cases	涉及土地面积	
	Land Area Involved	耕地 Cultivated Land		Land Area Involved	耕地 Cultivated Land		Land Area Involved	耕地 Cultivated Land
2646	1738.99	881.02	3580	1129.89	267.11	3082	6508.43	1421.06
3024	4458.25	2345.71	3826	2428.72	477.84	3642	5615.68	1105.65
1084	1426.60	511.93	3115	1150.45	303.61	4667	2990.96	657.46
541	827.19	279.91	3068	831.16	159.30	1605	1533.85	228.45
787	857.02	372.77	3302	1354.56	321.42	872	957.89	211.52
1370	2027.04	786.85	2368	1499.42	351.68	1151	934.70	118.72
1066	1163.43	508.51	1432	1020.08	229.04	1763	467.46	101.60
164	**188.30**	**80.03**	**171**	**120.07**	**54.77**	**826**	**223.82**	**68.68**
2150	**1209.56**	**537.91**	**2803**	**1047.23**	**207.93**	**4069**	**810.67**	**130.35**
1555	598.81	281.53	2531	445.06	104.49	3662	639.20	107.13
595	610.76	256.38	272	602.17	103.44	407	171.47	23.22
1021	**1101.90**	**480.72**	**1346**	**958.09**	**193.44**	**1796**	**429.84**	**78.71**
480	507.51	238.14	1079	356.01	90.01	1356	237.88	54.09
6	4.24		56	15.66	3.96	1	0.17	
4	2.50	2.48	47	14.98	13.56	113	9.08	8.89
464	494.63	231.59	970	321.49	72.49	1203	224.14	44.05
1	3.76	3.76						
5	2.38	0.31	6	3.88		39	4.49	1.16
541	594.38	242.58	267	602.08	103.43	440	191.96	24.62
1066	**1163.43**	**508.51**	**1432**	**1020.08**	**229.04**	**1763**	**467.46**	**101.60**
427	464.70	224.74	1058	340.85	87.81	993	140.95	28.17
5	3.75		52	14.67	3.92			
4	2.50	2.48	46	14.68	13.34	66	1.46	1.45
412	452.31	218.19	954	307.63	70.55	892	136.85	26.29
1	3.76	3.76						
5	2.38	0.31	6	3.88		35	2.64	0.43
123	122.30	51.34	109	79.34	38.49	452	167.17	52.37
516	576.42	232.43	265	599.89	102.74	318	159.35	21.06
119	**126.77**	**52.24**	**85**	**58.08**	**19.17**	**859**	**186.20**	**45.79**

土地违法案件查处
Cases Handling of Violations

单位：件、公顷

年份/案件类别	Year/Case Category	广西 Guangxi		
		件数 Number of Cases	涉及土地面积 Land Area Involved	耕地 Cultivated Land
	2006	3847	448.30	143.60
	2007	4178	870.59	227.29
	2008	2371	591.57	176.02
	2009	1757	435.95	101.80
	2010	2728	3202.08	1256.43
	2011	3292	2668.62	666.08
	2012	3125	2322.16	886.65
上年未结案件	**Cases Unsettled from Last Year**	**273**	**1217.83**	**377.69**
本年发现违法	**Violations of Law Discovered in the Current Year**	**4694**	**1696.07**	**566.68**
本年发生案件	Cases Occurring This Year	2515	245.70	52.75
历年隐漏案件	Cases Concealed and Not Discovered over the Past Years	2179	1450.37	513.93
本年立案	**Cases Filed This Year**	**3053**	**1577.37**	**546.17**
本年发生案件立案	Cases Occurring This Year	917	131.78	35.59
买卖或非法转让	Purchase and Sale or Illegal Transfer	14	0.14	0.05
破坏耕地	Damage of Cultivated Land	44	3.59	2.71
非法占地	Unlawful Encroachment of Land	858	127.07	31.98
非法批地	Unlawful Approval of Land Occupancy			
低价出让土地	Granting of Land at a Lower Price			
其他	Others	1	0.98	0.85
历年隐漏案件立案	Cases Concealed and Not Discovered over the Past Years	2136	1445.60	510.58
本年结案	**Cases Settled This Year**	**3125**	**2322.16**	**886.65**
处理本年发生案件	This Year's Cases Handled	882	104.97	33.81
买卖或非法转让	Purchase and Sale or Illegal Transfer	14	0.14	0.05
破坏耕地	Damage of Cultivated Land	44	3.59	2.71
非法占地	Unlawful Encroachment of Land	824	101.25	31.04
非法批地	Unlawful Approval of Land Occupancy			
低价出让土地	Granting of Land at a Lower Price			
其他	Others			
处理上年未结案件	Last Year's Unsettled Cases Handled	165	786.18	339.31
处理历年隐漏案件	Concealed and Not Discovered Cases Handled	2078	1431.01	513.53
本年未结案件	**Cases Unsettled This Year**	**201**	**473.04**	**37.21**

情况——按地区分列 续表 5
of Land Law by Region Continued 5

Unit: case, hectare

海南 Hainan			重庆 Chongqing			四川 Sichuan		
件数 Number of Cases	涉及土地面积		件数 Number of Cases	涉及土地面积		件数 Number of Cases	涉及土地面积	
	Land Area Involved	耕地 Cultivated Land		Land Area Involved	耕地 Cultivated Land		Land Area Involved	耕地 Cultivated Land
361	94.95	3.07	2355	180.27	78.11	4263	3862.21	1412.16
155	142.12	10.64	2599	1240.36	784.62	3129	2064.98	964.68
95	112.83	63.90	1817	877.29	450.47	1055	251.08	48.03
81	183.60	12.32	1358	811.64	486.98	601	238.70	61.82
325	615.91	72.21	1615	965.64	428.06	912	1090.79	492.92
354	1043.36	75.26	1669	969.36	383.62	1038	1774.14	803.72
557	1185.76	101.25	1449	528.88	209.90	502	465.51	223.89
19	**314.46**	**9.15**	**46**	**31.18**	**21.24**	**167**	**219.84**	**134.56**
635	**1267.59**	**103.33**	**1595**	**534.45**	**204.42**	**2466**	**826.47**	**427.47**
632	1265.76	102.36	650	99.08	29.34	2199	496.43	251.20
3	1.83	0.97	945	435.38	175.08	267	330.04	176.27
622	**1266.84**	**103.33**	**1466**	**519.16**	**196.54**	**548**	**476.92**	**229.90**
619	1265.01	102.36	534	94.36	27.17	404	250.60	132.48
2	1.30		4	0.11	0.03			
1	0.93	0.93				11	5.87	5.69
615	1256.50	101.43	529	93.87	27.14	378	225.82	124.06
						10	14.62	2.73
1	6.28		1	0.38		5	4.29	
3	1.83	0.97	932	424.80	169.37	144	226.32	97.42
557	**1185.76**	**101.25**	**1449**	**528.88**	**209.90**	**502**	**465.51**	**223.89**
553	1183.93	100.28	508	86.83	24.88	349	229.82	120.23
2	1.30		4	0.11	0.03			
1	0.93	0.93				5	5.79	5.64
549	1175.41	99.35	503	86.34	24.85	331	206.10	111.91
						8	13.65	2.69
1	6.28		1	0.38		5	4.29	
1	0.01		42	25.93	16.62	14	11.97	8.67
3	1.83	0.97	899	416.12	168.40	139	223.72	94.99
84	**395.54**	**11.23**	**63**	**21.46**	**7.88**	**213**	**231.25**	**140.57**

土地违法案件查处
Cases Handling of Violations

单位：件、公顷

年份/案件类别	Year/Case Category	贵州 Guizhou		
		件数 Number of Cases	涉及土地面积 Land Area Involved	耕地 Cultivated Land
	2006	5701	1297.71	752.59
	2007	6201	5396.45	1328.85
	2008	3575	2104.73	701.82
	2009	3488	334.04	209.66
	2010	3229	871.60	489.40
	2011	2631	2633.20	1387.43
	2012	2055	1609.72	711.79
上年未结案件	**Cases Unsettled from Last Year**	**242**	**55.47**	**26.84**
本年发现违法	**Violations of Law Discovered in the Current Year**	**10577**	**2082.12**	**1012.92**
本年发生案件	Cases Occurring This Year	9922	1130.40	596.23
历年隐漏案件	Cases Concealed and Not Discovered over the Past Years	655	951.72	416.69
本年立案	**Cases Filed This Year**	**2067**	**1682.94**	**750.28**
本年发生案件立案	Cases Occurring This Year	1421	731.31	333.59
买卖或非法转让	Purchase and Sale or Illegal Transfer	8	2.99	2.49
破坏耕地	Damage of Cultivated Land	9	1.00	0.80
非法占地	Unlawful Encroachment of Land	1402	720.71	330.30
非法批地	Unlawful Approval of Land Occupancy			
低价出让土地	Granting of Land at a Lower Price			
其他	Others	2	6.61	
历年隐漏案件立案	Cases Concealed and Not Discovered over the Past Years	646	951.63	416.69
本年结案	**Cases Settled This Year**	**2055**	**1609.72**	**711.79**
处理本年发生案件	This Year's Cases Handled	1357	653.42	285.52
买卖或非法转让	Purchase and Sale or Illegal Transfer	4	2.64	2.39
破坏耕地	Damage of Cultivated Land	9	1.00	0.80
非法占地	Unlawful Encroachment of Land	1342	643.17	282.33
非法批地	Unlawful Approval of Land Occupancy			
低价出让土地	Granting of Land at a Lower Price			
其他	Others	2	6.61	
处理上年未结案件	Last Year's Unsettled Cases Handled	70	14.86	10.52
处理历年隐漏案件	Concealed and Not Discovered Cases Handled	628	941.44	415.74
本年未结案件	**Cases Unsettled This Year**	**254**	**128.69**	**65.33**

情况——按地区分列 续表 6
of Land Law by Region Continued 6

Unit: case, hectare

云南 Yunnan			西藏 Tibet			陕西 Shaanxi		
件数 Number of Cases	涉及土地面积		件数 Number of Cases	涉及土地面积		件数 Number of Cases	涉及土地面积	
	Land Area Involved	耕地 Cultivated Land		Land Area Involved	耕地 Cultivated Land		Land Area Involved	耕地 Cultivated Land
1557	513.65	186.76				3012	1454.34	779.51
985	1410.27	694.47	12	100.64		2616	2150.40	1430.04
398	1366.17	364.05				1673	1233.64	785.56
219	454.58	173.92	27	0.52	0.02	1021	816.03	355.47
258	1573.08	916.70	19	0.18		773	664.02	363.46
593	2930.08	799.21				787	814.26	476.56
755	1811.21	537.09				718	590.99	241.11
123	**180.73**	**47.74**				**16**	**8.55**	**3.74**
726	**1727.47**	**521.44**	**220**	**640.30**	**64.08**	**723**	**612.64**	**249.86**
403	577.15	196.69	19	1.08	1.02	620	509.43	221.80
323	1150.32	324.75	201	639.22	63.06	103	103.21	28.06
666	**1651.36**	**499.60**				**717**	**612.17**	**249.64**
373	535.51	182.09				614	508.96	221.58
2	0.22							
3	0.45	0.45				5	0.94	0.94
368	534.84	181.64				599	503.70	220.63
						10	4.32	
293	1115.85	317.51				103	103.21	28.06
755	**1811.21**	**537.09**				**718**	**590.99**	**241.11**
343	519.50	172.72				609	485.20	213.05
2	0.22							
2	0.30	0.30				5	0.94	0.94
339	518.98	172.42				594	479.94	212.11
						10	4.32	
123	180.73	46.86				6	2.58	
289	1110.99	317.51				103	103.21	28.06
34	**20.88**	**10.25**				**15**	**29.73**	**12.26**

土地违法案件查处
Cases Handling of Violations

单位：件、公顷

年份/案件类别	Year/Case Category	甘肃 Gansu		
		件数 Number of Cases	涉及土地面积 Land Area Involved	耕地 Cultivated Land
	2006	588	345.87	211.44
	2007	974	951.78	389.20
	2008	252	64.37	15.18
	2009	362	148.95	84.62
	2010	265	129.49	43.27
	2011	259	477.38	53.55
	2012	372	398.59	103.23
上年未结案件	**Cases Unsettled from Last Year**	**20**	**11.39**	**3.04**
本年发现违法	**Violations of Law Discovered in the Current Year**	**646**	**429.95**	**114.36**
本年发生案件	Cases Occurring This Year	619	188.10	99.29
历年隐漏案件	Cases Concealed and Not Discovered over the Past Years	27	241.86	15.07
本年立案	**Cases Filed This Year**	**352**	**387.20**	**100.19**
本年发生案件立案	Cases Occurring This Year	325	145.34	85.12
买卖或非法转让	Purchase and Sale or Illegal Transfer			
破坏耕地	Damage of Cultivated Land	3	0.43	0.43
非法占地	Unlawful Encroachment of Land	321	144.77	84.69
非法批地	Unlawful Approval of Land Occupancy			
低价出让土地	Granting of Land at a Lower Price			
其他	Others	1	0.15	
历年隐漏案件立案	Cases Concealed and Not Discovered over the Past Years	27	241.86	15.07
本年结案	**Cases Settled This Year**	**372**	**398.59**	**103.23**
处理本年发生案件	This Year's Cases Handled	325	145.34	85.12
买卖或非法转让	Purchase and Sale or Illegal Transfer			
破坏耕地	Damage of Cultivated Land	3	0.43	0.43
非法占地	Unlawful Encroachment of Land	321	144.77	84.69
非法批地	Unlawful Approval of Land Occupancy			
低价出让土地	Granting of Land at a Lower Price			
其他	Others	1	0.15	
处理上年未结案件	Last Year's Unsettled Cases Handled	20	11.39	3.04
处理历年隐漏案件	Concealed and Not Discovered Cases Handled	27	241.86	15.07
本年未结案件	**Cases Unsettled This Year**			

情况——按地区分列 续表 7
of Land Law by Region Continued 7

Unit: case, hectare

青海 Qinghai			宁夏 Ningxia			新疆 Xinjiang		
件数 Number of Cases	涉及土地面积 Land Area Involved	耕地 Cultivated Land	件数 Number of Cases	涉及土地面积 Land Area Involved	耕地 Cultivated Land	件数 Number of Cases	涉及土地面积 Land Area Involved	耕地 Cultivated Land
94	229.79	18.45	281	470.36	65.37	673	5293.56	166.90
121	38.14	25.58	235	468.55	43.21	1236	5715.18	92.36
103	43.23	30.24	229	1537.40	178.97	1078	2245.71	57.76
159	146.75	110.05	258	540.42	338.19	1295	1155.61	51.21
137	317.14	78.69	286	560.27	153.61	1317	2482.35	135.43
202	1385.30	373.91	878	2503.18	324.43	1046	1902.04	214.19
286	622.54	291.56	209	113.25	20.88	1385	2003.17	225.27
14	**3.36**	**0.31**	**37**	**8.70**	**3.00**	**89**	**250.23**	**117.96**
336	**692.39**	**317.66**	**520**	**218.29**	**49.13**	**1474**	**2211.06**	**144.85**
258	511.76	219.52	325	71.81	25.61	1474	2211.06	144.85
78	180.63	98.14	195	146.48	23.52			
303	**679.89**	**307.25**	**212**	**148.32**	**25.12**	**1377**	**2076.08**	**123.78**
225	499.26	209.11	17	1.84	1.60	1377	2076.08	123.78
						15	9.91	0.56
						66	10.32	10.29
220	468.33	207.94	17	1.84	1.60	1296	2055.85	112.93
5	30.93	1.17						
78	180.63	98.14	195	146.48	23.52			
286	**622.54**	**291.56**	**209**	**113.25**	**20.88**	**1385**	**2003.17**	**225.27**
204	441.06	204.49	9	0.18	0.13	1332	1837.46	115.81
						14	9.38	0.03
						52	7.80	7.80
200	438.73	203.32	9	0.18	0.13	1266	1820.28	107.98
4	2.33	1.17						
4	2.16	0.29	37	8.70	3.00	53	165.71	109.45
78	179.32	86.78	163	104.37	17.75			
31	**60.71**	**16.00**	**40**	**43.77**	**7.24**	**81**	**323.14**	**16.47**

土地违法案件查处结果
Handling Results of Cases of Violations of Land Law

年份/地区 Year/Region		拆除构建物面积（百平方米）Area of Structures Demolished ($100m^2$)	没收构建物面积（百平方米）Area of Structures Confiscated ($100m^2$)	收回土地面积（公顷）Area of Land Withdrawn (hectare)	耕地 Cultivated Land	罚没款（万元）Amount of Fines (10^4 yuan)
2006		549332.61	570381.01	11595.70	3091.17	345021.44
2007		1576182.90	1247543.29	8607.57	3760.44	336803.27
2008		265037.51	240864.67	6192.25	2821.52	216524.80
2009		141085.70	192444.82	3754.01	1703.32	154136.81
2010		143097.62	341530.98	2840.01	1079.72	216646.48
2011		128975.95	427312.77	3791.19	1064.70	264742.72
2012		106091.28	210281.77	2826.73	1137.04	184729.25
北 京	Beijing	786.65	12165.28	35.67		4123.99
天 津	Tianjin	1617.47				2.31
河 北	Hebei	1435.01	4118.85	36.87	18.39	3365.07
山 西	Shanxi	770.01	6298.19	84.30	33.64	4675.83
内蒙古	Inner Mongolia	6993.78	17901.78	6.23	0.04	7904.16
辽 宁	Liaoning	1099.41	10880.77	87.12	47.18	3516.75
吉 林	Jilin	781.11		9.82	5.11	6229.76
黑龙江	Heilongjiang	1539.12	5790.54	3.69	0.32	7295.04
上 海	Shanghai	1443.64	2841.96			1989.42
江 苏	Jiangsu	1815.00	15622.89	56.23	24.75	3549.11
浙 江	Zhejiang	23525.10	28994.70	293.36	85.66	12587.65
安 徽	Anhui	5564.09	33265.88	596.96	339.96	8582.62
福 建	Fujian	7089.20	5933.49	571.68	78.41	9572.54
江 西	Jiangxi	122.82	3817.49	10.51	0.39	2714.74
山 东	Shandong	1438.82	7227.25	62.91	45.55	8437.52
河 南	Henan	1716.21	7844.07	21.10	14.68	3137.73
湖 北	Hubei	871.24	5609.86	71.95	48.74	11554.66
湖 南	Hunan	4798.42	786.03	17.08	0.66	6809.37
广 东	Guangdong	2102.13	138.66	2.04	0.66	2152.68
广 西	Guangxi	26312.61	12832.95	20.70	2.73	10410.48
海 南	Hainan	3025.21	3171.00	162.65	4.72	11627.55
重 庆	Chongqing	1793.38	8811.65	10.00	6.92	4944.67
四 川	Sichuan	4331.86	7763.54	148.27	75.49	4055.46
贵 州	Guizhou	455.43	931.80	63.60	2.25	10522.89
云 南	Yunnan	2150.59	5946.37	329.03	281.94	7098.89
西 藏	Tibet					0.58
陕 西	Shaanxi	848.25	946.46	19.13	14.30	3095.85
甘 肃	Gansu	121.64	32.26	16.67	1.57	795.43
青 海	Qinghai	119.00	120.02	0.59	0.59	1578.41
宁 夏	Ningxia	78.90	485.63	26.74	0.47	575.86
新 疆	Xinjiang	1345.18	2.40	61.83	1.92	21812.54

主要统计指标解释

批准建设用地面积　是指省级以上政府(包括省级人民政府授权设区的市、自治州人民政府)依法批准的建设用地面积。

国务院批准建设用地　是指依法经国土资源部审查，报国务院批准的建设用地面积。

省级政府批准建设用地　是指依法经省、自治区、直辖市人民政府国土资源行政主管部门审查，经同级人民政府批准的建设用地面积，省级人民政府授权设区的市、自治州人民政府批准的用地面积亦统计在内。

农用地转用　是指批准用地面积中的农用地面积。

耕地　是指批准用地面积中的耕地面积。

城镇村建设用地　是指在土地利用总体规划确定的城市、村庄和集镇建设用地规模范围以内，为实施该规划，经国务院和省级人民政府（包括省级人民政府授权设区的市级人民政府）依法批准的建设用地。城镇村建设用地分类采用《土地利用现状分类》（GB/T 21010—2007）。

商服用地　是指主要用于商业、服务业的土地。

工矿仓储用地　是指主要用于工业生产、物资存放场所的土地。

住宅用地　是指主要用于人们生活居住的房基地及其附属设施的土地。

公共管理与公共服务用地　是指用于机关团体、新闻出版、科教文卫、风景名胜、公共设施等的土地。

交通运输用地（城镇村建设用地）　是指用于运输通行的地面线路、场站等用地。包括民用机场、港口、码头、地面运输管道和各种道路用地。

单独选址建设项目用地　是指在土地利用总体规划确定的城市和村庄、集镇建设用地规模范围以外，经国务院、省级人民政府批准的道路、管线工程和大型基础设施建设项目占用的土地。单独选址建设项目用地分类根据《国民经济行业分类》（GB/T 4754—2002）确定。

交通运输用地（单独选址建设项目用地）　是指按照确定的行业分类目录中确定的交通运输项目的用地。

水利设施用地　是指按照确定的行业分类目录中确定的水利设施项目的用地。

能源用地　是指按照确定的行业分类目录中确定的能源项目的用地。

土地征收　是指国家基于公共利益的需要，将农民集体所有的土地收归国有，并对被征收人给予合理补偿的行为。

土地征收面积　经国务院和省级政府土地行政主管部门审查，报同级人民政府批准征收的土地面积。

建设用地供应总量　是指报告期市、县人民政府根据年度土地供应计划依法以出让、划拨、租赁等方式将国有建设用地使用权提供给单位或个人使用的国有建设用地总量。

划拨　是指县级以上人民政府依法批准，在土地使用者缴纳补偿、安置费用后将该幅土地交付其使用，或者将国有建设用地使用权无偿交付给土地使用者使用的行为。

协议出让　是指国家以协议方式将国有建设用地使用权在一定年限内出让给土地使用者，由土地使用者向国家支付国有建设用地使用权出让金的行为。

招标出让　是指市、县人民政府国土资源管理部门发布招标公告或者发出投标邀请书，邀请特定或不特定的法人、自然人和其他组织参加国有建设用地使用权投标，根据投标结果确定土地使用者的行为。

拍卖出让　是指市、县人民政府国土资源管理部门发布拍卖公告，由竞买人在指定时间、地点进行公开竞价，根据出价结果确定土地使用者的行为。

挂牌出让 是指市、县人民政府国土资源管理部门发布挂牌公告，按公告规定期限将拟出让宗地的交易条件在指定的土地交易场所挂牌公布，接受竞买人的报价申请并更新挂牌价格，根据挂牌期限截止时的出价结果（或现场竞价结果）确定土地使用者的行为。

租赁 是指国家依法将国有建设用地出租给土地使用者使用，由土地使用者与县级以上人民政府国土资源管理部门签订一定年限的土地租赁合同，并支付租金的行为。

其他供地方式 是指除划拨、出让、租赁以外的其他供地方式，如作价出资入股、授权经营等。

宗数 是指报告期内供应的国有建设用地的宗数。

土地面积 是指报告期内市、县人民政府供应给单位或个人使用的国有建设用地总面积。

新增 即新增建设用地，是指农用地和未利用地经依法批准转用和土地征用后在报告期内供应给单位或个人使用的建设用地面积。

成交价款 是指市、县人民政府以协议、招标、拍卖、挂牌等方式出让国有建设用地的实际交易价总额。

租金 是指承租方为取得国有建设用地使用权而向国家支付的价款。以报告期实际收入数为准。

用地类型 见《土地利用现状分类》（GB/T 21010—2007）中的建设用地类型。其中：住宅用地又划分为：① 高档住宅用地；② 普通商品住房用地（其中：中低价位、中小套型普通商品房用地类型单列）；③ 经济适用住房用地；④ 廉租住房用地。

高档住宅用地 是指报告期内出让用于高档住宅建设的建设用地，包括住宅小区建筑容积率低于 1.0、单套住房建筑面积超过 144 平方米的住宅用地以及别墅、高档公寓用地。

普通商品住房用地 是指报告期内出让用于普通商品住房建设的建设用地。

中低价位、中小套型普通商品住房用地 是指报告期内出让用于中低价位、中小套型普通商品住房建设的建设用地，特指限房价普通商品住房用地和单套住房建筑面积在 90 平方米（含）以下的普通商品住房用地。

经济适用住房用地 是指报告期内供应用于经济适用住房建设的建设用地，包括集资建房用地。

廉租住房用地 是指报告期内供应用于廉租住房建设的建设用地。

地价 是指根据城市地价监测技术规范，以城市监测点地价为基础，综合土地市场交易价格测算的反映城市整体状况的土地价格水平。

综合地价 是指同一城市或地区的不同用途土地的平均价格水平。

商业用地地价 是指同一城市或地区的商业用途土地的平均价格水平。

住宅用地地价 是指同一城市或地区的住宅用途土地的平均价格水平。

工业用地地价 是指同一城市或地区的工业用途土地的平均价格水平。

105 个主要城市 包括：北京，天津，（河北）石家庄、唐山、秦皇岛、邯郸、保定、张家口、廊坊，（山西）太原、大同，（内蒙古）呼和浩特、包头，（辽宁）沈阳、大连、鞍山、抚顺、本溪、丹东、锦州、阜新、辽阳，（吉林）长春、吉林，（黑龙江）哈尔滨、齐齐哈尔、鸡西、鹤岗、大庆、伊春、佳木斯、牡丹江，上海，（江苏）南京、无锡、徐州、常州、苏州、南通、扬州，（浙江）杭州、宁波、温州、嘉兴、湖州，（安徽）合肥、芜湖、蚌埠、淮南、淮北，（福建）福州、厦门、泉州，（江西）南昌、九江，（山东）济南、青岛、淄博、枣庄、烟台、潍坊、济宁、泰安、临沂，（河南）郑州、开封、洛阳、平顶山、安阳、新乡、焦作，（湖北）武汉、黄石、宜昌、襄阳、荆州，（湖南）长沙、株洲、湘潭、衡阳、岳阳，（广东）广州、深圳、珠海、汕头、佛山市顺德区、湛江、东莞、中山，（广西）南宁、柳州、北海，（海南）海口，重庆，（四川）成都、南充、宜宾，（贵州）贵阳，（云南）昆明，（西藏）拉萨，（陕西）西安，（甘肃）兰州，（青海）西宁，（宁夏）银川，（新疆）乌鲁木齐。

土地违法案件 是指违反土地管理法律法规，应当追究法律责任的案件。

省级、市级、县级、乡级机关 是指发生违反土地管理法律法规规定的各级党政军机关、人民团体。中央党政军机关、人民团体在外地的派出机构违反土地管理法律法规有关规定的案件，按机关级别归类到相应级别机关内。各级党政军机关、人民团体所属企事业单位违反土地管理法律法规的，应统计在“企事业单位”栏内。

涉及土地面积 是指各级机关、村（组）集体、企事业单位和个人等发生违反土地管理法律、法规行为，所牵涉的土地面积。

上年未结案件 是指上年未结案需要转到本年继续处理的案件。

本年发现违法 是指报告期内发现的土地违法行为。

历年隐漏案件 是指报告期以前发生而在报告期内发现的土地违法行为。

本年立案 是指报告期内，经批准由土地行政主管部门立案查处的全部土地违法案件。

历年隐漏案件立案 是指报告期内对历年隐漏的土地违法行为，经批准由土地行政主管部门立案查处的全部土地违法案件。

本年发生案件立案 指报告期内发生的土地违法行为，经批准由土地行政主管部门立案查处的全部土地违法案件。

买卖和非法转让 买卖土地是指以牟利为目的，违反土地管理法律法规，无限期地将土地所有权和使用权转移给他人的行为；非法转让土地是指违反土地管理法律法规，将土地使用权有限期转移给他人的行为。

破坏耕地 是指单位或个人未经批准擅自占用耕地建窑、建坟，未经批准擅自在耕地上建房、挖砂、采石、采矿、取土等，使土地种植条件遭到破坏的违法行为。

非法占地 指单位或个人未经批准擅自占用土地、采取欺骗手段骗取批准占用土地以及超过批准的数量多占土地的违法行为。

非法批地 是指没有批准权的单位或个人批准用地、虽有批准权但超越了批准权限批准用地、违反土地利用总体规划批准用地和违反法律规定的程序批准用地的违法行为。

低价出让土地 是指违反土地管理法律法规，滥用职权，以低于国家规定的价格出让国有土地使用权，造成国有土地资产流失的违法行为。

其他（本年发生案件立案） 是指除买卖或非法转让、破坏耕地、非法占地、非法批地、低价出让土地以外的土地违法案件。

本年结案 是指报告期内经过土地行政主管部门处理已结案的土地违法案件。

处理上年未结案件 是指报告期内对上年未结案件经过土地行政主管部门处理并已结案的土地违法案件。

处理历年隐漏案件 是指报告期内对隐漏案件经过土地行政主管部门处理并已结案的土地违法案件。

处理本年发生案件 是指报告期内发生并经过土地行政主管部门处理，已结案的土地违法案件。

其他（处理本年发生案件） 是指除买卖和非法转让、破坏耕地、非法占地、非法批地、低价出让土地以外本年已结案的土地违法案件。

本年未结案件 是指当年不能结案需要转到下一年度继续处理的案件。

拆除构建物面积 是指对非法占地者所建的建筑物、构筑物依法拆除的面积。

没收构建物面积 是指对非法占地者所建的建筑物、构筑物依法没收的面积。

收回土地面积 是指在报告期内土地行政主管部门依法收回并已结案的土地面积。

罚没款 是指土地行政主管部门依法对报告期内已结案的案件进行经济处罚的实收金额。

Explanatory Notes on Main Statistical Indicators

Total area of construction-used land approved — refers to the area of construction-used land approved according to law by governments at the provincial level (including governments of cities and autonomous prefectures authorized by provincial-level people's government).

Land approved by the state council — refers to the area of construction-used land examined by the MLR according to law and submitted to the State Council for approval.

Land approved by provincial governments — refers to the area of construction-used land examined by land and resources administration departments of the people's governments of provinces, autonomous regions, and municipalities directly under the Central government and approved by the people's governments of the corresponding levels. It also includes the areas approved by people's government of cities and autonomous prefectures authorized by provincial-level governments.

Transferred agriculture land — refers to the area of farmland in the area of land approved.

Cultivated land — refers to the area of cultivated land in the area of land approved.

Land for construction in city, town and village—refers to the construction-used land approved according to law by the State Council and provincial-level governments (including city-level governments authorized by provincial-level governments to establish districts) within the scope of land-used scales for city, village, and town (township) construction determined by the national overall planning of land utilization. The Current Land Use Status Classification (GB/T 21010-2007) is adopted for the construction-used land classification of cities, towns, and villages.

Land for commercial and service uses — refers to the land mainly used for commerce and service trades.

Land for industry, mining and warehousing — refers to the land mainly used for industrial production and warehousing.

Land for residential uses — refers to the land used for house sites and their affiliated facilities for people's daily life and dwelling.

Land for public management and public services — refers to the land used for government agencies and public organizations, press and publication, science, education, culture and health, scenic spots and historical sites and public facilities.

Land for transport(Land for construction in city, town and village) — refers to land used for ground lines and stations of transportation and passage. It includes land used for civil airports, harbors, wharfs, ground transport pipelines, and all kinds of roads.

Land for construction at separated selected sites — refers to land used for the construction projects of roads, pipelines, and large-scale infrastructures approved by the State Council and provincial-level governments outside the scope of land used for city, town, and village construction stipulated in the national overall planning of land utilization. The land-use classification of separate construction project sites is defined according to the "Classification of National Economic Industries" (GB/T 4754—2002).

Land for transport(Land for construction at separated selected sites) — refers to land used for transport stipulated in the "Catalog of the Classification of Industries".

Land for water conservancy facilities — refers to land used for water conservancy facilities stipulated in the "Catalog of the Classification of Industries".

Land for energy projects — refers to land for energy projects stipulated in the "Catalog of the

Classification of Industries".

Land requisition — refers to the act of taking back to the state the land owned by farmer collectives based on the needs of public interests and paying reasonable land compensation to the requisitioned land.

Requisitioned land area — refers to the area of requisitioned land examined by the State Council and land administration departments of provincial-level governments and approved by the people's governments of the same level.

Total amount of construction-used land supplied — refers to the total amount of state-owned construction-used land whose use right is provided by the people's government of a city or county to a unit or an individual during the reporting period in the way of grant, allocation, or lease according to the annual land supply plan. It also includes state-owned remaining construction-used land used for commercial services, residential areas, and industrial production, mining, and warehousing whose usage and land-use development intensity are changed after its approval.

Allocation — refers to the act through which the people's government at and above the county level assigns a plot of land to the land user after he pays land compensation and resettlement subsidies or assigns state-owned land-use right to the land user without compensation. This act is approved by the people's government at and above the county level according to law.

Granting through agreement — refers to the act through which the state assigns the land user the right to the use of state-owned construction-used land for a certain period of time in the way of agreement, and the land user shall pay the state the grant fees for the state-owned construction-used land-use right.

Granting through bidding — refers to the act through which the land administration department of the people's government at the city or county level issues a notice of invitation for bid to invite specially or not specially designated legal persons, natural persons and other organizations to participate in the bidding of the state land-use right, and the land user is determined according to the result of the bidding.

Granting through auction — refers to the act through which the land administration department of the people's government at the city or county level issues a notice of invitation for auction, and the bidders participate in open competition at the prescribed time and locality and the land user is determined according to the result of the price offer.

Granting through listing — refers to the act through which the land administration department of the people's government at the city or county level issues a notice of listing, draws up the transaction terms of granting land plots in the time limit prescribed by the notice, lists them in public in a land transaction house, receives the offer applications of the bidders, and renews the listed prices accordingly, and the land user is determined according to the price offer (or the result of on-the-spot price competition) at the closing time of the listing time limit.

Lease — refers to the act through which the state leases state-owned construction-used land to a land user, and the land user enters into a land leasing contract with the land administration department of the people's government at and above the county level for a fixed number of years and pays rent.

Other land supply ways — refer to the ways other than allocation, grant, and lease, e.g. investment as a shareholder with state-owned land rights and authorized operations of land.

Number of plots — refers to the number of plots of state-owned construction-used land supplied during the reporting period.

Land area — refers to the total area of state-owned land for construction supplied to a unit or an individual by the people's government of a city or county during the reporting period.

Newly increased area — refers to newly added construction-used land, i.e. the area of farmland and unused land transferred and requisitioned after approval according to law and supplied to a unit or an individual during the reporting period.

Transaction price value — refers to the total amount of actual transaction price of state-owned construction-used land granted by the people's government of a city or county in the ways of agreement, bidding, auction, and listing.

Rent — refers to the amount payable by a lessee to the state for a rental period in order to acquire the granted state-owned, construction-used, land-use right. The rent shall be based on the actual income obtained during the reporting period.

Land-use type — See the construction-used land types in the "Current Land Use Status Classification" (GB/T 21010-2007). Among these types, the land for residential uses is subdivided into: ① land for high-grade residence, ② land for ordinary commercial houses (of which land for medium-and low-price, medium-and small-sized ordinary commercial houses is listed separately, ③ land for economically affordable house, ④ cheap rent house.

Land for high-grade residence — refers to the construction-used land used for high-grade residence construction assigned during the reporting period, including the land for residence with a floor area rate (FAR)<1.0 and the building area of a residence house>144 m^2, as well as villas and high-grade apartments.

Land for ordinary commercial houses — refers to the construction-used land used for ordinary commercial house construction assigned during the reporting period.

Land for medium-and low-price, medium-and small-sized ordinary commercial houses — refers to the construction-used land used for medium-and low-price, medium-and small-sized ordinary commercial house construction assigned during the reporting period. It specially refers to the land for price-limited ordinary commercial houses and ordinary commercial houses with their building area <90 m^2 (including 90 m^2).

Land for economically affordable house — refers to the construction-used land used for economically affordable house construction. It includes the land used for building houses by personal fund raising.

Land for cheap rent house — refers to the construction-used land used for cheap rent house construction.

Price of land — refers to the price level of land which is estimated according to the urban land price monitoring technical code and on the basis of the land prices at urban monitoring stations combined with the price of the land market transactions. It can reflect the overall status of a city.

Integrated price of land — refers to the average price level of lands for different uses in the same city or area.

Price of land for commercial use — refers to the average price level of land for commercial use in the same city or area.

Price of land for residential use — refers to the average price level of land for residential use in the same city or area.

Price of land for industrial use — refers to the average price level of land for industrial use in the same city or area.

105 major cities — include: Beijing Municipality; Tianjin Municipality; Shijiazhuang, Tangshan, Qinhuangdao, Handan, Baoding, Zhangjiakou and Langfang (Hebei); Taiyuan and Datong (Shanxi); Hohhot and Baotou (Inner Mongolia); Shenyang, Dalian, Anshan, Fushun, Benxi, Dandong, Jingzhou, Fuxin and Liaoyang (Liaoning); Changchun and Jilin (Jilin), Harbin, Qiqihar, Jixi, Hegang, Daqing, Yichun, Jiamusi and Mudanjiang (Heilongjiang); Shanghai Municipality; Nanjing, Wuxi, Xuzhou, Changzhou, Suzhou, Nantong and Yangzhou (Jiangsu); Hangzhou, Ningbo, Wenzhou, Jiaxing and Huzhou (Zhejiang);

Hefei, Wuhu, Bengbu, Huainan and Huaibei (Anhui); Fuzhou, Xiamen and Quanzhou (Fujian); Nanchang and Jiujiang (Jiangxi); Jinan, Qingdao, Zibo, Zaozhuang, Yantai, Weifang, Jining, Tai'an and Linyi (Shandong); Zhengzhou, Kaifeng, Luoyang, Pingdingshan, Anyang, Xinxiang and Jiaozuo (Henan); Wuhan, Huangshi, Yichang, Xiangyang and Jinzhou (Hubei); Changsha, Zhuzhou, Xiangtan, Hengyang and Yueyang (Hunan); Guangzhou, Shenzhen, Zhuhai, Shantou, Shun de of foshan City, Zhanjiang, Dongguan and Zhongshan(Guangdong); Nanning, Liuzhou and Beihai (Guangxi); Haikou (Hainan); Chongqing Municipality; Chengdu, Nanchong and Yibin (Sichuan); Guiyang (Guizhou); Kunming (Yunnan); Lhasa (Tibet); Xi'an (Shaanxi); Lanzhou (Gansu); Xining (Qinghai); Yinchuan (Ningxia); Urumqi (Xinjiang).

Case of violations of land law — refers to cases of violations of laws and regulations of land administration for which legal liabilities should be investigated.

Provincial, municipal, county and township (town) level — refer to party, government, and army administration agencies and mass organizations at various levels that commit acts in violations of laws and regulations of land administration. The cases concerning illegal acts of land committed by agencies sent to other parts of the country by the central party, government, and army administration agencies and mass organizations are classified according to the levels of these agencies as those at corresponding levels. Enterprises and institutions affiliated to agencies and mass organizations at various levels that violate land administration laws and regulations should be included in the column of "enterprises and institutions".

Land area involved — refers to the land area involved by the acts in violation of land administration laws and regulations committed by agencies at various levels, collectives of villages (teams), enterprises and institutions, and individuals.

Cases unsettled from last year — refer to cases that were not able to be settled last year and need to be transferred to the current year and continue to be handled.

Violations of law discovered in the current year — refers to the acts in violation of land laws and regulations discovered during the reporting period.

Cases concealed and not discovered over the past years — refer to the acts in violation of land laws and regulations that were committed before the reporting period but discovered during the reporting period.

Cases filed this year — refer to all the cases in violation of land laws and regulations filed for investigation and handling during the reporting period by competent land administration departments after approval.

Cases concealed and not discovered over the past years — refers to all the cases in violation of land laws and regulations concealed and not discovered over the years filed for investigation and handling during the reporting period by competent land administration departments after approval.

Cases occurring this year filed — refer to all the cases committed in violation of land laws and regulations during the reporting period that are filed, investigated and handled by competent land administration departments after approval.

Purchase and sale or illegal transfer — Purchase and sale of land refer to the act through which the land ownership and land-use right are transferred to another person without a definite period of time for the purpose of seeking profits, which is in violation of land administration laws and regulations; illegal transfer of land refers to the act through which the land-use right is transferred to another person within a definite period of time, which is in violation of land administration laws and regulations.

Damage of cultivated land — refers to the illegal act through which units or individuals occupy cultivated land to build kilns and graves without approval and build houses, dig sand, quarry stone, mine minerals, and fetch earth thereupon without approval, thus destructing planting conditions of the land.

Unlawful encroachment of land — refers to the illegal act through which units or individuals occupy and use land without approval, obtain approval by deceitful means, and occupy and use land exceeding the approved amount.

Unlawful approval of land occupancy — refers to the illegal act through which units or individuals without authority to approve use of land approve occupation of land or they approve occupation of land by overstepping their authority of approval or in violation of the national overall planning of land utilization and procedures for land approval prescribed by law although they have approval authority.

Granting of land at a lower price — refers to the illegal act through which state-owned land-use rights are granted at a lower price than that prescribed by the State in violation of land administration laws and regulations by abusing their authority, thus resulting in a drain on state-owned land and assets.

Others (filing cases occurring this year) — refer to all the cases in violation of land laws and regulations except for those concerning land purchase and sale or illegal transfer, damage of cultivated land, occupation of land without approval, unlawful approval of land occupation, and assigning of land at a lower prices.

Cases settled this year — refer to cases in violation of land laws and regulations handled and settled by competent land administration departments during the reporting period.

Last year's unsettled cases handled — refer to last year's unsettled cases in violation of land laws and regulations handled and settled by competent land administration departments during the reporting period.

Concealed and not discovered cases handled — refer to the concealed and not discovered cases in violation of land laws and regulations handled and settled by competent land administration departments during the reporting period.

This year's cases handled — refer to cases in violation of land laws and regulations committed and handled and settled by competent land administration departments during the reporting period.

Others (this year's cases handled) — refers to the cases in violation of land laws and regulations except for land purchase and sale or unlawful transfer of land, damage of land, occupation of land without approval, unlawful approval of land occupation, and assigning of land at a lower price.

Cases unsettled this year — refer to cases that are not able to be settled in the current year and need to be transferred to the next year and continue to be handled.

Area of structures demolished — refers to the area of land on which buildings or structures erected by illegal occupants of land are demolished according to law.

Area of structures confiscated — refer to the area of land on which buildings or structures erected by illegal occupants of land are confiscated according to law.

Area of land withdrawn — refers to the area of land withdrawn by the competent land administration departments according to law during the reporting period. The relevant case has been settled.

amount of fines — refers to the paid-in amount of fines imposed by the competent land administration departments according to law for economic punishment of the case settled during the reporting period.

矿产资源管理

Mineral Resources Administration

矿产资源勘查许可证发证及探矿权
Exploration Licenses Issued and Exploration

年份/地区	Year/Region	勘查许可证发证 Exploration Licenses Issued						
		许可证数（个） Number of Licenses (number)			登记面积（平方千米） Registered Area (km^2)			探矿权使用费（万元） Exploration Right Royalty (10^4 yuan)
		有效 Valid	新立 Newly Issued	注销 Cancelled	有效 Valid	新立 Newly Issued	注销 Cancelled	
	2009	37621	4568	289	5032741.12	175934.46	38448.95	136454.80
	2010	33978	2314	980	5003104.68	118683.86	11480.23	19315.51
	2011	36237	1366	1037	4992080.24	68511.22	50612.13	24355.04
	2012	33933	1055	643	4756199.40	105271.79	10173.54	24640.94
国土资源部	MLR	2591	48	46	4152771.83	71832.39	230.43	3442.76
北 京	Beijing	16			43.00			0.83
天 津	Tianjin	53	21	8	108.84	21.00	106.65	3.37
河 北	Hebei	585	5	42	3189.26	20.02	290.53	138.96
山 西	Shanxi	124	11	1	1448.52	182.61	40.79	54.40
内蒙古	Inner Mongolia	3549	40	25	89659.56	1578.99	825.43	3256.75
辽 宁	Liaoning	1072	98	6	15263.18	1900.65	26.53	405.68
吉 林	Jilin	1024	18		15664.82	198.32		598.12
黑龙江	Heilongjiang	615	5	2	29945.66	166.40	5.27	1272.79
上 海	Shanghai							
江 苏	Jiangsu	167	16	9	942.06	125.66	62.44	26.81
浙 江	Zhejiang	436	20	13	5148.45	582.08	142.00	154.59
安 徽	Anhui	1166	28		14506.97	948.95		490.91
福 建	Fujian	446	24	28	4243.62	249.01	403.09	171.78
江 西	Jiangxi	1745	24	77	17332.27	130.67	753.70	641.04
山 东	Shandong	1196	57	63	13237.07	1596.56	977.13	518.35
河 南	Henan	881	23	36	8111.25	164.06	485.64	313.58
湖 北	Hubei	330	22	8	2202.69	175.78	19.55	74.78
湖 南	Hunan	585	59	14	6447.85	1440.20	71.04	196.88
广 东	Guangdong	377	43	27	4172.44	567.96	137.66	146.24
广 西	Guangxi	1617	23	50	35568.57	328.07	970.56	1298.87
海 南	Hainan	415			7888.75			261.48
重 庆	Chongqing	171	15	3	3284.50	775.49	12.60	69.53
四 川	Sichuan	2071	77	21	40922.06	1552.62	362.38	1018.80
贵 州	Guizhou	720	29		12768.43	568.41		504.74
云 南	Yunnan	2965	96	17	62793.69	1895.20	262.13	2396.60
西 藏	Tibet	642	3	65	24278.87	266.71	2380.72	1052.98
陕 西	Shaanxi	847	24		21403.04	1559.09		857.45
甘 肃	Gansu	897	1	65	15119.35	94.59	1149.23	712.41
青 海	Qinghai	635	95	7	20058.44	3919.31	203.29	598.38
宁 夏	Ningxia	55	1	10	1205.27	26.17	254.75	55.98
新 疆	Xinjiang	5940	129		126469.09	12404.82		3905.13

出让、转让情况——按地区分列
Rights Granted and Transferred by Region

探矿权出让 Exploration Rights Granted							探矿权转让 Exploration Rights Transferred	
合计 Total		申请在先 First Application	协议出让 Granting through Agreement		"招拍挂"出让 Granting through Bidding, Auction and Listing		宗数（宗） Number of Cases (case)	转让金额（万元） Amount of Transfer (10^4 yuan)
宗数（宗） Number of Cases (case)	价款金额（万元） Amount of Price Value (10^4 yuan)	宗数（宗） Number of Cases (case)	宗数（宗） Number of Cases (case)	价款金额（万元） Amount of Price Value (10^4 yuan)	宗数（宗） Number of Cases (case)	价款金额（万元） Amount of Price Value (10^4 yuan)		
5646	238572.16	4654	295	38562.19	697	200009.98	1028	2194412.02
2314	211611.87	1519	152	9808.56	643	201803.31	1028	597010.41
1366	205571.30	831	106	77361.38	429	128209.92	485	117951.72
1055	118435.06	725	44	7442.72	286	110992.34	686	282721.59
48		46			2		44	11998.27
21	1795.10		21	1795.10				
5	16.00	1			4	16.00	20	2719.80
11	19296.00	7			4	19296.00	1	28478.62
40	2393.33	32	3	83.33	5	2310.00	90	2998.81
98	400.00	97			1	400.00	40	6278.00
18	2019.43	6	4	1793.43	8	226.00	17	48.63
5		5					6	1568.29
16		16					1	
20	981.00	18	1	381.00	1	600.00	9	41.00
28	10900.00	23	1	2500.00	4	8400.00	22	481.21
24	1280.00	16	4	40.00	4	1240.00	6	
24	3144.00				24	3144.00	46	248.00
57		57					30	
23	15604.00				23	15604.00	24	15234.00
22	99.92	20			2	99.92	9	561.67
59	6722.00	48			11	6722.00	3	3067.26
43	3239.00	17			26	3239.00	25	404.00
23	6573.00	5			18	6573.00	25	1017.74
15	1200.00	14			1	1200.00	1	
77	16254.31	43	4		30	16254.31	66	3978.00
29	2121.27	23			6	2121.27	21	39771.68
96	13312.00	11	2	342.00	83	12970.00	73	51899.90
3		3					19	104670.19
24	7582.50	10	1	10.00	13	7572.50	1	
1	118.00				1	118.00	17	320.00
95	606.42	89	2	492.42	4	114.00	29	1442.00
1	52.34				1	52.34	4	4620.50
129	2725.44	118	1	5.44	10	2720.00	39	874.02

矿产资源勘查许可证发证及探矿权

Exploration Licenses Issued and Exploration

矿种	Mineral	勘查许可证发证 Exploration Licenses Issued						
		许可证数（个）Number of Licenses (number)			登记面积（平方千米）Registered Area (km²)			探矿权使用费（万元）Exploration Right Royalty (10^4 yuan)
		有效 Valid	新立 Newly Issued	注销 Cancelled	有效 Valid	新立 Newly Issued	注销 Cancelled	
总计	**Total**	**33933**	**1055**	**643**	**4756199.40**	**105271.79**	**10173.54**	**24640.94**
煤	Coal	2283	66	36	126284.61	12227.97	666.49	4996.49
石油天然气	Oil & Natural gas	943	20	33	4009340.00	69743.00		
煤层气	Coal-bed methane	91	2	10	50671.00	133.40		
油页岩	Oil shale	63	6	2	3873.18	318.49	210.97	148.43
石煤	Stone coal	7			58.27			1.49
油砂	Oil sand	4			122.95			2.91
天然沥青	Native bitumen	5	1		27.50	9.99		0.73
地热	Geotherm	541	93	28	9104.15	1068.76	377.16	227.01
铁矿	Iron	3635	133	94	48032.58	2681.56	907.88	1721.60
锰矿	Manganese	708	23	15	10418.08	338.22	250.22	356.71
铬铁矿	Chromite	59	2	2	1078.41	89.27	84.05	43.17
钛矿	Titanium	85	6		1621.43	67.74		46.09
钒矿	Vanadium	193	7	1	3106.25	311.07	7.66	89.12
金红石	Titanium	14			223.88			5.53
铜矿	Copper	6804	191	90	140541.78	5877.12	1702.42	4553.50
铅矿	Lead	3899	119	46	74261.88	3212.19	645.35	2566.34
锌矿	Zinc	506	12	3	7586.58	239.99	39.47	281.91
铝土矿	Bauxite	314	23	15	10317.35	670.23	201.01	366.48
镁矿	Magnesium	10	2		46.91	9.30		1.41
镍矿	Nickel	183	1	1	3729.74	17.30	2.51	140.86
钴矿	Cobalt	19		1	260.00		9.17	9.00
钨矿	Tungsten	110		1	1099.01		13.98	52.65
锡矿	Tin	176	1	3	2221.36	14.89	29.41	84.34
铋矿	Bismuth	7		1	135.02		106.83	5.62
钼矿	Molybdenum	750	15	9	12019.75	459.51	105.34	421.58
汞矿	Mercury	11		2	213.85		10.55	7.40
锑矿	Antimony	131		1	1439.69		13.56	61.81
多金属	Polymetallic ore	1769	32	18	46000.26	1000.99	527.73	1479.15
铂矿	Platinum	30			604.95			28.64
砂金	Placer gold	24	1	2	427.74	10.70	53.89	14.89

出让、转让情况——按矿种分列（2012年）
Rights Granted and Transferred by Mineral (2012)

探矿权出让 Exploration Rights Granted							探矿权转让 Exploration Rights Transferred	
合计 Total		申请在先 First Application	协议出让 Granting through Agreement		“招拍挂”出让 Granting through Bidding, Auction and Listing		宗数（宗） Number of Cases (case)	转让金额（万元） Amount of Transfer (10^4 yuan)
宗数（宗） Number of Cases (case)	价款金额（万元） Amount of Price Value (10^4 yuan)	宗数（宗） Number of Cases (case)	宗数（宗） Number of Cases (case)	价款金额（万元） Amount of Price Value (10^4 yuan)	宗数（宗） Number of Cases (case)	价款金额（万元） Amount of Price Value (10^4 yuan)		
1055	**118435.06**	**725**	**44**	**7442.72**	**286**	**110992.34**	**686**	**282721.59**
66		66					32	126556.34
20		18			2			
2		2						
6		6					4	2915.63
1	41.00				1	41.00		
93	5841.72	43	22	1811.04	28	4030.68	5	248.00
133	15901.86	78	13	2173.36	42	13728.50	89	7618.23
23	1474.00	16			7	1474.00	6	
2		2					2	167.00
6	86.82	5	1	86.82			3	
7	1010.00	6			1	1010.00	5	1672.26
							1	
191	12848.92	139			52	12848.92	111	105946.85
119	10633.00	74			45	10633.00	113	7863.62
12	333.00	10			2	333.00	9	814.62
23	18869.00	16			7	18869.00	5	432.00
2	2336.00				2	2336.00	1	240.00
1		1					9	297.02
							2	12395.00
1		1					4	2190.00
							1	
15	628.00	14			1	628.00	19	312.47
							3	165.00
32	2837.00	27			5	2837.00	23	961.28
							2	
1	611.00				1	611.00		

矿产资源勘查许可证发证及探矿权
Exploration Licenses Issued and Exploration

矿种	Mineral	勘查许可证发证 Exploration Licenses Issued						
		许可证数（个） Number of Licenses (number)			登记面积（平方千米） Registered Area (km²)			探矿权使用费（万元） Exploration Right Royalty (10^4 yuan)
		有效 Valid	新立 Newly Issued	注销 Cancelled	有效 Valid	新立 Newly Issued	注销 Cancelled	
金矿	Gold	7223	165	121	131178.33	4518.12	1860.46	4791.32
银矿	Silver	643	14	12	13436.50	238.38	127.99	471.50
铌钽矿	Columbotantalite	77	1	15	1525.31	17.81	724.34	48.29
铌矿	Niobium	17			250.40			9.33
钽矿	Tantalum	10			111.44			4.12
铍矿	Beryllium	39			530.87			12.19
锂矿	Lithium	35	2	1	1257.95	75.09	23.77	34.28
锆矿	Zirconium	7		1	132.28		18.11	4.38
锶矿(天青石)	Strontium	9			99.48			4.29
铷矿	Rubidium	3	1		108.31	74.56		2.43
铯矿	Cesium	2			30.60			0.78
重稀土矿	Heavy rare earths	4			136.04			4.62
钇矿	Yttrium			1			93.19	
轻稀土矿	Light rare earths	7			58.20			2.91
锗矿	Germanium	4	1	1	57.43	3.59	6.12	1.73
铊矿	Thallium	1			6.56			0.33
铼矿	Rhenium	8			91.68			1.56
钪矿	Scandium	1			16.50			0.82
蓝晶石	Kyanite	5			54.69			2.73
矽线石	Sillimanite	3			16.06			0.80
红柱石	Andalusite	8			93.99			2.82
菱镁矿	Magnesite	7	1		89.50	3.15		2.50
萤石(普通)	Common fluorite	337	7	6	2809.99	108.84	33.34	93.06
熔剂用石灰岩	Limestone for flux	19	2	1	126.08	32.91	5.70	3.27
冶金用白云岩	Metallurgical dolomite	24	1		96.13	6.04		2.62
冶金用石英岩	Metallurgical quartzite	9			47.88			1.46
冶金用砂岩	Metallurgical sandstone			1			5.26	
冶金用脉石英	Metallurgical vein quartz	2			6.87			0.19
耐火粘土	Fire clay	8		1	74.20		32.92	3.71
其他粘土	Other clay	2			103.39			5.17

出让、转让情况——按矿种分列（2012年） 续表 1

Rights Granted and Transferred by Mineral (2012) Continued 1

探矿权出让 Exploration Rights Granted							探矿权转让 Exploration Rights Transferred	
合计 Total		申请在先 First Application	协议出让 Granting through Agreement		“招拍挂”出让 Granting through Bidding, Auction and Listing		宗数（宗） Number of Cases (case)	转让金额 （万元） Amount of Transfer (10^4 yuan)
宗数（宗） Number of Cases (case)	价款金额 （万元） Amount of Price Value (10^4 yuan)	宗数（宗） Number of Cases (case)	宗数（宗） Number of Cases (case)	价款金额 （万元） Amount of Price Value (10^4 yuan)	宗数（宗） Number of Cases (case)	价款金额 （万元） Amount of Price Value (10^4 yuan)		
165	11081.50	138	3	480.50	24	10601.00	170	7858.56
14	1419.00	9			5	1419.00	18	630.10
1		1					4	6.08
2		2						
1		1						
1	72.00				1	72.00		
1		1						
7	381.00	6	1	381.00			9	507.00
2		2						
1		1					1	

矿产资源勘查许可证发证及探矿权
Exploration Licenses Issued and Exploration

矿 种	Mineral	勘查许可证发证 Exploration Licenses Issued						
		许可证数（个） Number of Licenses (number)			登记面积（平方千米） Registered Area (km^2)			探矿权使用费（万元） Exploration Right Royalty (10^4 yuan)
		有效 Valid	新立 Newly Issued	注销 Cancelled	有效 Valid	新立 Newly Issued	注销 Cancelled	
耐火用橄榄岩	Refractory peridotite	3			10.43			0.52
熔剂用蛇纹岩	Serpentinite for flux	1			1.55			0.08
自然硫	Native sulfur	4			22.70			1.05
硫铁矿	Pyrite	209	9	3	2790.09	106.31	16.21	85.08
钠硝石	Natratine	129			6468.78			257.53
明矾石	Alunite	2			2.12			0.11
芒硝(含钙芒硝)	Mirabilite （Including glauberite）	70	1	1	3413.85	17.21	2.23	134.11
重晶石	Barite	50	1	2	840.16	16.03	16.45	30.59
天然碱	Trona	3			193.71			5.85
电石用灰岩	Tourmaline limestone	10		1	61.05		2.56	1.69
制碱用灰岩	Limestone for soda ash	1			5.45			0.27
含钾岩石	K-bearing rock	22			193.36			7.65
化肥用橄榄岩	Peridotite for fertilizer	1			3.77			0.19
化肥用蛇纹岩	Serpentinite for fertilizer	2			83.78			1.89
泥炭	Peat	10			244.14			8.65
盐矿	Salt	3			54.97			2.49
岩盐	Halite	56	2		1329.28	94.32		25.12
湖盐	Lake salt	5			129.64			3.26
镁盐	Magnesium salt	1		1	0.98		15.07	0.05
天然卤水	Natural brine	2			137.55			6.88
钾盐	Potash	70	5		6327.39	448.06		260.34
砷矿	Arsenic	1			3.12			0.16
磷矿	Phosphate rock	210	9	2	2856.05	122.79	5.37	103.11
金刚石	Diamond	18	2	1	488.02	57.48	6.86	16.30
石墨	Graphite	53	1	2	826.87	1.74	15.33	32.88
水晶	Crystal	1			7.72			0.08
刚玉	Corundum	2			38.61			1.93
硅灰石	Wollastonite	35	3		351.28	15.76		11.04
滑石	Talc	19	1		74.05	0.15		3.45
石棉(温石棉)	Asbestos	1			18.06			0.36
云母	Mica	16			114.69			4.11
长石	Feldspar	58	2	2	354.77	30.26	2.06	13.52
电气石	Tourmaline	6		1	67.75		8.39	3.30

出让、转让情况——按矿种分列（2012年） 续表 2

Rights Granted and Transferred by Mineral (2012) Continued 2

探矿权出让 Exploration Rights Granted							探矿权转让 Exploration Rights Transferred	
合计 Total		申请在先 First Application	协议出让 Granting through Agreement		“招拍挂”出让 Granting through Bidding, Auction and Listing		宗数（宗） Number of Cases (case)	转让金额（万元） Amount of Transfer (10^4 yuan)
宗数（宗） Number of Cases (case)	价款金额（万元） Amount of Price Value (10^4 yuan)	宗数（宗） Number of Cases (case)	宗数（宗） Number of Cases (case)	价款金额（万元） Amount of Price Value (10^4 yuan)	宗数（宗） Number of Cases (case)	价款金额（万元） Amount of Price Value (10^4 yuan)		
9	1428.10	2			7	1428.10	5	479.00
1		1						
1		1					1	
2	1200.00	1			1	1200.00		
							1	
5		5						
9	4881.01	4	1		4	4881.01	6	510.33
2		2						
1		1					2	
3	75.00	1			2	75.00	1	
1	53.00				1	53.00		
							1	
2	33.00		1		1	33.00	2	

矿产资源勘查许可证发证及探矿权
Exploration Licenses Issued and Exploration

矿种	Mineral	勘查许可证发证 Exploration Licenses Issued						
		许可证数（个） Number of Licenses (number)			登记面积（平方千米） Registered Area (km^2)			探矿权使用费（万元） Exploration Right Royalty (10^4 yuan)
		有效 Valid	新立 Newly Issued	注销 Cancelled	有效 Valid	新立 Newly Issued	注销 Cancelled	
石榴子石	Garnet	9			70.63			2.23
叶蜡石	Pyrophyllite	12		1	45.56		2.84	1.54
透辉石	Diopside	2			44.74			1.05
蛭石	Vermiculite	2			2.84			0.09
沸石	Zeolite	4			51.40			2.04
石膏	Gypsum	74	1	6	725.95	3.51	91.81	30.00
方解石	Calcite	37		1	212.27		11.63	5.70
光学萤石	Optical fluorite	4		2	99.98		4.88	3.27
宝石	Gem	6			84.98			2.39
玉石	Jade	20	1		245.38	3.54		9.01
玛瑙	Agate	3			92.73			1.25
石灰岩	Limestone	67	3	3	707.79	19.11	17.26	22.45
玻璃用石灰岩	Limestone for glass	1			1.37			0.07
水泥用石灰岩	Limestone for cement	147	11	11	896.60	65.90	48.42	24.49
建筑石料用灰岩	Limestone for building stone	1			5.91			0.06
制灰用石灰岩	Limestone for mortar	1			22.26			0.22
泥灰岩	Marlstone	2	1		25.48	3.43		1.14
白云岩	Dolostone	25			201.73			6.32
玻璃用白云岩	Dolostone for glass	1			16.79			0.84
石英岩	Quartzite	24	2	1	260.27	14.74	9.14	7.91
冶金用石英岩	Metallurgical quartzite	5		1	22.00		9.32	0.81
玻璃用石英岩	Quartzite for glass	21	1		158.20	4.54		5.97
砂岩	Sandstone	6			27.64			1.29
玻璃用砂岩	Sandstone for glass	4			29.15			0.46
水泥配料用砂岩	Sandstone for cement	10	2		19.66	1.67		0.58
陶瓷用砂岩	Sandstone for ceramics	5	1		30.61	1.91		0.66
天然石英砂	Natural Silicioussand	4			19.70			0.98
玻璃用砂	Sand for glass	3			24.48			1.22
脉石英	Vein quartz	20	3		134.17	19.42		2.59
玻璃用脉石英	Vein quartz for glass	6			37.54			0.94
粉石英	Powdery quartz	2			10.69			0.26
硅藻土	Diatomaceous earth	10	1		65.19	3.30		3.05
页岩	Shale	1			0.09			
陶粒用页岩	Shale for ceramsite	6	1		13.34	2.33		0.23
砖瓦用页岩	Shale for bricks and tiles	3			7.69			0.38

出让、转让情况——按矿种分列（2012年） 续表3
Rights Granted and Transferred by Mineral (2012) Continued 3

探矿权出让 Exploration Rights Granted							探矿权转让 Exploration Rights Transferred	
合计 Total		申请在先 First Application	协议出让 Granting through Agreement		“招拍挂”出让 Granting through Bidding, Auction and Listing		宗数（宗） Number of Cases (case)	转让金额（万元） Amount of Transfer (10^4 yuan)
宗数（宗） Number of Cases (case)	价款金额（万元） Amount of Price Value (10^4 yuan)	宗数（宗） Number of Cases (case)	宗数（宗） Number of Cases (case)	价款金额（万元） Amount of Price Value (10^4 yuan)	宗数（宗） Number of Cases (case)	价款金额（万元） Amount of Price Value (10^4 yuan)		
1	7.00				1	7.00		
							1	
1	29.00				1	29.00		
3	2052.00				3	2052.00	1	
11	8839.00	3	2	2510	6	6329.00	4	527.20
1	601.00				1	601.00		
							1	1330.00
2	900.00				2	900.00	1	
1		1						
2	1900.00				2	1900.00		
1	11.00				1	11.00		
3	143.20				3	143.20		
1	66.00				1	66.00	1	
1		1						

矿产资源勘查许可证发证及探矿权

Exploration Licenses Issued and Exploration

矿种	Mineral	勘查许可证发证 Exploration Licenses Issued						
		许可证数（个） Number of Licenses (number)			登记面积（平方千米） Registered Area (km^2)			探矿权使用费（万元） Exploration Right Royalty (10^4 yuan)
		有效 Valid	新立 Newly Issued	注销 Cancelled	有效 Valid	新立 Newly Issued	注销 Cancelled	
高岭土	Kaolin	72	1	7	625.04	17.51	173.45	19.17
陶瓷土	Ceramic clay	25	3	2	142.60	29.75	6.66	3.61
凹凸棒石粘土	Attapulgite clay	10		3	133.40		0.80	3.85
海泡石粘土	Sepiolite clay	2			18.81			0.94
伊利石粘土	Illite clay	2			13.67			0.68
膨润土	Bentonite	34	6		525.72	128.13		9.76
陶粒用粘土	Clay for ceramisite	1			3.62			0.04
水泥配料用泥岩	Mudstone for cement	1			0.86			0.04
橄榄岩	Peridotite	1			1.28			0.06
建筑用橄榄岩	Peridotite for building	1			5.10			0.25
蛇纹岩	Serpentinite	9			54.98			1.72
玄武岩	Basalt	3			64.01			1.49
铸石用玄武岩	Basalt for casting	1			5.05			0.05
辉绿岩	Diabase	4			4.79			0.23
饰面用辉绿岩	Facing Diabase	2			8.45			0.34
闪长岩	Diorite	1			5.88			0.12
建筑用闪长岩	Building diorite	1			7.80			0.39
花岗岩	Granite	19			94.54			1.76
建筑用花岗岩	Granite for building	3			14.80			0.37
饰面用花岗岩	Facing Granite	47	5		339.44	110.56		7.34
珍珠岩	Perlite	6	2		98.28	27.58		1.22
黑曜岩	Obsidian	1			25.74			0.26
霞石正长岩	Nepheline syenite	2			11.03			0.48
凝灰岩	Tuff	1			3.19			0.16
火山渣	Scoria	2			6.87			0.34
大理岩	Marble	21	3		136.58	10.20		5.18
饰面用石料（大理石）	Facing marble	10			42.89			1.49
建筑用大理岩	Marble for building	1			13.89			0.69
水泥用大理石	Marble for cement	13	1	1	65.93	4.68	4.81	1.92
饰面用板岩	Facing slate	1			2.12			0.08
角闪岩	Amphibolite	1			28.62			0.57
硼矿	Boron	40	1	2	545.88	3.14	35.30	22.93
矿泉水	Mineral water	46	11	5	210.13	73.91	17.04	3.25
地下水	Groundwater	36	7	6	3527.32	232.64	752.80	154.08
二氧化碳气	Carbon dioxide gas	3			59.72			2.88

出让、转让情况——按矿种分列（2012年） 续表4
Rights Granted and Transferred by Mineral (2012) Continued 4

探矿权出让 Exploration Rights Granted							探矿权转让 Exploration Rights Transferred	
合计 Total		申请在先 First Application	协议出让 Granting through Agreement		“招拍挂”出让 Granting through Bidding, Auction and Listing		宗数（宗） Number of Cases (case)	转让金额（万元） Amount of Transfer (10^4 yuan)
宗数（宗） Number of Cases (case)	价款金额（万元） Amount of Price Value (10^4 yuan)	宗数（宗） Number of Cases (case)	宗数（宗） Number of Cases (case)	价款金额（万元） Amount of Price Value (10^4 yuan)	宗数（宗） Number of Cases (case)	价款金额（万元） Amount of Price Value (10^4 yuan)		
1	273.00				1	273.00	2	11.00
3	83.34				3	83.34	1	
6		6						
5	93.00	2			3	93.00	1	
2		2						
3	7406.00				3	7406.00	2	67.00
1		1						
1		1					1	
11	432.00				11	432.00		
7	1524.59	5			2	1524.59		

矿产资源勘查许可证发证及探矿权
Exploration Licenses Issued and Exploration

经济类型	Economic Type	勘查许可证发证 Exploration License Issued						
		许可证数（个） Number of Licenses (number)			登记面积（平方千米） Registered Area (km^2)			探矿权使用费（万元） Exploration Right Royalty (10^4 yuan)
		有效 Valid	新立 Newly Issued	注销 Cancelled	有效 Valid	新立 Newly Issued	注销 Cancelled	
总　计	**Total**	**33933**	**1055**	**643**	**4756199.40**	**105271.79**	**10173.54**	**24640.94**
国有企业	State-owned Enterprises	9717	564	202	315797.01	26867.10	3726.05	8901.20
集体企业	Collective-owned Enterprises	185	5	4	2487.77	97.37	9.65	96.56
股份合作企业	Cooperative Stock Enterprises	329	7	13	6191.47	144.06	222.63	247.32
联营企业	Joint Ownership Enterprises	79	1	1	1250.23	4.96	0.83	45.20
有限责任公司	Limited Liability Corporations	20099	426	329	4375619.29	77506.51	5185.08	13276.79
股份有限公司	Share Holding Company Limited	1096	20	25	22680.07	136.54	398.64	893.17
私营企业	Private Enterprises	2076	23	60	24865.40	355.10	426.05	873.62
其他企业	Other Enterprises	148	6	4	2261.52	140.16	28.92	71.21
合资经营企业（港、澳、台资）	Enterprises of Joint Investment(with Investors from Hong Kong,Macau or Taiwan)	17			300.49			13.88
合作经营企业（港、澳、台资）	Cooperative Enterprises (with Investors from Hong Kong, Macau or Taiwan)	10			368.78			18.44
港、澳、台商独资经营企业	Enterprises with Funds Solely from Hong Kong, Macau or Taiwan	15	1		767.78	2.36		30.85
港、澳、台商投资股份有限公司	Share holding Company Limited with Funds from Hong Kong, Macau or Taiwan	5	1		36.87	2.81		1.50
中外合资经营企业	Chinese and Foreign Equity Joint Ventures	38	1		777.43	14.82		36.71
中外合作经营企业	Chinese and Foreign Cooperative Joint Ventures	74		2	1340.37		15.37	62.64
外资企业	Foreign Funded Enterprises	44		3	1451.12		160.32	71.72
外商投资股份有限公司	Foreign-funded Share Holding Company Limited	1			3.79			0.19

出让、转让情况——按经济类型分列（2012年）
Rights Granted and Transferred by Economic Type (2012)

探矿权出让 Exploration Rights Granted							探矿权转让 Exploration Rights Transferred	
合计 Total		申请在先 First Application	协议出让 Granting through Agreement		“招拍挂”出让 Granting through Bidding, Auction and Listing		宗数（宗） Number of Cases（case）	转让金额（万元） Amount of Transfer (10^4 yuan)
宗数（宗） Number of Cases（case）	价款金额（万元） Amount of Price Value (10^4 yuan)	宗数（宗） Number of Cases（case）	宗数（宗） Number of Cases（case）	价款金额（万元） Amount of Price Value (10^4 yuan)	宗数（宗） Number of Cases（case）	价款金额（万元） Amount of Price Value (10^4 yuan)		
1055	**118435.06**	**725**	**44**	**7442.72**	**286**	**110992.34**	**686**	**282721.59**
564	27064.11	541	6	2881.11	17	24183.00	59	96095.95
5	25.44	2	3	25.44			3	11.00
7	254.00	3			4	254.00	5	2304.70
1	103.00				1	103.00	3	80.00
426	83206.26	163	29	4273.35	234	78932.91	536	150506.05
20	2788.58	7	3	1.65	10	2786.93	25	31334.50
23	4569.50	5	1		17	4569.50	51	2304.39
6	303.17	3	2	261.17	1	42.00	2	
1	26.00				1	26.00		
1		1						
1	95.00				1	95.00	2	85.00

矿产资源采矿许可证发证及采矿权
Mining Licenses Issued and Mining Rights

年份/地区	Year/Region	采矿许可证发证 Mining Licenses Issued						
		许可证数（个） Number of Licenses (number)			登记面积（平方千米） Registered Area (km^2)			采矿权使用费（万元） Mining Right Royalty (10^4 yuan)
		有效 Valid	新立 Newly Issued	注销 Cancelled	有效 Valid	新立 Newly Issued	注销 Cancelled	
2009		106619	8439	4903	252753.79	12366.03	1057.00	27386.97
2010		104618	8149	8574	214928.16	6845.67	3324.70	13969.05
2011		107289	5955	8031	220717.11	5758.90	2992.00	14511.25
2012		97623	1862	3170	223197.94	4553.52	498.75	13998.35
国土资源部	MLR	1387	31		144850.63	2899.46		2472.60
北　京	Beijing	154		1	183.55		0.15	22.70
天　津	Tianjin	391	11	7	16.05		0.48	19.85
河　北	Hebei	3479	40	167	2352.83	44.06	38.65	352.65
山　西	Shanxi	4652	69	35	8713.02	13.69	0.83	1049.00
内蒙古	Inner Mongolia	4529	161	3	5181.01	141.73	0.42	673.20
辽　宁	Liaoning	3276	28	38	1711.84	25.75	3.24	287.70
吉　林	Jilin	1772	46	471	660.74	9.69	17.71	139.40
黑龙江	Heilongjiang	2631	54	3	2280.46	3.65	0.08	329.00
上　海	Shanghai	59			13.41			3.75
江　苏	Jiangsu	1334	27	97	517.82	2.70	3.82	111.15
浙　江	Zhejiang	1327	79	230	221.09	22.95	15.95	74.00
安　徽	Anhui	2807	11	159	1024.47	6.45	9.32	217.80
福　建	Fujian	1778	23	102	1448.13	3.81	3.68	207.25
江　西	Jiangxi	5787	83	40	2236.47	17.92	0.99	450.95
山　东	Shandong	3511	87	251	3233.43	19.71	9.83	462.20
河　南	Henan	3266	66	90	5274.63	175.39	12.66	636.55
湖　北	Hubei	3273	45	128	1716.47	8.86	12.67	295.35
湖　南	Hunan	6255	174	162	2642.45	51.09	36.65	517.70
广　东	Guangdong	1721	47	43	443.29	11.95	3.56	110.50
广　西	Guangxi	4046	115	168	1568.59	108.20	23.47	324.25
海　南	Hainan	268	13	50	262.41	16.45	128.42	36.65
重　庆	Chongqing	2729	33	142	2487.36	34.36	8.22	352.25
四　川	Sichuan	7578	42	109	4618.40	63.58	6.16	767.35
贵　州	Guizhou	8338	102	124	6601.11	51.52	2.52	988.00
云　南	Yunnan	7984	164	162	4466.34	81.41	23.14	749.95
西　藏	Tibet	172	10		848.49	31.04		90.05
陕　西	Shaanxi	4954	82	125	5743.95	402.38	113.54	760.80
甘　肃	Gansu	3095	85	63	2525.85	118.49	3.60	378.65
青　海	Qinghai	826	23	43	5900.03	15.94	0.54	621.75
宁　夏	Ningxia	361	9	103	272.57	1.46	9.24	42.75
新　疆	Xinjiang	3883	102	54	3181.05	169.83	9.21	452.60

出让、转让情况——按地区分列
Granted and Transferred by Region

采矿权出让 Mining Rights Granted							采矿权转让 Mining Rights Transferred	
合计 Total		探矿权转采矿权 Change of Exploration Right to Mining Ritght	协议出让 Granting through Agreement		"招拍挂"出让 Granting through Bidding, Auction and Listing			
宗数（宗） Number of Cases（case）	价款金额（万元） Amount of Price Value (10⁴ yuan)	宗数（宗） Number of Cases（case）	宗数（宗） Number of Cases（case）	价款金额（万元） Amount of Price Value (10⁴ yuan)	宗数（宗） Number of Cases（case）	价款金额（万元） Amount of Price Value (10⁴ yuan)	宗数（宗） Number of cases（case）	转让金额（万元） Amount of Transfer (10⁴ yuan)
9064	4779549	1271	1134	505324	6659	4274225	328	199685
8149	992534	517	1016	479172	6616	513360	2361	2363324
5955	2198508	499	567	1319863	4889	878645	1680	977830
1862	766902	281	131	456091	1450	310809	1752	1659047
31	291135	25	6	291135			3	4052
							3	805
11	321	7	4	321			3	
40	7342	17	4	3254	19	4088	81	26884
69	3859	7	1	1	61	3858	162	121541
161	27056	46	13	19968	102	7087	7	5481
28	4016	6	15	3338	7	678	87	30082
46	6811	15	3	2448	28	4363	30	28665
54	1019	2	1	14	51	1005	49	46597
27	15004	7			20	15004	4	17190
79	92978	7	17	12139	55	80838	23	55511
11	85987	3	2	55461	6	30526	38	32064
23	4359	2			21	4359	32	4097
83	7928	4			79	7928	84	26359
87	69876	4			83	69876	45	30725
66	5566	21	2	1253	43	4313	47	58691
45	2031	4			41	2031	73	29356
174	10716	8	1	1835	165	8881	46	29863
47	21539	6	3	901	38	20637	37	5894
115	5756	5			110	5756	39	19168
13	5183	2	2	11	9	5172		
33	11979	1	1	2	31	11977	30	6089
42	3156	8			34	3156	352	88339
102	4795	4	1	18	97	4777	77	61233
164	4527	22	2	698	140	3829	193	604503
10	8	7	1	1	2	7	1	850
82	58214	15	21	58028	46	186	9	2762
85	8658	11	14	2603	60	6055	78	209013
23	450	2	4	282	17	168	21	35025
9	530	1	5	382	3	148	8	45042
102	6103	12	8	1998	82	4106	90	33166

矿产资源采矿许可证发证及采矿权
Mining Licenses Issued and Mining Rights

矿种	Mineral	采矿许可证发证 Mining Licenses Issued								采矿权使用费（万元） Mining Right Royalty (10^4 yuan)
		许可证数（个） Number of Licenses (number)			登记面积（平方千米） Registered Area (km^2)			生产规模① Production Scale		
		有效 Valid	新立 Newly Issued	注销 Cancelled	有效 Valid	新立 Newly Issued	注销 Cancelled	有效 Valid	新立 Newly Issued	
总　计	**Grand Total**	**97623**	**1862**	**3170**	**223197.94**	**4553.52**	**498.75**	**1420922.91**	**47985.86**	**13998.40**
煤炭	Coal	12728	57	133	57761.90	1389.40	138.66	413352.65	8037.00	6094.35
石油天然气	Oil & Natural gas	662	14		118950.00	1985.00				
煤层气	Coal-bed methane	9			1354.00					
油页岩	Oil shale	18			61.26			739.00		6.60
石煤	Stone coal	203	3		232.92	2.41		1353.71	18.50	29.30
油砂	Oil sand	1			1.94			14.40		0.20
天然沥青	Native bitumen	5			12.73			6.40		1.45
地热	Geothermal	834	27	3	872.37	9.73	0.15	20453.33	676.05	118.20
铁矿	Iron	3761	109	33	5196.77	181.49	10.02	96814.22	3891.50	623.45
锰矿	Manganese	440	7	2	612.06	9.72	0.75	2011.85	42.90	73.00
铬铁矿	Chromite	25			19.61			47.60		2.75
钛矿	Titanium	96	1	5	115.21	4.72	0.73	5367.71	196.80	14.30
钒矿	Vanadium	101	5		305.73	16.15		2263.79	124.00	32.80
金红石	Titanium	4			5.22			29.59		0.60
铜矿	Copper	857	23	3	1183.66	60.00	0.53	18322.48	552.50	140.55
铅矿	Lead	1021	18	2	1567.05	78.49	0.51	6084.43	131.50	184.85
锌矿	Zinc	424	8		669.09	16.79		3187.07	464.00	77.85
铝土矿	Bauxite	269	13	1	917.36	148.57	0.39	4305.90	346.00	99.00
镁矿	Magnesium	3			2.02			188.20		0.25
镍矿	Nickel	49			62.21			861.08		7.65
钴矿	Cobalt	4		1	6.45		0.60	177.00		0.75
钨矿	Tungsten	142			366.45			1868.03		39.65
锡矿	Tin	144	2		306.31	7.16		1208.23	33.00	34.30
铋矿	Bismuth	4			0.92			11.50		0.20
钼矿	Molybdenum	186	6		393.03	14.32		9362.53	388.80	44.00
汞矿	Mercury	36		1	55.13		0.74	69.72		6.40
锑矿	Antimony	71			132.64			274.50		15.20
多金属	Polymetallic ore	2		1	2.61		9.63	180.00		0.30

注：①生产规模单位：固体矿产按万吨/年，气体矿产按万立方米/年，地下水按立方米/日计。
Note: ① Unit: Solid mineral 10^4t/year, gas mineral 10^4m^3/year, liquid mineral m^3/day.

出让、转让情况——按矿种分列（2012年）
Granted and Transferred by Mineral (2012)

采矿权出让 Mining Rights Granted							采矿权转让 Mining Rights Transferred	
合计 Total		探矿权转采矿权 Change of Exploration Right to Mining Right	协议出让 Granting through Agreement		“招拍挂”出让 Granting through Bidding, Auction and Listing		宗数（宗） Number of Cases (case)	转让金额（万元） Amount of Transfer (10^4 yuan)
宗数（宗） Number of Cases (case)	价款金额（万元） Amount of Price Value (10^4 yuan)	宗数（宗） Number of Cases (case)	宗数（宗） Number of Cases (case)	价款金额（万元） Amount of Price Value (10^4 yuan)	宗数（宗） Number of Cases (case)	价款金额（万元） Amount of Price Value (10^4 yuan)		
1862	**766902**	**281**	**131**	**456091**	**1450**	**310809**	**1752**	**1659047**
57	350179	19	37	349757	1	422	330	666615
14		14						
							1	1059
3	159		1	40	2	119	7	4460
27	693	17	5	322	5	371	9	2618
109	42308	86	9	30108	14	12200	158	125028
7	1300	4			3	1300	16	2450
							1	
1		1						
5	261	2	1	1	2	260	1	4681
23	1461	21	2	1461			36	24112
18	1357	12	4	791	2	566	27	10630
8	517	5	2	145	1	372	7	1968
13	18	12	1	18			17	1145
							1	3000
							1	2400
							2	8199
2		2					5	1796
6		6					5	464
							1	1121

矿产资源采矿许可证发证及采矿权
Mining Licenses Issued and Mining Rights

矿种	Mineral	采矿许可证发证 Mining Licenses Issued								
		许可证数（个） Number of Licenses (number)			登记面积（平方千米） Registered Area (km^2)			生产规模 Production Scale		采矿权使用费（万元） Mining Right Royalty (10^4 yuan)
		有效 Valid	新立 Newly Issued	注销 Cancelled	有效 Valid	新立 Newly Issued	注销 Cancelled	有效 Valid	新立 Newly Issued	
铂矿	Platinum	7	1		9.29	2.70		125.00	30.00	1.15
砂金	Placer gold	53	2		248.85	67.68		1387.10	6.93	26.05
金矿	Gold	1441	36	11	3010.02	122.33	3.90	11717.64	667.90	338.45
银矿	Silver	108	5		187.05	6.93		1120.93	45.00	21.60
铌钽矿	Columbotantalite	12			21.27			170.30		2.55
铌矿	Niobium	4			2.84			33.80		0.45
钽矿	Tantalum	4			15.49			80.00		1.65
铍矿	Beryllium	3			3.94			12.50		0.45
锂矿	Lithium	11	1		307.49	2.07		193.36	120.00	31.00
锆矿	Zirconium	27	1		91.71	0.31		11185.63	130.45	9.75
锶矿（天青石）	Strontium	14			32.92			58.60		3.75
重稀土矿	Heavy rare earths	21			30.79			211.70		3.45
轻稀土矿	Light rare earths	90			69.47			693.22		9.55
锗矿	Germanium	3			7.49			129.00		0.85
碲矿	Tellurium	3			2.05			2.40		0.30
蓝晶石	Kyanite	8			4.03			30.00		0.65
矽线石	Sillimanite	4			18.58			25.00		1.95
红柱石	Andalusite	12			11.86			288.00		1.40
菱镁矿	Magnesite	121	3		42.92	5.73		1970.35	147.00	8.45
普通萤石	Common fluorite	1179	10	14	867.25	12.26	5.33	1853.72	54.50	119.45
熔剂用石灰岩	Limestone for flux	174	2	3	77.92	0.45	0.07	6504.51	40.00	13.60
冶金用白云岩	Metallurgical dolomite	171	1	7	36.83	0.27	1.33	2357.90	60.00	10.05
冶金用石英岩	Metallurgical quartzite	205	5	3	78.88	1.08	1.74	754.60	15.10	15.10
冶金用砂岩	Metallurgical sandstone	23			14.75			52.20		2.25
铸型用砂岩	Foundry sandstone	15			1.28			36.05		0.80
铸型用砂	Foundry sand	48	1		15.96	0.07		377.45	5.00	3.45
冶金用脉石英	Metallurgical vein quartz	130	2	8	141.89	14.39	6.94	326.00	12.00	18.15
耐火粘土	Fireclay	211	2	3	126.01	0.34	0.01	704.60	1.30	19.10

出让、转让情况——按矿种分列（2012年） 续表1
Granted and Transferred by Mineral (2012) Continued 1

采矿权出让 Mining Rights Granted							采矿权转让 Mining Rights Transferred	
合计 Total		探矿权转采矿权 Change of Exploration Right to Mining Right	协议出让 Granting through Agreement		“招拍挂”出让 Granting through Bidding, Auction and Listing		宗数（宗） Number of Cases (case)	转让金额（万元） Amount of Transfer (10^4 yuan)
宗数（宗） Number of Cases (case)	价款金额（万元） Amount of Price Value (10^4 yuan)	宗数（宗） Number of Cases (case)	宗数（宗） Number of Cases (case)	价款金额（万元） Amount of Price Value (10^4 yuan)	宗数（宗） Number of Cases (case)	价款金额（万元） Amount of Price Value (10^4 yuan)		
1		1						
2	111		2	111				
36	3485	29	3	285	4	3200	57	14863
5		5					3	3810
1		1						
1	10		1	10				
							2	420
3	8		3	8			7	1265
10	246	3	2	21	5	225	26	9740
2	243				2	243	2	2325
1	382				1	382	1	120
5	554				5	554	11	617
							2	5
1	25				1	25		
2	544				2	544	7	747
2	331				2	331	6	464

矿产资源采矿许可证发证及采矿权
Mining Licenses Issued and Mining Rights

矿 种	Mineral	采矿许可证发证 Mining Licenses Issued								采矿权使用费（万元）Mining Right Royalty (10^4 yuan)
		许可证数（个）Number of Licenses (number)			登记面积（平方千米）Registered Area (km^2)			生产规模 Production Scale		
		有效 Valid	新立 Newly Issued	注销 Cancelled	有效 Valid	新立 Newly Issued	注销 Cancelled	有效 Valid	新立 Newly Issued	
铁钒土	Bauxite	15		1	7.54		0.07	22.48		1.35
其他粘土	Other clay	55	1	16	187.75	0.10	1.14	225.02	15.00	20.95
铸型用粘土	Foundry clay	1			2.26			3.00		0.25
耐火用橄榄岩	Refractory peridotite	2			2.09			30.00		0.30
熔剂用蛇纹岩	Serpentinite for flux	3			0.54			75.00		0.15
自然硫	Native sulfur	1			10.16			3.80		1.05
硫铁矿	Pyrite	264	1	5	348.38	0.23	0.85	2887.25	5.00	42.20
钠硝石	Natratine	3			37.02			26.39		3.75
明矾石	Alunite	2			1.33			23.00		0.20
芒硝（含钙芒硝）	Mirabilite (Including glauberite)	72			357.04			3939.20		37.55
重晶石	Barite	474	9	2	561.88	16.44	0.45	1189.78	78.24	69.55
毒重石	Witherite	33			28.11			93.20		3.65
天然碱	Trona	14			58.26			353.70		6.20
颜料黄土	Pigment loess	1			0.35			0.50		0.05
电石用灰岩	Tourmaline limestone	52			22.96			1407.30		4.15
制碱用灰岩	Limestone for soda ash	26			6.38			587.70		1.70
化肥用石灰岩	Limestone for fertilizer	8			1.30			3040.20		0.45
化工用白云岩	Dolostone for chemical industry	6			0.71			29.70		0.25
化肥用石英岩	Quartzite for fertilizer	9			4.05			50.50		0.65
化肥用砂岩	Sandstone for fertilizer	21			7.08			174.50		1.45
含钾岩石	K-bearing rock	14		1	6.77		0.10	125.50		1.10
含钾砂页岩	K-bearing sandy shale	1			0.03			3.00		0.05
化肥用蛇纹岩	Serpentinite for fertilizer	5			1.90			22.50		0.35
泥炭	Peat	58	1	17	45.61	0.32	3.35	244.46	10.00	6.25
盐矿	Salt	13			100.57			358.80		10.35
岩盐	Halite	103	4		228.96	10.36		6218.71	250.00	25.35

出让、转让情况——按矿种分列（2012年） 续表2
Granted and Transferred by Mineral (2012) Continued 2

采矿权出让 Mining Rights Granted							采矿权转让 Mining Rights Transferred	
合计 Total		探矿权转采矿权 Change of Exploration Right to Mining Right	协议出让 Granting through Agreement		"招拍挂"出让 Granting through Bidding, Auction and Listing		宗数（宗） Number of Cases (case)	转让金额（万元） Amount of Transfer (10^4 yuan)
宗数（宗） Number of Cases (case)	价款金额（万元） Amount of Price Value (10^4 yuan)	宗数（宗） Number of Cases (case)	宗数（宗） Number of Cases (case)	价款金额（万元） Amount of Price Value (10^4 yuan)	宗数（宗） Number of Cases (case)	价款金额（万元） Amount of Price Value (10^4 yuan)		
							1	
1	9				1	9	1	
1		1					10	8308
							2	
							3	1750
9	1478				9	1478	4	321
							3	2304
							3	122
							1	610
							3	176
							1	97
							1	136
1	81				1	81	1	20
	8855	1	1	935	2	7920	4	9595

矿产资源采矿许可证发证及采矿权
Mining Licenses Issued and Mining Rights

矿种	Mineral	采矿许可证发证 Mining Licenses Issued								
		许可证数（个） Number of Licenses (number)			登记面积（平方千米） Registered Area (km^2)			生产规模 Production Scale		采矿权使用费（万元） Mining Right Royalty (10^4 yuan)
		有效 Valid	新立 Newly Issued	注销 Cancelled	有效 Valid	新立 Newly Issued	注销 Cancelled	有效 Valid	新立 Newly Issued	
湖盐	Lake salt	35			567.51			1425.60		57.50
镁盐	Magnesium salt	5	1		54.29	11.42		162.00	50.00	5.55
天然卤水	Natural brine	41		1	556.89		1.15	4210.76		56.70
钾盐	Potash	19	1		9319.24	53.14		1333.70	528.00	932.40
溴矿	Bromine	55			66.70			14.36		8.70
砷矿	Arsenic	4			3.57			2.36		0.45
磷矿	Phosphate rock	354	5	1	791.86	14.22	0.87	12428.64	211.00	88.15
金刚石	Diamond	4			1.32					0.25
石墨	Graphite	164	7	1	144.35	14.19	0.01	1239.33	249.00	18.90
水晶	Crystal	8			2.28			0.08		0.50
工艺水晶	Crystal for artware	2			0.65			0.01		0.10
硅灰石	Wollastonite	184		4	65.27		0.26	505.00		13.10
滑石	Talc	136	3	4	68.00	7.92	0.32	439.41	5.00	11.05
石棉(温石棉)	Asbestos	34		1	13.08		0.01	223.17		2.55
云母	Mica	28	1		16.26	2.92		50.00	3.00	2.25
长石	Feldspar	388	12	6	189.21	5.69	0.39	1251.84	33.06	31.70
电气石	Tourmaline	4			9.00			2.99		1.00
石榴子石	Garnet	22	1		7.37	0.02		78.77	13.32	1.40
叶蜡石	Pyrophyllite	71	3		29.73	1.85		1260.04	15.80	5.15
透辉石	Diopside	35		2	6.00		0.07	176.10		1.95
蛭石	Vermiculite	20			11.55			62.60		1.85
沸石	Zeolite	55		4	12.49		0.24	169.85		3.30
透闪石	Tremolite	9			1.52			62.62		0.45
石膏	Gypsum	601	13	6	594.74	21.88	0.13	6653.16	104.00	77.00
方解石	Calcite	755	24	27	211.44	3.62	2.65	2980.57	80.10	49.65
光学萤石	Optical fluorite	3			1.81			1.55		0.25
宝石	Gem	6			7.20			10.38		0.90

出让、转让情况——按矿种分列（2012年） 续表3

Granted and Transferred by Mineral (2012) Continued 3

采矿权出让 Mining Rights Granted							采矿权转让 Mining Rights Transferred	
合计 Total		探矿权转采矿权 Change of Exploration Right to Mining Right	协议出让 Granting through Agreement		"招拍挂"出让 Granting through Bidding, Auction and Listing		宗数（宗） Number of Cases (case)	转让金额（万元） Amount of Transfer (10^4 yuan)
宗数（宗） Number of Cases (case)	价款金额（万元） Amount of Price Value (10^4 yuan)	宗数（宗） Number of Cases (case)	宗数（宗） Number of Cases (case)	价款金额（万元） Amount of Price Value (10^4 yuan)	宗数（宗） Number of Cases (case)	价款金额（万元） Amount of Price Value (10^4 yuan)		
							2	7380
1	154		1	154				
							1	
1		1					2	
5	1205	2	1	589	2	616	6	15437
7	5326		1	1826	6	3500	2	858
							1	15
3	56		1	11	2	44	6	1186
1	9				1	9	3	121
12	387	3			9	387	6	1272
1	264				1	264	1	260
3	4	2			1	4		
							1	369
							2	23
							1	28
13	1023	1	2	339	10	684	13	3879
24	463	1	1	37	22	426	14	604

矿产资源采矿许可证发证及采矿权
Mining Licenses Issued and Mining Rights

矿 种	Mineral	采矿许可证发证 Mining Licenses Issued								
		许可证数（个） Number of Licenses (number)			登记面积（平方千米） Registered Area (km²)			生产规模 Production Scale		采矿权使用费（万元） Mining Right Royalty (10^4 yuan)
		有效 Valid	新立 Newly Issued	注销 Cancelled	有效 Valid	新立 Newly Issued	注销 Cancelled	有效 Valid	新立 Newly Issued	
玉石	Jade	107	4		90.95	2.90		586.21	0.01	11.75
玛瑙	Agate	4			11.54			0.80		1.25
石灰岩	Limestone	5797	65	177	683.82	8.72	6.71	60104.66	1003.30	321.90
玻璃用石灰岩	Limestone for glass	3			0.32			4.50		0.15
水泥用石灰岩	Limestone for cement	2261	43	60	973.16	26.92	5.76	136713.93	7182.00	174.85
建筑石料用灰岩	Limestone for building stone	11969	211	455	1320.45	16.64	19.04	129034.51	4024.48	669.40
饰面用灰岩	Facing limestone	115	12		38.22	7.31		546.29	83.74	7.75
制灰用石灰岩	Limestone for mortar	413	6	25	65.43	0.30	1.47	5409.17	91.00	24.00
泥灰岩	Marlstone	48	2	3	6.26	0.02	0.23	209.75	4.80	2.75
白垩	Chalk	4			2.08			29.00		0.30
白云岩	Dolostone	528	5	10	133.41	8.52	0.40	4685.92	22.50	35.00
玻璃用白云岩	Dolostone for glass	15			9.73			131.00		1.65
建筑用白云岩	Dolostone for building	983	24	13	90.75	2.24	0.40	15106.43	410.00	51.65
石英岩	Quartzite	731	14	14	286.96	4.56	0.80	3568.65	80.10	54.50
冶金用石英岩	Metallurgical quartzite	66		2	21.61		1.04	191.10		4.65
玻璃用石英岩	Quartzite for glass	198	2	1	61.84	0.56	0.24	3710.73	350.00	13.20
砂岩	Sandstone	1379	30	67	99.42	0.88	3.57	9885.10	87.50	72.40
玻璃用砂岩	Sandstone for glass	86	1	1	15.50	0.09		1027.72	21.00	4.85
水泥配料用砂岩	Sandstone for cement	236	10	11	85.17	2.60	2.96	3150.24	149.94	17.25
砖瓦用砂岩	Sandstone for bricks and tiles	285	17	5	14.68	0.25	0.23	1493.08	70.50	14.55
陶瓷用砂岩	Sandstone for ceramics	72	2	3	24.42	0.18	0.09	369.76	21.66	5.05
建筑用砂岩	Sandstone for building	305	33	2	34.06	2.40	0.07	5369.15	1922.45	16.50
天然石英砂	Natural silicioussand	155	7	4	127.19	0.36	0.19	1652.67	77.10	18.35
玻璃用砂	Sand for glass	22	1	3	13.26	0.54	0.19	764.88	47.10	2.25

出让、转让情况——按矿种分列（2012 年） 续表 4

Granted and Transferred by Mineral (2012) Continued 4

采矿权出让 Mining Rights Granted							采矿权转让 Mining Rights Transferred	
合计 Total		探矿权转采矿权 Change of Exploration Right to Mining Right	协议出让 Granting through Agreement		"招拍挂"出让 Granting through Bidding, Auction and Listing		宗数（宗） Number of Cases (case)	转让金额（万元） Amount of Transfer (10^4 yuan)
宗数（宗） Number of Cases (case)	价款金额（万元） Amount of Price Value (10^4 yuan)	宗数（宗） Number of Cases (case)	宗数（宗） Number of Cases (case)	价款金额（万元） Amount of Price Value (10^4 yuan)	宗数（宗） Number of Cases (case)	价款金额（万元） Amount of Price Value (10^4 yuan)		
4	523		2	22	2	501	3	5353
65	10017		2	76	63	9942	106	13948
43	136751	13	3	55626	27	81125	68	68989
211	18615		1	151	210	18464	164	12667
12	1252				12	1252	2	10
6	350				6	350	10	391
2	10				2	10		
5	139		1	20	4	119	12	2126
24	1180	1			23	1180	13	778
14	748		7	599	7	149	10	1191
							3	115
2	30060				2	30060	5	282
30	209				30	209	28	789
1	120				1	120		
10	1728		1	2	9	1726	6	1610
17	198				17	198	5	270
2	143				2	143	2	50
33	4172		3	3239	30	933	8	470
7	316		5	158	2	158	3	11
1	812				1	812		

矿产资源采矿许可证发证及采矿权
Mining Licenses Issued and Mining Rights

矿种	Mineral	采矿许可证发证 Mining Licenses Issued								
		许可证数（个） Number of Licenses (number)			登记面积（平方千米） Registered Area (km^2)			生产规模 Production Scale		采矿权使用费（万元） Mining Right Royalty (10^4 yuan)
		有效 Valid	新立 Newly Issued	注销 Cancelled	有效 Valid	新立 Newly Issued	注销 Cancelled	有效 Valid	新立 Newly Issued	
海砂	Sea sand	2			0.75			325.33		0.15
建筑用砂	Sand for building	4666	171	464	1302.59	37.93	191.59	45269.51	2832.48	325.50
水泥配料用砂	Sand for cement	21	1	2	3.74	0.03	0.10	268.52	12.80	1.20
水泥标准砂	Standard sand for cement	3			0.30			6.80		0.15
砖瓦用砂	Sand for bricks and tiles	37			3.77			103.08		1.85
脉石英	Vein quartz	221	5	10	95.78	0.76	0.64	478.24	5.33	16.70
玻璃用脉石英	Vein quartz for glass	74			31.24			248.45		5.40
粉石英	Powdery quartz	19			8.15			68.20		1.45
硅藻土	Diatomaceous earth	1			0.20			0.15		0.05
页岩	Shale	33	2	3	26.51	1.06	0.47	212.30	16.00	3.65
陶粒用页岩	Shale for ceramsite	1566	29	54	85.39	1.87	1.89	10160.29	141.10	81.20
砖瓦用页岩	Shale for bricks and tiles	30	1		6.93	0.09		534.20	25.00	1.80
水泥配料用页岩	Shale for cement	6287	185	139	499.66	17.66	2.45	27151.67	1155.02	344.90
高岭土	Kaolin	115	6	5	74.55	0.90	0.23	1535.48	49.30	11.95
陶瓷土	Ceramic clay	463	14	13	370.63	6.95	1.74	2841.32	61.15	51.05
凹凸棒石粘土	Attapulgite clay	568	16	23	201.10	2.44	2.63	3031.60	82.49	40.50
海泡石粘土	Sepiolite clay	24			22.86			205.35		3.00
伊利石粘土	Illite clay	4			2.78			2.74		0.35
累托石粘土	Rectorite clay	52	1		38.76	2.36		141.26	5.00	5.40
膨润土	Bentonite	1			0.63			5.00		0.10
砖瓦用粘土	Clay for bricks and tiles	220	2	12	149.44	0.63	0.54	1194.47	8.00	22.20
陶粒用粘土	Clay for ceramisite	14662	110	556	1221.60	4.91	22.71	80014.62	348.53	787.15
水泥用粘土	Clay for cement	68	2		207.24	0.94		222.61	13.60	23.10
水泥配料用红土	Laterite for cement	152	10	10	49.01	2.18	0.79	1895.23	137.23	10.20
水泥配料用黄土	Loess clay for cement	16		13	4.76		0.52	81.16		1.05
水泥配料用泥岩	Mudstone for cement	6		1	0.43		0.02	221.58		0.30

出让、转让情况——按矿种分列（2012 年） 续表 5

Granted and Transferred by Mineral (2012) Continued 5

采矿权出让 Mining Rights Granted							采矿权转让 Mining Rights Transferred	
合计 Total		探矿权转采矿权 Change of Exploration Right to Mining Right	协议出让 Granting through Agreement		"招拍挂"出让 Granting through Bidding, Auction and Listing		宗数（宗） Number of Cases (case)	转让金额（万元） Amount of Transfer (10^4 yuan)
宗数（宗） Number of Cases (case)	价款金额（万元） Amount of Price Value (10^4 yuan)	宗数（宗） Number of Cases (case)	宗数（宗） Number of Cases (case)	价款金额（万元） Amount of Price Value (10^4 yuan)	宗数（宗） Number of Cases (case)	价款金额（万元） Amount of Price Value (10^4 yuan)		
171	13395		2	49	169	13345	51	2448
1	117				1	117		
5	18				5	18	4	270
							1	
2	127	1			1	127	3	2597
29	589				29	589	31	2411
1	180				1	180	2	7
185	2776				185	2776	95	466769
6	143				6	143	2	161
14	1822	2			12	1822	16	2046
16	627				16	627	13	2533
1	26				1	26	2	92
2	26		1	1	1	25	3	300
110	598				110	598	56	104005
2	276				2	276	2	170
10	365				10	365	9	210

矿产资源采矿许可证发证及采矿权
Mining Licenses Issued and Mining Rights

矿 种	Mineral	采矿许可证发证 Mining Licenses Issued								
		许可证数（个） Number of Licenses (number)			登记面积（平方千米） Registered Area (km^2)			生产规模 Production Scale		采矿权使用费（万元） Mining Right Royalty (10^4 yuan)
		有效 Valid	新立 Newly Issued	注销 Cancelled	有效 Valid	新立 Newly Issued	注销 Cancelled	有效 Valid	新立 Newly Issued	
水泥配料用泥岩	Mudstone for cement	29		4	7.74		0.30	614.43		1.75
保温材料用粘土	Clay for thermal insulating material	7		1	3.46		0.18	35.96		0.60
橄榄岩	Peridotite	8			28.09			90.08		3.05
建筑用橄榄岩	Peridotite for building	4			1.68			15.58		0.30
蛇纹岩	Serpentinite	39		2	20.84		1.92	317.74		3.45
饰面用蛇纹岩	Facing serpentinite	14			4.23			24.42		0.85
玄武岩	Basalt	567	17	26	76.01	2.96	0.42	7053.70	145.00	31.70
铸石用玄武岩	Basalt for casting	8			0.63			114.10		0.40
岩棉用玄武岩	Basalt for rock wool	1			0.02			7.00		0.05
建筑用玄武岩	Basalt for building	124	11	1	9.55	1.23	0.01	3216.43	341.64	6.40
辉绿岩	Diabase	132	2	5	44.12	0.50	0.79	792.52	19.76	9.35
水泥用辉绿岩	Diabase for cement	3			0.59			35.80		0.15
铸石用辉绿岩	Diabase for casting	2			0.05			8.00		0.10
建筑用辉绿岩	Diabase for building	186	5	1	40.95	0.07	0.10	1728.61	57.20	11.10
饰面用辉绿岩	Facing Diabase	71	3	1	14.47	0.83	0.21	305.89	1.27	4.05
安山岩	Andesite	112	3	5	7.30	0.29	0.04	2076.31	68.90	5.70
饰面用安山岩	Facing andesite	4			0.29			22.10		0.20
建筑用安山岩	Andesite for building	422	4	15	21.30	0.06	0.48	7929.77	67.60	21.30
闪长岩	Diorite	85		2	19.49		0.07	2679.00		5.50
建筑用闪长岩	Diorite for building	271	5	18	18.01	0.25	0.34	3376.03	76.26	14.20
水泥混合材料用闪长玢岩	Diorite porphyrite for addition of cement	1			0.01			5.20		0.05
花岗岩	Granite	790	21	50	236.20	4.90	1.87	6861.14	406.35	55.30
建筑用花岗岩	Granite for building	2849	71	120	489.34	3.01	3.74	60195.90	2299.18	175.30

出让、转让情况——按矿种分列（2012年） 续表6

Granted and Transferred by Mineral (2012) Continued 6

采矿权出让 Mining Rights Granted							采矿权转让 Mining Rights Transferred	
合计 Total		探矿权转采矿权 Change of Exploration Right to Mining Right	协议出让 Granting through Agreement		"招拍挂"出让 Granting through Bidding, Auction and Listing		宗数（宗） Number of Cases (case)	转让金额（万元） Amount of Transfer (10^4 yuan)
宗数（宗） Number of Cases (case)	价款金额（万元） Amount of Price Value (10^4 yuan)	宗数（宗） Number of Cases (case)	宗数（宗） Number of Cases (case)	价款金额（万元） Amount of Price Value (10^4 yuan)	宗数（宗） Number of Cases (case)	价款金额（万元） Amount of Price Value (10^4 yuan)		
							1	70
							1	500
17	1446	1	2	12	14	1435	10	384
							1	22
11	728				11	728	1	10
2	193		1	26	1	166	5	160
5	266				5	266		
3	146				3	146	3	800
3	115				3	115		
4	119				4	119	7	966
							1	
5	3831		1	113	4	3718	2	134
21	2225	1			20	2225	17	1476
71	16355		2	1258	69	15097	35	3207

矿产资源采矿许可证发证及采矿权
Mining Licenses Issued and Mining Rights

矿种	Mineral	采矿许可证发证 Mining Licenses Issued								
		许可证数（个） Number of Licenses (number)			登记面积（平方千米） Registered Area (km^2)			生产规模 Production Scale		采矿权使用费（万元） Mining Right Royalty (10^4 yuan)
		有效 Valid	新立 Newly Issued	注销 Cancelled	有效 Valid	新立 Newly Issued	注销 Cancelled	有效 Valid	新立 Newly Issued	
饰面用花岗岩	Facing granite	1307	68	163	233.60	8.13	7.13	8618.58	587.89	75.55
麦饭石	Medical stone	9			10.02			18.63		1.35
珍珠岩	Perlite	59	2	1	14.59	0.72	1.18	301.05	8.00	3.75
黑曜岩	Obsidian	3			0.37			11.00		0.15
浮石	Float stone	17		1	2.22		1.20	32.02		0.85
粗面岩	Trachyte	21			8.08			217.23		1.65
铸石用粗面岩	Trachyte for cast stone	1			0.11			19.00		0.05
霞石正长岩	Nepheline syenite	16	3	1	10.05	0.30	0.03	450.00	90.00	1.60
凝灰岩	Tuff	88	7	3	14.53	0.58	0.08	1291.47	75.40	5.00
水泥用凝灰岩	Tuff for cement	14		2	1.61		0.09	159.32		0.70
建筑用石料（凝灰岩）	Building tuff	1908	75	167	372.80	8.26	10.12	59466.50	4870.36	119.20
火山灰	Volcanic ash	2			0.20			15.00		0.10
水泥用火山灰	Volcanic ash for cement	3	1		0.18	0.07		9.50	5.00	0.15
火山渣	Scoria	11	2		2.68	0.02		82.70	2.20	0.65
大理岩	Marble	302	8	7	114.52	2.29	0.54	3438.35	70.85	22.35
饰面用石料（大理石）	Facing marble	422	17	14	194.53	5.83	2.17	6468.99	83.16	34.30
建筑用大理岩	Marble for building	410	6	47	75.39	0.26	0.78	4268.64	118.04	24.00
水泥用大理石	Marble for cement	98	5	2	26.51	1.16	0.01	4077.51	416.85	6.35
玻璃用大理石	Marble for glass	3		1	0.53		0.01	15.12		0.15
板岩	Slate	220	8	8	82.96	0.83	0.09	1687.92	78.64	17.35
饰面用板岩	Facing slate	74			33.38			254.96		6.05
水泥配料用板岩	Slate for cement	11			4.13			72.45		0.80
片麻岩	Gneiss	349	8	4	34.92	0.56	0.13	5111.44	320.90	18.70
角闪岩	Amphibolite	35			10.30			425.67		2.25
硼矿	Boron	64	4		352.88	14.52		548.45	21.00	37.25
矿泉水	Mineral water	839	10	4	446.74	4.35	0.97	4248.02	73.77	69.15
地下水	Groundwater	12			28.34			1133.70		3.20
二氧化碳气	Carbon dioxide gas	1			28.74			8.00		2.90
其他	Others	4			1.76					0.30

出让、转让情况——按矿种分列（2012 年） 续表 7

Granted and Transferred by Mineral (2012) Continued 7

采矿权出让 Mining Rights Granted							采矿权转让 Mining Rights Transferred	
合计 Total		探矿权转采矿权 Change of Exploration Right to Mining Right	协议出让 Granting through Agreement		"招拍挂"出让 Granting through Bidding, Auction and Listing		宗数（宗） Number of Cases (case)	转让金额（万元） Amount of Transfer (10^4 yuan)
宗数（宗） Number of Cases (case)	价款金额（万元） Amount of Price Value (10^4 yuan)	宗数（宗） Number of Cases (case)	宗数（宗） Number of Cases (case)	价款金额（万元） Amount of Price Value (10^4 yuan)	宗数（宗） Number of Cases (case)	价款金额（万元） Amount of Price Value (10^4 yuan)		
68	3984		1	12	67	3973	17	1261
2	77				2	77	2	97
3	724				3	724		
7	188				7	188	1	6
75	74541		12	7668	63	66873	10	788
1	17				1	17		
2	17				2	17		
8	916	1			7	916	7	129
17	1621				17	1621	8	544
6	1186				6	1186	8	934
5	2522	2	1	14	2	2508	2	1339
8	705				8	705	2	100
							1	5
8	2059				8	2059	3	
							1	
4	191	1	2	78	1	113	6	106
10	796	6			4	796	14	1950

矿产资源采矿许可证发证及采矿权出让、

Mining Licenses Issued and Mining Rights

经济类型	Economic Type	采矿许可证发证 Mining Licenses Issued						
		许可证数（个） Number of Licenses (number)			登记面积（平方千米） Registered Area (km^2)			采矿权使用费（万元） Mining Right Royalty (10^4 yuan)
		有效 Valid	新立 Newly Issued	注销 Cancelled	有效 Valid	新立 Newly Issued	注销 Cancelled	
合　计	**Grand Total**	**97623**	**1862**	**3170**	**223197.96**	**4553.52**	**498.77**	**13998.40**
国有企业	State-owned Enterprises	2548	20	72	11813.59	44.18	27.44	1121.10
集体企业	Collective-owned Enterprises	6907	12	452	2714.80	5.53	88.16	530.00
股份合作企业	Cooperative Stock Enterprises	953	10	45	815.34	24.72	13.57	117.80
联营企业	Joint Ownership Enterprises	4564	1	109	545.12	2.98	8.31	255.60
有限责任公司	Limited Liability Corporations	30232	1084	332	180179.99	4273.07	80.34	7059.45
股份有限公司	Share Holding Company Limited	1980	26	62	13159.93	84.65	16.74	1378.95
私营企业	Private Enterprises	48052	691	1963	12859.90	110.68	260.25	3324.90
其他企业	Other Enterprises	1949	15	127	138.06	0.91	2.70	101.35
合资经营企业（港、澳、台资）	Enterprises of Joint Investment (with Investors from Hong Kong, Macau or Taiwan)	69			267.46			28.55
合作经营企业（港、澳、台资）	Cooperative Enterprises (with Investors from Hong Kong, Macau or Taiwan)	8			5.69			0.80
港、澳、台商独资经营企业	Enterprises with Funds Solely from Hong Kong, Macau or Taiwan	86	1	1	170.19	0.50	0.02	19.35
港、澳、台商投资股份有限公司	Share holding Company Limited with Funds from Hong Kong, Macau or Taiwan	19			16.11			2.05
中外合资经营企业	Chinese and Foreign Equity Joint Ventures	127	2	4	204.10	6.30	0.60	23.80
中外合作经营企业	Chinese and Foreign Cooperative Joint Ventures	38			175.70			18.65
外资企业	Foreign Funded Enterprises	65		3	67.67		0.64	8.80
外商投资股份有限公司	Foreign-funded Share Holding Company Limited	26			64.31			7.25

转让情况——按经济类型分列（2012年）

Granted and Transferred by Economic Type (2012)

采矿权出让 Mining Rights Granted							采矿权转让 Mining Rights Transferred	
合计 Total		探矿权转采矿权 Change of Exploration Right to Mining Right	协议出让 Granting through Agreement		"招拍挂"出让 Granting through Bidding, Auction and Listing		宗数（宗） Number of Cases (case)	转让金额（万元） Amount of Transfer (10^4 yuan)
宗数（宗） Number of Cases (case)	价款金额（万元） Amount of Price Value (10^4 yuan)	宗数（宗） Number of Cases (case)	宗数（宗） Number of Cases (case)	价款金额（万元） Amount of Price Value (10^4 yuan)	宗数（宗） Number of Cases (case)	价款金额（万元） Amount of Price Value (10^4 yuan)		
1862	**766902**	**281**	**131**	**456091**	**1450**	**310809**	**1752**	**1659047**
20	60417	8	6	59595	6	821	31	22998
12	1706		3	794	9	912	20	4081
10	4177	1	1	186	8	3991	6	422
1		1					71	5043
1084	605695	251	108	337327	725	268367	1019	843402
26	67260	8	3	55636	15	11623	49	171024
691	26283	10	8	2513	673	23770	533	604425
15	419		2	40	13	380	13	1477
							6	6090
							1	
1	945				1	945	1	40
2		2					2	45

矿产资源勘查、开采
Cases Handling of Illegal

单位：件

年份/案件类别	Year / Case Category	合计 Total
	2006	15314
	2007	11769
	2008	9435
	2009	7433
	2010	6965
	2011	7638
	2012	6161
上年未结案件	**Cases Unsettled Last Year**	**679**
本年立案	**Cases Filed This Year**	**6123**
勘查	Exploration	324
无证勘查	Exploration Without Any License	82
越界勘查	Cross-border Exploration	14
非法转让探矿权	Illegal Transfer of Exploration Right	15
其他	Others (Exploration)	213
开采	Mining	5786
无证开采	Mining Without Any License	3908
越界开采	Cross-border Mining	1248
非法转让采矿权	Illegal Transfer of Mining Right	41
破坏性开采	Destructive Mining	13
其他	Others (Mining)	576
不按规定缴纳矿产资源补偿费	Failure to Pay Mineral Resources Compensation Fees According to the Rule	13
非法批准	Illegal Approval	
违法发证	Unlawful Issuance of License	
勘查许可证	Exploration License	
采矿许可证	Mining License	
其他	Others	
本年结案	**Cases Settled This Year**	**6161**
处理上年未结案	Last Year's Unsettled Cases Handled	265
勘查	Exploration	308
无证勘查	Exploration Without Any License	70
越界勘查	Cross-border Exploration	13
非法转让探矿权	Illegal Transfer of Exploration Right	13
其他	Others (Exploration)	212
开采	Mining	5575
无证开采	Mining Without Any License	3752
越界开采	Cross-border Mining	1206
非法转让采矿权	Illegal Transfer of Mining Right	41
破坏性开采	Destructive Mining	13
其他	Others (Mining)	563
不按规定缴纳矿产资源补偿费	Failure to Pay Mineral Resources Compensation Fees According to the Rule	13
非法批准	Illegal Approval	
违法发证	Unlawful Issuance of License	
勘查许可证	Exploration License	
采矿许可证	Mining License	
其他	Others	
本年未结案件	**Cases Unsettled This Year**	**641**

违法案件查处情况
Exploration and Mining

Unite: case

国家机关 State Organs			企事业单位 Enterprises and Institutions		集体 Collective		个人 Individual
省级机关 Provincial Level	市级机关 Municipal Level	县级机关 County Level		外商 Foreign-funded		乡村 Township	
			2049	38	1484	184	11781
			1841	9	799	150	9129
			1886	19	335	78	7214
			1760	25	175	48	5498
			1699	2	176	24	5090
			1992	6	151	34	5495
			1822	4	128	38	4211
			141		**3**		**535**
			1787	**5**	**157**	**59**	**4179**
			253		3	2	68
			33		2	2	47
			12				2
			10		1		4
			198				15
			1529	5	154	57	4103
			591		84	29	3233
			684	5	53	19	511
			15				26
			6				7
			233		17	9	326
			5		0		8
			1822	**4**	**128**	**38**	**4211**
			69		2		194
			244		3	2	61
			27		2	2	41
			12				1
			8		1		4
			197				15
			1504	4	123	36	3948
			579		74	26	3099
			671	4	38	7	497
			15				26
			6				7
			233		11	3	319
			5				8
			106	**1**	**32**	**21**	**503**

矿产资源勘查、开采违法案件
Cases Handling of Illegal Exploration

单位：件

年份/案件类别	Year/Case Category	合计 Total	北京 Beijing	天津 Tianjin	河北 Hebei	山西 Shanxi	内蒙古 Inner Mongolia
	2006	15314	84	3	928	2188	409
	2007	11769	136	6	786	1376	334
	2008	9435	153	4	629	433	489
	2009	7433	49		265	250	479
	2010	6965	135	3	326	237	306
	2011	7638	88	38	343	318	449
	2012	6161	13	29	264	197	220
上年未结案件	**Cases Unsettled Last Year**	**679**			**33**	**13**	**10**
本年立案	**Cases Filed This Year**	**6123**	**13**	**29**	**250**	**189**	**225**
勘查	Exploration	324		3	17	3	43
无证勘查	Exploration Without Any License	82		3	12	1	5
越界勘查	Cross-border Exploration	14					
非法转让探矿权	Illegal Transfer of Exploration Right	15					
其他	Others (Exploration)	213			5	2	38
开采	Mining	5786	13	26	233	186	182
无证开采	Mining Without Any License	3908	13	25	203	163	140
越界开采	Cross-border Mining	1248			21	19	19
非法转让采矿权	Illegal Transfer of Mining Right	41			1		
破坏性开采	Destructive Mining	13					3
其他	Others (Mining)	576		1	8	4	20
不按规定缴纳矿产资源补偿费	Failure to Pay Mineral Resources Compensation Fees According to the Rule	13					
非法批准	Unlawful Approval						
违法发证	Unlawful Issuance of License						
勘查许可证	Exploration License						
采矿许可证	Mining License						
其他	Others						
本年结案	**Cases Settled This Year**	**6161**	**13**	**29**	**264**	**197**	**220**
处理上年未结案	Last Year's Unsettled Cases Handled	265			20	11	2
勘查	Exploration	308		3	17	3	38
无证勘查	Exploration Without Any License	70		3	12	1	
越界勘查	Cross-border Exploration	13					
非法转让探矿权	Illegal Transfer of Exploration Right	13					
其他	Others (Exploration)	212			5	2	38
开采	Mining	5575	13	26	227	183	180
无证开采	Mining Without Any License	3752	13	25	197	160	138
越界开采	Cross-border Mining	1206			21	19	19
非法转让采矿权	Illegal Transfer of Mining Right	41			1		
破坏性开采	Destructive Mining	13					3
其他	Others (Mining)	563		1	8	4	20
不按规定缴纳矿产资源补偿费	Failure to Pay Mineral Resources Compensation Fees According to the Rule	13					
非法批准	Unlawful Approval						
违法发证	Unlawful Issuance of License						
勘查许可证	Exploration License						
采矿许可证	Mining License						
其他	Others						
本年未结案件	**Cases Unsettled This Year**	**641**			**19**	**5**	**15**

查处情况——按地区分列
and Mining by Region

Unite: case

辽宁 Liaoning	吉林 Jilin	黑龙江 Heilongjiang	上海 Shanghai	江苏 Jiangsu	浙江 Zhejiang	安徽 Anhui	福建 Fujian	江西 Jiangxi	山东 Shandong
868	286	393		89	328	225	1040	519	781
811	99	319		87	337	179	179	360	670
729	207	280		37	313	92	824	210	485
776	244	278		19	228	47	382	143	216
602	132	292		29	272	46	391	156	104
829	216	293		11	223	98	822	141	83
464	199	276		24	309	91	360	137	59
285	**6**				**10**	**9**	**44**	**19**	
396	**196**	**276**		**24**	**300**	**97**	**362**	**145**	**61**
2	17	2				2	9	3	1
1	13	1					8	2	
		1						1	
						2			
1	4						1		1
394	179	274		24	300	95	353	142	60
304	142	112		19	248	33	317	96	47
79	35	151		2	49	59	11	33	4
					1	3			
							2		
11	2	11		3	2		23	13	9
462	**199**	**276**		**24**	**309**	**91**	**360**	**137**	**59**
71	6				10	1	8	19	
2	16	2				2	5	3	1
1	12	1					4	2	
		1						1	
						2			
1	4						1		1
389	177	274		24	299	88	347	115	58
300	140	112		19	248	27	312	70	45
78	35	151		2	48	58	10	32	4
					1	3			
							2		
11	2	11		3	2		23	13	9
219	**3**				**1**	**15**	**46**	**27**	**2**

矿产资源勘查、开采违法案件

Cases Handling of Illegal Exploration

单位：件

年份/案件类别	Year/Case Category	河南 Henan	湖北 Hubei	湖南 Hunan	广东 Guangdong	广西 Guangxi	海南 Hainan
	2006	997	244	1211	219	639	157
	2007	724	198	1123	449	634	26
	2008	197	84	1028	250	459	39
	2009	251	70	711	315	295	95
	2010	179	55	812	286	259	116
	2011	118	94	687	282	383	55
	2012	104	89	488	354	266	85
上年未结案件	**Cases Unsettled Last Year**		**4**	**13**	**37**	**59**	**21**
本年立案	**Cases Filed This Year**	**107**	**85**	**498**	**350**	**258**	**88**
勘查	Exploration	2	3	5	2	6	
无证勘查	Exploration Without Any License	1	1	3			
越界勘查	Cross-border Exploration					1	
非法转让探矿权	Illegal Transfer of Exploration Right	1					
其他	Others (Exploration)		2	2	2	5	
开采	Mining	105	82	493	348	252	88
无证开采	Mining Without Any License	83	64	182	306	153	63
越界开采	Cross-border Mining	15	16	279	29	25	25
非法转让采矿权	Illegal Transfer of Mining Right			2			
破坏性开采	Destructive Mining			3			
其他	Others (Mining)	7	2	27	13	74	
不按规定缴纳矿产资源补偿费	Failure to Pay Mineral Resources Compensation Fees According to the Rule						
非法批准	Unlawful approval						
违法发证	Unlawful issuance of License						
勘查许可证	Exploration license						
采矿许可证	Mining license						
其他	Others						
本年结案	**Cases Settled This Year**	**104**	**89**	**488**	**354**	**266**	**85**
处理上年未结案	Last Year's Unsettled Cases Handled	1	4	10	25	25	
勘查	Exploration	2	3	5	2	6	
无证勘查	Exploration Without Any License	1	1	3			
越界勘查	Cross-border Exploration					1	
非法转让探矿权	Illegal Transfer of Exploration Right	1					
其他	Others (Exploration)		2	2	2	5	
开采	Mining	101	82	473	327	235	85
无证开采	Mining Without Any License	79	64	175	289	138	61
越界开采	Cross-border Mining	15	16	266	25	23	24
非法转让采矿权	Illegal Transfer of Mining Right			2			
破坏性开采	Destructive Mining			3			
其他	Others (Mining)	7	2	27	13	74	
不按规定缴纳矿产资源补偿费	Failure to Pay Mineral Resources Compensation Fees According to the Rule						
非法批准	Unlawful approval						
违法发证	Unlawful issuance of License						
勘查许可证	Exploration license						
采矿许可证	Mining license						
其他	Others						
本年未结案件	**Cases Unsettled This Year**	**3**		**23**	**33**	**51**	**24**

查处情况——按地区分列 续表
and Mining by Region Continued

Unite: case

重庆 Chongqing	四川 Sichuan	贵州 Guizhou	云南 Yunnan	西藏 Tibet	陕西 Shaanxi	甘肃 Gansu	青海 Qinghai	宁夏 Ningxia	新疆 Xinjiang
415	584	1280	553		318	136	24	49	347
239	462	893	384		291	147	14	50	456
130	165	887	360		223	105	17	107	499
100	99	897	214		127	126	13	69	675
144	130	751	152		118	80	54	47	751
70	86	580	253	7	125	149	47	63	687
106	72	526	319	5	128	21	56	57	845
	42	**35**	**18**					**4**	**17**
109	**86**	**515**	**311**	**13**	**156**	**21**	**64**	**53**	**846**
1	7	36	27		10	2	2		119
	3	16	2		1				9
1	1	1	5				2		1
		12							
	3	7	20		9	2			109
105	79	478	284	13	146	19	62	53	718
61	39	160	180	13	123	14	19	44	542
42	32	72	95		15	5	33	7	76
2		31			1				
									5
	8	215	9		7		10	2	95
3		1							9
106	**72**	**526**	**319**	**5**	**128**	**21**	**56**	**57**	**845**
	2	24	16					4	6
1	5	33	26		10	2	2		119
	1	16	2		1				9
1	1	1	4				2		1
		10							
	3	6	20		9	2			109
102	65	468	277	5	118	19	54	53	711
58	32	158	175	5	102	14	17	44	535
42	25	71	93		8	5	33	7	76
2		31			1				
									5
	8	208	9		7		4	2	95
3		1							9
3	**56**	**24**	**10**	**8**	**28**		**8**		**18**

矿产资源勘查、开采违法案件查处结果
Handling Results of Cases of Illegal Exploration and Mining

年份/地区	Year / Region	吊销勘查许可证（件） Revoked Exploration Licenses (Case)	吊销采矿许可证（件） Revoked Mining Licenses (Case)	罚没款（万元） Fine (10^4 yuan)
	2006	25	1030	35280.82
	2007	8	966	31060.73
	2008	3	41	40803.79
	2009	3	4	21567.24
	2010	7	11	34337.49
	2011		1	43549.89
	2012		5	35794.61
北　京	Beijing			25.50
天　津	Tianjin			30.85
河　北	Hebei			444.94
山　西	Shanxi			600.55
内蒙古	Inner Mongolia			578.61
辽　宁	Liaoning		1	4913.30
吉　林	Jilin		1	1354.13
黑龙江	Heilongjiang			1384.11
上　海	Shanghai			
江　苏	Jiangsu			101.88
浙　江	Zhejiang			9274.40
安　徽	Anhui			487.89
福　建	Fujian			792.05
江　西	Jiangxi			543.72
山　东	Shandong			112.33
河　南	Henan			202.12
湖　北	Hubei			396.23
湖　南	Hunan			1447.94
广　东	Guangdong			950.84
广　西	Guangxi			561.87
海　南	Hainan			172.09
重　庆	Chongqing			835.57
四　川	Sichuan			190.01
贵　州	Guizhou		3	1366.95
云　南	Yunnan			471.24
西　藏	Tibet			23.80
陕　西	Shaanxi			2461.10
甘　肃	Gansu			51.21
青　海	Qinghai			160.60
宁　夏	Ningxia			255.51
新　疆	Xinjiang			5603.27

主要统计指标解释

勘查许可证数 是指有管辖权的探矿登记管理机关，按照法定的审批、发证权限，依法颁发的有效探矿许可证个数和注销的探矿许可证数。

有效（勘查许可证） 是指报告期末有效的勘查许可证，包括新立、变更、延续和其他有效勘查许可证。

新立（勘查许可证） 是指在未获得探矿权的区域，申请人提交材料，报经登记管理机关批准登记，在报告期内取得探矿权的过程，其批准的勘查许可证即为新立。

注销（勘查许可证） 包括探矿权人正常申请注销、转采的勘查许可证。

登记面积（勘查许可证） 是指勘查登记管理机关颁发的勘查许可证载明的区块面积的总和。计量单位平方千米。

探矿权使用费 是指国家将矿产资源探矿权出让给探矿权人，按法律规定向探矿权人收取的使用费。按报告期收取数统计。

探矿权出让 是指在报告期内国土资源主管部门通过申请在先、协议、招标、拍卖和挂牌等方式，把探矿权出让给探矿权申请人的行为。

申请在先 是指受让方（探矿权使用者）提出申请，出让方（政府）按照法定的审批权限，依法办理的探矿权登记，并获得勘查许可证。

协议出让（探矿权） 是指主管部门通过协议方式把探矿权出让给探矿权人的活动，探矿权人获得勘查许可证。

“招拍挂”出让（探矿权） 是指主管部门通过招标、拍卖和挂牌方式出让探矿权的活动，探矿权人获得勘查许可证。

招标（探矿权） 是指主管部门发布招标公告，邀请特定或者不特定的投标人参加投标，根据投标结果确定探矿权中标人的活动，探矿权人获得勘查许可证。

拍卖（探矿权） 是指主管部门发布拍卖公告，由符合探矿权申请人资质条件的竞买人在指定时间、地点进行公开竞价，根据出价结果确定探矿权竞得人的活动，探矿权人获得勘查许可证。

挂牌（探矿权） 是指主管部门发布挂牌公告，在挂牌公告规定的期限和场所接受竞买人的报价申请并更新挂牌价格，根据挂牌期限截止时的出价结果，确定探矿权竞得人的活动，探矿权人获得勘查许可证。

价款金额（探矿权） 是指协议、招标、拍卖、挂牌出让探矿权的评估或成交金额。

探矿权转让 是指报告期内经探矿权登记管理机关批准转让并办理了变更登记手续的探矿权数量和转让的金额。

转让金额（探矿权） 是指报告期内探矿权转让人与受让人之间签定的探矿权转让合同中约定的转让价格。

采矿许可证数 是指有管辖权的采矿登记管理机关，按照法定的审批、发证权限，依法颁发的有效采矿许可证个数和注销的采矿许可证数。

有效（采矿许可证） 是指报告期末有效的采矿许可证，包括新立、变更、延续和其他有效采矿许可证。

新立（采矿许可证） 是指在未获得采矿权的区域，申请人提交材料，报经登记管理机关批准登记，在报告期内取得采矿权的过程，其批准的采矿许可证即为新立。

注销（采矿许可证） 是指采矿权人需要停止生产，关闭矿山，依法申请注销采矿权的数量。

生产规模 是指各矿种采矿权登记生产规模的总和。仅按矿种分列时填写，单位以各矿种标准单位填写，固体矿产按万吨/年，气体矿产按万立方米/年计，地下水按立方米/日计。其中：新立矿山生产规模是指新立采矿证登记的矿山设计生产规模；有效的矿山生产规模是指报告期末有效的采矿证所登记的矿山设计生产规模。

登记面积（采矿许可证） 是指勘查登记、采矿登记管理机关依法划定的探矿权的区块面积、采矿权的矿区面积的总和。单位按平方千米填写。

采矿权使用费 是指国家将矿产资源采矿权出让给采矿权人，按法律规定向采矿权人收取的使用费。按报告期收取数统计。

采矿权出让 是指在报告期内国土资源主管部门通过探矿权转采矿权、协议、招标、拍卖和挂牌等方式，把采矿权出让给采矿权申请人的行为。

探矿权转采矿权 是指报告期内探矿权人在其勘查许可证范围内，将探矿权申请转为采矿权，并获得采矿许可证。

协议出让（采矿权） 是指出让方（采矿权管理机关）按照法律法规的规定采取非竞争性的方式，以协议方式出让采矿权给特定对象的活动，并获得采矿许可证。

“招拍挂”出让（采矿权） 是指采矿权人通过招标出让、拍卖出让、挂牌出让三种方式获得采矿权并取得采矿许可证。

招标（采矿权） 是指主管部门发布招标公告，邀请特定或者不特定的投标人参加投标，根据投标结果确定采矿权中标人的活动，并获得采矿许可证。

拍卖（采矿权） 是指主管部门发布拍卖公告，由符合采矿权申请人资质条件的竞买人在指定时间、地点进行公开竞价，根据出价结果确定采矿权竞得人的活动，并获得采矿许可证。

挂牌（采矿权） 是指主管部门发布挂牌公告，在挂牌公告规定的期限和场所接受竞买人的报价申请并更新挂牌价格，根据挂牌期限截止时的出价结果，确定采矿权竞得人的活动，并获得采矿许可证。

价款金额（采矿权出让） 指协议、招标、拍卖、挂牌出让采矿权合同中签订的合同金额。

采矿权转让 是指报告期内经采矿权登记管理机关批准转让并办理了变更登记手续的采矿权数量和转让的金额。

转让金额（采矿权） 是指报告期内采矿权转让人与受让人之间签定的采矿权转让合同中约定的转让价格。

无证开采 是指未依法取得采矿许可证的非法采矿活动。

越界开采 是指采矿权人超越批准的矿区范围进行的采矿活动,包括越层开采。

非法转让采矿权 是指违背《探矿权采矿权转让管理办法》第三条第二款规定的其他采矿权转让的。

不按规定缴纳矿产资源补偿费 是指矿山企业没有按有关法规规定按期、足额缴纳矿产资源补偿费。

破坏性开采 是指采矿权人违背开采顺序、合理开采方法及工艺进行的采富弃贫、采易弃难等破坏矿产资源的开采活动。

其他（开采） 是指上述各项之外的违法采矿活动。

本年结案 是指本年内查处完毕并结案的案件数。

吊销勘查许可证 依法由原颁发勘查许可证的主管机关吊销勘查许可证的件数。

吊销采矿许可证 依法由原颁发采矿许可证的主管机关吊销采矿许可证的件数。

罚没款 是指各级地质矿产主管部门对矿产资源勘查、开采违法活动立案查处并处以罚款的处罚金额。

本年未结案件 是指报告期内未能结案需要转到下一年度继续处理的案件。

上年未结案件 是指上一年度对勘查、开采登记范围的案件已经立案，但尚未查处或未查处完毕，需在本年继续查处的案件数。

本年立案 是指本年度对勘查、开采登记违法案件立案查处的案件数。分为勘查和开采两类。以“件”计量。

无证勘查 是指未依法取得勘查许可证而进行勘查的活动。

越界勘查 是指探矿权人超越批准勘查的区块范围进行的勘查活动。

非法转让探矿权 是指违反《探矿权采矿权转让管理办法》规定的探矿权转让行为。

非法批准 是指负责矿产资源监督管理工作的国家工作人员或其他有关国家工作人员违反矿产资源法律法规的规定，擅自批准勘查、开采矿产资源和颁发勘查许可证、采矿许可证的行为。

其他（勘查） 是指上述各项之外的其他违法勘查活动。

Explanatory Notes on Main Statistical Indicators

Number of exploration licenses — refers to the number of valid exploration licenses issued and the number of exploration licenses cancelled by the exploration registration administration agency with jurisdictional power according to law within the prescribed limits of examining and approving and license-issuing authority.

Valid (exploration license) — refers to the valid exploration licenses at the end of the reporting period, including those that have been newly issued, modified or continued and other valid exploration licenses.

Newly issued (exploration license) — refers to the exploration license approved through the following process: in an area where no exploration right has been granted, the applicant submits material to the registration administration agency and obtains the exploration right during the reporting period after approval and registration.

Cancelled (exploration license) — The cancelled exploration licenses include that for which the exploration right holder normally applies for cancellation or change of it into the mining license.

Registered area (exploration license) — refers to the total sum of the block areas specified in the exploration license issues by the exploration registration administration agency.

Exploration right royalty — refers to the royalty charged to the exploration right holder according to relevant regulations, when the mineral resource exploration right is granted by the government to the exploration right holder. Statistic survey is made based on the royalties charged during the reporting period.

Exploration right granted — refers to various acts through which the mineral exploration right is granted by the land and resources administration department to the applicant for the exploration right through the ways of first application, agreement, bidding, auction, and listing during the reporting period.

First application — means that: the assignee (exploration right holder) submits the application for the exploration right and the assignor (government) handles the registration of the exploration right according to law within the prescribed limits of examining and approving authority, and then the assignee obtains the exploration license.

Granting through agreement (exploration right) — refers to the act through which the administration department grants the exploration right to the exploration right holder in the way of agreement, and the exploration right holder obtains the exploration license.

Granting through bidding, auction and listing (exploration right) — refers to the acts through which the administration department grants the exploration right in the ways of bidding, auction, and listing, and the exploration right holder obtains the exploration license.

Granting through bidding (exploration right) — refers to the act through which the administrative authorities issue a notice of invitation for bid to invite specially or not specially designated bidders to participate in the bidding, and the warded bidder for the exploration right is determined according to the result of the bidding. The exploration right holder obtains the exploration license.

Granting through auction (exploration right) — refers to the act through which the administrative authorities issue a notice of invitation for auction, while the bidders qualified to be applicants for the exploration right may participate in open competition at the prescribed time and locality and the warded bidder for the exploration or mining right is determined according to the result of the price offer. The exploration right holder obtains the exploration license.

Granting through listing (exploration right) — refers to the act through which the administrative authorities issue a notice of listing, and receive the offer applications of the bidders and renew the listed prices in the time limit and locality prescribed by the notice, and the warded bidder for the exploration right is determined according to the price offer at the closing date of the listing time limit. The exploration right holder obtains the exploration license.

Amount of price value (exploration right) — refers to the amount of money evaluated or determined through transaction for assigning the exploration right through agreement, bidding, auction, and listing.

Exploration rights transferred — refers to the number of exploration rights that have been transferred and gone through the procedures of registration alteration after approval of the exploration right registration administration department during the reporting period and the amount of transfer.

Amount of transfer (exploration right) — refers to the price of transfer agreed upon in the contract of exploration right transfer signed between the exploration right assignor and the exploration right assignee during the reporting period.

Number of mining licenses — refers to the number of valid mining licenses issued and the number of mining licenses cancelled by the mining registration administration agency with jurisdictional power according to law within the prescribed limits of examining and approving and license-issuing authority.

Valid (mining license) — refers to the valid mining licenses at the end of the reporting period, including those that have been newly issued, modified or continued and other valid mining licenses.

Newly issued (mining license) — refers to the mining license approved through the following process: in an area where no mining right has been granted, the applicant submits material to the registration administration agency and obtains the mining right during the reporting period after approval and registration.

Cancelled (mining license) — refers to the number of mining rights which the mining right holder applies for canceling according to law because he needs to stop production and close the mine.

Production scale — refers to the total sum of the productions registered by the mining rights of various minerals. It is filled in according to minerals. The units are filled in according to the standard units of various minerals: 10^4 t/yr for solid minerals; 10^4 m^3/yr for gas minerals; m^3/day for groundwater. The production scale of the mine whose mining right is newly obtained refers to that in the mine design registered in the newly issued mining license; the valid production scale refers to that in the mine design registered in the valid mining license at the end of the reporting period.

Registered area (mining license) — refers to the total sum of the area of blocks with the exploration right and the area of the mining area with the mining right defined by the administration agency in charge of exploration and mining registration. The unit is km^2.

Mining right royalty — refers to the royalty charged to the mining right holder according to relevant regulations, when the mineral resource mining right is granted by the government to the mining right holder. Statistics is made based on the royalties charged during the reporting period.

Mining right granted — refers to various acts through which the mining right is assigned by the land and resources administration department to the applicant for the mining right through the ways of change of the exploration right into the mining right, agreement, bidding, auction, and listing during the reporting period.

Change of exploration right to mining right — means that the exploration right holder applies for changing the exploration right into the mining right in his exploration license scope during the reporting period and obtains the mining license.

Granting through agreement (mining right) — refers to the act through which the assignor (mining right administration agency) grants the mining right to the particular individual or organization by adopting the noncompetitive way through agreement according to the provisions of law and the latter obtains the mining license.

Granting through bidding, action and listing (mining right) — refers to the acts through which the mining right holder obtains the mining right and the mining license in the ways of assigning through bidding, auction, and listing.

Granting through bidding (mining right) — refers to the act through which the administrative authorities issue a notice of invitation for bid to invite specially or not specially designated bidders to participate in the bidding, and the warded bidder for the mining right is determined according to the result of the bidding. The mining right holder obtains the mining license.

Granting through auction (mining right) — refers to the act through which the administrative authorities issue a notice of invitation for auction, while the bidders qualified to be applicants for the mining right may participate in open competition at the prescribed time and locality and the warded bidder for the mining or mining right is determined according to the result of the price offer. The mining right holder obtains the mining license.

Granting through listing (mining right) — refers to the act through which the administrative authorities issue a notice of listing, and receive the offer applications of the bidders and renew the listed prices in the time limit and locality prescribed by the notice, and the warded bidder for the mining right is determined according to the price offer at the closing date of the listing time limit. The mining right holder obtains the mining license.

Amount of price value (mining right) — refers to the contractual amount of money specified in the contract of assigning the mining right through agreement, bidding, auction, and listing.

Mining rights transferred — refers to the number of mining rights that have been transferred and gone through the procedures of registration alteration after approval of the mining right registration administration department during the reporting period and the amount of transfer.

Amount of transfer (mining right) — refers to the price of transfer agreed upon in the contract of mining right transfer signed between the mining right assignor and the mining right assignee during the reporting period.

Mining without any license — refers to mining operations carried out without obtaining a mining license according to law.

Cross-border mining — refers to mining operations carried out by a mining right holder beyond the approved limits of his mining area, including cross-bed mining operations.

Illegal transfer of mining right — refers to the act through which the mining right is transferred in violation of Section 2 of Article 3 of the "Regulations for Transferring Exploration Rights and Mining Rights".

Failure to pay mineral resource compensation fees according to the rule — refers to a mine enterprise that does not pay the full mineral resource compensation on schedule according to the rule.

Destructive mining — refers to wasteful mining operations by a mining right holder that depart from the rational mining sequence or appropriate mining methods and technologies and are destructive to mineral resources.

Others (mining) — refer to other illegal mining operations except the above-mentioned items.

Case settled this year — refers to the number of cases investigated, handled and settled in the current year.

Revoked exploration license — refers to the number of exploration licenses revoked by the original exploration license-issuing administration department according to law.

Revoked mining license — refers to the number of mining licenses revoked by the original mining license-issuing administration department in charge of examining and approving and issuing licenses according to law.

Fine — refers to the paid-in amount of fines imposed by the geological and mineral resources administration department at various administrative levels for economic punishment of the filed, investigated, and handled illegal mineral exploration and mining operations.

Case unsettled this year — refers to the cases that are not able to be settled in the current year and have to be transferred to the next year and continue to be handled.

Case unsettled last year — refers to the number of cases that were filed out in the scope of registration of exploration and mining last year but have not been investigated or handled or whose investigation and handling have not been completed and should continue in the current year.

Case filed this year — refers to the number of the illegal cases about registration of exploration and mining filed for investigation and handling during the current year. They include two categories, exploration and mining.

Exploration without any license — refers to exploration operations carried out without obtaining an exploration license according to law.

Cross-border exploration — refers to exploration operations carried out by an exploration right holder beyond the approved limits of his exploration block.

Illegal transfer of the exploration right — refers to the act through which the exploration right is transferred in violation of the "Regulations for Transferring Exploration Rights and Mining Rights".

Unlawful approval — refers to the act through which the state functionaries in charge of mineral resources supervision and management and other state functionaries approve exploration and mining of mineral resources and issue exploration licenses and mining license without authorization in violation of laws and regulations concerning mineral resources.

Others (exploration) — refers to other illegal exploration operations except the above-mentioned items.

地质环境管理

Geo-environmental Management

地质环境
Geo-environmental

年份/地区	Year/Region	监测站数（个）Number of Monitoring Stations (Number)	省级总站 Provincial Master Station	地市级分站 Prefecture and City Level Station	县区级分站 County and District Level Station
2009		328	31	169	128
2010		615	32	252	331
2011		630	32	246	352
2012		661	32	254	375
北　京	Beijing	1	1		
天　津	Tianjin	1	1		
河　北	Hebei	12	1	11	
山　西	Shanxi	11	1	6	4
内蒙古	Inner Mongolia	8	1	7	
辽　宁	Liaoning	15	1	14	
吉　林	Jilin	11	1	10	
黑龙江	Heilongjiang	1	1		
上　海	Shanghai	1	1		
江　苏	Jiangsu	16	1	11	4
浙　江	Zhejiang	37	1	11	25
安　徽	Anhui	20	2	18	
福　建	Fujian	8	1	5	2
江　西	Jiangxi	9	1	8	
山　东	Shandong	28	1	15	12
河　南	Henan	19	1	18	
湖　北	Hubei	19	1	11	7
湖　南	Hunan	54	1	16	37
广　东	Guangdong	34	1	12	21
广　西	Guangxi	29	1	14	14
海　南	Hainan	1	1		
重　庆	Chongqing	40	1		39
四　川	Sichuan	120	1	21	98
贵　州	Guizhou	9	1	8	
云　南	Yunnan	2	1	1	
西　藏	Tibet	4	1	3	
陕　西	Shaanxi	81	1	10	70
甘　肃	Gansu	57	1	14	42
青　海	Qinghai	1	1		
宁　夏	Ningxia	5	1	4	
新　疆	Xinjiang	7	1	6	

监测网络
Monitoring Network

从业人员（人） Employees (person)	专业技术人员 Professional Technical Personnel	突发性地质灾害监测点（个） Monitoring Site of Sudden Geohazards (Number)	缓变性地质灾害监测点（个） Monitoring Site of Delayed Geohazards (Number)	地下水监测点（个） Groundwater Monitoring Site (Number)
3520	2515	45340	13699	12268
8575	2993	65868	20332	15034
7117	3461	79905	16744	16142
7013	3436	87776	14943	14783
94	89		8	1497
70	47	4	12	470
317	218	10	12	2688
119	80	91	521	206
259	144		1642	842
158	116	441	169	866
105	88			701
79	61		28	275
162	139		2619	662
84	62	474	627	477
153	85	6239	964	474
260	199	2	1	318
41	28	8		235
104	70	19		158
333	232	601	171	980
87	60	3		622
481	307	381	22	252
257	157	1285	1753	129
386	174	4975	107	520
306	214	9218	74	450
39	32	366	4	38
202	139	17358	188	37
658	246	27342	4002	66
964	70	3609	916	295
90	70	757	16	110
24	8	93		42
597	102	11724	276	274
407	72	2714	667	316
33	20	27		162
60	37	33	144	328
84	70	2		293

地质灾害
Geohazards Prevention

年份/地区 Year/Region		地质灾害预报预警 Prediction and Early-warning of the Geohazards			地质灾害应急处置 Contingency Handling of Geohazards		地质灾害 Geohazards Prevention		
		成功避让地质灾害（处） Geohazards Avoided Successfully (place)	避免伤亡人员（人） Casualties Avoided (person)	避免直接经济损失（万元） Direct Economic Loss Avoided (10^4 yuan)	出动应急处置小组（个） Sending the Contingency Handling Team (number)	参与应急处置地质灾害（起） Participating in Contingency Handling of Geohazards(number)	地质灾害防治项目（个） Geohazard Prevention and Control Project (number)	治理项目 Control Project	监测预警项目 Monitoring and Early-warning Project
2009		583	27070	52377.71	7845	8267	28061	6773	16273
2010		1469	120915	119656.60	13090	16721	28106	7584	18298
2011		669	40594	81242.50	7149	8027	20871	6313	13106
2012		3615	42401	86898.80	8793	8851	26882	8982	15437
北　京	Beijing				18	18	7	7	
天　津	Tianjin				3	3	9	4	3
河　北	Hebei	17	416	598.00	49	80	123	56	23
山　西	Shanxi	5	91	128.00	77	53	120	109	9
内蒙古	Inner Mongolia	2	1	112.00	1	1	26	9	17
辽　宁	Liaoning	2914	4658		171	148	83	31	49
吉　林	Jilin	5	580	590.00	19	17	10	10	
黑龙江	Heilongjiang						10	9	
上　海	Shanghai						1	1	
江　苏	Jiangsu	20	275	642.60	28	24	117	49	66
浙　江	Zhejiang	34	339	326.00	1278	976	1123	966	17
安　徽	Anhui	37	543	3765.00	189	233	524	320	173
福　建	Fujian	6	157	113.20	176	140	1043	317	577
江　西	Jiangxi	14	100	139.00	522	579	101	83	16
山　东	Shandong	8	321	1730.00	74	36	108	74	34
河　南	Henan	15	368	227.75			5	4	1
湖　北	Hubei	33	785	2742.00	514	505	287	170	97
湖　南	Hunan	72	2445	12109.80	830	986	536	315	181
广　东	Guangdong	12	1608	1754.60	328	276	7146	2805	3935
广　西	Guangxi	11	2201	1630.00	493	390	1231	707	493
海　南	Hainan	2			3		76	16	43
重　庆	Chongqing	32	1350	8820.00	46	37	761	56	179
四　川	Sichuan	273	22619	43369.00	1254	1717	9062	2018	6412
贵　州	Guizhou	18	785	1847.00	175	175	1445	161	1054
云　南	Yunnan	14	622	244.20	1702	1729	2418	408	1875
西　藏	Tibet	15	1358	4030.00	7	3	14	14	
陕　西	Shaanxi	13	533	1517.00	503	410	210	142	26
甘　肃	Gansu	42	241	455.60	215	229	256	97	156
青　海	Qinghai				69	69	15	14	1
宁　夏	Ningxia				28	5	1	1	
新　疆	Xinjiang	1	5	8.00	21	12	14	9	

防治情况
and Control

防治 and Control		完成地质灾害危险性评估项目（个） Project of Evaluating the Danger of Geohazards Completed (number)	调查发现地质灾害隐患点（个） Hidden Danger Sites of Geohazards Found After Investigation (number)				
投入防治资金（万元） Funds Input for Prevention and Control (10^4 yuan)	搬迁人数（人） Number of Persons that Move Away (person)		总数 Total	变化情况 Changes		隐患等级 Grade of Hidden Danger	
				新增数 New Hidden Danger Sites	消除数 Hidden Danger Sites Eliminated	特大型 Extra-Large	大型 Large
542367.60	284337	27734	211110				
1159813.00	418462	26528	184408				
928085.45	296462	27683	184716				
1024183.00	322713	28196	206374	17957	15492	1241	5601
4222.00		323	1141	531		1	34
1243.00	3	80	36	5			
16833.00	375	2077	3553	71	271	3	159
38752.63	3391	952	11692	358	158	50	210
5589.00	700	293					
26916.10	17868	853	2505	114	510	68	144
8009.00	604	337	3418	762	15	5	6
2850.00		255	18		1		
6319.00		19					
23864.27	4338	2677	645	150	54	1	28
44953.96	8361	3654	6056	733	858	4	98
26370.40	6732	619	5743	123	107	16	11
50792.12	19729	1792	9433	438	515	7	24
44814.58	60211	817	22232	4620	3657	7	41
22190.24	3224	855	2115	136	88	1	7
7852.00							
38882.94	6096	1933	5765	304	161	8	10
37225.50	8224	622	7236	2114	307	51	257
82293.31	17690	358	9781	633	2598	23	162
37992.46	5004	793	8878	591	1053	5	9
2958.65	12	331	370	6	32		
59341.00	17961	1808	17546	323	2067	50	1111
192232.00	55051	2394	26113	2767	905	101	543
42189.28	26135	690	4873	317	658	35	237
107618.31	39676	1823	18445	1481	181	163	676
10683.20		160	8958	59	14	304	788
24468.91	16961	418	12000	278	1133	67	80
34911.00	2601	643	11937	930	89	137	593
17340.00	1766	306	3068		2	132	307
2097.00		93	2022	103	36	1	63
2378.12		221	795	10	22	1	3

地质灾害
Situation of

年份/地区	Year/Region	发生地质灾害数量（处） Quantity of Geohazards (place)					
			自然因素 Natural Factors	人为因素 Human Factors		崩塌 Avalanche	滑坡 Landslide
	2009	10580	9886	694	10580	2378	6310
	2010	30670	28681	1989	30670	5688	22250
	2011	15804	14128	1676	15804	2445	11504
	2012	14675	14060	615	14675	2152	11112
北　京	Beijing	18	18		18	12	3
天　津	Tianjin	15	15		15	9	4
河　北	Hebei	36	29	7	36	10	6
山　西	Shanxi	18	15	3	18	7	9
内蒙古	Inner Mongolia	3	1	2	3	1	1
辽　宁	Liaoning	2970	2963	7	2970	9	2853
吉　林	Jilin	19	18	1	19	9	2
黑龙江	Heilongjiang	2	2		2	1	1
上　海	Shanghai						
江　苏	Jiangsu	25	24	1	25	2	20
浙　江	Zhejiang	747	664	83	747	191	490
安　徽	Anhui	350	325	25	350	157	170
福　建	Fujian	130	129	1	130	43	82
江　西	Jiangxi	636	491	145	636	246	358
山　东	Shandong	31	28	3	31	6	7
河　南	Henan	50	22	28	50	7	16
湖　北	Hubei	573	505	68	573	99	416
湖　南	Hunan	3407	3316	91	3407	262	3037
广　东	Guangdong	231	222	9	231	103	101
广　西	Guangxi	396	355	41	396	238	103
海　南	Hainan	7	2	5	7	5	2
重　庆	Chongqing	588	565	23	588	116	449
四　川	Sichuan	3149	3133	16	3149	403	2267
贵　州	Guizhou	181	163	18	181	45	117
云　南	Yunnan	571	561	10	571	70	318
西　藏	Tibet	59	59		59	11	13
陕　西	Shaanxi	240	235	5	240	42	170
甘　肃	Gansu	144	139	5	144	29	70
青　海	Qinghai	30	14	16	30	10	18
宁　夏	Ningxia	5	3	2	5	2	2
新　疆	Xinjiang	44	44		44	7	7

灾情
Geohazards

发生地质灾害数量（处） Quantity of Geohazards (place)				造成伤亡人数（人） Casualties (person)			造成直接经济损失（万元） Direct Economic Loss （10^4 yuan）
泥石流 Mudflow	地面塌陷 Ground Collapse	地裂缝 Ground Crack	地面沉降 Land Subsidence	死亡 Deaths	失踪 Missings	受伤 Injuries	
1442	326	97	27	331	183	331	190109.4
1981	478	248	25	2244	669	532	638508.5
1356	386	98	13	244	37	132	413151.0
952	364	76	19	293	85	258	526191.8
	2	1		3		2	
2							
10	6	4				1	430.2
	2			12		2	345.3
	1						612.0
74	32	2					235234.6
7	1						429.1
	3						642.0
61	5			1			11361.4
13	10			3		2	4601.3
1	4			5	1		363.6
3	29			3		2	3034.5
6	11	1					590.7
1	26						897.9
18	35	3	2	12		9	9274.7
35	56	8	9	19	5	18	41697.4
7	20			21		12	4308.4
4	49	1	1	11	1	32	10043.9
							13.0
13	10			21		7	13571.0
466	11		2	78	55	64	125954.8
6	10	3		12		13	5564.3
102	33	45	3	46	11	88	29282.0
35							2458.5
21	2	4	1	8	2	3	6516.3
36	5	4		7	4	1	15241.5
2				3		2	55.1
			1				28.0
29	1			28	6		3639.4

缓变性地质
Delayed

年份/地区	Year/Region	沉降区面积（平方千米）Area of Subsidence Area (km²)	
			本年新增 Newly Increased This Year
	2009	156495.97	3200.53
	2010	51519.88	1420.63
	2011	54668.47	913.57
	2012	54883.58	3808.70
北 京	Beijing	3957.00	52.98
天 津	Tianjin	1735.00	
河 北	Hebei	17629.92	50.00
山 西	Shanxi	1261.20	
内蒙古	Inner Mongolia		
辽 宁	Liaoning		
吉 林	Jilin		
黑龙江	Heilongjiang		
上 海	Shanghai	6340.00	
江 苏	Jiangsu	14400.00	3700.00
浙 江	Zhejiang	5016.00	
安 徽	Anhui	715.00	
福 建	Fujian		
江 西	Jiangxi		
山 东	Shandong	2920.00	
河 南	Henan	531.20	
湖 北	Hubei	1.20	
湖 南	Hunan	56.93	1.44
广 东	Guangdong	8.84	
广 西	Guangxi		
海 南	Hainan		
重 庆	Chongqing		
四 川	Sichuan	52.13	4.15
贵 州	Guizhou		
云 南	Yunnan	27.30	
西 藏	Tibet		
陕 西	Shaanxi	152.24	0.20
甘 肃	Gansu	40.52	
青 海	Qinghai		
宁 夏	Ningxia	39.10	
新 疆	Xinjiang		

灾害情况
Geohazards

地裂缝 Ground Crack	
地裂缝条数（条） Number of Ground Cracks (number)	地裂缝总长度（千米） Total Length of Ground Cracks (km)
2931	9212
5272	11409
5736	23125
4047	8473
4	20
228	53
414	429
4	4
57	11
40	1
7	3
8	25
951	134
879	638
102	17
69	22
15	1
133	442
267	23
67	22
174	234
481	5347
147	1047

矿泉水及
Mineral Water

年份/地区	Year/Region	矿泉水 Mineral Water			
		注册登记的矿泉水水源数（个） Number of Mineral Water Sources Registered (number)		矿泉水源年检情况 Annual Check-up of Mineral Water Sources	
			国家级 State-level	参加年检数量（家） Quantity of Mineral Water Sources Participating Annual Check-up (number)	年检合格数（家） Acceptance Quantity of Annual Check-up (number)
	2009	2462	582	1333	
	2010	1452	196	932	907
	2011	1423	196	1025	981
	2012	1401	184	831	814
北　京	Beijing	44		21	21
天　津	Tianjin	15		15	15
河　北	Hebei	35	12	34	34
山　西	Shanxi	59	14	6	6
内蒙古	Inner Mongolia	66	18	48	48
辽　宁	Liaoning	55	1	42	40
吉　林	Jilin	395	14	54	54
黑龙江	Heilongjiang	76	76	62	62
上　海	Shanghai	13		13	13
江　苏	Jiangsu	21	2	23	22
浙　江	Zhejiang	42		42	41
安　徽	Anhui	15	2	12	12
福　建	Fujian	35		38	37
江　西	Jiangxi	46	9		
山　东	Shandong	122	9	120	119
河　南	Henan				
湖　北	Hubei	12	3	7	7
湖　南	Hunan	5	2	5	5
广　东	Guangdong	92	1	53	52
广　西	Guangxi	33	5	28	18
海　南	Hainan	7		7	7
重　庆	Chongqing	11		11	11
四　川	Sichuan	46	1	91	91
贵　州	Guizhou	14		12	12
云　南	Yunnan	59	6	35	35
西　藏	Tibet	14	2	12	12
陕　西	Shaanxi	52		24	24
甘　肃	Gansu	3	1	3	3
青　海	Qinghai	4	4	4	4
宁　夏	Ningxia	8	2	8	8
新　疆	Xinjiang	2		1	1

地热情况
and Geotherm

		地热 Geotherm			
可开采矿泉水资源量（万立方米） Quantity of Exploitable Mineral Water Resources (10^4 m^3)	本年矿泉水开采总量 Total Tonnage of Mineral Water Exploited in the Current Year	可开采地热资源量（万立方米） Quantity of Exploitable Geothermal Resources (10^4 m^3)	本年新增地热资源量 Geothermal Resources Newly Increased in the Current Year	地热总开采量（万立方米） Total Exploited geothermal Volume (10^4 m^3)	本年新增地热开采量 Exploited Geothermal Volume Newly Increased in the Current Year
113824739.16	332922.52	2730826.44	3730.69		
1910493.32	42891.50	103428971.77	23564.02	1133847.49	1927.12
1302699.00	49328.11	35732042.55	17917.64	2055993.64	3581.47
1466261.69	63836.58	44066924.8	8884.2	153696.69	2371.4
1137.56					
11300.00	2328.70	7606.60		3250.00	274.00
27330.16	310.57	18451798.60		4968.67	66.22
14.58		19500.00		1554.00	
3285.00	43.00	340.00	11.00	188.00	8.00
715033.01	134.74	5581648.77	2900.00	111735.31	928.00
21185.91	369.92	880.00		268.00	15.00
		127.75		120.45	
		14.00			
2922.46	54.59	10793.49	318.34	195.93	45.08
385.16	29.15	424.64	279.74	78.50	0.74
4036.70	17.24	419.31	260.44	388.33	48.00
213.45	213.45	1797.53	208.49	440.01	18.00
637.25	136.86	1443.34	259.00	558.67	16.00
1143.49	382.47	19447517.71	1456.70	4926.22	12.09
561025.68	5048.80	894.23		851.82	
791.00	2.53	2200.00		153.00	
1424.80	216.55	34576.51	137.00	3793.61	148.98
412.55	242.20	238.86		43.99	
271.52	22.02	2067.90	31.50		
6400.00	55.00	29670.00	3000.00	4470.00	150.00
11454.07	1286.26	10568.30		7916.80	
40592.59	14011.62	816.72		518.25	500.00
47515.06	37797.80	5204.77	1.00	837.11	68.90
610.64	600.00	20814.00		160.00	
6025.00	285.00	430000.00		5890.00	49.00
157.87	1.03	1280.99	20.99	154.99	23.39
693.00	228.00	941.00		182.00	
256.10	19.00	2802.47			
7.08	0.08	537.31		53.03	

矿山环境

Mine Environmental

年份/地区	Year/Region	矿业开采累计占用、损坏土地面积（公顷） Cumulative Area of Land Occupied or Destructed by Mining (hectare)	本年矿业开采新增占用、损坏土地面积 Area of Land Newly Occupied or Destructed by Mining in the Current Year	累计恢复治理的矿山数（个） Cumulative Number of Mines Restored and Remediated (number)	本年恢复治理的矿山数 Number of Mines Restored and Remediated in the Current Year
	2010	2484183.79	87388.35	22251	7399
	2011	2659850.60	78206.56	25896	6066
	2012	2812734.90	144694.00	31349	6050
北京	Beijing	21950.00		52	4
天津	Tianjin	1646.00		20	
河北	Hebei	70570.18	3118.09	2479	608
山西	Shanxi	125630.12	7267.88	502	30
内蒙古	Inner Mongolia	496182.43	70336.94	1859	688
辽宁	Liaoning	127977.64	5640.99	749	129
吉林	Jilin	20354.97	506.70	406	116
黑龙江	Heilongjiang	904046.75	2777.26	412	39
上海	Shanghai	31.00		6	1
江苏	Jiangsu	25235.31	935.12	1146	127
浙江	Zhejiang	13197.57	1423.63	2026	74
安徽	Anhui	80299.44	3032.29	435	128
福建	Fujian	5957.20	235.16	1529	588
江西	Jiangxi	61985.72	1360.15	1677	247
山东	Shandong	32427.54	4654.12	2230	290
河南	Henan	48686.95	650.00	525	10
湖北	Hubei	34897.06	1956.17	1414	167
湖南	Hunan	28313.11	4899.88	2990	458
广东	Guangdong	12744.49	738.30	1846	346
广西	Guangxi	59984.64	1365.96	434	69
海南	Hainan	7668.95	697.85	372	119
重庆	Chongqing	11935.90	2500.00	31	3
四川	Sichuan	9959.54	696.73	535	66
贵州	Guizhou	14230.82	2103.97	1130	212
云南	Yunnan	100401.35	2004.13	1733	211
西藏	Tibet	11923.94	2849.57	58	
陕西	Shaanxi	54873.80	1460.47	1300	157
甘肃	Gansu	50909.88	1729.61	1765	714
青海	Qinghai	244005.00	2.00	78	1
宁夏	Ningxia	79387.18	15487.18	159	3
新疆	Xinjiang	55320.42	4263.85	1451	445

保护情况
Protection

累计恢复治理面积（公顷） Cumulative Area of Land Restored and Remediated (hectare)		本年投入矿山环境治理资金（万元） Funds Input for Remediation of the Mine Environment in the Current Year (10^4 yuan)			
	本年恢复治理面积 Area of Land Restored and Remediated in the Current Year		中央财政 Central Finance	地方财政 Local Finance	企业投入 Input by Enterprises
435399.30	52463.13	1182250.54	565310.00	242337.41	369339.55
523354.40	71405.80	969858.49	451726.00	223589.26	294543.23
530569.22	43607.69	1225542.18	468000.00	316707.24	417414.77
1868.32	107.82	22430.00	20000.00	2430.00	
349.00					
16973.24	3860.30	66589.06	24000.00	10706.69	9382.37
27536.26	2213.85	87999.65	10000.00	3333.24	74666.41
123854.67	4587.93	54092.83	9000.00	22778.00	22314.83
52565.97	7900.67	66140.17	37000.00	16729.00	12411.17
2726.37	692.72	30949.52	23000.00	5038.00	2891.52
9590.89	303.91	20886.50	6000.00	14500.00	386.50
16.32	1.10	800.00			800.00
10639.31	805.30	90336.37	20000.00	56466.47	13869.90
4891.99	527.80	16643.40		10017.94	6625.46
13390.52	1359.34	54461.02	28000.00	16285.49	10175.53
5430.18	2199.37	25237.43	12000.00	2149.96	11087.47
9954.61	1681.14	30812.79	22000.00	5759.33	3053.46
39567.41	2234.86	189747.45	39000.00	80726.22	70021.23
8521.50	700.00	17000.00	17000.00		
3887.67	455.24	71883.19	54000.00	3110.00	14773.19
5075.39	308.06	96378.46	39000.00	25113.21	32265.25
6168.62	394.65	12805.00		5568.30	6386.70
4436.22	653.37	21271.10	14000.00	680.00	6591.10
5743.10	666.23	6097.95		477.10	5620.85
6018.40	700.00	23646.00	10000.00	13646.00	
7654.57	1098.11	21515.81	8000.00	2886.40	10579.41
2101.33	902.80	60972.44	9000.00	7135.79	44836.65
9935.42	1035.70	70883.68	32000.00	2693.38	36190.30
10180.42	324.24	18608.66	10000.00	800.00	7808.66
6955.24	1877.85	7620.03			7620.03
114735.40	728.40	10000.00	10000.00		
11216.57	4100.40	20000.00	15000.00	5000.00	
8584.31	1186.53	9733.67		2676.72	7056.78

矿山环境
Mine Environmental

年份/地区	Year/Region	累计投入矿山环境治理资金（万元） Cumulative Funds Input for Remediation of the Mine Environment (10^4 yuan)			
			中央财政 Central Finance	地方财政 Local Finance	企业投入 Input by Enterprises
	2010	4035594.44	1184779.00	1004216.05	1575986.40
	2011	4714437.92	1595193.20	1235174.52	1884070.20
	2012	6041062.86	2122992.29	1640740.57	2185336.64
北 京	Beijing	61206.91	52393.00	8230.91	583.00
天 津	Tianjin	37642.00	16280.00		21362.00
河 北	Hebei	282381.46	146441.06	76844.12	56096.28
山 西	Shanxi	478421.89	77044.00	262365.23	138572.66
内蒙古	Inner Mongolia	234309.94	53917.35	98326.51	82066.08
辽 宁	Liaoning	425854.87	182030.04	57490.59	125261.74
吉 林	Jilin	140859.41	84580.00	23368.10	25711.31
黑龙江	Heilongjiang	167193.72	82367.00	75526.13	7297.40
上 海	Shanghai	5440.00	1810.00	30.00	3600.00
江 苏	Jiangsu	402415.05	58550.00	262445.02	80786.03
浙 江	Zhejiang	136193.29	11802.00	84874.65	39224.24
安 徽	Anhui	399886.31	98615.00	64546.56	236724.75
福 建	Fujian	135701.88	21005.00	6186.87	108510.01
江 西	Jiangxi	187826.67	92480.00	24839.11	70507.56
山 东	Shandong	627179.25	120920.00	208935.44	294094.89
河 南	Henan	227793.84	94207.00	133586.84	
湖 北	Hubei	251078.73	170603.00	26015.00	54372.73
湖 南	Hunan	452423.33	154280.00	87202.57	210940.76
广 东	Guangdong	132755.22	13244.90	22585.10	96652.57
广 西	Guangxi	116302.92	79610.00	14689.26	15603.55
海 南	Hainan	21746.00	3899.43	2160.86	14460.21
重 庆	Chongqing	82718.36	39370.00	19454.00	23894.36
四 川	Sichuan	86568.63	25578.87	19295.26	36370.81
贵 州	Guizhou	160021.82	36844.00	10362.69	112815.13
云 南	Yunnan	302331.40	85016.64	9284.43	208030.33
西 藏	Tibet	16558.00	14819.00		1739.00
陕 西	Shaanxi	119976.53	70960.00	7116.80	41899.73
甘 肃	Gansu	93012.73	67740.00	14029.00	11243.73
青 海	Qinghai	82715.50	77870.00	4845.00	
宁 夏	Ningxia	94277.80	72560.00	6617.80	15100.00
新 疆	Xinjiang	78269.40	16155.00	9486.72	51815.78

保护情况　续表

Protection Continued

矿山地质环境治理恢复（万元）Remediation and Restoration of the Mine Geo-environment (10^4 yuan)		取得资格的矿山公园（个）Mine Parks Obtaining Qualification (number)			取得资格的矿山公园面积（公顷）Area of the Mine Parks Obtaining Qualification (hecture)		
保证金缴存数额 Amount of Security Deposit Paid	保证金返还数额 Amount of Security Deposit Returned		国家级 State Level	省级 Provincial Level		国家级 State Level	省级 Provincial Level
76642770.42	90147.07	63	60	3	400899.83	353024.83	47875
13063205.78	139659.77	63	60	3	286416.40	283316.40	931
1619457.48	148629.40	68	62	6	297297.55	267935.55	29362
6397.90	3434.00	3	3		1100.00	1100.00	
1100.00							
79382.86	829.81	4	4		6987.60	6987.60	
3.50		2	2		8692.00	8692.00	
18600.00		4	4		41358.00	41358.00	
103730.83	1354.00	1	1		2500.00	2500.00	
16595.36	491.24	2	2		12199.00	12199.00	
16858.79	1.00	10	7	3	27997.00	341.00	27656
118.33							
16122.07	211.27	2	2		339.00	339.00	
51246.67	1965.73	3	3		6181.00	6181.00	
188914.21	42121.00	3	3		4273.00	4273.00	
52996.10	578.51	2	2		23200.00	23200.00	
30940.82		3	3		4637.00	4637.00	
130151.81	593.72	4	4		4779.00	4779.00	
113594.46	738.30	5	3	2	2917.00	1961.00	956
22608.54	1497.43	2	2		5000.00	5000.00	
47793.54	3112.14	2	2		4280.00	4280.00	
64491.58	3834.30	4	4		3064.00	3064.00	
19107.45	15.05	2	2		2190.00	2190.00	
4001.98	495.40						
26000.00	862.40						
68473.10	1511.36	3.00	2	1	54550.00	53800.00	750
390564.83	84303.47	1.00	1		10500.00	10500.00	
49918.55	107.07	2.00	2		27668.00	27668.00	
2126.20							
19790.12	375.20	2	2		2095.95	2095.95	
18900.00		1	1		40000.00	40000.00	
23263.00	186.00	1	1		790.00	790.00	
35664.88	11.00						

地质公园建设
Geopark

年份/地区 Year/Region		地质公园（个） Geopark (number)						地质公园 Area of Geopark			
			国家级 State Level	世界级 World Level	取得国家级地质公园资格 Qualified for Geopark by State Government	省级 Provincial Level	取得省级地质公园资格 Qualified for Geopark by Provincial Government		国家级 State Level	世界级 World Level	取得国家级地质公园资格 Qualified for Geopark by State Government
2011		320	138	24	140			8077271	5593592	1158658	4320775
2012		401	159	26	59	113	70	9302453	5900073	1392483	695932
北　京	Beijing	6	3	1	2	1		134990	56350	49000	27460
天　津	Tianjin	1	1					34200	34200		
河　北	Hebei	16	7	1	4	2	3	157688	91868	16016	36245
山　西	Shanxi	14	6		2	6		171306	122496		17400
内蒙古	Inner Mongolia	15	5	2	2		8	522420	291488	197337	50748
辽　宁	Liaoning	8	4			1	3	293638	255321		
吉　林	Jilin	8	3		1	4		325272	150078		21735
黑龙江	Heilongjiang	24	5	2	2	14	3	52410	4027	2020	
上　海	Shanghai	1	1					14500	14500		
江　苏	Jiangsu	8	2		1	3	2	20625	438		3800
浙　江	Zhejiang	8	4	1		2	2	71018	44316	29460	
安　徽	Anhui	17	8	2	3	6		163496	127727	28900	11700
福　建	Fujian	14	10	2	2	2		254345	159528	102520	18260
江　西	Jiangxi	9	4	3		2	3	301359	203163	165783	
山　东	Shandong	55	8	1	2	18	27	420768	239575	15860	10661
河　南	Henan	24	11	4	4	9		848683	377587	256825	
湖　北	Hubei	21	6		2	9	4	545808	182647		31200
湖　南	Hunan	23	6	1	4	7	6	402700	140200	39800	47700
广　东	Guangdong	11	7	2	1	1	2	103453	96327	31000	
广　西	Guangxi	16	7	1	2	7		274758	155233	80318	15470
海　南	Hainan	4	1	1			3	339885	10800	10800	
重　庆	Chongqing	7	5		2			13836	1049		12787
四　川	Sichuan	23	13	2	3	6	1	479035	348880	16844	29978
贵　州	Guizhou	12	9		1	2		205157	101767		30701
云　南	Yunnan	11	7	1	3	1		1676212	1667064	350000	3868
西　藏	Tibet	2	2					540886	462480		78406
陕　西	Shaanxi	10	4	1	4	1	1	169037	119805		26041
甘　肃	Gansu	15	4		4	7		55470	54700		352
青　海	Qinghai	7	4		3			334580	174900		159680
宁　夏	Ningxia	4	1		1	2		38201	12960		4040
新　疆	Xinjiang	9	3		4		2	336717	198600		57700

情况
Construction

面积（公顷）(hecture)		地质公园类别（个）Types of Geopark (number)			累计建设投资（万元）Cumulative Investment in Construction(10^4 yuan)	
省级 Provincial Level	取得省级地质公园资格 Qualified for Geopark by Provincial Government	地质构造、剖面和形迹 Geological Structure, Section and Trace Fossil	古生物化石 Paleontological Fossil	地质地貌景观 Geological-geomorphological Landscape		本年投资 Investment in the Current Year
		39	26	255	3173604	258812
1383879	779131	53	31	319	3169459	276527
2180		1	1	4	179000	
		1			5792	
9260	20315	4	1	11	109990	22910
31410		2		12	88767	29066
	180184		5	10	24612	4000
1	14668	1	2	5	56885	860
153459				8	14794	
46101	2281	3	1	20	77615	1300
				1	4880	300
10487	5900	1	2	5	58800	7425
16168	10534	1	1	6	44382	8197
24069		3		14	83113	29512
27307	0	2		12	143204	29313
70260	27936			9	227998	11590
107414	63118	3	2	50	156425	19972
214271		9	1	14	144346	
308461	23501	3	1	17	63473	7368
110400	64600	1		22	161172	9000
4280	2846			11	99333	10884
104055		1		15	16667	2743
	329085			4	10218	6410
			1	6	21069	700
38577	20900	9	3	11	393523	5598
64092			3	9	21392	5260
4080		1	3	7	216512	15662
				2	7964	
15928	7263	2		8	338518	14550
419		3	2	10	18377	1200
				7	7068	
21201		2	1	1	28156	5783
	6000		1	8	345414	26924

地下水
Groundwater

年份/地区	Year/Region	地下水监测井数按级别分类 Number of Groundwater Monitoring Wells, Classified According to Their Levels				地下水监测井按自动化程度分类 Number of Groundwater Monitoring Wells, Classified According to Their Automatic Level	
		小计 Subtotal	国家级监测井数 Number of State Level Monitoring Wells	省级监测井数 Number of Provincial Level Monitoring Wells	地区级监测井数 Number of Prefecture Level Monitoring Wells	人工监测井数 Number of Manual Monitoring Wells	自动化监测井数 Number of Automatic Monitoring Wells
	2010	16258	1515	7954	6193	15031	1227
	2011	17457	1769	8181	6597	16003	1454
	2012	15148	1827	8376	4945	13489	1659
北　京	Beijing	1497	50	1447		1152	345
天　津	Tianjin	470	49	421		440	30
河　北	Hebei	2688	117	891	1680	2660	28
山　西	Shanxi	206	31	150	25	156	50
内蒙古	Inner Mongolia	842	56	453	333	842	
辽　宁	Liaoning	905	60	163	682	882	23
吉　林	Jilin	701	129	80	492	617	84
黑龙江	Heilongjiang	275	70	205		205	70
上　海	Shanghai	662	77	585		563	99
江　苏	Jiangsu	511	60	351	100	506	5
浙　江	Zhejiang	474	27	115	332	306	168
安　徽	Anhui	320	70	250		223	97
福　建	Fujian	235	38	133	64	235	
江　西	Jiangxi	158	16	107	35	158	
山　东	Shandong	980	119	305	556	859	121
河　南	Henan	622	316	306		588	34
湖　北	Hubei	252	32	113	107	247	5
湖　南	Hunan	107	60	25	22	92	15
广　东	Guangdong	520	36	431	53	369	151
广　西	Guangxi	452	15	219	218	360	92
海　南	Hainan	38	11	27		32	6
重　庆	Chongqing	35	13	22		29	6
四　川	Sichuan	66	41	8	17	42	24
贵　州	Guizhou	322	20	302		307	15
云　南	Yunnan	110	58	52		110	
西　藏	Tibet	42	10	32		34	8
陕　西	Shaanxi	548	72	306	170	548	
甘　肃	Gansu	327	35	264	28	310	17
青　海	Qinghai	162	18	144		145	17
宁　夏	Ningxia	328	51	277		296	32
新　疆	Xinjiang	293	70	192	31	176	117

监测
Monitoring

地下水监测井数按监测内容分类 Number of Groundwater Monitoring Wells Classified According to Their Monitored Content						地下水监测数据量 Data Volume of Groundwater Monitoring				
小计 Subtotal	单测水位监测井数 Number of Specially Monitoring Wells of Water Table	单测水质监测井数 Number of Specially Monitoring Wells of Water Quality	单测泉流量监测点数 Number of Specially Monitoring Sites of Spring Flow	开采量监测井数 Number of Water Yield Monitoring Wells	泉流量监测点数 Number of Spring Flow Monitoring Sites	小计 Subtotal	水位监测数据量 Data Volume of Water Table Monitoring	水质监测数据量 Data Volume of Water Quality Monitoring	水温监测数据量 Data Volume of Water Temperature Monitoring	泉流量监测数据量 Data Volume of Spring Flow Monitoring
16258	10590	4435		1064	169	932908	580738	188732	152722	3230
17419	11305	4780		1237	135	1562434	842902	305982	400553	3707
15148	9295	2461	205	3090	97	1968316	1069962	273048	619760	5546
1497	315	862		320		461466	144933	190608	125925	
470	343	62	1	58	6	24272	20000	4080	120	72
2688	2132	193	13	350		63087	56278	6125	513	171
206	136			68	2	41311	22989	70	18250	2
842	504	198		139	1	21092	13122	336	7632	2
905	667	9	10	209	10	90599	41100	6968	41100	1431
701	597	6		96	2	311296	155352	2448	153352	144
275	138			137		6200	5803	137	260	
662	507	155				11028	10572	228	228	
511	325	113	5	68		24018	23832	181		5
474	317	27	42	62	26	294844	165829	746	127555	714
320	155			164	1	95652	44428	10848	40340	36
235	137	53	8	29	8	18656	12184	185	5424	863
158	100	8	1	49		12739	4987	4489	3227	36
980	492	174	2	310	2	82624	60188	17943	4213	280
622	308			314		40991	39307	316	1368	
252	131	100		21		24262	8687	6888	8687	
107	80	1	1	23	2	14816	6468	1520	6612	216
520	319	56	1	144		121344	114481	484	6161	218
452	330	81		41		20068	13248	4391	2429	
38	15			23		3064	3010	27	27	
35	5	1	4	11	14	79	27	24	17	11
66	15	24		27		6864	1512	3840	1512	
322	111	163	2	29	17	22274	10082	384	10944	864
110	87			22	1	5135	3246	956	552	381
42	12			30		1930	1584	86	260	
548	332		108	108		24912	17376	6912	624	
327	168	53	3	103		2380	1884	460		36
162	146			16		41200	20684	110	20406	
328	178	96		50	4	13855	8015	155	5657	28
293	193	26	4	69	1	66258	38754	1103	26365	36

主要统计指标解释

地质环境监测 是指为实施地质环境管理而进行的监测工作。其主要任务是对地质环境中主要要素的动态变化情况进行监测、分析和预测，为地质环境保护管理及地质灾害防治、地下水资源的合理开发利用和保护、国土资源整治等提供科学依据。

监测站数 是指各级政府设立的从事地质环境监测的事业单位数。包括省级总站（院、中心）、地市级分站、县区级分站。

从业人员 是指报告期末本省（自治区、直辖市）内专业地质环境监测机构的人员，不包括群测群防点的群众联络员。

专业技术人员 专业技术人员是指具有工程系列助理工程师及以上职称的人员。

监测点 是指对一定区域内的各类滑坡、崩塌、泥石流等突发性地质灾害、地面沉降、地裂缝、海水入侵等缓变性地质灾害以及地下水水位、水质、水温、泉水等变化进行实际调查和监测工作所设立的点。

地质灾害预报预警 是指报告期内通过群测群防、专业监测、气象预警等对地质灾害发生的地点、时间及其灾害影响范围、强度进行预报预警。

成功避让地质灾害 是指报告期内根据预报预警信息而成功避让的地质灾害数。

避免伤亡人员 是指如不搬迁避让可能造成的伤亡人员。

避免直接经济损失 是指报告期内根据预报预警信息，采取防范措施，避免的能够用货币衡量的地质灾害直接财产损失。要按照实际情况确定，以地质灾害实际影响范围测定，如倒塌房屋内居住人员或灾害现象活动人员等。

出动应急处置小组 是指报告期内县级（含）以上国土资源部门出动的地质灾害应急处置小组个数。

参与应急处置地质灾害 是指报告期内县级（含）以上国土资源部门参与应急处置的地质灾害事故起数。

地质灾害防治项目 是指报告期内各级政府及国土资源管理部门立项设立的，运用工程手段对由于地质作用导致的将要发生和已经发生的地质灾害进行预防和治理的项目，包括治理项目和搬迁避让项目。

投入防治资金 是指为了防治地质灾害而开展的必要的监测、勘查和治理工程所投入的资金，包括中央和地方财政以及其他方面投入的资金。

完成地质灾害危险性评估项目 是指报告期内已在国土资源行政主管部门备案的地质灾害危险性评估项目个数，按一级项目、二级项目、三级项目三个级别分别进行统计和日常防灾工作中的巡查、检查、应急调查等。

调查发现地质灾害隐患点 是指按照规范开展的区域性地质调查和汛期应急调查后发现的隐患点。

地质灾害 是指滑坡、崩塌、泥石流、地面塌陷等突发性地质灾害与地裂缝、地面沉降、海水入侵等缓变性地质灾害。地质灾害数量的计量单位统一用“处”，对于难以区分确切数量的同一次降雨（或其他因素）引发的群发性地质灾害归为 1 处灾害。地裂缝、地面沉降、海水入侵数量只统计报告期内发现的或报告期之前发现且报告期内继续发展的。

崩塌 是指陡坡上大块的岩土体在重力作用下突然脱离母体崩落的物理地质现象。

滑坡 是指斜坡上不稳定的岩土体在重力作用下沿一定软弱面（或滑动带）整体向下滑动的物理地质现象。

泥石流 是指山地突然爆发的饱含大量泥沙、石块的特殊洪流。

地面塌陷 是指地表岩土体在自然或人为因素作用下向下陷落，并在地面形成塌陷坑（洞）的一种动力地质现象。

地裂缝和地面沉降 是指报告期内发现或报告期之前发现且报告期内继续发展的地裂缝和地面沉降数量。

造成伤亡人数 是指因发生各类地质灾害造成的人员受伤、死亡和失踪情况。

失踪 是指根据证据推断人员已经死亡，但是没有找到或确认死者的尸体。

造成直接经济损失 是指用货币衡量的直接财产损失。

沉降区面积 是指到报告期末一定区域内已发生地面沉降的面积，须指明是沉降量大于多少毫米的面积，如沉降量大于100毫米的面积2000平方千米，则填写2000（>100）。

本年新增（沉降区面积） 是指到报告期末一定区域新增的累计沉降量达到100毫米的区域面积。

地裂缝条数 是指到报告期末地裂缝发生地区地裂缝的总条数。

地裂缝总长度 是指到报告期末地裂缝发生地区各条地裂缝的长度之和。

注册登记的矿泉水水源数 是指领取了国土资源行政主管部门颁发的矿泉水注册登记证的水源数。国家级是指领取了国土资源部颁发的国家级矿泉水注册登记证的水源数。省级是指领取了省级国土资源行政主管部门颁发的省级矿泉水注册登记证的水源数。

矿泉水源年检情况 是指报告期内的矿泉水源实行年检的情况。

可开采矿泉水资源量 是指经过评价计算的可采矿泉水资源量。

可开采地热资源量 是指经过评价计算的可采地热资源量。

矿业开采累计占用、损坏土地面积 是指到报告期末矿业开采产生的尾矿、排放的固体废弃物、露天采矿、采矿塌陷及其他矿山地质灾害所造成的占用或损坏的全部土地面积。

本年矿业开采新增占用、损坏土地面积 是指报告期内因矿业开采占用或损坏的土地面积。

累计恢复治理的矿山数 是指到报告期末通过矿坑封闭、矸石利用、尾矿坝绿化、塌陷土地复垦、矿坑废水处理、边坡治理等方法，使矿业开采造成的生态环境破坏和环境污染得到治理，功能得以恢复的全部矿山数。

本年恢复治理的矿山数 是指报告期内通过矿坑封闭、矸石利用、尾矿坝绿化、塌陷土地复垦、矿坑废水处理、边坡治理等方法，使矿业开采造成的生态环境破坏和环境污染得到治理，功能得以恢复的矿山数。

累计恢复治理面积 是指到报告期末恢复治理的全部面积，包括复垦、地面塌陷治理、还林、还草、建设使用等面积。

本年恢复治理面积 是指报告期内恢复治理的面积，包括复垦、地面塌陷治理、还林、还草、建设使用等面积。

本年投入矿山环境治理资金 是指报告期内用于矿山环境恢复治理的资金，包括中央财政、地方财政和矿山企业投入以及民间投入等资金。

累计投入矿山环境治理资金 是指到报告期末用于矿山环境恢复治理的全部资金，包括中央财政、地方财政和矿山企业投入以及民间投入等资金。

保证金缴存数额 是指报告期内本行政区矿山企业缴存矿山环境治理恢复保证金的数额。

保证金返还数额 是指报告期内本行政区因矿山企业履行了治理恢复义务而返还的矿山环境治理恢复保证金的数额。

取得资格的矿山公园 是指截至报告期末，经国土资源部或省级以下国土资源行政主管部门批准建设的矿山公园，包括国家级矿山公园和省级以下矿山公园。

矿山公园面积 是指截至报告期末，经批准的各级矿山公园的园区面积。

地质公园 是指以地质科学意义和独特的地质景观为主，融合自然景观与人文景观的自然公园。目前，已建成的有世界地质公园、国家地质公园、省级地质公园。已批准的世界地质公园要纳入国家地质公园统计。

地质构造、剖面和形迹类地质公园 是指其主体是具有一定价值或典型代表意义的地质构造、地质剖面及其他地质形迹的地质公园。

古生物化石类地质公园 是指其主体是古生物的化石或其遗迹的地质公园。

地质地貌景观类地质公园 是指其主体是地质作用形成重要地质地貌景观的地质公园。

累计建设投资（地质公园） 是指历年来对地质遗迹公园建设投入的全部资金。

本年投资（地质公园建设） 是指本年对地质公园建设投入的资金。包括硬件投资和软件投资。

地下水监测井数 指实有的地下水监测井（泉）数，包括国家级监测井数、省级监测井数、地区级监测井数和县级监测井数。

自动化监测井数 指安装自动监测仪的监测井数。

单测水位监测井数 指独立的专门监测地下水水位的监测井数。

单测水质监测井数 指独立的专门监测地下水水质的监测井数。

单测泉流量监测点数 指独立的专门监测泉水流量的监测点数。

开采量监测井数 指监测地下水开采量的监测井数。

泉流量监测点数 指监测泉水流量的监测点数。

水位监测数据量 指全部地下水水位监测井本年度所取得的水位数据的总个数。

水质监测数据量 指全部地下水水质监测井本年度所取得的水质数据的总个数，本数据量为分析化验取得的水质各项指标的总和而非实际采取样品的件数。

水温监测数据量 指全部地下水水温监测井本年度所取得的水温数据的总个数。

泉流量监测数据量 指全部泉流量监测点本年度所取得的泉流量数据的总个数。

Explanatory Notes on Main Statistical Indicators

Geo-environmental monitoring — refers to the monitoring conducted for exercising geo-environmental management. Its main tasks are to monitor, analyze, and predict dynamic changes of main factors in the geo-environment and provide a scientific basis for the geo-environmental protection and management, prevention, and control of geo-hazards, rational development, utilization, and protection of groundwater resources, and improvement of land and resources.

Number of monitoring stations — refers to the number of institutions engaging in geo-environmental monitoring established by governments at various levels. These institutions include provincial-level master stations (institutes, centers), prefecture-and city-level stations, and county-and district-level stations.

Employees — refer to persons in special geo-environmental monitoring institutions in the province (autonomous region, and municipalities directly under the Central government) at the end of the reporting period, excluding local liaison persons at mass monitoring and prevention sites.

Professional technical personnel — refer to those who have an assistant engineer title or a title above this title in the engineering series.

Monitoring site — refers to the sites established for on-the-spot investigations and monitoring of various sudden geohazards such as landslides, avalanches, and mudflow occurring in a particular region, delayed geohazards such as land subsidence, ground cracks, and seawater invasion, and changes in groundwater table, water quality, water temperature, and spring water.

Prediction and early-warning of the geohazards — refer to the prediction and early-warning of the site and time of occurrence of a geohazard and its scope of influence and intensity through monitoring and control by the masses, professional monitoring, and meteorological early-warning of the geohazard during the reporting period.

Geohazards avoided successfully — refers to the number geohazards avoided successfully according to the information of prediction and early-warning during the reporting period.

Casualties avoided — refer to the number of injuries and deaths caused possibly if the people do not move away and avoid the geohazards.

Direct economic loss avoided — refers to the direct economic loss of a geohazard to properties avoided by taking precautionary measures according to the information provided by prediction and early-warning during the reporting period. The loss can be measured by currency. The measurement must be made according to the actual conditions and the actual influence scope of the geohazards, e.g. inhabitants in collapsed houses.

Sending the contingency handling team — refers to the number of contingency handling teams sent by land and resources departments at and above the county level during the reporting period.

Participating in contingency handling of geohazards — refers to the number of geohazard accidents for which land and resources departments at and above the county level participate in contingency handling during the reporting period.

Geohazards prevention and control project — refers to the project of preventing and controlling geohazards caused by geological processes that will occur and have occurred, which governments at various levels and land and resources departments file and establish, and prevent and control by using engineering means during the reporting period. These projects include the project of controlling geohazards and the project of removal and avoidance.

Funds input for prevention and control — refers to the funds input to necessary monitoring, survey, and control projects conducted for the prevention and control of geohazards, including those input by

Central and local financial budgets and other aspects.

Projects of evaluating the danger of geohazards completed — refer to the number of projects of evaluating the danger of geohazards that have been filed in the land and resources administration department during the reporting period. The statistical investigation and inspection, examination, and contingency survey in routine hazard prevention work are made according to the first-, second-, and third-grade projects.

Hidden danger sites of geohazards found after investigation — refer to the hidden danger sites found after regional geological investigation according to the work code and emergency investigation in the flood season.

Geohazards — refers to sudden geohazards such as landslides, avalanches, mudflow, and ground collapse and delayed geohazards such as land subsidence, ground cracks, and seawater invasion. "Site" is used as the unit of measurements of the quantity of geohazards, and the group-occurring geohazards induced by the same rain (or other factors), whose accurate quantity is difficult to determine, are considered as one site of hazards. For the quantities of ground cracks, land subsidence, and seawater invasion, only those that are discovered during or before the reporting period and continue to develop during the reporting period are calculated.

Avalanche — refers to the physical-geological phenomenon that a large mass of soil or rock on steep slopes is suddenly divorced from its parent mass and falls under the force of gravity.

Landslide — refers to the physical-geological phenomenon of en-masse downward slide of unstable soil and rock material on slopes along particular surfaces of weakness (or slide zones) under the force of gravity.

Mudflow — refers to the sudden rush of flood torrents containing large amounts of mud and rock debris that suddenly moves downslope in mountains.

Ground collapse — refers to a dynamic geological phenomenon of downward collapse of surface rock and soil and formation of collapse pits (caves) at the ground surface under the action of natural or human factors.

Ground cracks and land subsidence — refers to the quantities of ground cracks and land subsidences that are discovered during or before the reporting period and continue to develop during the reporting period.

Casualties — refer to injuries, deaths, and missings caused by various kinds of geohazard.

Missing — refers to the case of a missing person who is inferred according to evidence to be dead but whose corpse has not been found or identified.

Direct economic loss — refers to direct losses of properties, expressed as currency.

Area of subsidence area — refers to the area of land subsidence occurring in a certain region. The area with a subsidence of how many mm must be indicated. If the area with a subsidence >100 mm is 2,000 km^2, 2000 (>100) is filled in.

Newly increased this year (area of subsidence area) — refers to the area of a certain region with a newly increased cumulative subsidence at the end of the reporting period reaching 100 mm.

Number of ground cracks — refers to the total number of ground cracks in an area where ground cracks occur at the reporting period.

Total length of ground cracks — refers to the sum of lengths of all the ground cracks in an area where ground cracks occur during the reporting period.

Number of mineral water sources registered — refers to the number of water sources that have obtained certificates of mineral water registration issued by the administration department in charge of land and resources. State level refers to the number of water sources that have obtained state-level certificates of mineral water registration issued by the MLR. Province level refers to the number of water sources that have obtained provincial-level certificates of mineral water registration issued by the provincial-level administration department in charge of land and resources.

Annual check-up of mineral water sources — refers to the annual check-up of mineral water sources made during the reporting period.

Quantity of exploitable mineral water resources — refers to the quantity of exploitable mineral water resources that have been assessed and calculated.

Quantity of exploitable geothermal resources — refers to the quantity of exploitable geothermal resources that have been assessed and calculated.

Cumulative area of land occupied or destructed by mining — refers to the area of all land occupied or destructed by tailings of mining and solid wastes discharged, open-pit mining, and collapses due to mining, and other mine geohazards at the end of the reporting period.

Area of land newly occupied or destructed by mining in the current year — refers to the area of land occupied or destructed by mining in the reporting period.

Cumulative number of mines restored and remediated — refers to the number of all the mines in which the effects of eco-environmental destruction and pollution caused by mining are remediated and whose function is restored at the end of the reporting period through mine pit closing, waste rock utilization, forestation of the tailing dam, reclamation of collapsed land, treatment of mine pit waste water, and side-slope control.

Number of mines restored and remediated in the current year — refers to the number of mines in which the effects of eco-environmental destruction and pollution caused by mining are remediated and whose function is restored in the reporting period through mine pit closing, waste rock utilization, forestation of the tailing dam, reclamation of collapsed land, treatment of mine pit waste water, and side-slope control.

Cumulative area of land restored and remediated — refers to all the area of land restored and remediated at the end of the reporting period, including the area of land reclaimed, collapsed land remediated, land returned to forests and grassland, and land used for construction.

Area of land restored and remediated in the current year — refers to the area of land restored and remediated in the reporting period, including the area of land reclaimed, collapsed land remediated, land returned to forests and grassland, and land used for construction.

Funds input for remediation of the mine environment in the current year — refers to the funds used in the restoration and remediation of the mine environment during the reporting period, including the funds input by the Central and local financial budgets and mine enterprises and nongovernmental funds.

Cumulative funds input for remediation of the mine environment — refer to the funds used in the restoration and remediation of the mine environment at the end of the reporting period, including the funds input by the central and local financial budgets and mine enterprises and nongovernmental funds.

Amount of security deposit paid — refers to the amount of security deposit paid by mine enterprises in the administrative region for the restoration and remediation of the mine environment during the reporting period.

Amount of security deposit returned — refers to the amount of security deposit for the restoration and remediation of the mine environment returned because mine enterprises have performed obligations of remediation and restoration of the mine environment in the administrative region during the reporting period.

Mine parks obtaining qualification — refer to the mine parks built by the end of the reporting period after approval of MLR or administration departments in charge of land and resources below the provincial level, including mine parks at the state level and below the provincial level.

Area of mine parks — refers to the area of mine parks of various levels approved by the end of the reporting period.

Geopark — refers to a natural park mainly encompassing a unique geological landscape of geoscientific significance, integrated with the natural landscape and human landscape. At present those that have been recognized include world geoparks, national geoparks, and provincial geoparks. The world geoparks that have been ratified are included in national geoparks in statistics.

Geopark of geological structure, section and trace type — refers to geoparks with representative geological structures, geological sections, and other geological traces of certain value as the main conservation content.

Paleontological fossil-type geopark — refers to geoparks with fossils or their traces as the main conservation content.

Geological-geomorphological landscape-type geopark — refers to geoparks with important geological and geomorphological landscapes formed by geological processes as the main conservation content.

Cumulative investment in construction (geopark) — refers to all the funds invested in the construction of geoheritage parks over the years.

Investment in the current year (construction of geoparks) — refers to the funds invested in the construction of geoparks in the current year. It includes investments to hardwares and softwares.

Number of groundwater monitoring wells — fefers to the number of actual groundwater monitoring wells (springs), including state-,provincial-, prefecture-, and county-level monitoring wells.

Number of automatic monitoring wells — refers to the number of monitoring wells in which an automatic monitoring instrument is installed.

Number of specially monitoring wells of water table — refers to the number of monitoring wells that monitor the groundwater table specially and independently.

Number of specially monitoring wells of water quality — refers to the number of monitoring wells that monitor the groundwater quality specially and independently.

Number of specially monitoring sites of spring flow — refers to the number of monitoring sites that monitor the spring flow specially and independenthy.

Number of water yield monitoring wells — refers to the number of monitoring wells that monitor the groundwater yield.

Number of spring flow monitoring sites — refers to the number of monitoring sites that monitor the spring discharge.

Data volume of water talbe monitoring — refers to the total number of water table data obtained by all the groundwater table monitoring wells during the current year.

Data volume of water quality monitoring — refers to the total number of water quality data obtained by all the groundwater quality monitoring wells during the current year. This data volume is the total sum of various indicators of water quality obtained by chemical analysis rather than the number of samples collected actually.

Data volume of water temperature monitoring — refers to the total number of water temperature data obtained by all the groundwater temperature monitoring wells during the current year.

Data volume of spring flow monitoring — refers to the total number of spring discharge data obtained by all the spring discharge monitoring sites during the current year.

国土资源行政复议情况

Administrative Reconsideration of Land and Resources

全国国土资源行政
Administrative Reconsideration of Land

年份/地区 Year/Region	上年结转(件) Cases Transferred from Last Year (case)	本年行政 Administrative Reconsideration											
		本年新收（件） Cases Newly Received in the Current Year (case)				复议事项(件) Matters Reconsidered(case)							
			土地 Land Resources	矿产 Mineral Resources	其他 Others	行政处罚 Administrative Penalty	行政强制 Administrative Coercion	征收土地 Requisition of Land	行政许可 Administrative Licensing	行政确权 Administrative Confirmation	信息公开 Information Disclosure	行政不作为 Administrative Omission	其他 Others
2010	216	3002	2897	66	39	469	299	375	213	618	289	299	440
2011	195	2436	2306	85	45	328	59	686	176	179	422	256	330
2012	158	2498	2269	110	119	362	61	390	167	151	628	324	415
国土资源部 MLR	15	413	371	34	8	3		59	73	5	128	74	71
北京 Beijing													
天津 Tianjin	1	194	194			3					94	44	53
河北 Hebei	11	135	121	4	10	31	4	1	2	9	30	29	29
山西 Shanxi	1	29	27		2	11		1	8	2	2	1	4
内蒙古 Inner Mongolia		13	13			1				2	4	6	
辽宁 Liaoning	1	81	63	5	13	11		31	3	4	24	4	4
吉林 Jilin	7	48	38	10		2		21	3	7		15	
黑龙江 Heilongjiang		46	45	1		1			1	28	7	8	1
上海 Shanghai		42	42							1	32	5	4
江苏 Jiangsu	8	156	155		1	7	1	25	3	9	77	16	18
浙江 Zhejiang	22	144	141		3	8	8	4	23	15	20	25	41
安徽 Anhui	4	83	83			46	2	16	2	2	7	4	4
福建 Fujian	9	92	88	1	3	19		47		3	16	3	4
江西 Jiangxi	1	21	17	4		6		2	1	1	6	3	2
山东 Shandong	5	107	87	9	11	22		11	6	10	31	23	4
河南 Henan	1	62	61	1		20	1	2	2	8	19	5	5
湖北 Hubei	4	60	60			24		4	3	4	13	5	7
湖南 Hunan	18	145	98	5	42	11	12	44			42	16	20
广东 Guangdong	3	177	163		14	18	19	10	6	8	17	17	82
广西 Guangxi	14	38	32	3	3	8	4	1	8	5	4	1	7
海南 Hainan	4	32	32			4		3		3		1	21
重庆 Chongqing	9	78	74	4		5		60	1		1	3	8
四川 Sichuan	12	119	110	3	6	16		26	6	8	49	5	9
贵州 Guizhou	5	61	47	12	2	11	3	11	12	12		6	6
云南 Yunnan		30	20	9	1	18			1	4		3	4
西藏 Tibet													
陕西 Shaanxi	1	29	29			12		6	1		3	2	5
甘肃 Gansu		11	8	3		7				1	2		1
青海 Qinghai		4	4			4							
宁夏 Ningxia		9	8	1		6		1	2				
新疆 Xinjiang	2	39	38	1		27	7	4					1

复议情况
and Resources in China

复议情况
in the Current Year

本年受理（件）Cases Accepted in the Current Year (case)				已审结（件）Cases Whose Trials Have Been Concluded(case)									未审结（件）Cases Whose Trials have not been Concluded (case)	行政赔偿 Administrative Compensation	
	土地 Land Resources	矿产 Mineral Resources	其他 Others		驳回 Rejection	维持 Maintenance	责令履行 Ordering to Execution	变更 Change	确认违法 Confirmation of a Malfeasance	撤销 Cancellation	撤回申请 Withdrawal of an Application	其他 Others		件数（件）Number of Cases (case)	赔偿数额（元）Amount of Compensation (yuan)
2331	2267	41	23	2063	337	910	79	5	30	135	477	90	484		
1759	1657	74	28	1695	165	769	124	1	26	95	202	313	259	1	
1792	1610	77	105	1620	237	846	115	5	41	99	176	101	330	4	18257
30	13	17		10		10							35		
193	193			110		56						54	84		
109	98	3	8	110	22	38	27	1	5	3	13	1	10	1	22
22	20		2	21	4	10			1	2	3	1	2		
12	12			12	2	2	7			1					
80	62	5	13	65	7	35	5		2		8	8	16		
37	36	1		32	1	27	2				2		12		
46	45	1		39	29		2				8		7		
30	30			28	4	15			1	8			2		
95	94		1	89	12	38	8		7	7	14	3	14		
84	81		3	92	22	37	13		4	8	6	2	14		
83	82		1	74	21	32	4		3	6	7	1	13		
89	86		3	88	5	72				3	4	4	10		
16	13	3		17		7	1			3	6				
84	68	7	9	68	18	23	5			4	18		21		
58	52	1	5	55	1	18	15		2	6	7	6	4		
55	55			53	10	26	2		2	2	6	5	6		
129	86	5	38	128	11	94	5		12	3	3		19	1	
147	137		10	132	18	86	10	1		9	5	3	18		
33	27	3	3	46	4	31	1		1	2	3	4	1		
25	25			11	3	6				2			18		
65	61	4		65	6	49	2			3	5		9		
103	94	4	5	112	19	37	2			12	40	2	3		
55	42	10	3	51	8	25		1		9	6	2	9	1	18235
26	17	8	1	25	1	18		1		2	2	1	1	1	
23	23			24	2	7	4	1	1	2	3	4			
11	8	3		10	3	7							1		
4	4			4		4									
9	8	1		9		5					4				
39	38	1		40	4	31				2	3		1		

省级国土资源行政
Administrative Reconsideration of Land

年份/地区 Year/Region	上年结转(件) Cases Transferred from Last Year (case)	本年行政 Administrative Reconsideration											
		本年新收(件) Cases Newly Received in the Current Year (case)				复议事项(件) Matters Reconsidered (case)							
			土地 Land Resources	矿产 Mineral Resources	其他 Others	行政处罚 Administrative Penalty	行政强制 Administrative Coercion	征收土地 Requisition of Land	行政许可 Administrative Licensing	行政确权 Administrative Confirmation	信息公开 Information Disclosure	行政不作为 Administrative Omission	其他 Others
2010	77	707	681	12	14	80	13	142	64	46	120	78	164
2011	77	912	866	39	7	55	1	213	75	51	252	93	172
2012	72	976	920	30	26	60	16	144	30	65	295	155	211
北京 Beijing													
天津 Tianjin	1	194	194			3					94	44	53
河北 Hebei	2	45	43	2		1			2	4	6	18	14
山西 Shanxi		5	3		2			1		1	1		2
内蒙古 Inner Mongolia		13	13			1				2	4	6	
辽宁 Liaoning		25	14	3	8	9		1	2	3	8	1	1
吉林 Jilin		14	11	3				3	3	1		7	
黑龙江 Heilongjiang		46	45	1		1			1	28	7	8	1
上海 Shanghai		42	42							1	32	5	4
江苏 Jiangsu	7	94	94			1		22		4	51	7	9
浙江 Zhejiang	13	54	54						13	5	9	5	22
安徽 Anhui	3	12	12			4		1		1	4	1	1
福建 Fujian		19	18		1	1		16			1		1
江西 Jiangxi	1	7	6	1				1	1		3	2	
山东 Shandong	3	44	37	7		6		2		2	17	15	2
河南 Henan		21	20	1		3	1			1	7	5	4
湖北 Hubei	1	24	24			6		1		1	9	3	4
湖南 Hunan	5	47	36		11		9	12			11	6	9
广东 Guangdong	2	87	87			4	1	3		1	15	14	49
广西 Guangxi	14	14	10	1	3	1	4	1	3	2	3		
海南 Hainan	4	32	32			4		3		3		1	21
重庆 Chongqing	9	78	74	4		5		60	1		1	3	8
四川 Sichuan	4	18	18					5		2	8	1	2
贵州 Guizhou	2	17	10	6	1		1	8	4	2		1	1
云南 Yunnan		2	1	1						1			1
西藏 Tibet													
陕西 Shaanxi	1	12	12			5		2			3	2	
甘肃 Gansu		2	2								1		1
青海 Qinghai													
宁夏 Ningxia		2	2			1		1					
新疆 Xinjiang		6	6			4		1					1

复议情况
and Resources at Provincial-level

复议情况 in the Current Year															
本年受理（件） Cases Accepted in the Current Year (case)				已审结（件） Cases Whose Trials Have Been Concluded (case)									未审结（件） Cases Whose Trials have not been Concluded (case)	行政赔偿 Administrative Compensation	
	土地 Land Resources	矿产 Mineral Resources	其他 Others		驳回 Rejection	维持 Maintenance	责令履行 Ordering to Execution	变更 Change	确认违法 Confirmation of a Malfeasance	撤销 Cancellation	撤回申请 Withdrawal of an Application	其他 Others		件数(件) Number of Cases (case)	赔偿数额（元） Amount of Compensation(yuan)
444	429	10	5	406	65	216	33		11	34	34	13	115		
611	573	34	4	560	57	280	85		19	30	70	19	128	1	
786	737	23	26	664	109	314	51		27	29	65	69	194	1	
193	193			110		56						54	84		
32	31	1		30	5	8	8		5		4		4		
3	1		2	3					1	1	1				
12	12			12	2	2	7			1					
24	13	3	8	21	5	10			1		3	2	3		
10	9	1		7	1	4	2						3		
46	45	1		39	29		2				8		7		
30	30			28	4	15			1	8			2		
53	53			50	5	24	3		6	5	7		10		
27	27			31	8	13	5			2	2	1	9		
12	12			9		4			3	1	1		6		
19	18		1	18		17						1	1		
2	2			3		2	1								
30	25	5		26	9	3	3				11		7		
21	20	1		20		3	5		2	1	5	4	1		
19	19			16	6	7			1		1	1	4		
40	29		11	35	4	24	1		6				10		
64	64			61	9	37	8			4	3		5		
13	9	1	3	26	3	18					2	3	1		
25	25			11	3	6				2			18		
65	61	4		65	6	49	2			3	5		9		
9	9			11	3	5					3		2		
17	9	6	1	12	3	5				1	2	1	7		
														1	
10	10			11	2		4		1		2	2			
2	2			2	2										
2	2			2							2				
6	6			5		2					3		1		

市级国土资源行政
Administrative Reconsideration of Land

年份/地区 Year/Region	上年结转（件）Cases Transferred from Last Year (case)	本年行政 Administrative Reconsideration											
		本年新收（件）Cases Newly Received in the Current Year (case)				复议事项（件）Matters Reconsidered (case)							
			土地 Land Resources	矿产 Mineral Resources	其他 Others	行政处罚 Administrative Penalty	行政强制 Administrative Coercion	征收土地 Requisition of Land	行政许可 Administrative Licensing	行政确权 Administrative Confirmation	信息公开 Information Disclosure	行政不作为 Administrative Omission	其他 Others
2010	121	2072	2020	30	22	386	273	195	125	566	113	192	222
2011	103	1233	1172	28	33	269	58	433	56	104	81	109	123
2012	71	1109	978	46	85	299	45	187	64	81	209	91	133
北　京 Beijing													
天　津 Tianjin													
河　北 Hebei	9	90	78	2	10	30	4	1		5	24	11	15
山　西 Shanxi	1	24	24			11			8	1	1	1	2
内蒙古 Inner Mongolia													
辽　宁 Liaoning	1	56	49	2	5	2		30	1	1	16	3	3
吉　林 Jilin	7	34	27	7		2		18		6		8	
黑龙江 Heilongjiang													
上　海 Shanghai													
江　苏 Jiangsu	1	62	61		1	6	1	3	3	5	26	9	9
浙　江 Zhejiang	9	90	87		3	8	8	4	10	10	15	16	19
安　徽 Anhui	1	71	71			42	2	15	2	1	3	3	3
福　建 Fujian	9	73	70	1	2	18		31		3	15	3	3
江　西 Jiangxi		14	11	3		6		1		1	3	1	2
山　东 Shandong	2	63	50	2	11	16		9	6	8	14	8	2
河　南 Henan	1	41	41			17		2	2	7	12		1
湖　北 Hubei	3	36	36			18		3	3	3	4	2	3
湖　南 Hunan	13	98	62	5	31	11	3	32			31	10	11
广　东 Guangdong	1	90	76		14	14	18	7	6	7	2	3	33
广　西 Guangxi		24	22	2		7			5	3	1	1	7
海　南 Hainan													
重　庆 Chongqing													
四　川 Sichuan	8	101	92	3	6	16		21	6	6	41	4	7
贵　州 Guizhou	3	44	37	6	1	11	2	3	8	10		5	5
云　南 Yunnan		28	19	8	1	18			1	3		3	3
西　藏 Tibet													
陕　西 Shaanxi		17	17			7		4	1				5
甘　肃 Gansu		9	6	3		7				1	1		
青　海 Qinghai		4	4			4							
宁　夏 Ningxia		7	6	1		5			2				
新　疆 Xinjiang	2	33	32	1		23	7	3					

复议情况
and Resources at Municipal-level

复议情况 in the Current Year															
本年受理（件） Cases Accepted in the Current Year (case)				已审结（件） Cases Whose Trials Have Been Concluded (case)									未审结（件） Cases Whose Trials have not been Concluded (case)	行政赔偿 Administrative Compensation	
	土地 Land Resources	矿产 Mineral Resources	其他 Others		驳回 Rejection	维持 Maintenance	责令履行 Ordering to Exealtion	变更 Change	确认违法 Confirmation of a Malfeasance	撤销 Cancellation	撤回申请 Withdrawal of an Application	其他 Others		件数（件） Number of Cases (case)	赔偿数额（元） Amount of Compensation (yuan)
1884	1836	30	18	1651	272	692	45	5	19	101	443	74	354		
1135	1084	27	24	1122	108	486	39	1	7	62	125	294	116		
976	860	37	79	946	128	522	64	5	14	70	111	32	101	3	18257
77	67	2	8	80	17	30	19	1		3	9	1	6	1	22
19	19			18	4	10				1	2	1	2		
56	49	2	5	44	2	25	5		1		5	6	13		
27	27			25		23					2		9		
42	41		1	39	7	14	5		1	2	7	3	4		
57	54		3	61	14	24	8		4	6	4	1	5		
71	70		1	65	21	28	4			5	6	1	7		
70	68		2	70	5	55				3	4	3	9		
14	11	3		14		5				3	6				
54	43	2	9	42	9	20	2			4	7		14		
37	32		5	35	1	15	10			5	2	2	3		
36	36			37	4	19	2		1	2	5	4	2		
89	57	5	27	93	7	70	4		6	3	3		9	1	
83	73		10	71	9	49	2	1		5	2	3	13		
20	18	2		20	1	13	1		1	2	1	1			
94	85	4	5	101	16	32	2			12	37	2	1		
38	32	4	2	39	5	20		1		8	4	1	2	1	18235
26	17	8	1	25	1	18		1		2	2	1	1		
13	13			13		7		1		2	1	2			
9	6	3		8	1	7							1		
4	4			4		4									
7	6	1		7		5					2				
33	32	1		35	4	29				2					

全国国土资源行政
Administrative Response to Cases of

年份/地区	Year/Region	上年结转（件）Cases Transferred from Last Year (case)	本年发生(件) Cases that Occur in the Current Year (case)		一审结案 Cases Settled at			
			复议后应诉 Response After Reconsideration	未经复议直接应诉 Direct Response Without Reconsideration	维持 Maintenance	撤销 Cancellation	变更 Change	履行法定职责 Execution of Lawful Duty
2010		205	512	2960	507	123	28	63
2011		243	520	1770	493	146	8	46
2012		238	353	2307	413	157	6	227
国土资源部	MLR	2	3	1				1
北　京	Beijing			83	4	23		4
天　津	Tianjin	1		5				
河　北	Hebei	17	18	29	13	9		1
山　西	Shanxi	1	4	3	1			3
内蒙古	Inner Mongolia			10	4			
辽　宁	Liaoning	6	3	57	2	4		2
吉　林	Jilin	2	18	12	26			
黑龙江	Heilongjiang			12	5	1		
上　海	Shanghai	1	7	184	3	4		
江　苏	Jiangsu	13	15	145	14	1		
浙　江	Zhejiang	21	17	112	26	10		1
安　徽	Anhui	1	6	61	25	2		1
福　建	Fujian	3	22	106	19	4		
江　西	Jiangxi	3	4	3	3	1		
山　东	Shandong	16	27	360	21	16	1	202
河　南	Henan	6	1	47	7	2		3
湖　北	Hubei	24	9	52	21	1		
湖　南	Hunan	18	54	102	63	22		2
广　东	Guangdong	65	81	677	52	33	1	5
广　西	Guangxi	8	20	47	11	7		1
海　南	Hainan	1	1					
重　庆	Chongqing	8	1	12	1			1
四　川	Sichuan	9	8	39	23			
贵　州	Guizhou	5	23	67	37	9		
云　南	Yunnan		1	12	5	1		
西　藏	Tibet							
陕　西	Shaanxi	3	9	8	4	2		
甘　肃	Gansu	1		19	2	1		
青　海	Qinghai			5		1		
宁　夏	Ningxia			6				
新　疆	Xinjiang	3	1	31	21	3	4	

应诉案件情况
Land and Resources in China

情况（件） First Instance (case)										未审结（件） Cases Whose Trials have not been Concluded (case)
判决 Judgment					裁定 Ruling					
确认合法或有效 Confirmation of Legality or Validity	确认违法或无效 Confirmation of Violation of Law or Invalidity	驳回诉讼请求 Dismissal of an Action	赔偿 Compensation	不予赔偿 No Compensation	驳回起诉 Dismissal of an Appeal	撤诉 Withdrawal of an Action	移送 Referral	终结 Termination	其他 Others	
18	27	476	2	3	344	1342	66	7	88	583
13	32	570	1	1	236	407	8	7	16	549
28	36	450	5	1	347	511	3	7	57	650
	1	2								2
	2	19			11	20				
					4	1				1
	2	2			5	7			1	24
		1			1					2
	1							1	1	3
11	1	26			1	9				10
		2			3				1	
		2								4
		84			8	87				6
		28			7	101				22
	2	36			20	39			1	15
		2			8	13	1		1	15
	1	4			51	19	1			32
		2				1				3
	1	34			25	27			42	34
12	3	6			4	6				11
	2	14	1		7	19		5		15
		21			39	16				11
1	9	125	3		116	108	1			369
	3	13			16	6			1	17
					1					1
		1				10				8
2	1	12				6				12
1	6		1	1	5	5			5	25
1	1	2				1				2
		1			10	2			1	
		7			4	1		1		4
		2				2				
		2			1	3				
						2			3	2

省级国土资源行政
Administrative Response to Cases of

年份/地区	Year/Region	上年结转（件）Cases Transferred from Last Year (case)	本年发生（件）Cases that Occur in the Current Year (case)		一审结案 Cases Settled at				
			复议后应诉 Response After Reconsideration	未经复议直接应诉 Direct Response Without Reconsidera-tion	维持 Maintenance	撤销 Cancellation	变更 Change	履行法定职责 Execution of Lawful Duty	确认合法或有效 Confirmation of Legality or Validity
	2010	62	77	508	62	11		7	1
	2011	39	69	417	42	9		14	5
	2012	30	68	390	41	43		9	
北　京	Beijing			83	4	23		4	
天　津	Tianjin			4					
河　北	Hebei	5	6	5	1	3			
山　西	Shanxi		1					1	
内蒙古	Inner Mongolia			10	4				
辽　宁	Liaoning		1	3	1				
吉　林	Jilin	2							
黑龙江	Heilongjiang								
上　海	Shanghai	1	7	151		2			
江　苏	Jiangsu	4	2	9					
浙　江	Zhejiang		10	6					
安　徽	Anhui	1		2	3				
福　建	Fujian			4	2				
江　西	Jiangxi		1			1			
山　东	Shandong		3	8		3		1	
河　南	Henan		1	9				2	
湖　北	Hubei			1					
湖　南	Hunan		21	31	14	8			
广　东	Guangdong	1	8	22	5	2			
广　西	Guangxi	1		3					
海　南	Hainan	1	1						
重　庆	Chongqing	8	1	12	1			1	
四　川	Sichuan	1	2	6	3				
贵　州	Guizhou	1	1	2	1	1			
云　南	Yunnan			1					
西　藏	Tibet								
陕　西	Shaanxi	3	2	4					
甘　肃	Gansu			10					
青　海	Qinghai								
宁　夏	Ningxia								
新　疆	Xinjiang	1		4	2				

应诉案件情况
Land and Resources at Provincial-level

情况（件） First Instance (case)									未审结（件） Cases Whose Trials have not been Concluded (case)
判决 Judgment				裁定 Ruling					
确认违法或无效 Confirmation of Violation of Law or Invalidity	驳回诉讼请求 Dismissal of an Action	赔偿 Compensation	不予赔偿 No Compensation	驳回起诉 Dismissal of an Appeal	撤诉 Withdrawal of an Action	移送 Referral	终结 Termination	其他 Others	
1	168			109	203	2		3	80
3	177			61	143			3	68
7	144			59	133	1	1	4	46
2	19			11	20				
				4					
2	2				1				7
1							1	1	3
	3								
				1				1	
	67			2	84				4
	10				3				2
	15				1				
				1					1
	3								4
	2			3	2				1
	1								
				20	4				6
1	14			2	2	1			4
				3					1
				1					1
	1				10				8
					4				2
				2					
1									
	1			7	1				
	6			2	1				1
								2	1

市级国土资源行政

Administrative Response to Cases of

年份/地区	Year/Region	上年结转（件）Cases Transferred from Last Year (case)	本年发生（件）Cases that Occur in the Current Year (case)		一审结案 Cases Settled at				
			复议后应诉 Response After Reconsideration	未经复议直接应诉 Direct Response without Reconsideration	维持 Maintenance	撤销 Cancellation	变更 Change	履行法定职责 Execution of Lawful Duty	确认合法或有效 Confirmation of Legality or Validity
	2010	142	433	2452	445	112	28	56	17
	2011	202	449	1352	449	137	8	32	8
	2012	206	282	1916	372	114	6	217	28
北　京	Beijing								
天　津	Tianjin	1		1					
河　北	Hebei	12	12	24	12	6		1	
山　西	Shanxi	1	3	3	1			2	
内蒙古	Inner Mongolia								
辽　宁	Liaoning	6	2	54	1	4		2	11
吉　林	Jilin		18	12	26				
黑龙江	Heilongjiang			12	5	1			
上　海	Shanghai			33	3	2			
江　苏	Jiangsu	9	13	136	14	1			
浙　江	Zhejiang	21	7	106	26	10		1	
安　徽	Anhui		6	59	22	2		1	
福　建	Fujian	3	22	102	17	4			
江　西	Jiangxi	3	3	3	3				
山　东	Shandong	16	24	352	21	13	1	201	
河　南	Henan	6		38	7	2		1	12
湖　北	Hubei	24	9	51	21	1			
湖　南	Hunan	18	33	71	49	14		2	
广　东	Guangdong	64	73	655	47	31	1	5	1
广　西	Guangxi	7	20	44	11	7		1	
海　南	Hainan								
重　庆	Chongqing								
四　川	Sichuan	8	6	33	20				2
贵　州	Guizhou	4	22	65	36	8			1
云　南	Yunnan		1	11	5	1			1
西　藏	Tibet								
陕　西	Shaanxi		7	4	4	2			
甘　肃	Gansu	1		9	2	1			
青　海	Qinghai			5		1			
宁　夏	Ningxia			6					
新　疆	Xinjiang	2	1	27	19	3	4		

应诉案件情况
Land and Resources at Municipal-level

情况（件） First Instance (case)									未审结（件） Cases Whose Trials have not been Concluded (case)
判决 Judgment				裁定 Ruling					
确认违法或无效 Confirmation of Violation of Law or Invalidity	驳回诉讼请求 Dismissal of an Action	赔偿 Compensation	不予赔偿 No Compensation	驳回起诉 Dismissal of an Appeal	撤诉 Withdrawal of an Action	移送 Referral	终结 Termination	其他 Others	
26	308	2	3	234	1139	64	7	85	501
28	393	1	1	178	265	4	7	13	479
28	304	5	1	288	378	2	6	53	602
					1				1
				5	6			1	17
	1			1					2
1	23			1	9				10
	2			2					
	2								4
	17			6	3				2
	18			7	98				20
2	21			20	38			1	15
	2			8	13	1		1	15
1	4			50	19	1			31
	2				1				3
1	31			25	27			42	30
3	4			1	4				10
2	13	1		7	19		5		15
	21			19	12				5
8	111	3		114	106				365
3	13			13	6			1	16
1	12				2				10
6		1	1	3	5			5	25
	2				1				2
				3	1			1	
	1			2			1		3
	2				2				
	2			1	3				
					2			1	1

主要统计指标解释

上年结转（行政复议） 是指本统计时段之前复议机关已受理但未审结的行政复议案件数。

上年结转（行政应诉） 是指人民法院已受理但尚未作出终审判决、裁定的诉讼案件数。

本年新收 是指本统计时段内行政机关新收到的行政复议案件数。

本年受理 是指本统计时段内行政复议机关决定立案审理的行政复议案件数。

已审结 是指在本统计时段内上期结转和本期受理的案件中已正式审结的案件。

其他（已审结）包括：① 部分维持、部分撤销的决定；② 部分维持、部分变更的决定；③ 部分维持、部分责令履行的决定；④ 部分撤销、部分变更的决定；⑤ 部分撤销、部分责令履行的决定；⑥ 部分变更、部分责令履行的决定等。

未审结 是指在本统计时段内尚未审结的案件数。

Explanatory Notes on Main Statistical Indicators

Cases transferred from last year（Administrative Reconsideration）— refer to the number of cases of administrative reconsideration that have been accepted by the organ of administrative reconsideration but whose trials have not been concluded before the current statistical period.

Cases transferred from last year（Administrative Response）— refer to the number of cases of lawsuit that have been accepted by people’s count but not be final judged.

Cases newly received in the current year— refer to the number of cases of administrative reconsideration received newly by administration departments during the current statistical period.

Cases accepted in the current year— refer to the number of cases of administrative reconsideration that administrative reconsideration departments decided to file and try during the current statistical period.

Cases whose trials have been concluded— refer to cases transferred from the previous period and those that have been formally accepted among the cases newly received and whose trials have been concluded during the current period.

Others（Cases whose trials have been concluded） include ① decision on partial maintenance and partial cancellation, ② decision on partial maintenance and partial change, ③ decision on partial maintenance and partial performance, ④ decision on partial cancellation and partial change, ⑤ decision on partial cancellation and partial performance, ⑥ decision on partial change and partial performance.

Cases whose trials have not been concluded— refer to the number of cases whose trials have not been concluded during the current statistical period.

海洋资源管理

Marine Resources Management

海洋监测、调查情况（2011 年）
Marine Monitoring and Survey（2011）

		站点（船舶）数（个、艘）Number of Stations (vessels)	项目数（个）Number of Projects (number)	实际获得数据量（个）Actual Data Quantity (number)	发布公（简）报（期）Communique (Bulletin) Issued (issue)	提交报告（期）Report Submitted (issue)
海洋监测	**Marine Monitoring**	**538**	**1054**	**148415660**	**407**	
赤潮监测	Akashio Monitoring	153	343	29085	170	
台站监测	Station Monitoring	105	362	135571236		
断面监测	Sectional Monitoring	15	35	38634	12	
浮标监测	Buoy Monitoring	19	64	2664146		
海冰监测	Sea Ice Monitoring	43	26	14191	98	
船舶监测	Ship Monitoring	27	19	8814418		
其他监测	Other Monitoring	176	205	1283950	127	
海洋调查	**Marine Survey**	**9447**	**175**	**20722905**	**65**	
大洋调查	Ocean Survey	1693	11	652906	15	
极地调查	Polar Survey	91	17	309		
专项调查	Specified Subject Investigation	6953	61	20017695		
其他调查	Other Survey	710	86	51995	50	

海洋行政管理（2011 年）
Marine Administration（2011）

		总　计 Grand Total
发放海域使用权发证（本）	Permits of Marine Area Use Right Issued(piece)	3874
签发疏浚物海洋倾倒许可证（份）	Permits of Dredged Material Ocean Dumping Issued(piece)	95*
海域使用执法检查（次）	Law Enforcement Inspection of Sea Area Use(times)	81995
涉外海洋科研（项）	Foreign Marine Scientific Research(piece)	67
海底电缆管道执法检查次数（次）	Law Enforcement Inspection of Submarine Cable and Pipeline Laying(times)	1245
海洋工程环境保护监督检查次数（次）	Law Enforcement Inspection of Maritime Engineering Environmental Protection (times)	29915
海洋倾废监督检查次数（次）	Law Enforcement Inspection of Waste Ocean Dumping(times)	7403
海洋生态保护执法检查（次）	Law Enforcement Inspection of Marine Ecological Protection(times)	4147

注：1. 以上数据来自国家海洋局 2011 年海域使用管理公报及中国海洋行政执法公报。

2. *为国家海洋局审批数。

Notes: 1. The data come from management communiqué on sea area use 2011 and communiqué on maritime administrative law enforcement 2011 published by State Oceanic Administration.

2. Approved by State Oceanic Administration.

五、国土资源科学技术研究

Chapter 5 Scientific and Technological Research on Land and Resources

国土资源科技人才情况
Scientific and Technological Talented

年份/地区	Year/Region	高层次科技 High-level Scientific and Technological		
		进入省部级以上 Plan of Talented Personnel at and above Provincial		
			新世纪百千万人才工程 New Century National Hundred, Thousand and Ten Thousand Talents Project	千人计划 Thousand Talents Plan
	2010	162	12	
	2011	210	18	10
	2012	194	19	2
国土资源部	MLR	43	12	2
北　京	Beijing	2	2	
天　津	Tianjin			
河　北	Hebei			
山　西	Shanxi			
内蒙古	Inner Mongolia	2		
辽　宁	Liaoning	2	1	
吉　林	Jilin	1		
黑龙江	Heilongjiang	24		
上　海	Shanghai			
江　苏	Jiangsu	4		
浙　江	Zhejiang	2		
安　徽	Anhui	6		
福　建	Fujian	2		
江　西	Jiangxi	1	1	
山　东	Shandong	4		
河　南	Henan			
湖　北	Hubei	7		
湖　南	Hunan	1	1	
广　东	Guangdong			
广　西	Guangxi	8	1	
海　南	Hainan	72		
重　庆	Chongqing	1		
四　川	Sichuan			
贵　州	Guizhou	1		
云　南	Yunnan	7	1	
西　藏	Tibet			
陕　西	Shaanxi			
甘　肃	Gansu	4		
青　海	Qinghai			
宁　夏	Ningxia			
新　疆	Xinjiang			

——按地区分列

Personnel of Land and Resources by Region

人才培养、流动 Talented Personnel Training and Flow			
人才计划（人） and Ministerial Levels（person）		高层次科技人员流动（人） High-level Scientific and Technological Talented Personnel Flow (person)	
部科技创新人才工程 Scientific and Technological Innovative Talent Project of MLR	省级科技人才计划 Provincial-level Scientific and Technological Talent Plan	新增 Newly Increased	减少 Reduced
14	136	410	64
40	112	405	106
21	146	523	108
6	17	126	61
		8	3
		11	2
		3	
	2	53	
1		2	
	1	2	
	24	3	
		18	
1	3		8
	2	143	4
3	3	28	10
1	1	11	
	4	49	7
		5	3
7			
		6	
		8	3
	7	3	
	72	27	
	1	8	1
1		4	
1	5	4	1
	4		
		1	5

国土资源科技人才情况——
Scientific and Technological Talented Personnel of

年份/单位	Year/Units	高层次科技 High-level Scientific and Technological	
			新世纪百千万人才工程 New Century National Hundred, Thousand and Ten Thousand Talents Project
	2010	19	4
	2011	71	10
	2012	43	12
国土资源部信息中心	Information Center of Ministry of Land and Resources		
国土资源部矿产资源储量评审中心	The Mineral Resourecs and Reserves Evalluation Center		
国土资源部珠宝玉石首饰管理中心	National Gems & Jewelry Technology Administrative Centre		
国土资源部土地整理中心	China Land Consolidation and Rehabilitation	1	
中国国土资源经济研究院	Chinese Academy of Land & Resources Economics		
国土资源部油气资源战略研究中心	Gas and Oil Resources Centre for Strategic of MLR		
中国土地矿产法律事务中心	China Land and Mineral Legal Services Center		
中国地质调查局天津地质调查中心	Tianjin Institute of Geology and Mineral Resources，CGS		
中国地质调查局沈阳地质调查中心	Shenyang Institute of Geology and Mineral Resources，CGS		
中国地质调查局南京地质调查中心	Nanjing Institute of Geology and Mineral Resources，CGS	1	
中国地质调查局武汉地质调查中心	Wuhan Institute of Geology and Mineral Resources，CGS		
中国地质调查局成都地质调查中心	Chengdu Institute of Geology and Mineral Resources，CGS		
中国地质调查局西安地质调查中心	Xi'an Institute of Geology and Mineral Resources，CGS	5	1
青岛海洋地质研究所	Qingdao Institute of Marine Geology		
中国国土资源航空物探遥感中心	China Aero Geophsical Survey & Remote Sensing Center for Land Resources	9	1
广州海洋地质调查局	Guangzhou Marine Geological Survey		
中国地质调查局水文地质环境地质调查中心	Institute of Hydrogeology and Environmental Geology，CGS		
中国地质调查局油气资源调查中心	Oil&Gas Survey，CGS		
中国地质调查局发展研究中心	Research Center of Development，CGS	1	
国土资源实物地质资料中心	Geological Material Center,MLR		
中国地质环境监测院	China Geological Environment Monitoring Academy	3	
中国地质图书馆	China Geological Library		
中国地质科学院	Chinese Academy of Geological Sciences，CAGS		
中国地质科学院地质研究所	Institute of Geology，CAGS		
中国地质科学院矿产资源研究所	Institute of Mineral Resources，CAGS	5	5
中国地质科学院地质力学研究所	Institute of Geomechanics，CAGS		
国家地质实验测试中心	National Research Center for Geoanalysis		
中国地质科学院水文地质环境地质研究所	The Institute of Hydrogeology and Environmental Geology，CAGS	4	4
中国地质科学院地球物理地球化学勘查研究所	Institute of Geophysical and Geochemical Exploration，CAGS	8	1
中国地质科学院岩溶地质研究所	Institute of Karst Geology，CAGS		
中国地质科学院矿产综合利用研究所	Institute of Multipurpose Utilization of Mineral Resources，CAGS	3	
中国地质科学院郑州矿产综合利用研究所	Zhengzhou Institute of Multipurpose Utilization of Mineral Resources，CAGS	2	
中国地质科学院勘探技术研究所	Institute of Exploration Techniques，CAGS	1	
中国地质科学院探矿工艺研究所	Institute of Exploration Technology，CAGS		
北京探矿工程研究所	Beijing Institute of Exploration Engineering		

按部属事业单位分列

Land and Resources by Units Affiliated to MLR

人才培养、流动 Talented Personnel Training and Flow				
进入省、部级以上人才计划（人） Plan of Talented Personnel at and above Provincial and Ministerial Levels (person)			高层次科技人员流动（人） High-level Scientific and Technological Talented Personnel Flow (person)	
千人计划 Thousand Talents Plan	部科技创新人才工程 Scientific and Technological Innovative Talent Project of MLR	省级科技人才计划 Provincial-level Scientific and Technological Talent Plan	新增 Newly Increased	减少 Reduced
	9	6	129	36
10	20	11	112	55
2	6	17	126	61
	1			
			3	6
			4	3
				4
			2	2
		1	3	4
			4	2
		3	2	
		8	2	9
			15	
			2	5
			40	
	1			1
	1	2	1	1
			5	5
			7	4
			21	8
			4	1
	2			1
				2
2		1	5	2
	1	1	4	
		1	1	1
			1	

国土资源科技研发情况
Scientific Research of Land

年份/地区	Year/Region	科技研发与投入 Scientific and Technological					
		项目总数（项） Total Number of Projects (project)					项目年度 Total Annual Fund
			国家级 State Level	部级 Ministerial Level	省级 Provincial Level	本单位 the Current Unit	
	2010	2831	460	1144	632	595	393167.89
	2011	2762	529	1057	457	596	342195.67
	2012	3016	360	1226	524	856	388946.18
国土资源部	MLR	1825	331	1042	57	345	295307.40
北　京	Beijing	26	1	13	5	7	5779.67
天　津	Tianjin	17		2	15		665.00
河　北	Hebei	15		1	4	10	8357.00
山　西	Shanxi						
内蒙古	Inner Mongolia	24		8	14	2	12678.00
辽　宁	Liaoning	13		3	1	9	1525.00
吉　林	Jilin	5			5		260.80
黑龙江	Heilongjiang	14	1	6	7		1389.27
上　海	Shanghai	75		2	4	69	1204.50
江　苏	Jiangsu	67	3	35	29		7888.40
浙　江	Zhejiang	16	1	4	3	8	2886.00
安　徽	Anhui	102		8	94		4247.00
福　建	Fujian	42	1	9	3	29	1241.32
江　西	Jiangxi	6	2		4		82.00
山　东	Shandong	250	2	13	114	121	10473.99
河　南	Henan	20	1		19		1476.12
湖　北	Hubei	7				7	279.00
湖　南	Hunan	78	4	11	1	62	2273.30
广　东	Guangdong	20	1	10	8	1	2158.36
广　西	Guangxi	141		19	56	66	13275.75
海　南	Hainan	14		5	2	7	2301.00
重　庆	Chongqing	74	1	14	6	53	1138.70
四　川	Sichuan	75		4	21	50	3138.00
贵　州	Guizhou	52	5	7	37	3	5249.00
云　南	Yunnan	5	2	1		2	485.60
西　藏	Tibet	5	4		1		1780.00
陕　西	Shaanxi						
甘　肃	Gansu	20		8	7	5	531.00
青　海	Qinghai						
宁　夏	Ningxia	8		1	7		875.00
新　疆	Xinjiang						

——按地区分列

and Resources by Region

Research and Development and Input 经费总数（万元） of the Project (10^4yuan)				科技基础条件平台建设 Scientific and Technological Basic Conditions Platform Construction			
国家级 State Level	部级 Ministerial Level	省级 Provincial Level	本单位 the Current Units	重点实验室（个） Key Laboratory (number)	监督检验测试中心（个） Center of Supervision, Inspection and Analysis (number)	野外科学观测研究基地(个) Field Observation and Research Base（base）	科普基地（个） Science Popularization Base（base）
59060.16	272655.26	44730.33	16722.14	18	7		
87310.43	203862.31	23607.89	16241.19	30	19		56
46834.30	259071.36	46553.12	31777.45	68	31	67	64
39164.40	236003.40	5703.00	9853.00	36	18	28	17
195.00	1794.66	2333.04	1456.97	1		3	2
	375.00	290.00					
5315.00		2000.00	1042.00				7
	3920.00	8543.00	215.00			1	
	410.00	70.00	1045.00	1	1	4	4
		260.80				3	5
28.00	565.32	795.95			1		2
	518.00	208.00	478.50				
161.40	4972.00	2755.00		3		4	
180.00	1386.00	1200.00	120.00	1	1	1	2
	1184.00	3063.00			1		
120.00	861.32	48.00	212.00	1		4	3
10.00		72.00				1	2
42.50	1102.00	7361.49	1968.00	16	5	4	3
382.00		1094.12		1		2	
			279.00	1			5
75.00	1387.30	11.00	800.00			1	
	854.86	1294.50	9.00				
	1153.00	2420.02	9577.38		1		1
	704.00	1050.00	546.00		1	1	1
50.00	130.50	35.20	923.00	4	1	6	
	175.00	1763.00	1200.00			1	
158.00	734.00	3282.00	1075.00	1	1		3
63.00	120.00		302.60				
890.00	240.00	50.00	600.00	1			1
	256.00	200.00	75.00	1			
	225.00	650.00				2	2
						1	4

国土资源科技研发情况——
Scientific Research of Land and

年份/单位	Year/Units	科技研发与投入 Scientific and 项目总数（项） Total Number of Projects (project)			
			国家级 State Level	部级 Ministerial Level	省级 Provincial Level
	2010	1444	380	810	50
	2011	1716	488	839	59
	2012	1825	331	1042	57
国土资源部信息中心	Information Center of Ministry of Land and Resources	9		9	
国土资源部矿产资源储量评审中心	The Mineral Resourecs and Reserves Evalluation Center	5		5	
国土资源部珠宝玉石首饰管理中心	National Gems & Jewelry Technology Administrative Centre	1		1	
国土资源部土地整理中心	China Land Consolidation and Rehabilitation	14	5	9	
中国国土资源经济研究院	Chinese Academy of Land & Resources Economics	62		45	11
国土资源部油气资源战略研究中心	Gas and Oil Resources Centre for Strategic of MLR	9	3	6	
中国土地矿产法律事务中心	China Land and Mineral Legal Services Center	33		33	
中国地质调查局天津地质调查中心	Tianjin Institute of Geology and Mineral Resources，CGS	25	2	22	1
中国地质调查局沈阳地质调查中心	Shenyang Institute of Geology and Mineral Resources，CGS	16		15	1
中国地质调查局南京地质调查中心	Nanjing Institute of Geology and Mineral Resources，CGS	68	7	59	2
中国地质调查局武汉地质调查中心	Wuhan Institute of Geology and Mineral Resources，CGS				
中国地质调查局成都地质调查中心	Chengdu Institute of Geology and Mineral Resources，CGS	97	10	67	
中国地质调查局西安地质调查中心	Xi'an Institute of Geology and Mineral Resources，CGS	113	26	78	9
青岛海洋地质研究所	Qingdao Institute of Marine Geology	48	11	37	
中国国土资源航空物探遥感中心	China Aero Geophsical Survey & Remote Sensing Center for Land Resources	25	9	16	
广州海洋地质调查局	Guangzhou Marine Geological Survey	19	18	1	
中国地质调查局水文地质环境地质调查中心	Institute of Hydrogeology and Environmental Geology，CGS	34	1	33	
中国地质调查局油气资源调查中心	Oil&Gas Survey，CGS	4		4	
中国地质调查局发展研究中心	Research Center of Development，CGS	59	2	57	
国土资源实物地质资料中心	Geological Material Center，MLR	16		12	
中国地质环境监测院	China Geological Environment Monitoring Academy	17	3	14	
中国地质图书馆	China Geological Library	34	1	10	
中国地质科学院	Chinese Academy of Geological Sciences，CAGS	63		35	
中国地质科学院地质研究所	Institute of Geology，CAGS	207	76	81	
中国地质科学院矿产资源研究所	Institute of Mineral Resources，CAGS	178	57	102	2
中国地质科学院地质力学研究所	Institute of Geomechanics，CAGS	111	22	52	11
国家地质实验测试中心	National Research Center for Geoanalysis	83	17	38	
中国地质科学院水文地质环境地质研究所	The Institute of Hydrogeology and Environmental Geology，CAGS	36	17	3	
中国地质科学院地球物理地球化学勘查研究所	Institute of Geophysical and Geochemical Exploration，CAGS	113	9	75	3
中国地质科学院岩溶地质研究所	Institute of Karst Geology，CAGS	81	14	28	10
中国地质科学院矿产综合利用研究所	Institute of Multipurpose Utilization of Mineral Resources，CAGS	84	7	20	3
中国地质科学院郑州矿产综合利用研究所	Zhengzhou Institute of Multipurpose Utilization of Mineral Resources，CAGS	100	8	20	4
中国地质科学院勘探技术研究所	Institute of Exploration Techniques，CAGS	26		26	
中国地质科学院探矿工艺研究所	Institute of Exploration Technology，CAGS	19	4	15	
北京探矿工程研究所	Beijing Institute of Exploration Engineering	16	2	14	

按部属事业单位分列
Resources by Units Affiliated to MLR

Technological Research and Development and Input	项目年度经费总数（万元）Total Annual Fund of the Project (10^4 yuan)					科技基础条件平台建设 Scientific and Technological Basic Conditions Platform Construction			
本单位 The Current Unit		国家级 State Level	部级 Ministerial Level	省级 Provincial Level	本单位 the Current Unit	重点实验室（个）Key Laboratory（number）	监督检验测试中心（个）Center of Supervision, Inspection and Analysis（number）	野外科学观测研究基地(个) Field Observation and Research Base（base）	科普基地（个）Science Popularization Base（base）
204	265884.28	52261.90	201259.46	9461.00	2901.92	1	3		
232	253981.45	71891.23	160420.88	6041.00	5146.72	16	11		9
345	295307.40	39164.40	236003.40	5703.00	9853.00	36	18	28	17
	509.90		509.90			1			
	199.50		199.50						
	3405.00	254.00	3151.00			2	6	2	
	5537.00		4160.00	1022.00		1			
	15646.00	15196.00	450.00						
	3100.00		3100.00			1			
	16475.00	43.80	14931.00	1500.00			1	1	
	1560.00		1535.00	25.00			1	1	
	10209.00	814.30	9395.00				1		
20	26230.00	635.00	22011.00		3584.00	1	1	1	
	21428.00	258.90	21033.00	136.00		2	1	5	
	18460.00	120.00	18340.00			2			1
	5710.00	2133.00	3037.00			1			
	892.00	892.00				1			
	9771.00		9771.00			1		1	
	4800.00		4800.00						
	18466.00	362.00	18104.00			1			
	5077.00		4800.00				1	1	1
	1804.00	151.00	1653.00					4	2
	2768.00	8.00	2280.00						10
16	7085.00		6350.00		340.00				
50	23385.00	9850.00	12685.00			5		2	
17	21804.00	2783.00	15986.00	768.00	600.00			1	
26	13541.00	1256.00	11520.00	273.00	492.00	2		2	1
24	3296.00	230.40	2726.00		320.00	4	1		
16	2219.00	1343.00	276.00		600.00	3	1	1	1
25	18637.00	1235.00	15684.00	1318.00	400.00	4	1		
29	10073.00	869.00	8118.00	606.00	480.00	2	1	4	1
54	5056.00	298.00	2937.00	55.00	1766.00	1			
68	7146.00	152.00	5723.00		1271.00	1	1	1	
	5347.00		5347.00					1	
	3160.00	130.00	3030.00						
	2511.00	150.00	2361.00				1		

国土资源科技成果情况
Land and Resources Development

科技成果

年份/地区	Year/Region	核心论文（篇）Core Journal Papers (paper)	被SCI, EI, ISTP收录（次）Papers Indexed/Abstracted in SCI, EI and ISTP (times)	科技著作（部）Scientific and Technological Works (monograph)	申请专利（件）Patent Application (case)	已授权专利 Authorized Patent	申请软件著作权 Apply for Software Copyright	省部级以上科技奖励（项）Scientific and Technological Rewards at and above the Provincial and Ministerial Levels (project)	国家级 State Level	省部级 Provincial and Ministerial Levels	科技奖项（人）Scientific and Technological Prizes (person)	李四光奖 J.S. Lee Prize	黄汲清奖 Huang Jiqing (Huang T.K.) Prize
	2010	2191	485	118	106	84		149	9	140	49		4
	2011	2382	487	107	131	66		116	11	100	27	4	2
	2012	2089	519	133	160	82	36	145	4	137	2	1	1
国土资源部	MLR	1536	446	96	113	60	26	88	3	84	1		1
北京	Beijing	35	2					1		1			
天津	Tianjin	25		15				1		1			
河北	Hebei	2	3		2	2		1		1			
山西	Shanxi												
内蒙古	Inner Mongolia							2		2			
辽宁	Liaoning			4									
吉林	Jilin	1	2					1		1			
黑龙江	Heilongjiang	4		1				3		3			
上海	Shanghai	6	1		5	3	1	6		6			
江苏	Jiangsu	44	5	1									
浙江	Zhejiang	24	2	2	9	9	2	1		1			
安徽	Anhui												
福建	Fujian	26	2										
江西	Jiangxi							1		1			
山东	Shandong	121	10	8	15	2	2	8		8			
河南	Henan	14		1			1	2		2			
湖北	Hubei							1		1			
湖南	Hunan	46	5	2	2	2		9		9			
广东	Guangdong	21	1	2	2			3					
广西	Guangxi	49	10	1	8								
海南	Hainan	20						3		3			
重庆	Chongqing	85	26		2	2	2	8		8			
四川	Sichuan	2	1				2	2		2			
贵州	Guizhou	21	3		2	2		1		1			
云南	Yunnan	5									1	1	
西藏	Tibet							1	1				
陕西	Shaanxi												
甘肃	Gansu	2						2		2			
青海	Qinghai												
宁夏	Ningxia												
新疆	Xinjiang												

——按地区分列

and Achievements by Region

Scientific and Technological Achievements						国际科技合作 International Scientific and Technological Cooperation
国土资源标准（个） Standards of Land and Resources (standard)				科学技术普及 Scientific and Technological Popularization		
	国家标准 State Standard	行业标准 Industrial Standard	地方标准 Local Standard	科普作品（种） Popular Science Works (kind)	主题科普活动（次） Thematic Science Popularization Activity (times)	举办国际科技会议（次） Holding International Scientific and Technological Meetings（meeting）
132	93	11	28	805	147	34
50	27	13	10	37	134	26
67	21	30	16	44	173	38
36	21	15		12	74	34
1			1		3	
					5	
				3	12	
3			3			
					1	
				2	3	1
					2	
3			3		1	
5		5			2	
3			3	1	3	
				8	16	
2		1	1		2	
				2		
				3	4	
					4	1
					1	
3			3		5	
10		9	1		13	2
1			1			
				10	13	
					1	
					2	
					4	
				3	2	

国土资源科技成果情况——
Land and Resources Development and

年份/单位	Year/Units	核心论文（篇） Core Journal Papers (paper)	被 SCI, EI, ISTP 收录（次） Papers Indexed/ Abstracted in SCI, EI and ISTP (times)	科技著作 Scientific and Technological Works (monograph)
	2010	1521	292	77
	2011	1804	442	86
	2012	1536	446	96
国土资源部信息中心	Information Center of Ministry of Land and Resources	4		
国土资源部矿产资源储量评审中心	The Mineral Resourecs and Reserves Evalluation Center	1		
国土资源部珠宝玉石首饰管理中心	National Gems & Jewelry Technology Administrative Centre	7	4	1
国土资源部土地整理中心	China Land Consolidation and Rehabilitation	28	1	4
中国国土资源经济研究院	Chinese Academy of Land & Resources Economics	74		3
国土资源部油气资源战略研究中心	Gas and Oil Resources Centre for Strategic of MLR			
中国土地矿产法律事务中心	China Land and Mineral Legal Services Center	5		9
中国地质调查局天津地质调查中心	Tianjin Institute of Geology and Mineral Resources，CGS	29	7	
中国地质调查局沈阳地质调查中心	Shenyang Institute of Geology and Mineral Resources，CGS	16	1	1
中国地质调查局南京地质调查中心	Nanjing Institute of Geology and Mineral Resources，CGS	30	4	3
中国地质调查局武汉地质调查中心	Wuhan Institute of Geology and Mineral Resources，CGS			
中国地质调查局成都地质调查中心	Chengdu Institute of Geology and Mineral Resources，CGS	102	17	2
中国地质调查局西安地质调查中心	Xi'an Institute of Geology and Mineral Resources，CGS	101	27	4
青岛海洋地质研究所	Qingdao Institute of Marine Geology	143	42	4
中国国土资源航空物探遥感中心	China Aero Geophsical Survey & Remote Sensing Center for Land Resources	71	9	4
广州海洋地质调查局	Guangzhou Marine Geological Survey	40	7	
中国地质调查局水文地质环境地质调查中心	Institute of Hydrogeology and Environmental Geology，CGS	44	15	3
中国地质调查局油气资源调查中心	Oil&Gas Survey，CGS			
中国地质调查局发展研究中心	Research Center of Development，CGS	37	6	16
国土资源实物地质资料中心	Geological Material Center，MLR	10	1	3
中国地质环境监测院	China Geological Environment Monitoring Academy	30	3	6
中国地质图书馆	China Geological Library	15		2
中国地质科学院	Chinese Academy of Geological Sciences，CAGS	29	15	4
中国地质科学院地质研究所	Institute of Geology，CAGS	72	134	3
中国地质科学院矿产资源研究所	Institute of Mineral Resources，CAGS	113	62	6
中国地质科学院地质力学研究所	Institute of Geomechanics，CAGS	116	39	4
国家地质实验测试中心	National Research Center for Geoanalysis	56	17	2
中国地质科学院水文地质环境地质研究所	The Institute of Hydrogeology and Environmental Geology，CAGS	117	16	4
中国地质科学院地球物理地球化学勘查研究所	Institute of Geophysical and Geochemical Exploration，CAGS	65	6	6
中国地质科学院岩溶地质研究所	Institute of Karst Geology，CAGS	77	11	1
中国地质科学院矿产综合利用研究所	Institute of Multipurpose Utilization of Mineral Resources，CAGS	52	1	
中国地质科学院郑州矿产综合利用研究所	Zhengzhou Institute of Multipurpose Utilization of Mineral Resources，CAGS	45	1	
中国地质科学院勘探技术研究所	Institute of Exploration Techniques，CAGS	3		1
中国地质科学院探矿工艺研究所	Institute of Exploration Technology，CAGS	1		
北京探矿工程研究所	Beijing Institute of Exploration Engineering	3		

按部属事业单位分列
Achievements by Units Affiliated to MLR

科技成果 Scientific and Technological Achievements															国际科技合作 International Scientific and Technological Cooperation
申请专利（件） Patent Application (case)			省部级以上科技奖励（项） Scientific and Technological Rewards at and above the Provincial and Ministerial Levels (project)			科技奖项（人） Scientific and Technological Prizes (person)			国土资源标准（个） Standards of Land and Resources (standard)				科学技术普及 Scientific and Technological Popularization		
	已授权专利 Authorized Patent	申请软件著作权 Apply for Software Copyright		国家级 State Level	省部级 Provincial and Ministerial Levels		李四光奖 J.S. Lee Prize	黄汲清奖 Huang Jiqing (Huang T.K.) Prize		国家标准 State Standard	行业标准 Industrial Standard	地方标准 Local Standard	科普作品（种） Popular Science Works (kind)	主题科普活动（次） Thematic Science Popularization Activity (times)	举办国际科技会议（次） Holding International Scientific and Technological Meetings (meeting)
73	62		49	2	47	28		2	29	18	11		16	55	18
92	42		49	9	40	23	2	1	31	23	8		7	47	22
113	60	26	88	3	84	1		1	36	21	15		12	74	34
			16		16										3
			1		1				1	1					
1		1	3		3				4	3	1				
			7		7										4
			2		2										1
													1	3	2
2	1		1		1										
			2		2										1
			4		4									1	
1														1	1
7	7								5		5			6	
		4	5		5								4	12	
			4		4				5		5		1	5	2
18	8	4	3		3										1
1	1	6	15		15				2		2				1
														1	
			5		5				2		2		4	2	1
														27	
1	1		6		6								1	4	1
1		1												1	7
10	6	4	2	1	1									1	
4	3	2	3	1	2	1		1							6
3	1		3	1	2				7	7				1	
			1						1	1				2	
20	8	4							9	9					1
3	1		1		1									2	2
8	5		1		1								1	1	
5	4		1		1									4	
5	3		2		2										
3	3														
20	8														

主要统计指标解释

高层次科技人员 科技人员是指本单位固定人员中从事各类科技活动的人员。高层次科技人员是指副高级以上专业技术职称人员或博士。在高层次科技人员流动中，新增就是报告期内新增加的高层次科技人员数，减少就是报告期内减少的高层次科技人员数。

省部级以上人才计划 是指入选省部级以上人才计划的人员，包括入选国家新世纪百千万人才工程、国家千人计划、部科技创新人才工程、省级科技人才计划（人选省科技厅、国土资源厅组织的有关科技人才培养计划）等人员。

项目总数 是指报告期内在研的各类科研项目数，包括报告期内新立项目、已立项正在研究的项目、报告期内结题项目。国家级是指国家科技计划项目，包括国家自然科学基金、973 计划、科技支撑计划、863 计划、科技基础条件平台计划、国家科技重大专项、国际科技合作计划等；部级是指国土资源部科技计划及国土资源领域重大专项科研项目，包括部门科技计划项目、国土资源大调查、金土工程、海洋保障工程、危机矿山接替资源找矿、油气战略选区、第二次全国土地调查、地质矿产保障工程、矿产资源节约与综合利用、部公益性行业科研专项等。省级是指省级科技计划及省级国土资源专项科研项目，包括各省（区、市）科技厅、国土资源厅立项的科技计划项目、国土资源专项安排的科技项目。本单位是指各单位用科研业务事业费、自有资金开展的科研项目。

为避免重复填报，均由项目承担单位中排名最靠前的部系统内单位填写，国土资源部系统内单位共同承担的项目不重复填报。

项目年度经费总数 是指报告期内在研的各类科研项目本年度经费总和。没有项目年度经费数据的，填报本年度到账经费。

重点实验室 是指报告期内新命名或批准建设的国家级、省部级重点实验室，包括国土资源部与教育部共建、与各省共建的实验室。

监督检验测试中心 是指报告期内，通过国土资源部评审命名的国土资源部质量监督检测测试中心。

野外科学研究观测基地 是指报告期内，通过国土资源部评审命名的国土资源部野外科学研究观测基地。

科普基地 是指报告期内，通过国土资源部评审命名的国土资源部科普基地。

核心论文 在国际或在全国性核心期刊上以第一作者身份发表的论文。被 SCI、EI、ISTP 收录主要指由美国出版的科学引文索引（《SCI》）、科学技术会议索引（《ISTP》）和工程索引（《EI》）三种检索系统中收录的科技人员发表的期刊论文和会议论文。

科技著作 是指经过正式出版部门编印出版的科技专著、大专院校教科书、科普著作。为避免重复统计，只统计以本机构科技人员为第一作者的论文和著作。同一书名为部，与书的发行量无关。

申请专利 指报告期内，向国内外知识产权行政部门提出专利申请并被受理的件数。已授权专利是指报告期内，由国内外知识产权行政部门向本单位授予专利权的件数。专利包括发明专利、实用新型专利和外观设计专利三类。

软件著作权 指软件的开发或者其他权利人依据有关著作权法律的规定，对于软件作品所享有的各项专有权利。

省部级以上科技奖励 指报告期内，获得的国家级、省部级科技奖励的数目。国家级包括国家自然科学奖、国家技术发明奖、国家科技进步奖。省部级包括以国务院各部门名义颁发的或省（区、市）（科委）名义颁发的重大科技成果奖和科技进步奖等。获奖项目填报，由获奖项目承担单位排名最靠前的部系统内单位填写，多个部系统内单位共同获奖的不重复填报。

科技奖项　是指报告期内获得李四光奖（包括李四光地质科学荣誉奖、李四光野外地质工作者奖、李四光地质科技研究者奖、李四光地质教师奖）、黄汲清奖（包括黄汲清野外地质工作者奖、黄汲清地质科技研究者奖、黄汲清地质教师奖）的地质科技工作者。

国土资源标准　是指报告期内发布的制订、修订的国土资源标准数目，由制订、修订单位中排名最靠前的系统内单位填写，多个系统内单位共同编制的不重复填报。

科普作品　是指报告期内出版的图书、期刊、音像制品等科普作品。只统计第一作者的本单位科技人员。

主题科普活动　是指报告期内，本单位作为活动第一承担单位开展的国土资源领域科普活动。

举办国际科技会议　是指报告期内，本单位组织的两个或两个以上国家的科技人员在一个共同的场合就一个或一组共同感兴趣的课题相互交流信息、开展研讨的活动。

Explanatory Notes on Main Statistical Indicators

High-level scientific and technological talented personnel — Scientific and technological personnel refer to persons who conduct various kinds of scientific and technological activities in the fixed staff and workers in the current units. High-level scientific and technological personnel refer to persons with a professional technical title at and above the associate senior level or doctors. In the flow of high-level scientific and technological talented personnel, newly increased refers to the number of high-level scientific and technological personnel newly increased during the reporting period; reduced refers to the number of high-level scientific and technological talented personnel reduced during the reporting period.

Plan of Talented Personnel at and above Provincial and Ministerial Levels — refers to persons selected into the Plan of Talented Personnel at and above Provincial and Ministerial Levels, including those selected into the New Century National Hundred, Thousand and Ten Thousand Talent Project, Scientific and Technological Innovative Talent Project of MLR, and provincial-level scientific and technological talent plans (scientific and technological talented people training plans sponsored by departments (bureaus) of science and technology and departments (bureaus) of land and resources of provinces).

Total number of projects — refers to the number of various kinds of ongoing scientific research projects, including those filed newly during the reporting year, those that have been filed and are under research, and those whose research has been finished. The state-level projects refer to the projects in state scientific and technological plans, including the National Natural Science Foundation of China, National Key Basic Research Development Plan (973 Plan), State Science and Technology Support Program, State High-Tech Research and Development Program (863 Program), National Program for Sci-Tech Basic Conditions Platform Construction, major state special projects of science and technology, and plan for international scientific and technological cooperation. The ministerial-level projects refer to the scientific and technological plans of MLR and major special scientific and technological projects in areas of land and resources, including projects of scientific and technological plans of various sectors, land and resources survey, Golden Land Project, Marine Guarantee Project, succession and substitute resource exploration in crisis mines, oil and gas strategic candidate areas, second national land survey, geological and mineral resources guarantee project, saving and total utilization of mineral resources, and special scientific research project of MLR public-welfare industries. The provincial-level projects refer to provincial-level scientific and technological plans and provincial-level special scientific research projects of land and resources, including projects of scientific and technological plans filed by scientific and technological departments of various provinces (autonomous regions and municipalities under the Central Government) and departments of land and resources and scientific and technological projects arranged by special land and resources projects. The current unit refers to scientific research projects carried out by various units using operating expenses of scientific research and free funds.

In order to avoid filling out repeatedly, this item should be filled out by the unit within the MLR system which ranks first among the units undertaking the projects, while the project undertaken jointly by the units within the MLR system must not be filled out repeatedly.

Total annual fund of the project — refers to the total sum of funds of various ongoing scientific research projects in the current year during the reporting period. For the projects without the data of yearly funds, the funds credited into the account in the current year are filled in.

Key laboratory — refers to the state and provincial level key laboratories newly named or established after approval during the reporting period, including those established jointly by MLR and the Ministry of Education and by MLR and provinces.

Center of supervision, inspection and analysis — refers to the centers of quality supervision, inspection and analysis of MLR examined, evaluated, and named by MLR during the reporting period.

Field Observation and Research Base — refer to the bases of field observation and research of MLR examined， evaluated,and named by MLR during the reporting period.

Science popularization base — refers to the science popularization base of MLR examined, evaluated and named by MLR during the reporting period.

Core journal papers — refer to those papers published as the first author in international journals or domestic core journals. Papers indexed/abstracted in SCI, EI and ISTP mainly refer to papers published by scientific and technological personnel in academic journals and proceedings which are indexed/abstracted in three retrieval systems: SCI (Science Citation Index), ISTP (Index to Scientific & Technical Proceedings) and EI (Engineering Index) published in the United States.

Scientific and technological works — refer to scientific and technological monographs, text-books of universities and colleges, and popular science books compiled, printed, and published by formal publishing establishments. In order to evade repetition in statistical survey, only the papers and works whose first authors are scientific and technological persons of the current organization are included in the statistics. The books with the same title are considered to be one entry, which is unrelated to the quantity of distribution of the books.

Patent application — refer to the number of patent applications submitted to foreign or domestic administrative departments in charge of intellectual property rights and accepted by them during the reporting period. The authorized patents refer to the number of patent rights granted to the current units by foreign and domestic administrative departments in charge of intellectual property rights. Patents include invention patent, practical new patent and design patent.

Software Coperight — refer to all the proprietary rights enjoyed by the software developers or other right holders in accordance with the provisions of the law about copyright.

Scientific and technological rewards at and above the provincial and ministerial levels — refer to the number of state and provincial level scientific and technological rewards won during the reporting period. The state-level rewards include the National Natural Science Prize of China, State Technological Invention Prize, and State Scientific and Technological Progress Prize, and the provincial-level rewards include prizes of important scientific and technological results and scientific and technological progress prizes issued in the name of various departments of the State Council or issued in the name of governments (commissions of science and technology) of provinces (autonomous regions and municipalities directly under the Central Government). The project winning a reward is filled in by the unit of the MLR system which ranks first among the units undertaking the reward-winning project. The reward must not be filled in repeatedly if several units within the MLR system win the prize together.

Scientific and technological prizes — refer to geological scientific and technological workers winning the J.S. Lee Prize (including J.S. Lee Special (Honorary) Prize for Geological Sciences, J.S. Lee Prize for Field Geological Workers, J.S. Lee Prize for Geological Scientific and Technological Researchers, and J.S. Lee Prize for Geological Teachers), and Huang Jiqing (T.K. Huang) Prize (including Huang Jiqing Prize for Field Geological Workers, Huang Jiqing Prize for Geological Scientific and Technological Researchers, and Huang Jiqing Prize for Geological Teachers).

Standards of land and resources — refer to the number of standards of land and resources formulated and revised during the reporting period. It is filled in by the unit within the MLR system which ranks first among the formulating and revising units. It must not be filled in repeatedly if several units within the MLR system win the prize together.

Popular science works — refer to popular science works such as books, periodicals and audio-video products. Only the scientific and technological personnel in the first author's unit are calculated in the statistics.

Thematic science popularization activity — refers to the science popularization activity in the land and resource areas carried out by the current unit as the first unit undertaking the activity during the reporting period.

Holding international scientific and technological meetings — refers to the activity in which the current unit organizes scientific and technological personnel of two or more than two countries to conduct idea exchange and discussion of one topic or a group of topics of common interest at a public site during the reporting period.

六、测　　绘

Chapter 6　Surveying and Mapping

数字成果
Digital

单位：幅，平方千米

年份/地区	Year/Region	数字线划地图（DLG）					
		合计 Total		1:50000		1:10000	
		图幅数 Sheet	面积 Area	图幅数 Sheet	面积 Area	图幅数 Sheet	面积 Area
2011		365410	10941406	21837	9160183	56694	1481955
2012		393029	14787375	21916	9043395	49549	1383843
北京	Beijing	15881	4590				
天津	Tianjin	25755	23486			481	9620
河北	Hebei	32338	52290			1813	40722
山西	Shanxi	6465	40558			1583	39575
内蒙古	Inner Mongolia	6974	55833			2197	53584
辽宁	Liaoning	6041	53879			2267	52520
吉林	Jilin	2771	47056			2018	46893
黑龙江	Heilongjiang	16914	6197492	6657	2576510	2898	69697
上海	Shanghai	40757	15402	17	3240	186	3240
江苏	Jiangsu	22593	12850			280	7196
浙江	Zhejiang	15964	47552			1657	43717
安徽	Anhui	13836	31466			1000	26984
福建	Fujian	591	12573			399	11373
江西	Jiangxi	5010	8734	40	1200	209	5734
山东	Shandong	9117	22077			737	18425
河南	Henan	13668	32816			1057	27150
湖北	Hubei	28731	71611			2396	65631
湖南	Hunan	20330	503885	548	249011	8949	253912
广东	Guangdong	8120	189853			7081	189774
广西	Guangxi	5698	36663			1237	34508
海南	Hainan	4973	45535	12	5856	37	740
重庆	Chongqing	5918	2325				
四川	Sichuan	19804	3151905	7139	3116431	851	22750
贵州	Guizhou	4069	15170			500	14012
云南	Yunnan	2849	63019			2130	62290
西藏	Tibet						
陕西	Shaanxi	24433	2739203	6461	2632667	4152	99965
甘肃	Gansu	4486	686026			1424	35600
青海	Qinghai	9237	7982			267	6675
宁夏	Ningxia						
新疆	Xinjiang	5539	123729			927	123175
青岛	Qingdao	5172	21638			532	10654
大连	Dalian						
宁波	Ningbo	2670	3600			120	3300
深圳	Shenzhen	34	6				
厦门	Xiamen	1442	109				
重庆测绘院	Chongqing Institute of Surveying and Mapping，SBSM	3920	465851	1042	458480	164	4428
中国测绘科学研究院	Chinese Academy of Surveying & Mapping	929	615				

生 产 情 况

Products

Unit: sheet, km^2

Digital Line Graphic							
1:5000		1:2000		1:1000		1:500	
图幅数 Sheet	面积 Area	图幅数 Sheet	面积 Area	图幅数 Sheet	面积 Area	图幅数 Sheet	面积 Area
6557	36510	53059	64411	61042	14152	156345	9077
6149	40299	69908	56550	88848	23198	150201	10361
		5042	4034	90	18	10749	538
		15470	12376	1332	1066	8472	424
208	1300	12407	6311	10932	3523	6978	433
		834	730			4048	253
		1407	1407	3370	842		
214	858	280	224	384	96	2896	181
				753	163		
248	2125	1237	1217	2792	889	2855	178
		6552	5242	13201	2640	20801	1040
		1835	1835	13544	3386	6934	433
162	1067	1960	1960	281	64	11904	744
63	397	311	292	12239	2990	200	12
192	1200						
125	1000	411	411	560	164	3665	225
172	1075	1940	1940	1308	327	4960	310
677	2940	1014	732	6040	1688	4880	305
		3475	3475	5740	1435	17120	1070
		512	512	868	217	3924	208
		23	23			1016	56
223	1121	1651	857	169	27	2418	151
530	3908	118	96	2504	847	1771	89
		2119	2076	150	30	3649	219
316	6754	5207	5055	2669	395	2998	481
		750	750	1042	260	1777	147
2	12	717	716				
395	1976	2529	2245	2528	614	8368	1736
272	1700	538	538	246	66	1952	122
				3625	947	5345	360
15	31			1798	353	2799	170
2015	10654	165	165			2460	165
		150	150			2400	150
				34	6		
				288	54	1154	54
312	2130	734	660	260	65	1408	88
8	50	520	520	101	25	300	20

数字成果
Digital

单位：幅，平方千米

年份/地区	Year/Region	数字高程模型（DEM）					
		合计 Total		1:5 万		1:1 万	
		图幅数 Sheet	面积 Area	图幅数 Sheet	面积 Area	图幅数 Sheet	面积 Area
2011		83671	810229	128	51100	27271	709822
2012		135185	1762199	2320	1043700	20766	643583
北　京	Beijing						
天　津	Tianjin						
河　北	Hebei	79	1975			79	1975
山　西	Shanxi	41111	49223			1063	26575
内蒙古	Inner Mongolia	2197	53584			2197	53584
辽　宁	Liaoning	2025	46664			2025	46664
吉　林	Jilin						
黑龙江	Heilongjiang	4819	882892	1808	838900	1634	41293
上　海	Shanghai						
江　苏	Jiangsu						
浙　江	Zhejiang	3779	46744			1657	43717
安　徽	Anhui	3968	1688				
福　建	Fujian						
江　西	Jiangxi	315	218				
山　东	Shandong	13302	3780				
河　南	Henan	5125	11087			322	6500
湖　北	Hubei	2644	54818			1644	53818
湖　南	Hunan	6786	37950			1148	32387
广　东	Guangdong	4321	2752				
广　西	Guangxi	323	4715			152	4555
海　南	Hainan	616	3965				
重　庆	Chongqing	499	290				
四　川	Sichuan	22797	37994			988	25723
贵　州	Guizhou	850	14762			500	14012
云　南	Yunnan	2128	62232			2128	62232
西　藏	Tibet						
陕　西	Shaanxi	3376	261724	512	204800	2236	55120
甘　肃	Gansu	4443	38301			1435	35875
青　海	Qinghai	267	7278			267	7278
宁　夏	Ningxia	300	7500			300	7500
新　疆	Xinjiang	927	123175			927	123175
青　岛	Qingdao						
大　连	Dalian						
宁　波	Ningbo						
深　圳	Shenzhen	399	1600				
厦　门	Xiamen	1442	60				
重庆测绘院	Chongqing Institute of Surveying and Mapping，SBSM	895	3620			64	1600
中国测绘科学研究院	Chinese Academy of Surveying & Mapping	5452	1608				

生产情况 续表1
Products Continued 1

Unit: sheet, km^2

Digital Elevation Model							
1:5000		1:2000		1:1000		1:500	
图幅数 Sheet	面积 Area	图幅数 Sheet	面积 Area	图幅数 Sheet	面积 Area	图幅数 Sheet	面积 Area
5062	18791	25021	26141	15117	3714	11072	661
4892	22142	45522	45068	19297	5124	42388	2582
		21488	21488			18560	1160
248	2125	505	505	160	40	464	29
162	1067	1960	1960				
		928	928	3040	760		
		315	218				
17	107	2190	2190	4212	1053	6883	430
541	2391	1300	1294	2962	902		
		1000	1000				
		5538	5538	100	25		
		2229	2229	2092	523		
		162	159	9	1		
520	3886	96	78				
		324	281			175	9
2324	6615	5208	4353	1377	497	12900	806
		350	750				
192	1170	377	619	59	15		
272	1700	538	538	246	66	1952	122
399	1600						
				288	54	1154	5
217	1480	614	540				
		400	400	4752	1188	300	20

数字成果

Digital

单位：幅，平方千米

年份/地区	Year/Region	数字栅格地图（DRG）					
		合计 Total		1:5 万		1:1 万	
		图幅数 Sheet	面积 Area	图幅数 Sheet	面积 Area	图幅数 Sheet	面积 Area
2011		8231	420537	16	9073	2509	67805
2012		9813	3780511			1973	51459
北京	Beijing						
天津	Tianjin						
河北	Hebei						
山西	Shanxi	36	2005626				
内蒙古	Inner Mongolia						
辽宁	Liaoning						
吉林	Jilin						
黑龙江	Heilongjiang	63	1717563				
上海	Shanghai						
江苏	Jiangsu						
浙江	Zhejiang						
安徽	Anhui	4787	28286			1000	26984
福建	Fujian						
江西	Jiangxi						
山东	Shandong						
河南	Henan						
湖北	Hubei	60	1650			60	1650
湖南	Hunan						
广东	Guangdong						
广西	Guangxi						
海南	Hainan						
重庆	Chongqing						
四川	Sichuan						
贵州	Guizhou	200	200				
云南	Yunnan						
西藏	Tibet						
陕西	Shaanxi						
甘肃	Gansu	3333	10551			325	8125
青海	Qinghai						
宁夏	Ningxia						
新疆	Xinjiang	524	13100			524	13100
青岛	Qingdao						
大连	Dalian						
宁波	Ningbo						
深圳	Shenzhen						
厦门	Xiamen						
重庆测绘院	Chongqing Institute of Surveying and Mapping，SBSM	810	3535			64	1600
中国测绘科学研究院	Chinese Academy of Surveying & Mapping						

生 产 情 况　续表 2
Products　Continued 2

Unit: sheet, km^2

Digital Raster Graphic							
1:5000		1:2000		1:1000		1:500	
图幅数 Sheet	面积 Area	图幅数 Sheet	面积 Area	图幅数 Sheet	面积 Area	图幅数 Sheet	面积 Area
125	816	2231	2231	2297	562	986	50
540	3496	1427	1345	3822	900	1952	122
51	316	160	152	3576	834		
		200	200				
272	1700	538	538	246	66	1952	122
217	1480	529	455				

数字成果
Digital

单位：幅，平方千米

年份/地区	Year/Region	数字正射影像（DOM）					
		合计 Total		1:5 万		1:1 万	
		图幅数 Sheet	面积 Area	图幅数 Sheet	面积 Area	图幅数 Sheet	面积 Area
2011		333776	6539991	5302	2055460	68276	1797256
2012		392482	8976412	16155	7056724	55785	1635229
北京	Beijing	933	16400			933	16400
天津	Tianjin						
河北	Hebei	8124	25747			747	18675
山西	Shanxi	36020	45246			1253	31325
内蒙古	Inner Mongolia	2197	53584			2197	53584
辽宁	Liaoning	1876	40825			1710	40659
吉林	Jilin	2018	46893			2018	46893
黑龙江	Heilongjiang	5849	73610			2759	70072
上海	Shanghai	9600	8000				
江苏	Jiangsu	61769	118016			4139	102600
浙江	Zhejiang	3779	46744			1657	43717
安徽	Anhui	9254	30399			1000	26984
福建	Fujian						
江西	Jiangxi	21617	63316			31	721
山东	Shandong	20777	148664			5778	144450
河南	Henan	3502	10549			2294	10126
湖北	Hubei	20346	34846			1185	32363
湖南	Hunan	22117	110509			1148	32387
广东	Guangdong	55104	38101			420	11354
广西	Guangxi	1392	27821			911	27012
海南	Hainan	23886	25301				
重庆	Chongqing	247	506	4	244	4	46
四川	Sichuan	35600	6144126	13909	6120000	566	15233
贵州	Guizhou	1456	8376			256	7176
云南	Yunnan	3883	63982			2128	62232
西藏	Tibet						
陕西	Shaanxi	1263	8560			176	3520
甘肃	Gansu	2529	38547			1447	36175
青海	Qinghai	66	1650			66	1650
宁夏	Ningxia	300	7500			300	7500
新疆	Xinjiang	4410	123588			927	123175
青岛	Qingdao						
大连	Dalian						
宁波	Ningbo						
深圳	Shenzhen	674	5206			240	3600
厦门	Xiamen	418	1699				
重庆测绘院	Chongqing Institute of Surveying and Mapping，SBSM	2488	650220	1042	458480	495	189600
中国测绘科学研究院	Chinese Academy of Surveying & Mapping	28988	957881	1200	478000	19000	476000

生产情况 续表3
Products Continued 3

Unit: sheet, km²

Digital Orthophoto Map							
1:5000		1:2000		1:1000		1:500	
图幅数 Sheet	面积 Area	图幅数 Sheet	面积 Area	图幅数 Sheet	面积 Area	图幅数 Sheet	面积 Area
28631	169691	147390	143929	26904	6686	13847	871
35055	135721	108301	96910	87125	21314	89957	5614
		7377	7072				
		12531	12531			22236	1390
		166	166				
327	2575	661	647	998	247	1104	69
		9600	8000				
		1345	1345	56285	14071		
162	1067	1960	1960				
51	316	1487	1480	6716	1619		
9789	36208	11146	4227	640	160		
17	107	2463	2463	4596	1149	7923	495
				1208	423		
13176	488	1265	1265	2320	580	2400	150
6869	63596	13966	13813	132	33		
1730	14225	10814	9499	2096	523	40044	2500
57	425	424	384				
780	5829	19306	18931	3800	540		
7	18	232	198				
309	1827	6726	5982	1190	277	12900	806
		1200	1200				
		1755	1750				
356	2195	427	619	221	55		
272	1700	556	556	246	66		
15	31			1418	258	2050	124
399	1600			35	6		
418	1699						
217	1480	734	660				
104	335	2160	2160	5224	1306	1300	80

地图编
Map

年份/地区	Year/Region	地形图（幅）			
			1:50000	1:10000	1:5000
	2006	12626	505	2110	
	2007	17203	713	855	
	2008	10213	774	1457	
	2009	14852	755	5761	
	2010	38345	1784	6429	646
	2011	101720	6744	19593	3189
	2012	185039	30445	36668	2027
北　京	Beijing	788			
天　津	Tianjin				
河　北	Hebei				
山　西	Shanxi	9283		951	
内蒙古	Inner Mongolia				
辽　宁	Liaoning	3314		1742	204
吉　林	Jilin				
黑龙江	Heilongjiang	6122	5117		
上　海	Shanghai	30451		186	
江　苏	Jiangsu				
浙　江	Zhejiang	4491		764	73
安　徽	Anhui	358			
福　建	Fujian	302		302	
江　西	Jiangxi	7			
山　东	Shandong				
河　南	Henan	4483		500	1139
湖　北	Hubei				
湖　南	Hunan	10120	548	7741	1
广　东	Guangdong	47299	28	15240	
广　西	Guangxi	2521		575	166
海　南	Hainan	1452	676		
重　庆	Chongqing	967	22	30	
四　川	Sichuan	10318	2501	7322	241
贵　州	Guizhou	2628		97	
云　南	Yunnan	5118		29	17
西　藏	Tibet	312			
陕　西	Shaanxi	2858	2858		
甘　肃	Gansu	291		1	
青　海	Qinghai	11789		313	40
宁　夏	Ningxia	1360	3	300	
新　疆	Xinjiang	3896		403	15
青　岛	Qingdao				
大　连	Dalian				
宁　波	Ningbo				
深　圳	Shenzhen				
厦　门	Xiamen				
重庆测绘院	Chongqing Institute of Surveying and Mapping,SBSM	3543	1042	136	131
中国地图出版集团	China Map Publishing Group	14			
中国测绘科学研究院	Chinese Academy of Surveying & Mapping	3304		36	
国家基础地理信息中心	National Geomatics Center of China	17650	17650		

制情况
Compilation

Topographic Map (sheet)			专题地图（册） Thematic Map (copy)	地图集（册） Atlas (copy)	电子地图（册） Digital Map (copy)
1:2000	1:1000	1:500			
3990	3943	1915	2845	154	
4329	4244	5537	75	368	
1168	2677	3086	54	285	
3351	1941	1782	267	328	
17237	3168	7292	119	541	
12688	7996	49884	30775	591	822
13882	26738	73067	4025	482	3087
		788	58	8	10
			12		1
699	329	7304	85	3	
			18	1	
280	384	704	88		6
			36		2
	189		70		1
6552	13201	10512	18	1	5
			8	2	2
724	98	2832	38	4	8
	358		99	4	39
			112	3	
			238	1	7
			155	43	224
838	2005		41	2	2
			41	2	2
707		1096	143	6	2583
		32000	52	3	9
1630	138	12	56	1	2
			39	4	17
230		685	174	13	8
254			61	21	11
200	334	1997	12	1	3
598		4474	99	1	4
	12		14		1
			53	5	3
	240	32	13	1	1
538	4535	6363	50	2	
35		800		3	2
	1418	2060	23	1	3
			8	1	1
			6		
566	260	1408			
			691	341	130
31	3237		5	4	
			1409		

公开版地图、测绘图书出版情况

Publishing of Maps and Books of Surveying and Mapping

年份/地区 Year /Region	品种（种）Kinds					总印张（千印张）Number of Printed Sheets (1000 sheets)				
	纸质地图 Paper Map			电子地图 Electronic Map	图书 Book	纸质地图 Paper Map			电子地图 Electronic Map	图书 Book
	新版 New Edition	重版 Reprint	再版 Second Edition			新版 New Edition	重版 Reprint	再版 Second Edition		
2006	674	1129		628	2	27892	364725		36212	3.4
2007	647	1270		412	2	26789	330627		17082	12
2008	589	1296		358	48	35432	318318		13754	
2009	679	1428		359	54	65072	359327		13699	
2010	608	1401		752	78	40178	338791		34961	
2011	673	785	305	45	2104	17716	25908	8774		518651
2012	555	597	261	249	2023	13733	59133	1950		374139
黑龙江 Heilongjiang	11	51			73	146	6670			1077
福　建 Fujian	42	7			18	551	150			590
山　东 Shandong	88		106	218	145	200		862		7141
湖　南 Hunan	64	16	18		60	635	210	215		2542
广　东 Guangdong	22	66	15		6	399	1293	266		3100
四　川 Sichuan	57		112		71	55		408		4395
陕　西 Shaanxi	31		9		58	705		195		1699
中国地图出版集团 China Map Publishing Group	240	457	1	31	1592	11043	50810	5		353594

测绘成果提供情况（2012年）
Surveying and Mapping Products (2012)

地 区	Region	地形图（张）	测绘基准成果（点）Measuring Basis（point）	航摄成果（片）Aerophotogrammetry (sheet)	卫星遥感资料（平方千米）Satellite remote sensing data (km^2)
合 计	**Total**	**342550**	**260513**	**3727403**	**49840867**
北 京	Beijing				
天 津	Tianjin	13105	13277		
河 北	Hebei	8	101		
山 西	Shanxi	1714	910	21150	
内蒙古	Inner Mongolia	2939	1384		
辽 宁	Liaoning	8247	24396	370813	9600
吉 林	Jilin	4060	31172	8750	
黑龙江	Heilongjiang	3789	7255	180403	
上 海	Shanghai	4289	41998	7690	26373600
江 苏	Jiangsu	150142	14852	8010	
浙 江	Zhejiang	1612	1280		
安 徽	Anhui	1864	1939	22141	501332
福 建	Fujian	5196	4763	644052	73784
江 西	Jiangxi	6256	2448	23155	2625815
山 东	Shandong	10541	8992	200505	
河 南	Henan	2919	2347	25560	68819
湖 北	Hubei	1198	543	684506	
湖 南	Hunan	1818	1554	366100	45000
广 东	Guangdong	3209	5388	54921	
广 西	Guangxi	2869	973	59303	
海 南	Hainan	3068	3194	20198	
重 庆	Chongqing	30	549	27640	132210
四 川	Sichuan	4389	813	9625	5729
贵 州	Guizhou	9477	4047	7197	
云 南	Yunnan	9295	11845	55525	
西 藏	Tibet	6246	18126	537566	62318
陕 西	Shaanxi	2070	204		
甘 肃	Gansu	10641	6469	21444	286025
青 海	Qinghai	8651	7348	133484	86825
宁 夏	Ningxia	5124	3389	45907	
新 疆	Xinjiang	945	386	400	
青 岛	Qingdao	22711	16156	77005	1614824
大 连	Dalian	995	30		
宁 波	Ningbo	14916			
深 圳	Shenzhen	8190	126		
厦 门	Xiamen	167	33		
		661			
国家基础地理信息中心	National Geomatics Center of China	9199	22226	114352	17954986

附：其他资料

Appendix: Other Data

我国主要矿产品
China's Imports and Exports of

矿产品名称	Mineral Commodity	进口	Imports			
		国家（地区）	Country (Region)	数量（吨）Quantity (ton)	占总量（%）Percentage	金额（千美元）Value (US$1000)
煤炭	**Coal**	**合 计**	**Total**	**288567514**	**100.0**	**28720873**
		印度尼西亚	Indonesia	118465202	41.1	9374641
		澳大利亚	Australia	59458901	20.6	7726815
		蒙古	Mongolia	22128641	7.7	1701564
		俄罗斯	Russia	20192639	7.0	2398999
		越南	Vietnam	17410571	6.0	1329581
		南非	South Africa	14282375	4.9	1567250
		朝鲜	D.P.R. Korea	11871747	4.1	1214528
		美国	United States	9317868	3.2	1219823
		其他国家或地区	Other Countries or Regions	15439570	5.4	2187672
石油原油	**Crude oil**	**合 计**	**Total**	**271019328**	**100.0**	**220665915**
		沙特阿拉伯	Saudi Arabia	53916188	19.9	44120418
		安哥拉	Angola	40152345	14.8	33345313
		俄罗斯	Russia	24329437	9.0	20485114
		伊朗	Iran	21922385	8.1	17792025
		阿曼	Oman	19566762	7.2	15818034
		伊拉克	Iraq	15683601	5.8	12649778
		委内瑞拉	Venezuela	15290887	5.6	10480287
		哈萨克斯坦	Kazakhstan	10703672	3.9	8719229
		科威特	Kuwait	10489972	3.9	8413297
		阿拉伯联合酋长国	United Arab Emirates	8743839	3.2	7478071
		利比亚	Libya	7306473	2.7	6379308
		巴西	Brazil	6087280	2.2	4648356
		刚果(布)	Congo	5365464	2.0	4265569
		澳大利亚	Australia	3714827	1.4	3266710
		也门	Yemen	3584477	1.3	3078269
		哥伦比亚	Colombia	2908690	1.1	2124382
		阿尔及利亚	Algeria	2571945	0.9	2257792
		赤道几内亚	Equatorial Guinea	2001291	0.7	1689078
		其他国家或地区	Other Countries or Regions	16679793	6.2	13654885
铁矿砂及其精矿	**Iron ore fines and concentrate**	**合 计**	**Total**	**743500588**	**100.0**	**95599877**
		澳大利亚	Australia	351464612	47.3	44905498
		巴西	Brazil	164223200	22.1	22630656
		南非	South Africa	40633061	5.5	5528326
		印度	India	33055624	4.4	3681447
		伊朗	Iran	17337515	2.3	1815048
		乌克兰	Ukraine	16247181	2.2	2382967

进出口情况（2012年）
Major Mineral Commodities (2012)

占总值（%） Percentage	出口 Exports					
占总值（%） Percentage	国家（地区）	Country (Region)	数量（吨） Quantity (ton)	占总量（%） Percentage	金额（千美元） Value (US$1000)	占总值（%） Percentage
100.0	合 计	**Total**	**9278247**	**100.0**	**1587928**	**100.0**
32.6	日本	Japan	4050514	43.7	705941	44.5
26.9	韩国	R.O. Korea	3736357	40.3	649894	40.9
5.9	中国台湾	Taiwan,China	1270455	13.7	182239	11.5
8.4	朝鲜	D.P.R. Korea	172055	1.9	38814	2.4
4.6	缅甸	Myanmar	20549	0.2	3679	0.2
5.5	荷兰	Netherlands	11394	0.1	3265	0.2
4.2	越南	Vietnam	5456	0.1	782	
4.2	印度尼西亚	Indonesia	3156		677	
7.6	其他国家或地区	Other Countries or Regions	8310	0.1	2636	0.2
100.0	合 计	**Total**	**2432137**	**100.0**	**2226025**	**100.0**
20.0	日本	Japan	1331925	54.8	1170011	52.6
15.1	朝鲜	D.P.R. Korea	523041	21.5	577896	26.0
9.3	美国	United States	199194	8.2	172825	7.8
8.1	马来西亚	Malaysia	184087	7.6	143914	6.5
7.2	韩国	R.O. Korea	87117	3.6	73466	3.3
5.7	澳大利亚	Australia	55262	2.3	46276	2.1
4.7	泰国	Thailand	35624	1.5	31488	1.4
4.0	新加坡	Singapore	15887	0.7	10149	0.5
3.8						
3.4						
2.9						
2.1						
1.9						
1.5						
1.4						
1.0						
1.0						
0.8						
6.2						
100.0	合 计	**Total**	**32748**	**100.0**	**7874**	**100.0**
47.0	韩国	R.O. Korea	27656	84.5	5957	75.7
23.7	蒙古	Mongolia	3704	11.3	1246	15.8
5.8	伊拉克	Iraq	600	1.8	550	7.0
3.9	日本	Japan	321	1.0	24	0.3
1.9	印度	India	190	0.6	50	0.6
2.5	泰国	Thailand	177	0.5	29	0.4

我国主要矿产品
China's Imports and Exports of

矿产品名称	Mineral Commodity	进口	Imports			
		国家（地区）	Country (Region)	数量（吨）Quantity (ton)	占总量（%）Percentage	金额（千美元）Value (US$1000)
		加拿大	Canada	16090557	2.2	2402808
		俄罗斯	Russia	13256697	1.8	1773837
		印度尼西亚	Indonesia	10235005	1.4	795681
		秘鲁	Peru	9197602	1.2	1207445
		智利	Chile	8926946	1.2	1299005
		马来西亚	Malaysia	8072774	1.1	733514
		毛里塔尼亚	Mauritania	6778324	0.9	835167
		蒙古	Mongolia	6329597	0.9	614029
		哈萨克斯坦	Kazakhstan	6018275	0.8	753626
		其他国家或地区	Other Countries or Regions	35633618	4.8	4240823
锰矿砂及其精矿	**Manganese ore fines and concentrate**	**合 计**	**Total**	**12366581**	**100.0**	**2185359**
		澳大利亚	Australia	4197695	33.9	881470
		南非	South Africa	3324339	26.9	567409
		加纳	Ghana	1187424	9.6	177146
		加蓬	Gabon	1042827	8.4	213073
		马来西亚	Malaysia	893381	7.2	90899
		巴西	Brazil	842303	6.8	143075
		缅甸	Myanmar	262493	2.1	23770
		纳米比亚	Namibia	175717	1.4	24542
		其他国家或地区	Other Countries or Regions	440402	3.6	63975
铜矿砂及其精矿	**Copper ore fines and concentrate**	**合 计**	**Total**	**7827376**	**100.0**	**16908982**
		智利	Chile	1884281	24.1	4254088
		秘鲁	Peru	1489172	19.0	3404679
		澳大利亚	Australia	607686	7.8	1546690
		墨西哥	Mexico	588245	7.5	1545704
		蒙古	Mongolia	535483	6.8	945271
		加拿大	Canada	366343	4.7	923368
		美国	United States	355224	4.5	702206
		菲律宾	Philippines	330541	4.2	541754
		毛里塔尼亚	Mauritania	217212	2.8	453620
		土耳其	Turkey	206354	2.6	317548
		其他国家或地区	Other Countries or Regions	1246835	15.9	2274054
镍矿砂及其精矿	**Nickel ore fines and concentrate**	**合 计**	**Total**	**62446304**	**100.0**	**5239970**
		印度尼西亚	Indonesia	33633671	53.9	2953738
		菲律宾	Philippines	28162024	45.1	1644720

进出口情况（2012年） 续表 1

Major Mineral Commodities (2012) Continued 1

占总值（%）Percentage	国家（地区）	Country (Region)	出口 Exports 数量（吨）Quantity (ton)	占总量（%）Percentage	金额（千美元）Value (US$1000)	占总值（%）Percentage
2.5	缅甸	Myanmar	28	0.1	7	0.1
1.9	澳大利亚	Australia	21	0.1	3	
0.8	中国台湾	Taiwan,China	20	0.1	3	
1.3	秘鲁	Peru	16		2	
1.4	南非	South Afica	11		2	
0.8	德国	Germany	3			
0.9	阿拉伯联合酋长国	United Arab Emirates	1		1	
0.6	加拿大	Canada				
0.8	西班牙	Spain				
4.4						
100.0	**合 计**	**Total**	**125082**	**100.0**	**23932**	**100.0**
40.3	印度	India	81219	64.9	14240	59.5
26.0	越南	Vietnam	38154	30.5	8468	35.4
8.1	意大利	Italy	2378	1.9	463	1.9
9.8	俄罗斯	Russia	1348	1.1	309	1.3
4.2	泰国	Thailand	1069	0.9	207	0.9
6.5	朝鲜	D.P.R. Korea	365	0.3	78	0.3
1.1	韩国	R.O. Korea	260	0.2	34	0.1
1.1	日本	Japan	160	0.1	82	0.3
2.9	其他国家或地区	Other Countries or Regions	129	0.1	51	0.2
100.0	**合 计**	**Total**	**524**	**100.0**	**657**	**100.0**
25.2	罗马尼亚	Romania	457	87.2	574	87.4
20.1	意大利	Italy	44	8.4	43	6.5
9.1	中国台湾	Taiwan,China	20	3.8	38	5.8
9.1	韩国	R.O. Korea	3	0.6	2	0.3
5.6						
5.5						
4.2						
3.2						
2.7						
1.9						
13.4						
100.0	**合 计**	**Total**	**142**	**100.0**	**33**	**100.0**
56.4	韩国	R.O. Korea	100	70.4	6	18.2
31.4	南非	South Afica	42	29.6	4	12.1

我国主要矿产品

China's Imports and Exports of

矿产品名称	Mineral Commodity	进口 国家（地区）	Imports Country (Region)	数量（吨） Quantity (ton)	占总量（%） Percentage	金额（千美元） Value (US$1000)
		澳大利亚	Australia	370623	0.6	525807
		新喀里多尼亚	New Caledonia	148691	0.2	18367
		俄罗斯	Russia	66938	0.1	20676
		芬兰	Finland	35168	0.1	42843
		其他国家或地区	Other Countries or Regions	29189		33819
钴矿砂及其精矿	**Cobalt ore fines and concentrate**	**合 计**	**Total**	**176206**	**100.0**	**371038**
		刚果(金)	D.R. Congo	166733	94.6	342194
		古巴	Cuba	4749	2.7	20512
		刚果	Congo	2215	1.3	4155
		南非	South Africa	1342	0.8	1895
		加拿大	Canada	344	0.2	411
		赞比亚	Zambia	306	0.2	1017
		越南	Vietnam	236	0.1	318
		比利时	Belgium	148	0.1	228
		其他国家或地区	Other Countries or Regions	133	0.1	308
氧化铝	**Alumina**	**合 计**	**Total**	**5018976**	**100.0**	**1816300**
		澳大利亚	Australia	4657417	92.8	1621167
		印度	India	121792	2.4	43610
		巴西	Brazil	98206	2.0	33507
		牙买加	Jamaica	63976	1.3	23494
		美国	United States	51633	1.0	32949
		日本	Japan	13045	0.3	26027
		法国	France	7171	0.1	9825
		其他国家或地区	Other Countries or Regions	5736	0.1	25721
铅矿砂及其精矿	**Lead ore fines and concentrate**	**合 计**	**Total**	**1815122**	**100.0**	**3166347**
		秘鲁	Peru	291275	16.0	848012
		美国	United States	235562	13.0	370631
		俄罗斯	Russia	216380	11.9	322845
		澳大利亚	Australia	154623	8.5	283770
		墨西哥	Mexico	100069	5.5	310481
		南非	South Africa	77552	4.3	138089
		朝鲜	D.P.R. Korea	76775	4.2	34560
		德国	Germany	67409	3.7	60491
		哈萨克斯坦	Kazakhstan	63023	3.5	44349
		土耳其	Turkey	61432	3.4	104570
		其他国家或地区	Other Countries or Regions	471022	25.9	648549

进出口情况（2012年） 续表 2

Major Mineral Commodities (2012) Continued 2

	出 口 Exports					
占总值（%） Percentage	国家（地区）	Country (Region)	数量（吨） Quantity (ton)	占总量（%） Percentage	金额（千美元） Value (US$1000)	占总值（%） Percentage
10.0	缅甸	Myanmar			23	69.7
0.4						
0.4						
0.8						
0.6						
100.0						
92.2						
5.5						
1.1						
0.5						
0.1						
0.3						
0.1						
0.1						
0.1						
100.0	**合 计**	**Total**	**43291**	**100.0**	**39418**	**100.0**
89.3	朝鲜	D.P. R. Korea	18693	43.2	7691	19.5
2.4	韩国	R.O. Korea	7276	16.8	5034	12.8
1.8	越南	Vietnam	3006	6.9	1834	4.7
1.3	美国	United States	2871	6.6	10878	27.6
1.8	日本	Japan	2454	5.7	2742	7.0
1.4	泰国	Thailand	1337	3.1	807	2.0
0.5	蒙古	Mongolia	1277	2.9	123	0.3
1.4	其他国家或地区	Other Countries or Regions	6377	14.7	10309	26.2
100.0	**合 计**	**Total**	**10076**	**100.0**	**54078**	**100.0**
26.8	澳大利亚	Australia	10076	100.0	54078	100.0
11.7						
10.2						
9.0						
9.8						
4.4						
1.1						
1.9						
1.4						
3.3						
20.5						

我国主要矿产品
China's Imports and Exports of

矿产品名称	Mineral Commodity	进口 Imports				
		国家（地区）	Country (Region)	数量（吨）Quantity (ton)	占总量（%）Percentage	金额（千美元）Value (US$1000)
锌矿砂及其精矿	**Zinc ore fines and concentrate**	**合 计**	**Total**	**1940753**	**100.0**	**1249333**
		澳大利亚	Australia	711308	36.7	517858
		秘鲁	Peru	197437	10.2	154890
		蒙古	Mongolia	128422	6.6	90887
		土耳其	Turkey	122038	6.3	69028
		俄罗斯	Russia	114726	5.9	28590
		爱尔兰	Ireland	63115	3.3	49551
		哈萨克斯坦	Kazakhstan	56471	2.9	28050
		缅甸	Myanmar	48617	2.5	19702
		伊朗	Iran	46963	2.4	30846
		其他国家或地区	Other Countries or Regions	451656	23.3	259931
锡矿砂及其精矿	**Tin ore fines and concentrate**	**合 计**	**Total**	**32407**	**100.0**	**175907**
		缅甸	Myanmar	20327	62.7	64517
		玻利维亚	Bolivia	7191	22.2	68278
		刚果(金)	D.R. Congo	1620	5.0	17356
		坦桑尼亚	Tanzania	1607	5.0	16177
		老挝	Laos	946	2.9	4116
		其他国家或地区	Other Countries or Regions	716	2.2	5463
铬矿砂及其精矿	**Chromite ore fines and concentrate**	**合 计**	**Total**	**9293085**	**100.0**	**2033814**
		南非	South Africa	4486517	48.3	880733
		土耳其	Turkey	1836029	19.8	465867
		澳大利亚	Australia	500916	5.4	117260
		巴基斯坦	Pakistan	473689	5.1	116658
		伊朗	Iran	447540	4.8	109046
		阿曼	Oman	425043	4.6	59483
		印度	India	310611	3.3	109005
		其他国家或地区	Other Countries or Regions	812740	8.7	175762
钨矿砂及其精矿	**Tungsten ore fines and concentrate**	**合 计**	**Total**	**9168**	**100.0**	**154004**
		俄罗斯	Russia	3159	34.5	53558
		加拿大	Canada	1790	19.5	44388
		卢旺达	Rwanda	1441	15.7	26650
		蒙古	Mongolia	591	6.4	6541
		美国	United states	432	4.7	1899
		缅甸	Myanmar	391	4.3	1607
		其他国家或地区	Other Countries or Regions	1364	14.9	19361

进出口情况（2012年） 续表 3

Major Mineral Commodities (2012) Continued 3

	出 口		Exports			
占总值（%） Percentage	国家（地区）	Country (Region)	数量（吨） Quantity (ton)	占总量（%） Percentage	金额（千美元） Value (US$1000)	占总值（%） Percentage
100.0	**合 计**	**Total**	**17872**	**100.0**	**13887**	**100.0**
41.5	韩国	R.O. Korea	17872	100.0	13887	100.0
12.4						
7.3						
5.5						
2.3						
4.0						
2.2						
1.6						
2.5						
20.8						
100.0						
36.7						
38.8						
9.9						
9.2						
2.3						
3.1						
100.0	**合 计**	**Total**	**928**	**100.0**	**438**	**100.0**
43.3	中国台湾	Taiwan, China	364	39.2	146	33.3
22.9	日本	Japan	293	31.6	152	34.7
5.8	朝鲜	D.P. R. Korea	130	14.0	40	9.1
5.7	缅甸	Myanmar	99	10.7	92	21.0
5.4	韩国	R.O. Korea	40	4.3	7	1.6
2.9	马达加斯加	Madagascar	2	0.2	1	0.2
5.4						
8.6						
100.0	**合 计**	**Total**	**100**	**100.0**	**1765**	**100.0**
34.8	越南	Vietnam	100	100.0	1765	100.0
28.8						
17.3						
4.2						
1.2						
1.0						
12.6						

我国主要矿产品

China's Imports and Exports of

矿产品名称	Mineral Commodity	进口		Imports		
		国家（地区）	Country (Region)	数量（吨）Quantity (ton)	占总量（%）Percentage	金额（千美元）Value (US$1000)
钼矿砂及其精矿	**Molybdenum ore fines and concentrate**	合 计	**Total**	**10148**	**100.0**	**164397**
		美国	United States	3600	35.5	64800
		智利	Chile	3524	34.7	61027
		墨西哥	Mexico	919	9.1	16142
		朝鲜	D.P.R. Korea	833	8.2	7881
		蒙古	Mongolia	455	4.5	4321
		比利时	Belgium	444	4.4	7340
		越南	Vietnam	122	1.2	583
		其他国家或地区	Other Countries or Regions	251	2.5	2303
钛矿砂及其精矿	**Titanium ore fines and concentrate**	合 计	**Total**	**2905371**	**100.0**	**1003063**
		越南	Vietnam	1065478	36.7	341739
		澳大利亚	Australia	568600	19.6	270460
		印度	India	492922	17.0	176746
		韩国	R.O. Korea	121371	4.2	12185
		莫桑比克	Mozambique	118636	4.1	43572
		印度尼西亚	Indonesia	103413	3.6	13749
		其他国家或地区	Other Countries or Regions	434897	15.0	144612
铌钽钒矿砂及其精矿	**Nb-Ta-V ore fines and concentrate**	合 计	**Total**	**9957**	**100.0**	**198190**
		马来西亚	Malaysia	4157	41.7	15089
		巴西	Brazil	1798	18.1	25396
		尼日利亚	Nigeria	1309	13.1	35417
		卢旺达	Rwanda	801	8.0	44601
		泰国	Thailand	576	5.8	4285
		美国	United States	241	2.4	10189
		坦桑尼亚	Tanzania	196	2.0	9803
		其他国家或地区	Other Countries or Regions	879	8.8	53410
锑精矿	**Antimony**	合 计	**Total**	**68932**	**100.0**	**220593**
		俄罗斯	Russia	18828	27.3	75768
		塔吉克斯坦	Tajikistan	13865	20.1	32649
		缅甸	Myanmar	7876	11.4	9767
		澳大利亚	Australia	6968	10.1	50922
		加拿大	Canada	6807	9.9	32402
		其他国家或地区	Other Countries or Regions	14588	21.2	19085

进出口情况（2012 年） 续表 4

Major Mineral Commodities (2012) Continued 4

	出 口		Exports			
占总值（%）Percentage	国家（地区）	Country (Region)	数量（吨）Quantity (ton)	占总量（%）Percentage	金额（千美元）Value (US$1000)	占总值（%）Percentage
100.0	**合 计**	**Total**	**11498**	**100.0**	**205521**	**100.0**
39.4	韩国	R.O. Korea	6671	58.0	120007	58.4
37.1	荷兰	Netherlands	1446	12.6	26076	12.7
9.8	日本	Japan	1224	10.6	21525	10.5
4.8	印度	India	886	7.7	16000	7.8
2.6	中国台湾	Taiwan,China	698	6.1	12249	6.0
4.5	澳大利亚	Australia	160	1.4	2847	1.4
0.4	俄罗斯	Russia	160	1.4	3202	1.6
1.4	其他国家或地区	Other Countries or Regions	253	2.2	3615	1.8
100.0	**合 计**	**Total**	**14546**	**100.0**	**36118**	**100.0**
34.1	泰国	Thailand	5310	36.5	14082	39.0
27.0	印度尼西亚	Indonesia	1691	11.6	4512	12.5
17.6	印度	India	1394	9.6	3393	9.4
1.2	韩国	R.O. Korea	1320	9.1	3485	9.6
4.3	乌克兰	Ukraine	811	5.6	1680	4.7
1.4	日本	Japan	770	5.3	2075	5.7
14.4	其它国家或地区	Other Countries or Regions	3250	22.3	6891	19.1
100.0	**合 计**	**Total**	**51**	**100.0**	**2321**	**100.0**
7.6	肯尼亚	Kenya	41	80.4	1878	80.9
12.8	中国香港	Hongkong,China	10	19.6	441	19.0
17.9	加拿大	Canada			2	0.1
22.5						
2.2						
5.1						
4.9						
26.9						
100.0						
34.3						
14.8						
4.4						
23.1						
14.7						
8.7						

我国主要矿产品
China's Imports and Exports of

矿产品名称	Mineral Commodity	进口	Imports			
		国家（地区）	Country (Region)	数量（吨） Quantity (ton)	占总量（%） Percentage	金额（千美元） Value (US$1000)
稀土金属矿	**Rare earths**	**合 计**	**Total**	**54**	**100.0**	**439**
		马来西亚	Malaysia	46	85.2	415
		索马里	Somalia	7	13.0	4
		中国台湾	Taiwan,China	1	1.9	19
		澳大利亚	Australia			1
稀土金属及其混合物	**Rare earths and mixtures**	**合 计**	**Total**	**24**	**100.0**	**1588**
		日本	Japan	21	87.5	1152
		中国台湾	Taiwan,China	2	8.3	85
		美国	United States	1	4.2	42
		英国	United Kingdom			305
稀土化合物及混合物	**REE compounds and mixtures**	**合 计**	**Total**	**1397**	**100.0**	**46637**
		日本	Japan	469	33.6	1705
		美国	United States	327	23.4	11052
		爱沙尼亚	Estonia	141	10.1	7911
		缅甸	Myanmar	130	9.3	3842
		中国	China	121	8.7	721
		印度	India	111	7.9	12655
		老挝	Laos	24	1.7	443
		泰国	Thailand	20	1.4	960
		其他国家或地区	Other Countries or Regions	54	3.9	7348
磷矿	**Phosphate rock**	**合 计**	**Total**	**17**	**100.0**	**104**
		德国	Germany	14	82.4	80
		加拿大	Canada	1	5.9	8
		南非	South Africa	1	5.9	9
		印度	India	1	5.9	1
		其他国家或地区	Other Countries or Regions			6
磷肥	**Phosphate fertilizer**	**合 计**	**Total**	**711797**	**100.0**	**403689**
		俄罗斯	Russia	223584	31.4	111208
		美国	United States	152235	21.4	71981
		挪威	Norway	99995	14.0	64431

进出口情况（2012年） 续表5

Major Mineral Commodities (2012) Continued 5

	出 口	Exports				
占总值（%） Percentage	国家（地区）	Country (Region)	数量（吨） Quantity (ton)	占总量（%） Percentage	金额（千美元） Value (US$1000)	占总值（%） Percentage
100.0						
94.5						
0.9						
4.3						
0.2						
100.0	**合 计**	**Total**	**2756**	**100.0**	**187026**	**100.0**
72.5	日本	Japan	2654	96.3	177014	94.6
5.4	英国	United Kingdom	33	1.2	3742	2.0
2.6	中国澳门	Macau,China	20	0.7	900	0.5
19.2	荷兰	Netherlands	19	0.7	556	0.3
	德国	Germany	11	0.4	2437	1.3
	加拿大	Canada	7	0.3	908	0.5
	美国	United States	5	0.2	557	0.3
	奥地利	Austria	3	0.1	241	0.1
	其他国家或地区	Other Countries or Regions	4	0.1	671	0.4
100.0	**合 计**	**Total**	**13509**	**100.0**	**718969**	**100.0**
3.7	日本	Japan	3952	29.3	202494	28.2
23.7	美国	United States	3454	25.6	142934	19.9
17.0	法国	France	2642	19.6	126929	17.7
8.2	中国香港	Hongkong,China	559	4.1	84558	11.8
1.5	意大利	Italy	464	3.4	15329	2.1
27.1	越南	Vietnam	420	3.1	22384	3.1
0.9	中国澳门	Macau,China	339	2.5	16476	2.3
2.1	荷兰	Netherlands	332	2.5	24710	3.4
15.8	其他国家或地区	Other Countries or Regions	1347	10.0	83155	11.6
100.0	**合 计**	**Total**	**489235**	**100.0**	**91631**	**100.0**
76.9	韩国	R.O. Korea	341365	69.8	64391	70.3
7.7	日本	Japan	115444	23.6	20942	22.9
8.7	新西兰	New Zealand	30000	6.1	5966	6.5
1.0	马来西亚	Malaysia	2406	0.5	328	0.4
5.8	澳大利亚	Australia	20		4	
100.0	**合 计**	**Total**	**6703576**	**100.0**	**3287111**	**100.0**
27.5	印度	India	3056911	45.6	1620168	49.3
17.8	印度尼西亚	Indonesia	741664	11.1	300785	9.2
16.0	巴西	Brazil	587425	8.8	212621	6.5

我国主要矿产品
China's Imports and Exports of

矿产品名称	Mineral Commodity	进口 国家（地区）	Imports Country (Region)	数量（吨）Quantity (ton)	占总量（%）Percentage	金额（千美元）Value (US$1000)
		摩洛哥	Morocco	73450	10.3	50204
		比利时	Belgium	72577	10.2	43734
		突尼斯	Tunisia	46203	6.5	30230
		罗马尼亚	Romania	16739	2.4	10368
		芬兰	Finland	10150	1.4	5891
		其他国家或地区	Other Countries or Regions	16865	2.4	15642
钾肥	**Potash fertilizer**	**合 计**	**Total**	**7043465**	**100.0**	**3296454**
		俄罗斯	Russia	3238471	46.0	1445244
		加拿大	Canada	1006556	14.3	478500
		白俄罗斯	Belarus	829198	11.8	394523
		以色列	Israel	823411	11.7	391182
		约旦	Jordan	459576	6.5	217159
		德国	Germany	317831	4.5	156812
		挪威	Norway	99995	1.4	64431
		智利	Chile	97925	1.4	54925
		比利时	Belgium	72707	1.0	43813
		其他国家或地区	Other Countries or Regions	97796	1.4	49866
盐矿	**Salt**	**合 计**	**Total**	**5266626**	**100.0**	**257926**
		澳大利亚	Australia	2893919	54.9	144121
		墨西哥	Mexico	961184	18.3	48747
		印度	India	761258	14.5	32227
		智利	Chile	599747	11.4	23904
		沙特阿拉伯	Saudi Arabia	24216	0.5	936
		日本	Japan	16023	0.3	1390
		丹麦	Denmark	3302	0.1	1090
		其他国家或地区	Other Countries or Regions	6977	0.1	5508
硫磺	**Sulfur**	**合 计**	**Total**	**11204400**	**100.0**	**2250083**
		沙特阿拉伯	Saudi Arabia	1934669	17.3	405341
		哈萨克斯坦	Kazakhstan	1362023	12.2	232883
		加拿大	Canada	1228770	11.0	257039
		阿拉伯联合酋长国	United Arab Emirates	1054854	9.4	219585
		日本	Japan	1046785	9.3	213352
		卡塔尔	Qatar	931447	8.3	196200
		韩国	R.O. Korea	929558	8.3	187180
		俄罗斯	Russia	866691	7.7	163415
		伊朗	Iran	639911	5.7	124940
		科威特	Kuwait	356098	3.2	75568
		其他国家或地区	Other Countries or Regions	853594	7.6	174580

进出口情况（2012年） 续表6

Major Mineral Commodities (2012) Continued 6

占总值（%）Percentage	出口 Exports					
	国家（地区）	Country (Region)	数量（吨）Quantity (ton)	占总量（%）Percentage	金额（千美元）Value (US$1000)	占总值（%）Percentage
12.4	越南	Vietnam	330062	4.9	182253	5.5
10.8	孟加拉国	Bangladesh	229925	3.4	119856	3.6
7.5	泰国	Thailand	226113	3.4	118443	3.6
2.6	巴基斯坦	Pakistan	205379	3.1	113054	3.4
1.5	日本	Japan	201356	3.0	93670	2.8
3.9	其他国家或地区	Other Countries or Regions	1124742	16.8	526262	16.0
100.0	**合计**	**Total**	**323937**	**100.0**	**163920**	**100.0**
43.8	日本	Japan	77974	24.1	40804	24.9
14.5	韩国	R.O. Korea	65260	20.1	32053	19.6
12.0	菲律宾	Philippines	62899	19.4	30418	18.6
11.9	美国	United States	60075	18.5	30044	18.3
6.6	泰国	Thailand	16254	5.0	8159	5.0
4.8	越南	Vietnam	13759	4.2	6260	3.8
2.0	缅甸	Myanmar	12589	3.9	6761	4.1
1.7	马来西亚	Malaysia	9514	2.9	4465	2.7
1.3	老挝	Laos	1652	0.5	1885	1.2
1.5	其他国家或地区	Other Countries or Regions	3961	1.2	3072	1.9
100.0	**合计**	**Total**	**1317596**	**100.0**	**97431**	**100.0**
55.9	日本	Japan	523640	39.7	37656	38.6
18.9	韩国	R.O. Korea	397696	30.2	25747	26.4
12.5	菲律宾	Philippines	56461	4.3	3699	3.8
9.3	马来西亚	Malaysia	49492	3.8	3722	3.8
0.4	越南	Vietnam	46563	3.5	3091	3.2
0.5	孟加拉国	Bangladesh	44950	3.4	3060	3.1
0.4	中国香港	Hongkong, China	38708	2.9	3078	3.2
2.1	其他国家或地区	Other Countries or Regions	160086	12.1	17378	17.8
100.0	**合计**	**Total**	**2574**	**100.0**	**1072**	**100.0**
18.0	朝鲜	D.P.R. Korea	766	29.8	228	21.3
10.3	加拿大	Canada	293	11.4	170	15.9
11.4	印度尼西亚	Indonesia	273	10.6	110	10.3
9.8	越南	Vietnam	229	8.9	84	7.8
9.5	孟加拉国	Bangladesh	180	7.0	107	10.0
8.7	马达加斯加	Madagascar	160	6.2	58	5.4
8.3	澳大利亚	Australia	103	4.0	52	4.9
7.3	泰国	Thailand	100	3.9	74	6.9
5.6	韩国	R.O. Korea	95	3.7	40	3.7
3.4	菲律宾	Philippines	75	2.9	28	2.6
7.8	其他国家或地区	Other Countries or Regions	300	11.7	121	11.3

我国主要矿产品
China's Imports and Exports of

矿产品名称	Mineral Commodity	进口 国家（地区）	Imports Country (Region)	数量（吨）Quantity (ton)	占总量（%）Percentage	金额（千美元）Value (US$1000)
天然石墨	**Natural graphite**	**合 计**	**Total**	**34531**	**100.0**	**5568**
		朝鲜	D.P.R. Korea	33542	97.1	4159
		坦桑尼亚	Tanzania	500	1.4	96
		德国	Germany	135	0.4	401
		美国	United States	128	0.4	300
		印度	India	46	0.1	68
		日本	Japan	31	0.1	262
		莫桑比克	Mozambique	28	0.1	57
		其他国家或地区	Other Countries or Regions	121	0.4	225
高岭土	**Kaolin**	**合 计**	**Total**	**405946**	**100.0**	**120046**
		美国	United States	261522	64.4	65242
		巴西	Brazil	107639	26.5	28307
		英国	United Kingdom	14152	3.5	3152
		日本	Japan	4307	1.1	17982
		德国	Germany	3142	0.8	877
		澳大利亚	Australia	2926	0.7	1484
		朝鲜	R.O. Korea	2760	0.7	122
		葡萄牙	Portugal	2280	0.6	338
		中国台湾	Taiwan,China	2159	0.5	899
		法国	France	1684	0.4	532
		其他国家或地区	Other Countries or Regions	3375	0.8	1111
重晶石	**Barite**	**合 计**	**Total**	**678**	**100.0**	**496**
		韩国	R.O. Korea	203	29.9	197
		德国	Germany	185	27.3	102
		泰国	Thailand	67	9.9	42
		荷兰	Netherlands	56	8.3	32
		英国	United Kingdom	50	7.4	28
		美国	United States	37	5.5	25
		西班牙	Spain	36	5.3	13
		其他国家或地区	Other Countries or Regions	44	6.5	57
大理石	**Marble**	**合 计**	**Total**	**8656769**	**100.0**	**1659916**
		土耳其	Turkey	3563675	41.2	758822
		埃及	Egypt	1863519	21.5	227767
		西班牙	Spain	676997	7.8	146319
		伊朗	Iran	576998	6.7	111146
		意大利	Italy	479018	5.5	133722
		巴基斯坦	Pakistan	356767	4.1	64364
		其他国家或地区	Other Countries or Regions	1139795	13.2	217776

进出口情况（2012年） 续表 7
Major Mineral Commodities (2012) Continued 7

	出 口		Exports			
占总值（%）Percentage	国家（地区）	Country (Region)	数量（吨）Quantity (ton)	占总量（%）Percentage	金额（千美元）Value (US$1000)	占总值（%）Percentage
100.0	**合计**	**Total**	**203911**	**100.0**	**153463**	**100.0**
74.7	日本	Japan	69766	34.2	49482	32.2
1.7	荷兰	Netherlands	19086	9.4	11435	7.5
7.2	韩国	R.O. Korea	15555	7.6	14927	9.7
5.4	美国	United States	14348	7.0	16224	10.6
1.2	印度	India	12167	6.0	11010	7.2
4.7	中国台湾	Taiwan, China	9690	4.8	3424	2.2
1.0	菲律宾	Philippines	9189	4.5	990	0.6
4.0	其他国家或地区	Other Countries or Regions	54110	26.5	45971	30.0
100.0	**合 计**	**Total**	**1281797**	**100.0**	**117063**	**100.0**
54.3	中国台湾	Taiwan, China	520120	40.6	21186	18.1
23.6	日本	Japan	127154	9.9	19612	16.8
2.6	中国香港	Hongkong, China	125532	9.8	6467	5.5
15.0	越南	Vietnam	107965	8.4	7151	6.1
0.7	韩国	R.O. Korea	77259	6.0	8126	6.9
1.2	马来西亚	Malaysia	52934	4.1	7310	6.2
0.1	泰国	Thailand	49416	3.9	7549	6.4
0.3	菲律宾	Philippines	45019	3.5	2886	2.5
0.7	印度尼西亚	Indonesia	31401	2.4	6233	5.3
0.4	印度	India	28084	2.2	3501	3.0
0.9	其他国家或地区	Other Countries or Regions	116913	9.1	27042	23.1
100.0	**合 计**	**Total**	**2944014**	**100.0**	**358075**	**100.0**
39.7	美国	United States	1876636	63.7	213645	59.7
20.6	沙特阿拉伯	Saudi Arabia	285188	9.7	29970	8.4
8.5	印度尼西亚	Indonesia	139887	4.8	13128	3.7
6.5	荷兰	Netherlands	130213	4.4	21978	6.1
5.6	日本	Japan	63655	2.2	11322	3.2
5.0	马来西亚	Malaysia	60895	2.1	7843	2.2
2.6	阿拉伯联合酋长国	United Arab Emirates	54351	1.8	6891	1.9
11.5	其他国家或地区	Other Countries or Regions	333189	11.3	53298	14.9
100.0	**合 计**	**Total**	**84001**	**100.0**	**9619**	**100.0**
45.7	中国台湾	Taiwan, China	61799	73.6	3649	37.9
13.7	中国香港	Hongkong, China	4787	5.7	699	7.3
8.8	泰国	Thailand	4542	5.4	602	6.3
6.7	意大利	Italy	3725	4.4	895	9.3
8.1	印度	India	3418	4.1	770	8.0
3.9	印度尼西亚	Indonesia	1135	1.4	213	2.2
13.1	其他国家或地区	Other Countries or Regions	4595	5.5	2791	29.0

我国主要矿产品
China's Imports and Exports of

矿产品名称	Mineral Commodity	进口	Imports			
		国家（地区）	Country (Region)	数量（吨） Quantity (ton)	占总量（%） Percentage	金额（千美元） Value (US$1000)
花岗石	**Granite**	合 计	**Total**	**4725157**	**100.0**	**949272**
		印度	India	2663086	56.4	458322
		巴西	Brazil	822324	17.4	211455
		芬兰	Finland	335543	7.1	60725
		葡萄牙	Portugal	209999	4.4	34520
		挪威	Norway	187205	4.0	50536
		安哥拉	Angola	100578	2.1	21135
		西班牙	Spain	94771	2.0	17243
		南非	South Africa	63333	1.3	13415
		其他国家或地区	Other Countries or Regions	248318	5.3	81921
菱镁矿	**Magnesite**	合 计	**Total**	**150801**	**100.0**	**61300**
		朝鲜	D.P.R. Korea	138437	91.8	25098
		日本	Japan	8034	5.3	26147
		以色列	Israel	1664	1.1	5030
		美国	United States	978	0.6	1723
		土耳其	Turkey	509	0.3	387
		韩国	R.O. Korea	268	0.2	269
		法国	France	199	0.1	1171
		墨西哥	Mexico	172	0.1	316
		其他国家或地区	Other Countries or Regions	540	0.4	1159
石膏	**Gypsum**	合 计	**Total**	**46817**	**100.0**	**13481**
		泰国	Thailand	26271	56.1	3326
		西班牙	Spain	11099	23.7	3240
		德国	Germany	3945	8.4	1374
		美国	United States	1943	4.2	1866
		日本	Japan	898	1.9	1918
		法国	France	849	1.8	250
		英国	United kingdom	710	1.5	880
		意大利	Italy	344	0.7	155
		其他国家或地区	Other Countries or Regions	758	1.6	472
石棉	**Asbestos**	合 计	**Total**	**180257**	**100.0**	**67233**
		俄罗斯	Russia	158360	87.9	60298
		哈萨克斯坦	Kazakhstan	16504	9.2	5143
		乌克兰	Ukraine	5355	3.0	1719
		南非	South Africa	22		17
		巴西	Brazil	12		26
		西班牙	Spain	4		9
		其他国家或地区	Other Countries or Regions			21

进出口情况（2012年） 续表 8

Major Mineral Commodities (2012) Continued 8

	出口 Exports					
占总值（%） Percentage	国家（地区）	Country (Region)	数量（吨） Quantity (ton)	占总量（%） Percentage	金额（千美元） Value (US$1000)	占总值（%） Percentage
100.0	**合 计**	**Total**	**1346339**	**100.0**	**35236**	**100.0**
48.3	中国台湾	Taiwan, China	1098427	81.6	14326	40.7
22.3	德国	Germany	79985	5.9	3632	10.3
6.4	韩国	R.O. Korea	52147	3.9	5303	15.0
3.6	荷兰	Netherlands	30883	2.3	1956	5.6
5.3	土耳其	Turkey	14612	1.1	1128	3.2
2.2	意大利	Italy	13175	1.0	741	2.1
1.8	泰国	Thailand	12938	1.0	1546	4.4
1.4	挪威	Norway	8151	0.6	334	0.9
8.6	其他国家或地区	Other Countries or Regions	36021	2.7	6270	17.8
100.0	**合 计**	**Total**	**2128468**	**100.0**	**611823**	**100.0**
40.9	日本	Japan	439703	20.7	120710	19.7
42.7	荷兰	Netherlands	407102	19.1	135468	22.1
8.2	美国	United States	309096	14.5	105997	17.3
2.8	韩国	R.O. Korea	209341	9.8	48284	7.9
0.6	中国台湾	Taiwan, China	158155	7.4	24536	4.0
0.4	马来西亚	Malaysia	57972	2.7	7321	1.2
1.9	泰国	Thailand	53566	2.5	8281	1.4
0.5	印度尼西亚	Indonesia	52888	2.5	9498	1.6
1.9	其他国家或地区	Other Countries or Regions	440645	20.7	151728	24.8
100.0	**合 计**	**Total**	**339212**	**100.0**	**19796**	**100.0**
24.7	越南	Vietnam	96796	28.5	1769	8.9
24.0	韩国	R.O. Korea	86907	25.6	4249	21.5
10.2	中国台湾	Taiwan,China	66061	19.5	1851	9.4
13.8	蒙古	Mongolia	29717	8.8	1338	6.8
14.2	日本	Japan	11844	3.5	1952	9.9
1.9	俄罗斯	Russia	8295	2.4	392	2.0
6.5	坦桑尼亚	Tanzania	7893	2.3	948	4.8
1.1	刚果(布)	Congo	5192	1.5	253	1.3
3.5	其他国家或地区	Other Countries or Regions	26507	7.8	7044	35.6
100.0	**合 计**	**Total**	**69424**	**100.0**	**30209**	**100.0**
89.7	印度尼西亚	Indonesia	28946	41.7	11683	38.7
7.6	印度	India	24275	35.0	11276	37.3
2.6	泰国	Thailand	5325	7.7	1828	6.1
	斯里兰卡	Sri Lanka	2845	4.1	1858	6.2
	越南	Vietnam	1960	2.8	674	2.2
	菲律宾	Philippines	1400	2.0	661	2.2
	其他国家或地区	Other Countries or Regions	4673	6.7	2229	7.4

我国主要矿产品
China's Imports and Exports of

矿产品名称	Mineral Commodity	进　口	Imports			
		国家（地区）	Country (Region)	数量（吨）Quantity (ton)	占总量（%）Percentage	金额（千美元）Value (US$1000)
水泥	**Cement**	合　计	**Total**	**794514**	**100.0**	**44534**
		日本	Japan	489507	61.6	20688
		中国澳门	Macau,China	148658	18.7	10658
		中国台湾	Taiwan,China	79550	10.0	3627
		越南	Vietnam	61406	7.7	2673
		泰国	Thailand	3717	0.5	508
		法国	France	2328	0.3	905
		荷兰	Netherlands	2289	0.3	1905
		美国	United States	1562	0.2	1458
		其他国家或地区	Other Countries or Regions	5497	0.7	2112
滑石	**Talc**	合　计	**Total**	**41579**	**100.0**	**21652**
		朝鲜	D.P.R. Korea	11469	27.6	1469
		埃及	Egypt	7533	18.1	1081
		巴基斯坦	Pakistan	6071	14.6	1131
		中国	China	3475	8.4	4165
		美国	United States	2751	6.6	2611
		韩国	R.O. Korea	2333	5.6	1033
		日本	Japan	2324	5.6	4758
		其他国家或地区	Other Countries or Regions	5623	13.5	5404
萤石	**Fluorite**	合　计	**Total**	**124155**	**100.0**	**18723**
		蒙古	Mongolia	117976	95.0	17435
		朝鲜	D.P.R. Korea	5996	4.8	1082
		美国	United States	95	0.1	97
		德国	Germany	41		34
		泰国	Thailand	22		4
		瑞典	Sweden	9		26
		意大利	Italy	5		10
		日本	Japan	4		17
		其他国家或地区	Other Countries or Regions	7		18
天然硼砂及精矿	**Natural borax and concentrate**	合　计	**Total**	**285310**	**100.0**	**111711**
		土耳其	Turkey	253800	89.0	102037
		玻利维亚	Bolivia	26128	9.2	8122
		智利	Chile	2549	0.9	663
		澳大利亚	Australia	1829	0.6	404
		美国	United States	806	0.3	369
		克罗地亚	Croatia	90		24
		其他国家或地区	Other Countries or Regions	108		92

注：一些矿产品的进口量或出口量由于数量较小，只列出了合计数而未按国别分列。

Note: Few sums of imports or exports of some mineral commodities are not divided by country because of the comparatively small amount of that.

资料来源：中国海关统计数据。

Source：China Customs statistical data.

进出口情况（2012年） 续表 9
Major Mineral Commodities (2012) Continued 9

占总值（%）Percentage	出口 国家（地区）	Exports Country（Region）	数量（吨）Quantity（ton）	占总量（%）Percentage	金额（千美元）Value（US$1000）	占总值（%）Percentage
100.0	**合 计**	**Total**	**11996809**	**100.0**	**683626**	**100.0**
46.5	安哥拉	Angola	2066742	17.2	119910	17.5
23.9	蒙古	Mongolia	1218891	10.2	69810	10.2
8.1	刚果（布）	Congo	941143	7.8	50170	7.3
6.0	孟加拉国	Bangladesh	862503	7.2	32336	4.7
1.1	新加坡	Singapore	805503	6.7	38040	5.6
2.0	肯尼亚	Kenya	703238	5.9	26548	3.9
4.3	中国香港	Hongkong, China	682355	5.7	39722	5.8
3.3	澳大利亚	Australia	537919	4.5	29887	4.4
4.7	其他国家或地区	Other Countries or Regions	4178515	34.8	277203	40.5
100.0	**合 计**	**Total**	**753042**	**100.0**	**189493**	**100.0**
6.8	日本	Japan	207745	27.6	62229	32.8
5.0	泰国	Thailand	110453	14.7	33017	17.4
5.2	韩国	R.O. Korea	104054	13.8	19607	10.3
19.2	美国	United States	80535	10.7	19584	10.3
12.1	印度尼西亚	Indonesia	57887	7.7	10955	5.8
4.8	中国台湾	Taiwan, China	30439	4.0	4910	2.6
22.0	马来西亚	Malaysia	20383	2.7	4330	2.3
25.0	其他国家或地区	Other Countries or Regions	141546	18.8	34861	18.4
100.0	**合 计**	**Total**	**427730**	**100.0**	**156743**	**100.0**
93.1	日本	Japan	84996	19.9	34636	22.1
5.8	印度	India	68067	15.9	23529	15.0
0.5	美国	United States	67085	15.7	29090	18.6
0.2	韩国	R.O. Korea	58642	13.7	14705	9.4
	荷兰	Netherlands	53165	12.4	20548	13.1
0.1	中国台湾	Taiwan, China	21897	5.1	5440	3.5
0.1	加拿大	Canada	20565	4.8	10115	6.5
0.1	中国香港	Hongkong, China	12147	2.8	5711	3.6
0.1	其他国家或地区	Other Countries or Regions	41166	9.6	12969	8.3
100.0	**合 计**	**Total**	**1829**	**100.0**	**910**	**100.0**
91.3	韩国	R.O. Korea	620	33.9	225	24.7
7.3	日本	Japan	584	31.9	346	38.0
0.6	马来西亚	Malaysia	125	6.8	70	7.7
0.4	印度尼西亚	Indonesia	125	6.8	66	7.3
0.3	朝鲜	D.P.R. Korea	119	6.5	56	6.2
	澳大利亚	Australia	104	5.7	50	5.5
0.1	其他国家或地区	Other Countries or Regions	152	8.3	97	10.7

